全国高等教育自学考试指定教材
计算机及应用专业（专科）

微型计算机及接口技术

（2017年版）

（含：微型计算机及接口技术自学考试大纲）

全国高等教育自学考试指导委员会 组编

杨全胜 编 著

机械工业出版社

本书以 8086 微机为平台，系统地阐述微型计算机的基本结构及其发展，x86 指令及汇编语言程序设计，I/O 端口地址译码技术，总线技术，中断处理，定时/计数技术，并行接口，串行接口，A-D、D-A 接口等。本书每章开始部分都包含"学习目标"、"教师导读"和"建议学时"，其中，"学习目标"按照考试大纲要求给出本章学习应该达到的目标；"教师导读"对学习该章节需要注意到的地方给出了建议，并进一步强调了考试大纲中对本章知识点的学习应达到的层次要求，注明了本章的重点和难点；"建议学时"是按照本课程 64 学时为总学时进行安排的，供自学时参考。

本书可作为参加计算机及应用专业自学考试的学生的自学教材，也可作为工程技术人员的参考用书。

图书在版编目（CIP）数据

微型计算机及接口技术/杨全胜编著. —北京：机械工业出版社，2017.9（2024.9重印）
全国高等教育自学考试指定教材
ISBN 978-7-111-58193-2

Ⅰ.①微… Ⅱ.①杨… Ⅲ.①微型计算机 - 理论 - 高等教育 - 自学考试 - 教材②微型计算机 - 接口技术 - 高等教育 - 自学考试 - 教材　Ⅳ.①TP36

中国版本图书馆 CIP 数据核字（2017）第 245597 号

机械工业出版社（北京市百万庄大街22号　邮政编码100037）
责任编辑：和庆娣　　　责任印制：单爱军
北京虎彩文化传播有限公司印刷
2024 年 9 月第 1 版第 8 次印刷
184mm×260mm · 18.25 印张 · 451 千字
标准书号：ISBN 978-7-111-58193-2
定价：55.00 元

电话服务　　　　　　　　　　　网络服务
客服电话：010-88361066　　　　机　工　官　网：www.cmpbook.com
　　　　　010-88379833　　　　机　工　官　博：weibo.com/cmp1952
　　　　　010-68326294　　　　金　书　网：www.golden-book.com
封底无防伪标均为盗版　　　　　机工教育服务网：www.cmpedu.com

组 编 前 言

21世纪是一个变幻难测的世纪，是一个催人奋进的时代，科学技术飞速发展，知识更替日新月异。希望、困惑、机遇、挑战随时随地都有可能出现在每一个社会成员的生活之中。抓住机遇，寻求发展，迎接挑战，适应变化的制胜法宝就是学习——依靠自己学习，终生学习。

作为我国高等教育组成部分的自学考试，其职责就是在高等教育这个水平上倡导自学、鼓励自学、帮助自学、推动自学，为每一个自学者铺就成才之路。组织编写供读者学习的教材就是履行这个职责的重要环节。毫无疑问，这种教材应当适合自学，应当有利于学习者掌握和了解新知识、新信息，有利于学习者增强创新意识、培养实践能力、形成自学能力，也有利于学习者学以致用，解决实际工作中所遇到的问题。具有如此特点的书，我们虽然沿用了"教材"这个概念，但它与那种仅供教师讲、学生听，教师不讲、学生不懂，以"教"为中心的教科书相比，已经在内容安排、编写体例、行文风格等方面都大不相同了。希望读者对此有所了解，以便从一开始就树立起依靠自己学习的坚定信念，不断探索适合自己的学习方法，充分利用已有的知识基础和实际工作经验，最大限度地发挥自己的潜能，以达到学习的目标。

欢迎读者提出意见和建议。

祝每一位读者自学成功！

全国高等教育自学考试指导委员会
2016 年 12 月

目　录

组编前言

微型计算机及接口技术自学考试大纲

出版前言
Ⅰ．课程性质与课程目标 …………… 3
Ⅱ．考核目标 …………………………… 3
Ⅲ．课程内容与考核要求 …………… 4
Ⅳ．关于大纲的说明与考核实施要求 …… 13
Ⅴ．题型举例 ………………………… 15
附录　在 Proteus Design Suite 中做中断实验 …………………………… 17
后记 …………………………………… 21

微型计算机及接口技术

编者的话 …………………………………… 24
第一章　微型计算机系统概述 …………… 25
　第一节　微型计算机系统的组成 ……… 25
　第二节　微型计算机系统的工作过程 … 29
　第三节　微型计算机的组成结构 ……… 32
　思考题与练习题 ………………………… 46
第二章　8086 微处理器 …………………… 47
　第一节　8086 的内部结构 ……………… 47
　第二节　8086 的基本执行环境 ………… 49
　第三节　8086 的引脚信号 ……………… 53
　第四节　8086 的基本时序 ……………… 58
　思考题与练习题 ………………………… 63
第三章　8086 汇编语言程序设计 ………… 64
　第一节　8086 指令寻址方式 …………… 64
　第二节　8086 汇编语言基础 …………… 70
　第三节　8086 汇编伪指令与操作数运算符 …………………………… 74
　第四节　8086 汇编指令与汇编语言程序设计 ……………………… 85
　思考题与练习题 ……………………… 122
第四章　内部存储器及其接口 ………… 127
　第一节　存储器分类及其层次结构 … 127
　第二节　半导体存储器 ……………… 129
　第三节　半导体存储器与 CPU 的连接 …… 136
　第四节　8086 系统地址映射 ………… 143
　思考题与练习题 ……………………… 144
第五章　输入/输出与接口技术 ………… 146
　第一节　I/O 接口概述 ………………… 146
　第二节　I/O 端口编址 ………………… 150
　第三节　8086 小系统简单接口电路 … 154
　第四节　输入/输出数据传送的控制方式 ……………………………… 159
　思考题与练习题 ……………………… 166
第六章　中断系统 ………………………… 168
　第一节　中断系统概述 ……………… 168
　第二节　8086 的中断系统 …………… 172
　第三节　可编程中断控制器 Intel 8259A …… 177
　第四节　8086 中断处理程序的设计 … 188
　思考题与练习题 ……………………… 191
第七章　可编程定时/计数器 …………… 193
　第一节　定时/计数器概述 …………… 193
　第二节　可编程定时/计数器 8254 …… 194
　第三节　8254 的应用 ………………… 205
　思考题与练习题 ……………………… 208
第八章　可编程并行接口 ………………… 209
　第一节　并行接口概述 ……………… 209
　第二节　可编程并行接口芯片 8255A …… 210
　思考题与练习题 ……………………… 222

第九章　串行通信与串行接口 …………… 224
- 第一节　串行通信基本概念 ……………… 224
- 第二节　串行通信协议 …………………… 228
- 第三节　串行接口标准 RS-232C ………… 231
- 第四节　可编程串行接口芯片 8251A …… 235
- 思考题与练习题 …………………………… 242

第十章　模拟接口 ………………………… 243
- 第一节　模拟接口概述 …………………… 243
- 第二节　D-A 转换器 ……………………… 244
- 第三节　A-D 转换器 ……………………… 251
- 思考题与练习题 …………………………… 258

第十一章　总线与实用接口 ……………… 259
- 第一节　总线概述 ………………………… 259
- 第二节　ISA 总线与 EISA 总线 …………… 262
- 第三节　PCI 总线 ………………………… 265
- 第四节　通用串行总线 USB ……………… 270
- 第五节　其他总线和接口 ………………… 274
- 思考题与练习题 …………………………… 283

参考文献 …………………………………… 284
后记 ………………………………………… 285

全国高等教育自学考试
计算机及应用专业（专科）

微型计算机及接口技术
自学考试大纲

（含考核目标）

全国高等教育自学考试指导委员会　制定

出 版 前 言

为了适应社会主义现代化建设事业的需要，鼓励自学成才，我国在20世纪80年代初建立了高等教育自学考试制度。高等教育自学考试是个人自学、社会助学和国家考试相结合的一种高等教育形式。应考者通过规定的专业课程考试并经思想品德鉴定达到毕业要求的，可获得毕业证书；国家承认学历并按照规定享有与普通高等学校毕业生同等的有关待遇。经过30多年的发展，高等教育自学考试为国家培养造就了大批专门人才。

课程自学考试大纲是国家规范自学者学习范围、要求和考试标准的文件。它是按照专业考试计划的要求，具体指导个人自学、社会助学、国家考试、编写教材及自学辅导书的依据。

为更新教育观念，深化教学内容、考试制度、质量评价制度改革，更好地提高自学考试人才培养的质量，全国考委各专业委员会按照专业考试计划的要求，组织编写了课程自学考试大纲。

新编写的大纲，在层次上，专科参照一般普通高校专科或高职院校的水平，本科参照一般普通高校本科水平；在内容上，力图反映学科的发展变化以及自然科学和社会科学近年来研究的成果。

全国考委电子电工与信息类专业委员会参照普通高等学校高级语言程序设计类课程的教学基本要求，结合自学考试计算机及应用专业（专科）的实际情况，组织制定的《微型计算机及接口技术自学考试大纲》，经教育部批准，现颁发施行。各地教育部门、考试机构应认真贯彻执行。

全国高等教育自学考试指导委员会
2017 年 7 月

Ⅰ．课程性质与课程目标

一、课程性质和特点

微型计算机及接口技术是高等教育自学考试计算机及应用专业（专科）的考试计划中一门重要的专业课，是为培养满足计算机应用领域对计算机应用人才的需要而设置的。在修完高级语言程序设计、电子技术基础和计算机组成原理等课程后，通过本课程的学习，使应考者具有微型计算机应用系统的分析能力和初步设计能力。

微型计算机系统是一个硬件和软件相辅相成的统一整体，因此软硬件结合是本课程的一个特点。应考者不仅需要掌握相关的硬件知识，还要掌握用汇编语言编制接口控制程序的方法。

另外，本课程又是一门实践性较强的课程，应考者必须通过实践环节加深和提高对课程内容的理解，理论联系实践，理论指导实践是本课程的又一个特点。应考者在学习过程中必须十分注意这两个特点。

二、课程目标

通过本课程的学习，要求应考者达到：
1) 较深入地了解微型计算机系统的组成及工作原理。
2) 掌握微型计算机的输入/输出方法。
3) 掌握分析微型计算机典型接口（包括软件和硬件）的方法。
4) 初步掌握设计微型计算机典型接口（包括软件和硬件）的方法。

三、与相关课程的联系与区别

本课程的先修课程为电子技术基础、数字逻辑电路以及计算机组成原理。

本课程同计算机组成原理的关系极其密切，计算机组成原理阐述组成计算机系统各硬件部件的工作原理，为本课程讲述微型计算机系统中这些部件的实现方法提供了理论基础。本课程与计算机组成原理课程的区别在于本课程介绍的是一种特定的计算机系统，有着自己的特点，而且在输入/输出与接口技术，包括时序和电路连接方面比计算机组成原理课程更为具体。

本课程同高级语言程序设计也有密切关系，熟练掌握高级语言程序设计对学习汇编语言程序设计也很重要，但汇编语言比高级语言更能表现出与硬件的相关性。

本课程同电子技术基础也有密切关系，电子技术基础是硬件接口实现的电路基础。

四、课程的重点和难点

本课程的重点和难点都在下述的各章节中给予了具体的描述。

Ⅱ．考核目标

本大纲在考核目标中，按照识记、领会、简单应用和综合应用4个层次规定其应达到的能力层次要求。4个能力层次是递升的关系，后者必须建立在前者的基础上。各能力层次的含义如下。

识记（Ⅰ）：要求考生能够识别和记忆本课程中有关微型计算机系统与接口技术的基本

概念、基本原理和基本技术的主要内容，并能够根据考核的不同要求，做出正确的表述、选择和判断。

领会（Ⅱ）：要求考生能够领悟和理解本课程中有关微型计算机系统与接口技术的概念、原理和技术的内涵和外延；能够理解汇编语句的使用方法和相关条件；能够理解相关知识之间的区别，并能辨识真伪；能够根据考核的不同要求进行正确的判断、解释和说明。

简单应用（Ⅲ）：要求学生能够根据已经学过的知识，以及本课程中学过的少量知识点，来解决一个相对简单，功能单一的应用问题，或利用少量汇编语句正确地完成一个功能单一的程序段。

综合应用（Ⅳ）：要求考生能够利用已经学过的相关知识和本课程中学过的多个知识点，解决一个稍复杂的应用问题。要求能够正确设计相关电路和配套的程序。

Ⅲ．课程内容与考核要求

第一章　微型计算机系统概述

一、学习目的和要求

本章主要介绍微型计算机系统的基本组成，包括硬件组成与结构特点和微型计算机软件部分的组成。通过本章学习，要求学生不仅要了解微型计算机硬件各个组成部分的功能和相互之间的关系，还要从系统层面了解微型计算机系统中硬件和软件之间的相互关系。对芯片组以及微型计算机整机结构有所了解。

二、课程内容

1）微型计算机系统的组成。
2）微型计算机工作过程。
3）微型计算机的组成结构。

三、考核知识点与考核要求

1. 微型计算机系统的组成

识记：微型计算机的硬件组成，微型计算机系统的软件。

2. 微型计算机工作过程

领会：微型计算机的工作过程。

3. 微型计算机的组成结构

识记：系统芯片与芯片组的功能，微型计算机基本结构及其发展的特点、三总线结构。

四、本章重点、难点

本章重点包括：

1）微型计算机的工作过程。
2）芯片组的功能。
3）微型计算机基本结构及其发展的特点。

本章的难点包括：

1）微型计算机的工作过程。
2）微型计算机基本结构及其发展的特点。

第二章 8086 微处理器

一、学习目的和要求
本章主要介绍 8086 微处理器的内部结构、引脚信号、基本执行环境以及基本时序。

二、课程内容
1）8086 的内部结构。
2）8086 的基本执行环境。
3）8086 的引脚信号。
4）8086 的基本时序。

三、考核知识点与考核要求
1. 8086 的内部结构

识记：8086 的执行部件与总线接口部件。

2. 8086 的基本执行环境

领会：寄存器结构，内存组织方式，逻辑地址的概念，物理地址的形成。

3. 8086 的引脚信号

领会：8086 的引脚信号定义。

综合应用：最小方式下引脚的功能。

4. 8086 的基本时序

领会：时钟周期、总线周期和指令周期，8086 基本时序。

四、本章重点、难点
本章重点包括：
1）8086 的基本执行环境。
2）8086 的引脚信号，尤其是和接口有关的信号。
3）8086 的基本时序。

本章的难点包括：
1）8086 的引脚信号，尤其是和接口有关的信号。
2）8086 的基本时序。

第三章 8086 汇编语言程序设计

一、学习目的和要求
微型计算机系统不能只有硬件，离开软件，微机只是一个空壳子。指令系统是软件开发最基本的要素。本章主要介绍 8086 指令系统和汇编语言程序设计的基本方法。通过本章的学习，学生要掌握 8086 的基本指令和伪指令的格式以及功能，掌握各类寻址方式以及 8086 汇编程序的基本结构，能读懂汇编语言程序，并能写基本的汇编语言程序。

二、课程内容
1）8086 指令寻址方式。
2）8086 汇编语言格式。
3）8086 汇编语言伪指令。
4）8086 汇编指令与汇编语言程序设计。

三、考核知识点与考核要求

1. 8086 指令寻址方式

领会：8086 指令的数据寻址方式和转移操作寻址方式。

2. 8086 汇编语言格式

识记：汇编语言语句格式、常量、标识符、表达式。

领会：汇编语言源程序结构。

3. 8086 伪指令与操作数运算符

简单应用：数据定义和存储器分配伪指令，表达式赋值伪指令，地址计数器和对准伪指令，程序开始与结束伪指令，简化段定义伪指令。

4. 8086 汇编指令与汇编语言程序设计

简单应用：人机交互程序和相关指令，顺序程序结构和相关指令，分支程序结构和相关指令，循环程序结构和相关指令，子程序结构和相关指令。

四、本章重点、难点

本章重点包括：

1) 8086 指令寻址方式。
2) 8086 汇编语言伪指令。
3) 8086 汇编指令与汇编语言程序设计。
4) 常见的 DOS 功能调用和 BIOS 功能调用。

本章难点包括：

1) 8086 指令寻址方式。
2) 8086 汇编指令与汇编语言程序设计。
3) 汇编指令与硬件信号之间的关系。

第四章 内部存储器及其接口

一、学习目的和要求

本章主要介绍内部存储器及其接口。包括 8086 微机和现代微机的存储结构、半导体存储器基础知识和基本性能、常见的半导体存储器芯片功能、存储器扩展、8086 与存储器的连接以及 8086 系统地址映射。

二、课程内容

1) 存储器分类及其层次结构。
2) 半导体存储器。
3) 半导体存储器与 CPU 的连接。
4) 8086 微机的系统地址映射。

三、考核知识点与考核要求

1. 存储器分类及其层次结构

识记：存储器的几种分类，存储器的层次结构。

2. 半导体存储器

识记：半导体存储器分类，半导体存储器的性能指标。

领会：常见的半导体存储器的工作原理。

3. 半导体存储器与 CPU 的连接

识记：存储器地址译码方法。

简单应用：存储器的扩展，8086 CPU 与存储器的连接。

4. 8086 微机系统地址映射

识记：8086 微机系统地址映射。

四、本章重点、难点

本章重点包括：

1）存储器的层次结构。

2）8086 微机的系统地址映射。

3）8086 CPU 与存储器的连接。

4）存储器的扩展。

本章难点包括：

1）8086 CPU 与存储器的连接。

2）存储器的扩展。

第五章 输入/输出与接口技术

一、学习目的和要求

微处理器与外部设备（外设）之间需要进行信息的交换，这需要输入/输出系统进行有效的工作。本章主要介绍输入/输出的基本原理。通过本章的学习，学生要熟悉计算机与外部设备之间是如何进行连接和信息传输的，包括 8086 小系统基本电路的连接，地址译码技术，以及数据传输的控制方法。

二、课程内容

1）输入/输出接口基本概述。

2）I/O 端口编址。

3）输入/输出数据的传输控制方式。

4）8086 小系统接口电路举例。

三、考核知识点与考核要求

1. 输入/输出接口基本概述

识记：I/O 接口的基本功能和组成。

2. I/O 端口编址

识记：I/O 接口与 I/O 端口。

领会：I/O 端口编址方式。

简单应用：I/O 端口地址译码。

3. 8086 小系统简单接口电路

领会：地址锁存的运用、数据缓冲的运用。

4. 输入/输出数据传送的控制方式

领会：输入/输出数据传送的控制方式。

简单应用：程序控制的传送方式。

四、本章重点、难点

本章重点包括：

1）I/O 端口编址。

2）输入/输出数据传送的控制方式。

本章难点包括：

1）I/O 端口地址译码。

2）程序控制的传送方式。

3）8086 小系统接口电路设计。

第六章　中断系统

一、学习目的和要求

中断是微处理器和外设之间进行数据传输最常用和最有效的控制方式。本章主要介绍微型机系统中中断相关的内容，包括 I/O 接口中的中断控制方法、8086 系统的中断、可编程中断控制器 8259A 以及实地址模式下中断处理程序的编写。

二、课程内容

1）I/O 接口中中断的控制方法。

2）8086 系统的中断。

3）可编程中断控制器 8259A。

4）实地址模式下中断处理程序的编写。

三、考核知识点与考核要求

1. 中断系统概述

识记：中断的概念，内部中断，不可屏蔽中断。

领会：CPU 与多中断源的 3 种连接方法。

简单应用：多中断源的识别，中断优先级的判别。

2. 8086 的中断系统

识记：8086 的中断类型，中断响应时序图。

领会：中断响应时栈的变化。

综合应用：外部可屏蔽中断，8086 的中断向量表及其设置。

3. 可编程中断控制器 Intel8259A

识记：8259A 的内部结构与功能、工作方式，CPU 对 8259A 的中断响应，PC 中 8259A 的使用。

领会：8259A 的结束方式。

简单应用：单片 8259A 应用的初始化。

4. 实地址模式下中断处理程序的编写

综合应用：实地址模式下中断处理程序的编写。

四、本章重点、难点

本章重点包括：

1）CPU 与多中断源的 3 种连接（中断源识别和优先级判别）。

2）8086 的中断向量表及其设置。

3）8259A 的初始化、8259A 结束方式。
4）实地址模式下中断处理程序的编写。

本章难点包括：
1）CPU 与多中断源的 3 种连接。
2）80x86 的中断向量表及其设置。
3）8259A 的初始化。
4）实地址模式下中断处理程序的编写。

第七章　可编程定时/计数器

一、学习目的和要求

在微型计算机系统应用中，经常需要对外部事件进行计数，更需要各种定时器以及对延时的控制，这些都需要对定时/计数器的运用。本章主要介绍微型计算机系统中定时/计数器的功能、结构、工作方式和使用方法。

二、课程内容

1）定时/计数器概述。
2）可编程定时/计数器 8253/8254。

三、考核知识点与考核要求

1. 定时/计数技术概述

识记：定时/计数技术的实现方法。

2. 可编程定时/计数器 8253/8254

识记：8253/8254 内部结构和功能。
领会：8253/8254 工作方式。
综合应用：8253/8254 初始化、8253/8254 工作方式 2、3 应用。

四、本章重点、难点

本章重点包括：
1）8253/8254 的工作方式。
2）8253/8254 的初始化。
3）8253/8254 的应用。

本章难点包括：
8253/8254 工作方式 2、3 的应用。

第八章　可编程并行接口

一、学习目的和要求

微处理器在与外设之间进行数据交换时，最常用的数据传输就是并行和串行两种方式，本章主要介绍微型机系统中可编程并行接口 8255A 的内部结构、工作方式和编程方法。

二、课程内容

可编程并行接口芯片 8255A。

三、考核知识点与考核要求

可编程并行接口芯片 8255A

识记：8255A 内部结构。

领会：8255A 工作方式 0 和 1。

综合应用：8255A 工作方式 0，8255A 初始化，8255A 的使用。

四、本章重点、难点

本章重点和难点包括：

可编程并行接口芯片 8255A 工作方式 0 的应用。

第九章　串行通信与串行接口

一、学习目的和要求

本章主要介绍串行通信原理和可编程异步串行通信芯片 8251A 的工作原理和使用方法。

二、课程内容

1) 串行通信原理。

2) 可编程异步串行通信芯片 8251A。

三、考核知识点与考核要求

1. 异步串行通信原理

识记：RS-232C 串行通信总线。

领会：异步串行通信基本原理。

2. 可编程异步串行通信芯片 8251A

领会：可编程异步串行通信芯片 8251A。

四、本章重点、难点

本章重点包括：

异步串行通信基本原理、可编程串行通信芯片 8251A。

本章难点包括：

异步串行通信基本原理、可编程串行通信芯片 8251A。

第十章　模　拟　接　口

一、学习目的和要求

在微型计算机的信息传输中，模拟量信息也是很重要的一类，本章主要介绍微型机系统中模拟量的输入/输出接口技术，以及常用的 D-A 和 A-D 转换芯片。

二、课程内容

1) 概述。

2) D-A 转换器。

3) A-D 转换器。

三、考核知识点与考核要求

1. 概述

识记：微机与控制系统接口，采样-保持电路，量化与编码。

2. D-A 转换器及其接口

识记：12 位 D-A 转换器 DAC1208/1209/1210。

领会：D-A 芯片介绍，输出电路。

简单应用：DAC0832 及其接口，与微处理器的接口。

3. A-D 转换器及其接口

识记：12 位 A-D 转换器 AD574A／AD674A。

领会：A-D 芯片介绍，输出电路。

简单应用：ADC08098 与微处理器的接口，应用及编程。

四、本章重点、难点

本章重点包括：

ADC0809 及其接口，DAC0832 及其接口。

本章难点包括：

ADC0809 及其接口，DAC0832 及其接口。

第十一章　总线与实用接口

一、学习目的和要求

本章主要介绍计算机系统中总线的概念和微型计算机系统中主要的几种总线与实用接口。要求对常用总线能有所了解。

二、课程内容

1）总线概述。

2）ISA 总线与 EISA 总线。

3）PCI 总线。

4）通用串行总线 USB。

5）其他总线与接口。

三、考核知识点与考核要求

1. 总线概念

识记：总线的概念、分类，主要性能参数和总线的操作。

2. ISA 总线与 EISA 总线

识记：ISA 总线信号线的分类，EISA 总线和 ISA 总线的区别。

3. PCI 总线

识记：PCI 总线特点，PCI 总线协议。

领会：PCI 总线读、写时序。

4. 串行通信总线 USB

识记：USB 系统组成，USB 接口信号与电气特性，USB 传输类型。

领会：USB 数据编码。

四、本章重点、难点

本章重点包括：

1）PCI 总线。

2）通用串行总线 USB。

本章难点包括：

1）PCI 总线读、写时序。

2）USB 数据编码。

实 践 环 节

一、类型

课程实验。

二、目的与要求

本课程实践性很强,学生需要通过实践环节加深对微处理器、典型接口芯片功能和应用的理解,并对课程所学的内容有一个感性认识。

三、实验内容

在下列实验中 1)和 2)必做,后 4 个选做 2 个。

1)汇编程序设计。
2)内存接口实验。
3)8259A 可编程中断控制器实验。
4)8253/8254 可编程定时/计数器实验。
5)8255A 可编程并行接口实验。
6)A-D 转换实验。

四、与课程考试的关系

本课程实验可在主考院校或主考院校委托的单位进行,但都必须在考前完成。实验可在实验箱上完成,也推荐采用 Proteus Design Suite 中的 ISIS 通过软件仿真完成,究竟采用哪种方法由主考院校决定。无论哪种方式,应考者都必须提交实验报告,并由主考院校进行考核。关于汇编器,建议采用 MASM 6.11 及以上版本,否则,有些新加入的语句可能无法识别。另外,在用 Proteus Design Suite 做实验的时候,需要 8.5 SP10 以上版本。

五、实验大纲

实验 1

1. 实验内容

汇编程序设计。

2. 实验目的与要求

掌握基本的汇编程序设计(顺序、分支与循环)。

实验 2

1. 实验内容

SRAM 内存接口实验。

2. 实验目的与要求

了解 SRAM 内存芯片的读写过程,掌握 SRAM 内存芯片和 CPU 的接口技术。

实验 3

1. 实验内容

8259A 可编程中断控制器实验。

2. 实验目的与要求

了解 8259A 的工作原理、初始化过程,学会中断处理程序的编写。

实验 4

1. 实验内容

8253/8254 可编程定时/计数器实验。

2. 实验目的与要求

了解 8253/8254 的工作原理，对于模式 2 和模式 3 方式的初始化方法，学会用示波器观察各种情况下输出的波形。

实验 5

1. 实验内容

8255A 可编程并行接口实验。

2. 实验目的与要求

了解 8255A 的工作原理、初始化方法，学会利用 8255A 的工作方式 0 进行并行数据的传送方法。要初步会采用 8253/8254、8255A 的工作方式 0 和 8259 进行定时的数据输入和输出传送。

实验 6

1. 实验内容

A-D 转换实验。

2. 实验目的与要求

了解 A-D 转换芯片 ADC0809 的使用方法。

Ⅳ. 关于大纲的说明与考核实施要求

一、自学考试大纲的目的和作用

课程自学考试大纲是根据专业自学考试计划的要求，结合自学考试的特点而确定的。其目的是对个人自学、社会助学和课程考试命题进行指导和规定。

课程自学考试大纲明确了课程学习的内容以及深度、广度，规定了课程自学考试的范围和标准。因此，它是编写自学考试教材和辅导书的依据，是社会助学组织进行自学辅导的依据，是自学者学习教材、掌握课程内容知识范围和程度的依据，也是进行自学考试命题的依据。

二、课程自学考试大纲与教材的关系

课程自学考试大纲是进行学习和考核的依据，教材是学习掌握课程知识的基本内容与范围，教材的内容是大纲所规定的课程知识和内容的扩展与发挥。课程内容在教材中可以体现一定的深度或难度，但在大纲中对考核的要求一定要适当。

大纲与教材所体现的课程内容应基本一致；大纲里面的课程内容和考核知识点，教材里一般也要有。反过来教材里有的内容，大纲里就不一定体现（注：如果教材是推荐选用的，其中有的内容与大纲要求不一致的地方，应以大纲规定为准）。

三、关于自学教材

《微型计算机及接口技术》，全国高等教育自学考试指导委员会组编，杨全胜编著，机械工业出版社出版，2017 年版。

四、关于自学要求和自学方法的指导

本大纲的课程基本要求是依据专业考试计划和专业培养目标而确定的。课程基本要求还

明确了课程的基本内容，以及对基本内容掌握的程度。基本要求中的知识点构成了课程内容的主体部分。因此，课程基本内容掌握程度、课程考核知识点是高等教育自学考试考核的主要内容。

为有效地指导个人自学和社会助学，本大纲已指明了课程的重点和难点，在章节的基本要求中也指明了章节内容的重点和难点。

本课程共5学分（其中包括实验1学分）。

应考者在学习汇编语言程序设计的时候应注意多练习编程，多阅读程序。

五、应考指导

1. 如何学习

很好的计划和组织是你学习成功的法宝。如果你正在接受培训学习，一定要跟紧课程并完成作业。为了在考试中做出满意的回答，你必须对所学课程内容有很好的理解。使用"行动计划表"来监控你的学习进展。你阅读课本时可以做读书笔记。如有需要重点注意的内容，可以用彩笔来标注。如：红色代表重点；绿色代表需要深入研究的领域；黄色代表可以运用在工作之中。可以在空白处记录相关网站、文章等。

2. 如何考试

卷面整洁非常重要。书写工整，段落与间距合理，卷面赏心悦目有助于教师评分，教师只会为他能看懂的内容打分。回答所提出的问题，要回答所问的问题，而不是回答你自己乐意回答的问题！避免超过问题的范围。

3. 如何处理紧张情绪

正确处理对失败的惧怕，要正面思考。如果可能，请教已经通过该科目考试的人，问他们一些问题。做深呼吸放松，这有助于使头脑清醒，缓解紧张情绪。考试前合理膳食，保持旺盛精力，保持冷静。

4. 如何克服心理障碍

这是一个普遍问题！如果你在考试中出现这种情况，试试下列方法：使用"线索"纸条。进入考场之前，将记忆"线索"记在纸条上，但你不能将纸条带进考场，当你阅读考卷时，一旦有了思路就快速记下。按自己的节奏进行答卷。为每个考题或部分分配合理时间，并按此时间安排进行。

六、对社会助学的要求

1）熟知考试大纲对（理解）课程所提出的总的要求和各章的知识点。

2）掌握各知识点要求达到的层次，并深刻理解对各知识点的考核要求。

3）辅导时应以指定教材为基础，以考试大纲为依据，不要随意增删内容，以免与考试大纲脱节。

注意对学生能力的培养，特别是自学能力的培养，要引导学生逐步学会独立学习的能力，在自学过程中善于提出问题、分析问题、做出判断、解决问题。同时还要注意培养学生实践操作的能力。

要使学生了解试题难易与能力层次高低两者不完全是一回事，在各个能力层次中都存在着不同难度的试题。

七、对考核内容的说明

本课程要求考生学习和掌握的知识点内容都作为考核的内容。课程中各章的内容均由若干知识点组成,在自学考试中成为考核的知识点。因此,课程自学考试大纲中所规定的考试内容是以分解为考核知识点的方式给出的。由于各知识点在课程中的地位、作用以及知识自身的特点不同,自学考试将对各知识点分别按4个认知(或叫能力)层次确定其考核要求。

八、关于考试命题的若干规定

1. 考试方式为闭卷、笔试,时间为150分钟。试题分量应以中等水平考生在规定时间内答完为度,评分采用百分制,60分为及格。考试只允许带钢笔、水笔、圆珠笔、铅笔、直尺和橡皮,答案必须用钢笔或水笔。

2. 本大纲各章所规定的基本要求、知识点都属于考核的内容。考试命题覆盖到章,又要避免面面俱到。要注意突出课程的重点、章节重点,加大重点内容的覆盖度。

3. 命题不应有超出大纲中考核知识点范围的题目,考核目标不得高于大纲中所规定的相应的最高能力层次要求,命题应着重考核自学者对基本概念、基本知识和基本理论是否了解或掌握,对基本方法是否会用或是否熟练。不应出与基本要求不符的偏题或怪题。

4. 本课程在试卷中对不同能力层次要求的分数比例大致为:识记占20%,领会占30%,简单应用占30%,综合应用占20%。

5. 要合理安排试题的难易程度,试题的难度可分为:易、较易、较难和难4个等级,每份试卷中不同难度试题的分数比例一般为2:3:3:2。

必须注意试题的难易程度与能力层次有一定的联系,但二者不是等同的概念。在各个能力层次中对于不同的考生都存在着不同的难度。

6. 本课程考试命题的主要题型为单项选择题、填空题、名词解释题、简答题、简单分析题和综合分析设计题。

Ⅴ. 题型举例

一、单项选择题(在每小题后的四个备选项中只有一个是符合题目要求的,请将其选出并将代码填写在题中的空白横线上)

1. 每两个时钟上升沿之间的时间间隔是_____。
   A. 指令周期　　　B. 总线周期　　　C. 时钟周期　　　D. 同步传输周期
2. 在使用单片8259的系统中,以下8259初始化命令中的_____肯定不需要。
   A. ICW1　　　　B. ICW2　　　　C. ICW3　　　　D. ICW4

二、名词解释题
端口　　中断

三、填空题(请在题目空白处填写正确内容)

1. 在实地址模式下,所有中断处理程序入口地址都被放到了_____表中,此表位于内存逻辑地址____:____开始的_____KB范围内。
2. USB有____种基本的传输类型,其中_____传输只能是单向的。

四、简答题
总线有哪些传输控制方式?

五、简单分析设计题
以查询输出方式编程,从内存中首地址为BUFFER的缓冲区向CRT终端输出128字节,

CRT 终端数据口地址为 0008H，状态口地址为 0020H，D7 为状态位，0 表示输出缓存空闲。只有输出缓存空闲的时候，才能输出。

六、综合分析设计题

有 16 盏智能楼道灯，由 8254、8259 和 8255 控制，它们的地址和 PC 中一样。要求 8259 的 IR3 的中断类型号是 1BH。8254 的输入时钟频率为 12 MHz，产生 10 ms 为周期的中断请求，该中断执行楼道灯的智能开关算法。为了节省电能，用一个按钮 T，当 T 按下，则会发出另一个中断请求，该中断负责禁止和启动智能开关灯的功能（禁止/启动交替），如果禁止智能开关灯，则将所有灯关闭，且智能开关功能不起作用。8255 的 B 口和 C 口控制 16 盏灯的开关，输出 1 则开灯，输出 0 则关灯，8255 的 A 口输入环境光亮度值 K，智能开关算法是：读入 K，当 K > 100 则全部灯熄；10 ≤ K ≤ 100 则只有 B 口灯亮；K < 10 则全部灯亮。

1）根据上述，完善下图的电路连接，并说明工作原理（不画译码部分，8255 的 3 个口只需画出示意即可，两个中断分别接哪个 IR 自己决定）。

2）按照自己的连接图写出 8254 和 8255 的初始化程序。

3）按照自己的连接图写出相关的中断处理程序（不包括中断向量表初始化部分）。

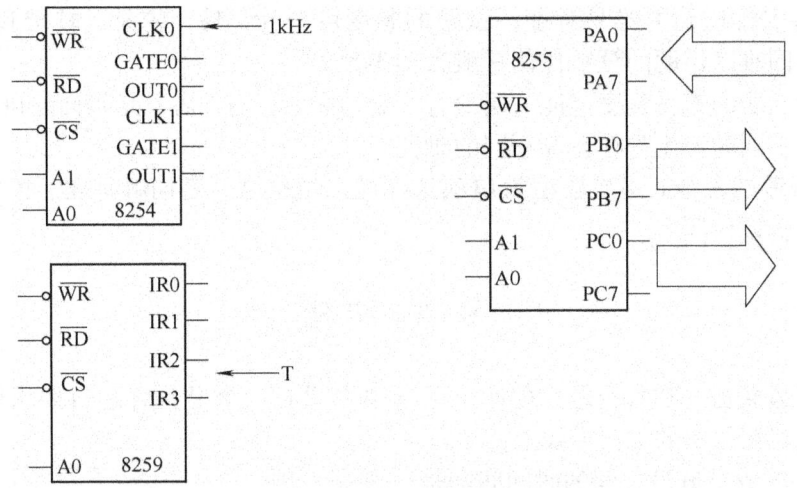

8254 控制字

D7	D6	D5	D4	D3	D2	D1	D0
00：0 通道 01：1 通道 10：2 通道		00：锁存 01：只写低字节 10：只写高字节 11：先低后高字节		000：工作方式 0 001：工作方式 1 010：工作方式 2 011：工作方式 3 100：工作方式 4 101：工作方式 5			0：二进制计数 1：BCD 计数

8255 控制字

D7	D6	D5	D4	D3	D2	D1	D0
1 为工作方式控制字标志	A 口工作方式 00：方式 0 01：方式 1 1X：方式 2		0：A 口输出 1：A 口输入	0：C 口高位输出 1：C 口高位输入	B 口工作方式 0：方式 0 1：方式 1	0：B 口输出 1：B 口输入	0：C 口低位输出 1：C 口低位输入

附录 在 Proteus Design Suite 中做中断实验

一、对 8259 元器件的改造

在 Proteus7 中，8259 元器件不能进行仿真，需要对它进行改造。

1）运行 ISIS7，如图 1 所示。

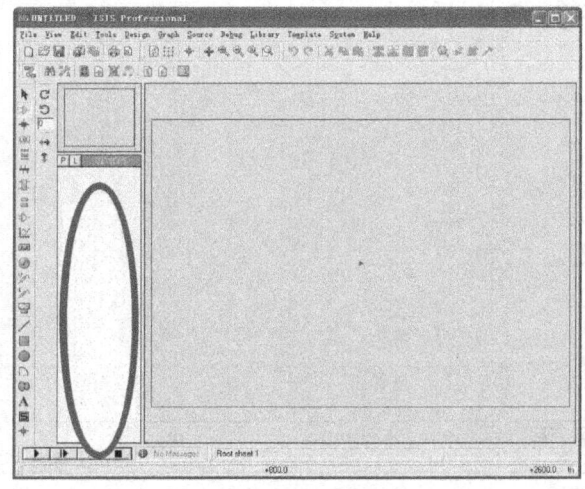

图 1 ISIS7 界面

2）双击图 1 中标出的区域，出现如图 2 所示的 Pick Devices 的对话框。

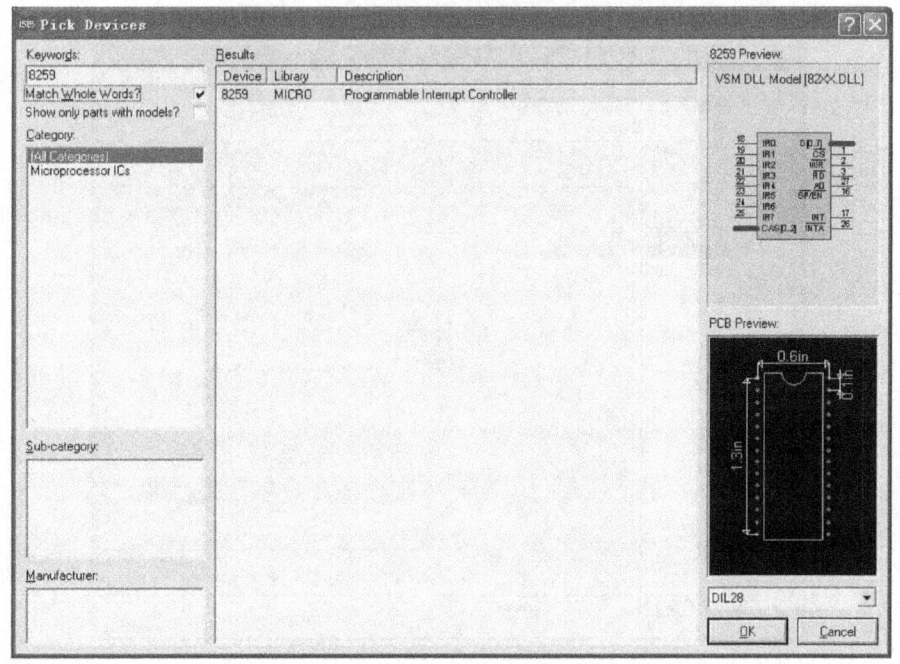

图 2 Pick Devices 对话框

3）在 keywords 文本框中输入"8259"，选中 Match Whole Word 复选框就可以在 Results 列表框中看到 8259。选中它，单击 OK 按钮，进入如图 3 所示的 8259 编辑界面。

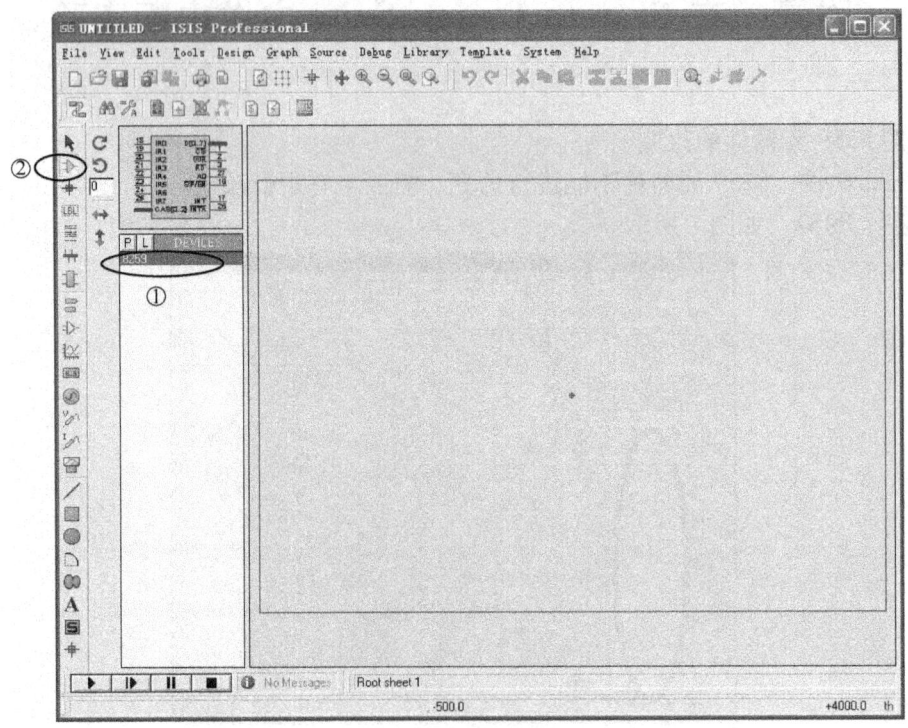

图 3　8259 编辑界面

4）按照图 3 中①②所示选择，然后再右边绘图区域左击，则放置 8259 引脚图，如图 4 所示。

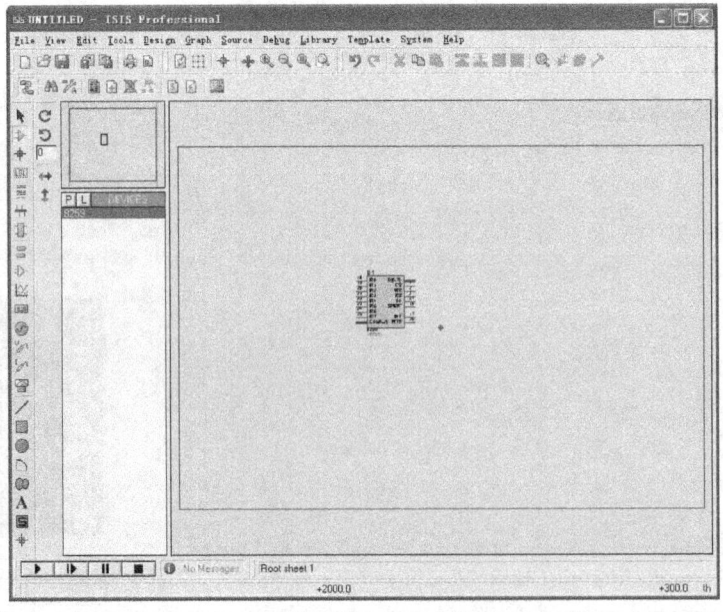

图 4　放置 8259 引脚图

5）右击 8259，在弹出的快捷菜单中选择 make device 命令，弹出 Make Device 对话框。在此对话框中将 Device Name 修改为 8259A，如图 5 所示。

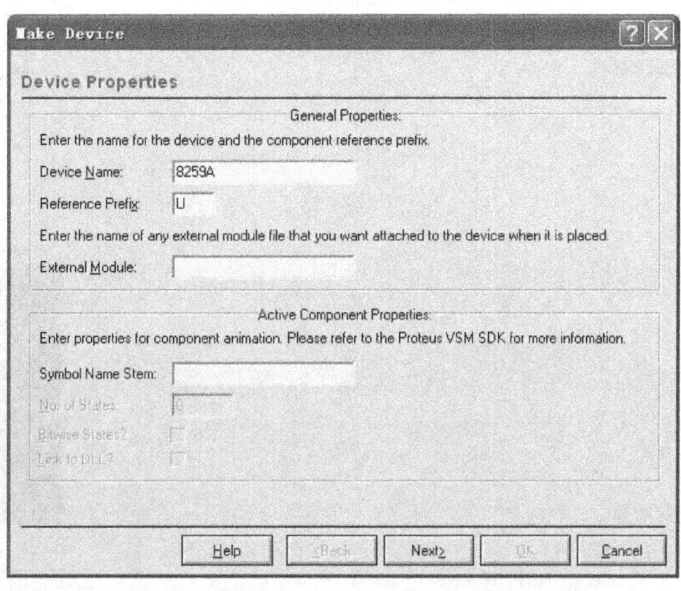

图 5　Make Device 对话框

6）单击 Next 按钮，在弹出的对话框中 Description 修改为 VSM Model DLL，如图 6 所示。

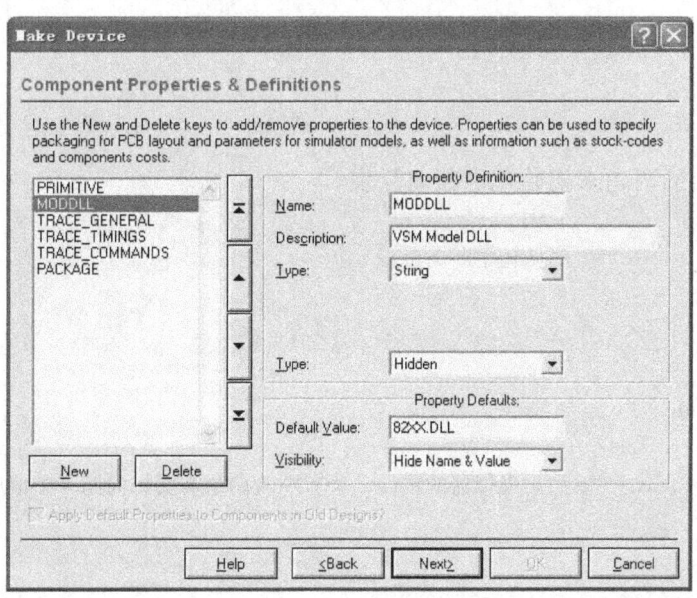

图 6　修改 Description

7）单击 Next 按钮，然后单击 OK 按钮，则完成了 8259A 的设置。此时就可以在库中找到刚设置的 8259A 了。如图 7 所示。

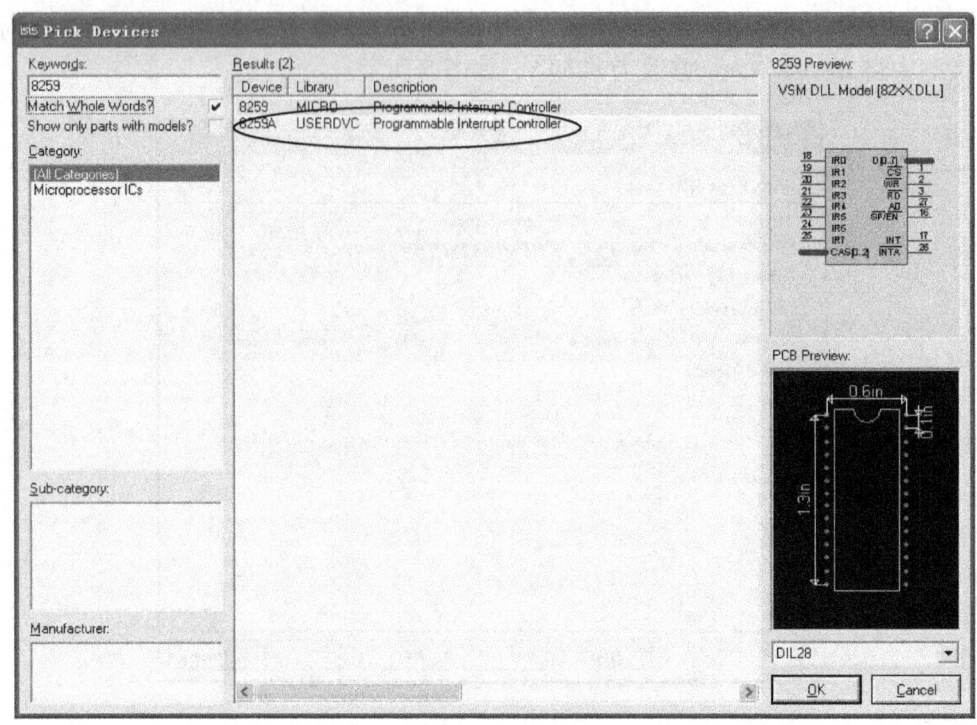

图 7　库中的 8259A

二、Proteus Design Suite 中中断向量表的初始化问题

Proteus Design Suite 中中断向量表必须初始化成相同的向量值。比如有以下中断处理程序。

int0 proc far
　…
iret
int0 endp

则需要用下面的语句来初始化中断向量表。

```
    cli
mov ax, 0              ；初始化中断向量表
mov es, ax
mov si, 0
mov cx, 255
mov ax, offset int0
mov bx, seg int0
init: moves: [si], ax  ；由于模拟器的错误，所有中断向量需要指向同一个地址
mov es: [si+2], bx
add si, 4
loop init
mov es: [si], ax
mov es: [si+2], bx
sti
```

这一点需要给学生讲清楚，要让他们知道正常情况下中断向量表的初始化方法。

后　　记

　　本大纲是根据全国高等教育自学考试指导委员会电子电工与信息类专业委员会制定的《高等教育自学考试计算机及应用专业（专科）考试计划》和全国高等教育自学考试指导委员会《关于修订高等教育自学考试课程自学考试大纲的几点意见》的精神制定的。

　　本大纲提出初稿后，曾聘请专家通审，并由电子电工与信息类专业委员会在上海组织召开审稿会进行审稿，根据审稿会意见由编者作了修改。最后由电子电工与信息类专业委员会定稿。

　　本大纲由东南大学杨全胜副教授负责编写。参加审稿并提出修改意见的有南京大学袁春风教授，上海交通大学方向忠副教授。

　　对参与本大纲编写和审稿的各位专家表示感谢。

全国高等教育自学考试指导委员会
电子电工与信息类专业委员会
2017 年 7 月

全国高等教育自学考试指定教材
计算机及应用专业（专科）

微型计算机及接口技术

全国高等教育自学考试指导委员会　组编

编者的话

随着信息时代的高速发展，微机迅速在各个领域得到广泛应用，因而掌握微机系统知识及接口技术就显得尤为重要。

微型计算机及接口技术是高等教育自学考试计算机及应用专业（专科）的一门重要的专业课，其目的是培养面向计算机应用领域的应用人才。通过本课程的学习，应考者应该具备微型计算机应用系统尤其是接口的分析能力和初步的设计能力。本课程的前序课程包括电子技术基础和计算机组成原理等，最好还具备高级语言程序设计的基础知识。

本书根据全国高等教育自学考试指导委员会制定的《微型计算机及接口技术自学考试大纲》编写而成。本书共分为11章：微型计算机系统概述、8086微处理器、8086汇编语言程序设计、内部存储器及其接口、输入/输出与接口技术、中断系统、可编程定时/计数器、可编程并行接口、串行通信与串行接口、模拟接口以及总线与实用接口。

本书每章开始部分都包含"学习目标""教师导读"和"建议学时"，其中"学习目标"按照考试大纲要求给出本章学习应该达到的目标；"教师导读"对学习该章节需要注意到的地方给出建议，并进一步强调考试大纲中对本章知识点的学习应达到的层次要求，注明本章的重点和难点；"建议学时"是按照本课程64学时为总学时进行安排的，供自学参考。

本书是在编者十余年从事本课程教学以及多次编写和出版本课程教材的经验基础上，根据自学考试大纲的要求和自学考试的特点而编写的。本书力求难度适中、重点突出、概念清楚、叙述详尽、实用性强、示例丰富。本书为了能拓展学生知识，保持内容的先进性，略微增加了一些大纲之外的内容，并在"教师导读"中对拓展知识部分给出了明确的说明。

本书由东南大学计算机科学与工程学院杨全胜副教授编写。南京大学袁春风教授和上海交通大学方向忠副教授对教材进行了审阅，从结构、内容和文字等方面提出了很多宝贵的意见。在本书编写过程中得到了全国高等教育自学考试指导委员会电子电工与信息类专业委员会秘书长陈建平教授的关心和指导，在此一并表示诚挚的感谢。

由于微机发展迅速，编写时间仓促，加上作者水平有限，书中难免会有不足之处，殷切希望得到广大同仁和读者的批评指正。

编   者
2017年7月

第一章 微型计算机系统概述

学习目标：

本章主要介绍微型计算机系统的基本组成，包括硬件组成与结构特点和微型计算机软件部分的组成。通过本章学习，学生不仅要了解微型计算机硬件各个组成部分的功能和相互之间的关系，还要从系统层面了解微型计算机系统是由硬件系统和软件系统两大部分组成。学生还需对芯片组以及微型计算机整机结构有所了解。

建议学时： 5 学时

教师导读：

在学习本章时，应注意如下几点：

1）本章内容大部分是基本概念，在学习过程中，既要注意回顾先修课程计算机组成原理的内容，又要注意微型计算机这种特定机型的特殊性。注意两门课之间的联系和区别。

2）目前的计算机均采用总线结构，本课程亦基于总线结构讲解所有内容。

3）微型计算机系统是由硬件和软件两部分组成，本课程将从硬件和软件两条主线向学生介绍微型计算机系统的完整概念。

4）本章的重点是微型计算机的工作过程、系统芯片与芯片组的功能、微型计算机基本结构及其发展的特点。

5）本章的难点是微型计算机的工作过程和微型计算机基本结构及其发展的特点。

6）通过本章的学习，学生应对微型计算机系统有一个整体概念。

7）Intel 微处理器的发展、IA-32 和 Intel 微处理器所用技术以及 3 芯片、2 芯片结构等内容可根据时间安排选学，考试大纲不做要求。

第一节 微型计算机系统的组成

自从 1946 年诞生第一台电子计算机以来，经过 70 多年，计算机技术得到了突飞猛进的发展，历经了电子管计算机、晶体管计算机、集成电路计算机和大规模及超大规模集成电路计算机四代。计算机性能及性能/价格比不断提高，应用领域也越来越广。特别是 20 世纪 70 年代初开始出现的微型计算机（简称微型机或微机），已成为家庭个人计算机市场的主流产品，广泛应用到自动控制、智能家居等多个领域。本节主要介绍组成微型计算机系统的硬件与软件系统，以及评价微型计算机系统的性能指标。

一、微型计算机系统的组成

微型计算机系统由硬件系统和软件系统组成，如图 1-1 所示。其中，硬件系统包括主机和

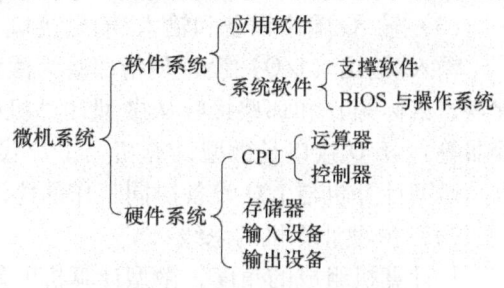

图 1-1 微型计算机系统组成

外部设备，软件系统包括系统软件和应用软件。

1. 微型计算机系统的硬件系统

微型计算机系统（本书主要指 x86 系列个人计算机）在硬件体系结构上采用冯·诺依曼结构。这种结构的系统由运算器、控制器、存储器、输入设备和输出设备 5 部分组成。数据和程序都以二进制代码形式不加区别地共同存放在存储器中，存放位置由地址指定，地址码也为二进制形式。控制器根据存放在存储器中的指令序列（即程序）控制机器的运行，并由一个程序计数器（指令地址计数器）控制指令的执行顺序。

微型计算机系统各硬件部件都有其专门的功能。

（1）运算器和控制器

运算器、控制器与寄存器一起组成了微型计算机的核心部分——中央处理单元（CPU），也就是处理器。它是微型计算机的运算和指挥控制中心。

运算器是由算术逻辑单元（ALU）和其他运算功能部件组成，负责算术和逻辑运算。这些运算包括加、减、乘、除、逻辑与、逻辑或、逻辑非、移位等。现代微型计算机的处理器中还增加了专门进行浮点运算的浮点部件。

处理器的控制器按照指令的要求，对微型计算机各部件发出相应的控制信息，使它们协调工作，从而完成对整个计算机系统的控制。

寄存器用来存放经常使用的数据，这些寄存器包括通用寄存器、控制与状态寄存器、指令指针寄存器等。

（2）存储器

存储器是微型计算机的存储和记忆装置，用来存放数据和程序。存储器分为内部存储器和外部存储器。微型计算机的内部存储器也称为内存或主存，它被划分为以 8 个二进制位为一个单元的多个单元，每个单元规定一个唯一的物理地址。通常将 8 个二进制位称为 1 字节（Byte），1024（2^{10}）字节记作 1 KB，2^{20} 字节记作 1 MB，2^{30} 字节记作 1 GB，2^{40} 字节记作 1 TB。注意这里的字符"B"一定是大写的，代表 Byte（字节），不能写成"b"，"b"通常表示 bit（二进制位）。

对于内存，CPU 可直接对它进行访问，因为其读/写速度比较快，所以主要存放当前正在使用的数据和程序。但由于内存大多采用 RAM（随机存取存储器），所以掉电后数据会丢失。

外部存储器主要是指硬盘、光盘等设备，因为其容量很大，而且不存在掉电数据丢失的问题，可用来存放大量的数据和程序。但 CPU 需要通过专门的总线或接口部件才能访问外部存储器。相对来说，访问外存的速度要比访问内存的速度慢。

（3）输入/输出设备和输入/输出接口

输入/输出（I/O）设备是指那些为微型计算机提供数据或信息的输入设备（如扫描仪、键盘、鼠标等）和那些接收从微型计算机中输出的信息或数据的输出设备（如打印机、显示器等）。I/O 接口是微型计算机与 I/O 设备之间的桥梁，是数据进出微型计算机的通道，也是微型计算机与 I/O 设备协同工作的协调者。

（4）微型计算机的总线

从计算机组成的角度，微型计算机的硬件结构如图 1-2 所示。这是一种总线结构，微型计算机的各个部件之间是由总线来连接的。

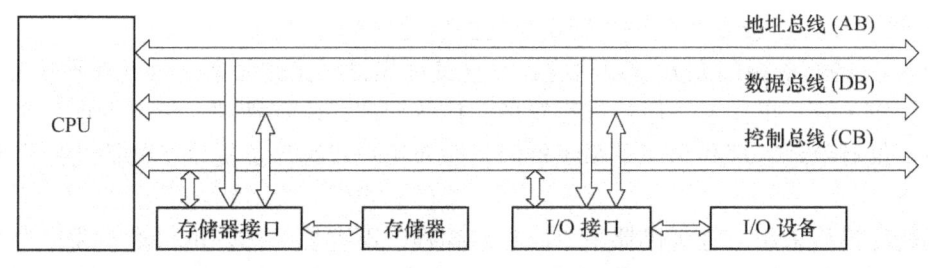

图 1-2 微型计算机的硬件结构

微型计算机中各部件之间及微型计算机与设备之间通过总线相连，它是微型计算机系统中各部件或设备之间传送信息的公共导线，一般由地址总线、数据总线和控制总线 3 组线组成。

地址总线（Address Bus，AB）一般是单向总线，传送 CPU 发出的地址信息。这个地址信息可能是一个存储器单元的地址，或者是 I/O 端口的地址。对于存储器的访问，地址总线的宽度（总线根数）决定了系统能访问的最大存储容量。比如 8086 微处理器定义了 20 根地址线，则最大存储容量是 1MB（2^{20}B）。

数据总线（Data Bus，DB）是双向总线，既可以从 CPU 传送数据信息到外设和主存，也可以从主存和外设向 CPU 传送数据。数据总线的宽度决定了一次可以传送的二进制数据的位数。比如 8086 微处理器有 16 根数据总线，一次能传送 16 位（2 字节）的二进制数据。

控制总线（Control Bus，CB）中每根线上的方向是一定的，它们分别传送控制信息、时序信息和状态信息，这些信息控制数据总线、地址总线的使用。

2. 微型计算机系统的软件系统

硬件系统只是微型计算机系统的物理基础，只有硬件的微型计算机系统称为裸机。一台裸机是什么也干不了的，必须配备各种软件才能做人们想要它们做的事情。

微型计算机系统的软件系统包括为了运行、管理和维护微型计算机而编制的各种程序的总和。图 1-3 给出了微型计算机软件系统的层次。

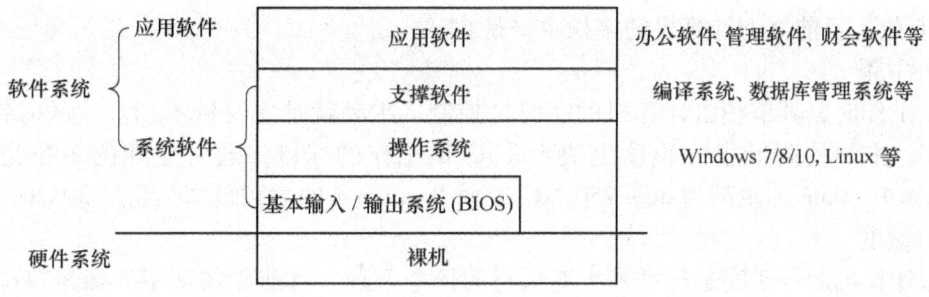

图 1-3 微型计算机软件系统层次

软件系统分为系统软件和应用软件。系统软件包括 BIOS、操作系统和支撑软件。

从图 1-3 可以看到，紧贴着裸机的就是基本输入/输出系统（BIOS），BIOS 首先对机器进行自检，同时为其他软件提供了最基本的设备控制方法和数据输入/输出的编程接口。裸机配上 BIOS 后，就可以正常运转起来，而各种软件也能够比较方便地进行数据的输入与输出。和其他软件存放在磁盘中不同，BIOS 程序存放在机器里的一片 ROM 芯片或 Flash Memory 中,机器启动以后会自动在一个特定地址去启动 BIOS 运行。

BIOS 不具备对资源的充分管理功能,并且其编程接口比较复杂。因此在裸机和 BIOS 之上配备了操作系统。操作系统通过进程管理、作业管理、内存管理、设备管理、文件管理等几大模块不仅有效地管理和利用了系统资源,还向用户或程序员提供了便捷的操作界面和编程接口。

早期的计算机采用二进制机器指令码直接编程,不容易记忆,也很难掌握,为了方便程序员编程,逐渐形成了带有指令助记符的汇编语言和各种更接近自然语言的高级语言,如 BASIC、C、C++、Java 等。这些语言并不能被机器自动识别,必须有专门的软件将其翻译成机器能懂的机器码,这个专门的软件就是编译系统。除此以外,还有帮助编程人员的调试软件与文字编辑软件、管理大量数据的数据库管理系统软件,以及为了扩大计算机的功能而事先编好的各种标准子程序所组成的程序库、中间件等。所有这些,就组成了系统软件中的支撑软件。

应用软件指用户为解决各种问题而利用计算机及其系统软件编写的软件。

从上述可知,一个计算机系统是硬件和软件系统相结合的统一体,系统软件与硬件有时候甚至是相辅相成的。在现代处理器设计中,有些技术需要依赖操作系统或者编译系统的协助才能发挥更好的作用。比如,如果操作系统能充分考虑硬件系统的结构特点,采用合适的调度算法,就可以获得更高的资源使用率。实际上,即使是应用程序开发人员,适当了解硬件结构和系统软件的核心知识,就可以通过底层编程和使用更适当的指令来提高自己程序的执行效率。

二、微型计算机系统主要性能指标

通常采用下面一些常见的性能指标来衡量一台微型计算机的好坏。

(1) 字长

字长是指微型计算机系统中 CPU 一次能处理的二进制位数。字长越长,说明 CPU 所能处理的数据精度越高,处理速度越快,存储容量越大,通常字长是字节的整数倍。8086 的字长是 16 位,目前微型计算机的字长主要是 64 位。

(2) 主频

CPU 工作时,其节拍由计算机的主时钟控制。主频就是主时钟不断产生的时钟脉冲的固定频率。主频的高低很大程度上决定了 CPU 工作的速度。通常主频的单位是 MHz 或 GHz。比如 Pentium 的主频为 66~750 MHz,而 Pentium 4 的主频最高已超过 3 GHz。

(3) 速度

微型计算机运行速度是指每秒所能执行的指令条数,目前比较常用的衡量单位是 MIPS (Million Instructions Per Second)。对于一个给定的程序

$$\text{MIPS} = \frac{\text{指令条数}}{\text{执行时间} \times 10^6} \tag{1-1}$$

指令条数一般是指加、减运算等简短指令的条数。

(4) 主存容量和存取时间

主存容量是指微型计算机中内部存储器能存放数据的最大字节数。主存容量越大,可同时存放的数据越多,相对来说,CPU 访问外部存储器的次数会减少,机器的处理能力就越

强。主存容量是受地址线宽度限制的，通常，如果地址线根数为 n，则最大主存容量是 2^n Byte。

【例 1-1】 已知 80386 微处理器有 32 根地址线，请问最大主存容量是多少？

解： 最大主存容量是 2^{32} Byte = 4GB。

微型计算机内主存完成一次读/写所需要的时间称为主存储器的存取时间，该时间越短存取速度就越快。

（5）兼容性

兼容性（Compatibility）通常指同一个软件不加修改就可在两台机器上运行。在微型计算机系统中，主要是考虑向上兼容，也就是在低档机器上开发的软件，可以在同一系列的较高档计算机上运行。比如在 8086 处理器上开发的软件能够在 Pentium 4 中运行。有时候还会见到向下兼容的概念，这通常是指新开发的硬件能够支持老硬件的性能。比如，NVIDIA5200 和 ATi9550 是 AGP8X 的显示卡，但是它可以插在 AGP4X 的主板上，这就是所谓的向下兼容。

第二节 微型计算机系统的工作过程

一、微型计算机系统的工作原理

微型计算机系统在硬件体系结构上采用冯·诺依曼结构。这种结构中数据和程序都以二进制代码形式不加区别地共同存放在存储器中，存放位置由地址指定，地址码也为二进制形式。冯·诺依曼结构计算机的基本工作原理可概括为"存储程序"和"程序控制"。当我们要计算机完成某项工作的时候，比如一个财务管理工作或者一个文字处理工作等，必须先设计解决问题的算法，然后根据算法编写有关的程序，准备所需要的数据。"存储程序"就是把这些事先编写好的程序和数据存储到存储器中保留起来。需要指出的是，存储在外存中的程序需要调入到内存中才可以被 CPU 执行。机器启动后，根据给出的程序中第一条指令在内存中的地址，CPU 取出第一条指令，然后控制器就可以依据存储程序中的指令顺序周而复始地取指令、分析指令和执行指令，直到完成全部的指令操作，这就是所谓的"程序控制"。

二、从程序到电子信号

一个用高级语言描述的程序，需要经过编译、连接、执行，才能最终变成一个个电子的数据信号、地址信号或控制信号，完成所需的工作。图 1-4 给出了这样一个转换的大致流程。

高级语言编写的程序是机器无法识别的，因此，必须通过编译系统将其翻译成机器能识别的二进制形式的机器指令。编译系统通过词法分析和语法分析、中间代码生成等过程，最后根据不同的指令系统生成相关的机器指令序列。在生成机器指令序列的时候，好的编译系统除了常规优

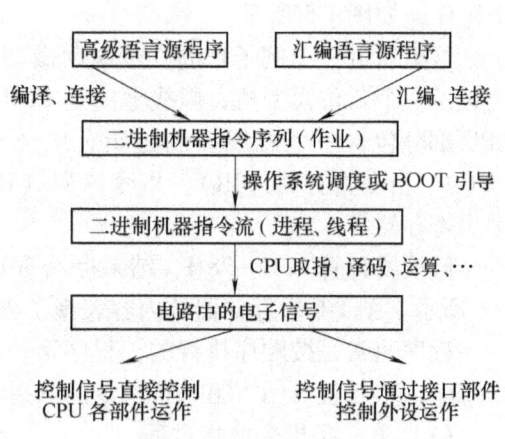

图 1-4 从软件到电子信号的大致转换过程

化外，可以根据硬件结构的特点对指令序列进行特殊的优化，以便该程序能够充分利用硬件资源。有时候，编译系统甚至需要通过库程序来弥补硬件的不足，例如，早期 PC 的 CPU 没有浮点运算单元，编译器就需要提供一个软件的浮点运算仿真库来解决这个问题。

二进制的机器指令序列仅仅是存放在外存中的可执行文件，并不能产生任何的信号，必须要调入到内存并在 CPU 中实际运行起来才能产生各类信号。在 Windows 中可通过双击程序的图标让操作系统将程序从外部存储器中调入内存。而操作系统本身的核心部分则是由系统的 BOOT 引导程序引导进内存来执行的。

进入到内存的二进制机器指令流经过 CPU 的取指单元取出，通过译码单元对指令进行分析和解释，为下一步的运算准备数据；而控制单元根据指令的要求，发出各种控制信号，这些控制信号会协调各部件工作。运算单元计算出来的结果由回写单元写回存储器或 I/O 端口。具体的工作过程在下一节中说明。

由上面的步骤可以看到，无论是高级语言程序还是汇编程序，最终都要转换成机器能识别的机器指令，这些机器指令再在 CPU 的工作下转换成各类电子信号。

三、微型计算机的工作过程

前面简要介绍了软件语句是如何转换成最终的电子信号的，下面通过一个例子来进一步说明微型计算机的工作过程。

微型计算机的工作过程就是逐条执行进入到内存中的二进制机器指令流的过程。而一条指令的执行过程可以简单地分为以下两个操作阶段。

（1）取指阶段

CPU 从内存中读取指令，程序计数器（PC，在 x86 微型计算机中称为指令指针寄存器 IP）保存要被取出的下一条指令的地址。除非遇到跳转指令等，否则，PC 一般都是在每次取指后加上一个增量（当前指令的字节数）。

（2）执行阶段

对取出的指令先译码，解释指令的功能，然后执行译码好的指令，这期间可能会读/写存储器或端口来获取操作数或者存放结果。

程序的执行过程就是周期性和重复性地进行取指令和执行指令两个操作，如图 1-5 所示。

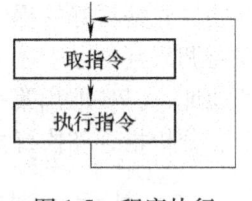

图 1-5　程序执行的过程

这里通过一个例子来进一步说明微型计算机的工作过程。图 1-6 定义了一个 8 位模型机，虚线框内是 CPU 部分，外面是存储器部分。CPU 部分包含一个总线控制逻辑、地址寄存器（AR）、程序计数器（PC）、数据寄存器（DR）、指令寄存器（IR）、指令译码（ID）与控制逻辑、累加器 A、运算寄存器、ALU、标志寄存器等。

假设要计算 12H + 28H，结果存入 30H 地址单元，完成这一过程的程序和机器代码如表 1-1 所示。图 1-6 中存储器的内容表现了程序被调进内存后的情况。

程序通常是按顺序执行的，程序第一条指令的地址需要赋给程序计数器 PC，在本例中是 00H，之后就开始了第一条指令的取指和执行。

（1）第一条指令取指过程

1）CPU 将 PC 的内容 00H 送到地址寄存器 AR。

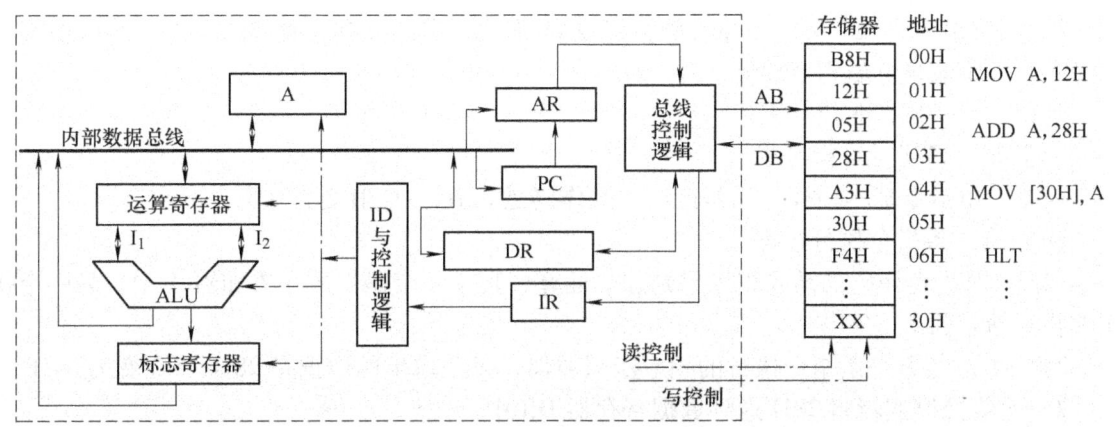

图 1-6 8 位模型机的示意图

表 1-1 模型机执行指令序列

地址	机器码	汇编语句	指令字节数/字节	操 作
00H	B8H	MOV A,12H	2	将指令第二字节中的立即数 12H 送累加器 A，A 中的值为 12H
01H	12H			
02H	05H	ADD A,28H	2	将累加器 A 中的数据加上指令第二字节的立即数 28H，相加的和（3AH）放进累加器 A 中
03H	28H			
04H	A3H	MOV [30H],A	2	指令第二字节是一个存储器地址（30H），该指令将累加器 A 中的数据（3AH）存放到存储器地址为 30H 的地方
05H	30H			
06H	F4H	HLT	1	CPU 暂停任何操作

2）当 PC 内容送入 AR 后，PC 内容自动加 1，即 PC 等于 01H。

3）AR 的内容 00H，经过总线控制逻辑被放到地址总线 AB 上，送至存储器，经过地址译码，选中 00H 单元。

4）CPU 的控制逻辑通过控制总线发出读控制信号。

5）所选的 00H 单元的内容 B8H 经过 DB 读到总线控制逻辑中。

6）由于是取指阶段，所以总线控制逻辑将 B8H 送到指令寄存器 IR 中，然后再送到指令译码 ID 与控制逻辑单元。

（2）第一条指令执行过程

1）ID 对指令译码的结果进行识别，获知需将存储器下一字节的操作数取到累加器 A 中。

2）CPU 将 PC 的内容 01H 送到地址寄存器 AR。

3）当 PC 内容送入 AR 后，PC 内容自动加 1，变成 02H。

4）AR 的内容 01H，经过总线控制逻辑放到地址总线 AB 上，送至存储器，经过地址译码，选中 01H 单元。

5）CPU 的控制逻辑通过控制总线发出读控制信号。

6）所选的 01H 单元的内容 12H 经过 DB 读到总线控制逻辑中。

7) 因读出的是操作数，所以总线控制逻辑将 12H 送到数据寄存器 DR 中，然后根据指令要求，12H 最终被送到累加器 A 中。

到此，第一条指令执行完毕。

（3）第二条指令取指过程

与第一条指令基本一样，只是读出的操作码是 05H，PC 值变为 03H。

（4）第二条指令执行过程

1）ID 对指令译码的结果识别出是加法运算，其中一个操作数在累加器 A 中，另一个操作数在存储器的下一字节中。

2）～6）与第一条指令执行的相应步骤类似，只是取出的数据是 28H，PC 变为 04H。

7）总线控制逻辑将 28H 送到数据寄存器 DR 中。

8）根据加法指令的要求，将 DR 中的 28H 装入到运算寄存器的 I_2 处，同时将累加器 A 中的 12H 装入到运算寄存器的 I_1 处。

9）因为 ALU 两个入口的数据都准备好了，运算器做加法。

10）运算的结果 3AH 从 ALU 中出来，经过内部数据总线传送到累加器 A 中。

到此，第二条指令执行完毕。

（5）第三条指令取指过程

与第一条指令基本一样，只是读出的操作码是 A3H，PC 值变为 05H。

（6）第三条指令执行过程

1）ID 对指令译码的结果识别出是数据存储指令，存储的地址在存储器的下一字节中。

2）～6）与第一条指令执行的相应步骤类似，只是取出的数据是 30H，PC 变为 06H。

7）总线控制逻辑将 30H 送到数据寄存器 DR 后，进一步转到 AR 中。

8）AR 中的 30H 经过总线控制逻辑放到地址总线 AB 上，送至存储器，经过地址译码，选中 30H 单元。

9）CPU 的控制逻辑通过控制总线发出写控制信号。

10）累加器 A 中的数据 3AH 经内部数据总线送到 DR 中，再由 DB 总线输出并存储到存储器的 30H 单元中。

到此，第三条指令执行完毕。进入到最后一条指令的执行。

最后一条指令用前面类似的方法取指，译码后发现是 HLT 指令，于是控制器停止产生任何控制命令，计算机停止全部操作。

第三节　微型计算机的组成结构

一、Intel 系列微处理器发展概览

本书所述微型计算机是以 Intel 公司的 x86 系列微处理器作为核心的微型机。因此，本节首先对 Intel 系列微处理器发展进行概览式的介绍。

Intel 自从 1971 年研制出世界上第一块微处理器 4004 开始，40 多年来一直在微处理器设计领域占据着重要的地位。尤其是随着个人计算机的发展而产生和逐渐成熟的 IA-32 结构与 Intel 64 结构更是成为当今微型计算机处理器结构的代表。IA-32 结构与 Intel 64 结构的指

令系统均采用与早期 IA-16 结构兼容的 x86 指令集。下面简单介绍 Intel 系列处理器的发展轨迹。

1. IA-16 结构微处理器

1978 年，Intel 公司推出了 16 位的 Intel 8086 微处理器，它的数据总线为 16 位，地址总线为 20 位，直接存储器的寻址达到 1 MB（2^{20}）。为了方便原来的 8 位机用户，1979 年 Intel 公司推出了内部 16 位结构、外部数据总线为 8 位的 Intel 8088，其指令系统和 8086 兼容。8086 和 8088 都是属于 IA-16 结构（IA，Intel Architecture，Intel 架构），它们为之后的 IA-32 结构奠定了基础，并为 IA-32 结构引入了段式存储管理的概念。8088 和 8086 没有浮点运算单元，而采用 Intel 8087 浮点协处理器协助浮点运算或用软件仿真。

在此期间，IBM 公司利用 Intel 8088 微处理器为核心研制的 IBM PC 成为个人计算机的主流机种之一。

1982 年 Intel 公司研制出高档 16 位处理器 80286，它的数据总线仍然是 16 位的，但地址总线增加到 24 位。80286 具有两种工作模式：实地址模式和虚地址保护模式。实地址模式下，80286 可以看作是一个高速的 8086；虚地址保护模式下可寻址 16 MB（2^{24}）物理地址和 1 GB 的虚拟地址空间，并提供段边界检查、只读和只执行段设置以及 4 种特权级等保护机制。它的出现，为多任务操作系统的普及起到至关重要的作用。与此同时，IBM 也推出了以 80286 为核心的 IBM PC/AT 微型计算机。

2. IA-32 结构微处理器

IA-32 结构是指 Intel 公司 32 位微处理器的指令集架构与编程环境。

（1）80386 与 80486 微处理器

1985 年，Intel 公司推出了第一个 32 位微处理器 80386，它与 8086 向下兼容。80386 具有 32 位数据线和 32 位地址线，它将 IA-16 结构的通用寄存器扩展到了 IA-32 结构中的 32 位。80386 有 3 种工作模式：实地址模式、虚地址保护模式和虚拟 8086 模式。实地址模式下，依然是高速的 8086；虚地址保护模式下可寻址 4 GB（2^{32}）物理地址和 64 TB（2^{46}）虚拟地址空间；虚拟 8086 模式下可以像实地址模式那样运行 8086 程序，也可使用 80386 虚拟保护机构，支持多任务操作系统。80386 还把页式虚拟存储管理技术和平板式存储模式引入到 IA-32 结构中。80386 由总线接口部件、指令预取部件、指令译码部件、执行部件、分段部件和分页部件 6 大部件组成。

1989 年，Intel 公司推出了更高性能的 32 位微处理器 80486。在 80486 中集成了一个 80386 CPU、一个与 80387 兼容的浮点运算部件（FPU）和一个 8 KB 的高速缓冲存储器（Cache）。80486 的整数处理部件采用了精简指令集计算机（RISC）结构，将译码和执行单元分解成 5 级流水，这些都有效地加快了指令的执行速度，但 80486 的其他部分依然保持 CISC（复杂指令集计算机）结构。80486 首次采用了时钟倍频技术，使内部部件可以以输入时钟的倍频运行，这种倍频技术在 Intel 后续的 CPU 研发中经常使用。在总线数据传输方面，80486 打破了过去总线每次输入/输出一个数据前都需要给出地址的低效做法，而采用突发（Burst，也称猝发）总线技术，该技术在取得一个地址后，与该地址有关的连续的一组数据可以进行输入/输出，该技术的运用使高速缓存能够快速填充。

（2）Pentium 微处理器

Pentium（奔腾）微处理器诞生于 1993 年，它采用了代号为 P5 的微结构。IA-32 结构的

Pentium 处理器，具有 64 位数据线和 32 位地址线，内部数据通路甚至加宽到 128～256 位。Pentium 共有 2 条 5 级整型流水线，形成超标量结构，两个整型流水线可以与浮点部件独立工作。Pentium 采用了分支预测技术，处理器效率得到提高。芯片上的 Cache 被加倍到 16 KB，并将其分成两个，分别是 8 KB 的代码 Cache 和 8 KB 的数据 Cache，它们都属于 L1 Cache（一级 Cache）。体系结构上，Pentium 依然采用了 CISC 和 RISC 相结合的技术。新添加的 APIC 技术能支持多 CPU 系统。在工作模式上，除了实地址模式、虚地址保护模式和虚拟 8086 模式以外，又增加了一个系统管理模式。

1996 年，Intel 公司推出了一款 Pentium 的改进型 32 位微处理器，即 Pentium MMX，它增加 57 条多媒体扩展指令集（Multi Media eXtension，MMX）指令，采用单指令流多数据流（SIMD）技术，提高对多媒体数据的处理能力。同时，Pentium MMX 采用新的数据类型，包括压缩型字节、压缩型字、压缩型双字和四字，可以将多个整型机器字压缩到 8 个 64 位 MMX 寄存器中，所以 MMX CPU 可以同时处理 8 字节数据，或 4 个字数据，或两个双字数据，或一个四字数据。

(3) P6 微结构微处理器

1996 年，Intel 公司还推出了采用新的 P6 微结构的微处理器 Pentium Pro。它采用 3 条指令流水线的超标量结构，并在超标量结构中实现动态执行技术（微数据流分析、乱序执行、更优的分支预测和推测执行）。

1997 年 5 月和 1999 年 2 月，Intel 公司先后发布 Pentium Ⅱ（奔腾 2 代）和 Pentium Ⅲ（奔腾 3 代），它们均采用 P6 微结构，都属于 32 位微处理器。与 Pentium Pro 相比，Pentium Ⅱ增加 MMX 技术，能同时处理两条 MMX 指令。L1 Cache 增加数据和指令 Cache 各 16 KB，并配备了 512 KB 甚至 1 MB 的 L2 Cache。在总线方面，Pentium Ⅱ采用双独立总线结构，前端总线 FSB 负责对主存储器的访问，后端总线连接到 L2 Cache 上，让 CPU 直接与 L2 Cache 进行数据交换。

Pentium Ⅲ微处理器首次将流 SIMD 扩展（SSE）技术引入到 IA-32 结构中，依靠新加的 128 位单精度浮点寄存器组，Pentium Ⅲ增强了 MMX 技术在多媒体处理上的能力。Pentium Ⅲ处理器首次内置序列号，能唯一标识一个处理器。

P6 微结构的处理器具有 64 位数据线和 36 位地址线，物理地址空间为 64 GB（2^{36}），虚拟存储空间高达 64 TB。

(4) Intel Pentium 4 微处理器

2000 年底，Intel 公司推出了基于 NetBurst 微结构的 32 位微处理器 Pentium 4。Pentium 4 采用超深流水技术，使用长达 20～31 级的分支预测/恢复流水线。Pentium 4 的简单算术逻辑单元（ALU）运行在 2 倍的处理器核心频率下。高级动态执行技术中的指令池能容下 126 条指令。有一个 4 KB 分支目标缓冲，分支错误预测的数量比 P6 大约降低 33% 以上。Pentium 4 增加了由 144 条新指令组成的 SSE2，这 144 条新指令提供 128 位 SIMD 整数算法操作和 128 位 SIMD 双精度浮点操作。Pentium 4 具有 64 位数据线和 36 位地址线。

(5) Intel Pentium M 微处理器

Intel Pentium M 微处理器是一个高性能低功耗的移动版本处理器系列。这个系列的设计是为了延长电池使用寿命以及集成具有诸如扩展的移动性、超薄设计和集成无线网络等功能的创新平台。该结构支持动态执行，具有采用 Intel 先进的铜互连技术的高性能、低功耗核心，先进的分支预测和数据预取逻辑，支持 MMX 技术、SSE 与 SSE2 指令集。

（6）Intel Core Duo 与 Intel Core Solo 微处理器

Intel Core Duo 处理器基于低功耗设计，提供高能效与高性能的双核处理能力。该系列与 2006 年后的单核心 Intel Core Solo 在 Intel Pentium M 基础上进行了改进，增加了智能缓存，使两个核间更有效地共享数据；改进了译码和 SIMD 的执行；采用 Intel 动态电源协调与深度睡眠技术来降低功耗。

3. Intel 64 微处理器

早在 2001 年 6 月 Intel 就推出了 IA-64 结构的微处理器 Itanium，2002 年又推出了 Itanium 2，但是这类 64 位的微处理器采用全新的结构和指令集，并不和 IA-16、IA-32 兼容。因此 Intel 公司又开发了与 IA-32 兼容的 64 位处理器，称为 Intel 64 结构处理器。Intel 64 结构的指令集架构和编程环境是 Intel 的 32 位和 64 位结构的超集，它兼容 IA-32 结构。Intel 64 处理器的数据线均为 64 位，大多数处理器的地址线是 36 位，物理地址空间为 64 GB（2^{36}），但有部分 Xeon 处理器的地址线为 40 位，物理地址空间达到 256 GB，甚至有些型号的 Xeon 处理器可寻址物理地址空间达到 1 TB 甚至 16 TB。

（1）Intel Pentium D 与 Pentium Extreme Edition 微处理器

Pentium D 处理器是 Intel 最早的基于 x86 指令集的双核处理器，它在一个处理器封装中集成了两个完整的基于 NetBurst 微结构的内核，两个核以同频运行。

PentiumExtreme Edition 依然是基于 NetBurst 微结构的双核处理器，与 Pentium D 不同的是 Pentium EE 还支持超线程技术。

这两款 CPU 不仅引入了双核，也开始支持 Intel 64 结构。

（2）Intel Core 2Duo 微处理器系列

由于 NetBurst 微结构在功耗和效能上的缺陷，2006 年，Intel 发布了基于新的 Core 微结构的 Core 2 Duo 微处理器——酷睿 2。它借鉴了移动平台上的 Pentium M 核心技术，采用了低功耗双核设计，改进了译码和 SIMD 的执行。Core 微结构下的 Core2Duo 处理器使用的宽位动态执行技术、智能内存访问技术、高级智能缓存技术、高级数字多媒体增强技术、智能功效管理技术等，提高了性能和能效。

（3）基于 Nehalem 微结构的 Intel Core i7 微处理器

基于 Nehalem 微结构的 Intel Core i7 微处理器采用 45 nm 工艺，原生的四核结构配以超线程技术。Core i7 使用 Intel 睿频加速（Turbo Boost）技术在高能效与高性能间转换；专用的电源控制单元能降低活跃期与空闲期功耗；集成在处理器内的存储控制器支持双通道或者 3 通道的 DDR3 存储器；Intel 的 QuickPath 连接提供到芯片组的点到点连接。该处理器还支持第二代 Intel 虚拟化技术。

（4）酷睿微处理器系列

2010 年，Intel 推出了基于 Westmere 微结构的酷睿微处理器，包括了 Intel Core i7、i5、i3 处理器，它们的改进主要表现在制程上采用了 32 nm 工艺。

2011 年，Intel 推出了以 SandyBridge 微结构为基础的 2 代 Intel 酷睿微处理器，也包括 Intel Core i7、i5、i3 微处理器，它们同样采用 32 nm 工艺，利用 Intel 超线程与睿频加速技术（i3 无）提高性能。2 代酷睿处理器结构上进行了调整，不仅集成了内存控制器、PCI Express 端口，还集成了显示部分和图形处理器，基于 2 代酷睿微处理器的微型计算机系统不再需要北桥芯片（存储控制中心），只需要一片平台控制器中心（Platform Controller Hub，PCH）芯片与处理器搭档。这样的系统能获得更高性能，更低价格，也更容易验证。

2012 年，Intel 又继续其制程的推进，采用 22 nm 工艺，Ivy Bridge 微结构的 3 代微 Intel 酷睿处理器。

2013 年，Intel 推出称为第 4 代酷睿的 Haswell 微结构酷睿 i 系列微处理器。在 CPU 核心架构中，Haswell 每个时钟周期可同时进行 8 个操作。同时整数 ALU 与内存寻址也有了增强。在指令集方面，Haswell 最大的改进在于 AVX2 指令集，其浮点计算性能达到了翻番的水平。Haswell 对内存存取带宽方面拥有了大幅提升，L1 载入带宽从 32 Bytes/cysle 增强到 64 Bytes/cycle，拥有了一倍的性能提升。在核芯显卡方面也有所增强，支持 DX11.1、OpenCL1.2，优化 3D 性能，支持 HDMI、DP、DVI、VGA 接口标准。

2015 年 1 月和 5 月 Intel 推出称为第 5 代酷睿的 Broadwell 微结构酷睿 i 系列微处理器，主要是 Haswell 微架构下工艺达到 14 nm，芯片面积缩小，功耗进一步下降，并支持三维实感技术。

2015 年 8 月，Intel 公布了第 6 代酷睿，采用 Skylake 微架构，提升了续航能力，实感技术，并专门针对 Win10 优化了响应速度，支持 DDR4。

(5) Intel Atom 处理器系列

Intel Atom 处理器基于一个新的微架构——凌动（Atom），其目标是针对超低功耗设备设计。Atom 微架构使用两条非乱序的流水线以获得最小功耗，增大电池续航能力。Atom 还采用了 Intel 的 SpeedStep 动态节能技术，可以让处理器在通电状态时的最高性能模式（Maximum Performance Mode）和电池供电时的电池优化模式（Battery Optimized Mode）之间随意切换。Atom 处理器广泛用于上网本，嵌入式领域。

4. IA-32 与 Intel 64 微处理器所用技术简介

为了提高微处理器的性能，IA-32/Intel 64 微处理器体系结构中大量使用了现代微处理器的新技术。下面将介绍 IA-32/Intel 64 微处理器在提高性能、降低功耗、提高能效方面采用的新技术。

(1) 流水线（Pipleline）

为了提高处理器执行效率，把一条指令的操作分成多个更小的步骤，每个步骤的操作由专门的电路完成。利用各电路间可并行执行的特点，让各个步骤的执行在时间上重叠起来，这种技术就是流水线技术，如图 1-7 所示。

假设一条指令的执行分为取指（F）、译码（D）和执行（E）3 个步骤，每个步骤都花费一个时钟周期。如果采用顺序执行，则 3 条指令的执行过程如图 1-7a 所示；但如果采用流水线技术，同样 3 条指令执行过程如图 1-7b 所示。从图中可以看到采用流水线技术后，3 条指令执行总周期数从 9 个减少到了 5 个。

(2) 高速缓冲存储器（Cache）

现代微机的发展使得处理器可以有很高的工作频率，常规的主存储器已很难满足处理器的快速读/写要求。为了减少两者因速度差别所造成的影响，通常在快速的处理器与慢速的DRAM 之间再增设一级或两级高速小容量存储器，称高速缓冲存储器（Cache），以实现速度上的匹配，提高处理器访问存储器的速度。

Cache 通常由双极型半导体存储器或高速静态随机存取存储器（SRAM）构成，是插在

CPU 与主存之间的一个快速小容量的存储器，其速度可与 CPU 相匹配，但容量较小。可以把 Cache 看作是主存储器中面向 CPU 的一组高速暂存寄存器，它保存主存储器当前正在执行信息的"副本"。

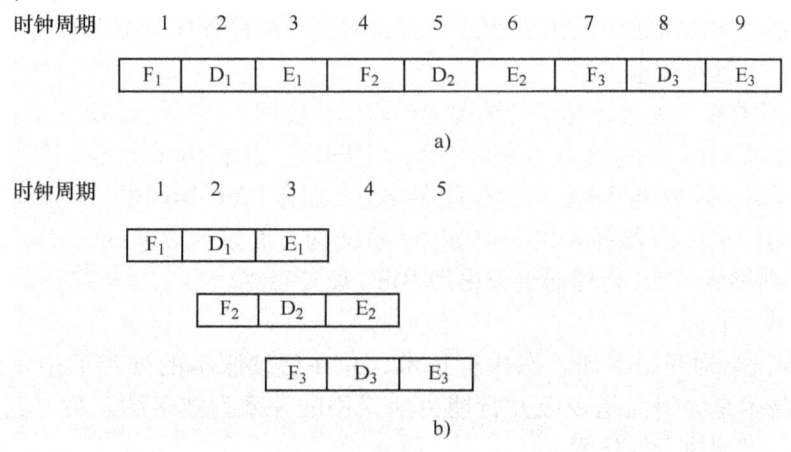

图 1-7 指令流水线的基本思想
a) 顺序执行 b) 流水线执行

Cache 的设立依据是程序访问的局部性原理，即在一个较短的时间间隔内，CPU 对局部范围的存储器地址频繁访问，而对此范围之外的地址访问较少。程序总是顺序编写和编址的，指令顺序存放在存储器中。一条指令被执行后，下一条需要执行的指令一般是紧接着这条指令，仅在执行转移指令时，才会跳转到一个较远的区域中去。再有，当执行的是循环程序时，一块很小区域中的指令将重复执行。这些情况表明，程序执行时的地址分布不是随机的，而是集聚在存储器中一块较小的区域。对于数据的存放也是如此。计算机中的数据一般总是以数组、向量、阵列、树、表等形式存放的，它们也是集中存放在一块较小的区域之内。这样，在程序执行时，一段时间内，CPU 所访问的存储单元总是局限在一个不大的区域中，这种现象称为访问的局部性。

利用程序执行中的访问局部性特点，把 CPU 正在访问和即将访问的若干程序块和数据块从主存调入高速缓存中，使 CPU 大部分时间是从高速缓存中读取指令和存取数据的，这就极大地提高了 CPU 访问存储器的速度。

（3）超标量技术

超标量是指处理器中含有多条流水线，每个时钟能够译码、发射、执行多条指令。显然，超标量技术提高了处理器的 IPC，也进而减少了理想流水线 CPI。

Intel 的 x86 处理器从 Pentium 开始采用超标量技术，Pentium 拥有 2 条整型流水线，P6 微结构和 Pentium 4 拥有 3 条流水线，而 Core 微结构及 SandyBridge 微结构拥有 4 条流水线。

使用超标量技术要求同时进入多个流水并顺利流出的所有指令必须是不相关的，而且满足其他的限制，如 Core 的 4 条流水其中 3 条的译码器只能译码简单指令。

（4）CISC 与 RISC 技术

计算机性能与它的指令系统的设计密切相关，而指令系统的设计又与计算机的硬件结构相关。在指令系统设计问题上，有以下两种不同的思路。

1）希望指令功能非常强大，因此指令格式比较复杂，通常采用不等长指令设计，指令的寻址方式丰富，绝大多数指令的执行需要多个时钟周期。基于这种指令结构的计算机系统称为复杂指令集计算机（CISC）。x86 处理器就属于 CISC 型处理器。CISC 技术有其一定的优点，其指令系统与高级语言的语义相近，因此降低了编译程序的复杂程度，而且使得编译后的程序较小，节省存储空间。

2）通过简化指令，使得计算机的结构变得简单、合理，从而提高 CPU 的执行速度。基于这种思想的计算机系统称为简单指令集计算机（RISC）。由于 RISC 计算机结构简单，所以主要采用硬布线逻辑，较少使用或者不用微程序控制，而且 RISC 架构更适合流水线技术。

目前运行的很多处理器都采用了 RISC 体系结构。而且像 Pentium、Pentium II/III/4 和 Intel 64 的这些典型的 CISC 处理器也都采用 RISC 设计思想。

(5) 动态执行技术

Intel 从 P6 微结构开始实现动态执行技术，并在后续版本的处理器中不断完善这些技术。动态执行技术是为提高指令级并行能力所采用的一系列技术的总称，它包括了分支预测、乱序执行、推测执行等技术。

1）分支预测。Intel 实际上从 Pentium 开始就使用了分支预测技术。利用分支预测技术，预测分支未来的方向，为处理器预先译码分支之后的指令提供依据，这样处理器就不会等到分支的结果出来以后才译码分支后指令，从而保证流水线尽量保持是满的。Intel 从 Pentium 起引入分支目标预测器（Branch Target Buffer，BTB），BTB 中缓存了先前执行过的分支语句的指令地址 BIA，分支跳转的目的地址 BTA，以及分支历史记录（两位饱和计数器，如分支跳转则计数器+1，否则−1，如 "11" 和 "10" 则表示预测为跳转，而 "01" 和 "00" 则表示不跳转）。取指时，同时检索 L1 Cache 和 BTB，如果在 BTB 中找到相关的指令地址与当前要读取的指令相同，且预测记录为要跳转，则按 BTB 中记录的 BTA 地址读取下一条指令送入流水线中，同时继续完成分支指令获得最终分支结果。如最终分支结果与预测相符，则分支预测技术可以在分支结果出来之前就提供可能的分支未来方向，避免了流水线的等待（停顿）。但如最终分支结果与预测不符合，那么将刷新 BTB 的有关记录，并进行分支误预测的恢复操作，这将耗费大量的时间，因此预测准确率显得尤为重要。

P6 及之后的处理器还引入了静态分支预测来解决 BTB 中没有记录的指令分支预测问题。静态分支预测算法如下：

- 预测无条件转移指令发生跳转。
- 预测向前分支的条件转移不发生跳转。
- 预测向后分支（往回跳）的条件转移发生跳转。

这样的预测规则非常适合程序中 do_while 型的循环结构。

2）乱序执行。乱序执行核心监视很多条指令，然后在不损失数据完整性的前提下，实时分析通过处理器的指令流来确定指令间的数据相关性，采用能充分发挥多个处理部件并行工作的指令顺序来执行。这个指令顺序可能和原始程序的不一样。

例如，有序的 3 条指令：①A = B + C；②P = A * 2；③Q = D − E。显然，指令②需要等到指令①的结果出来后才能计算出结果，因此①和②不能同时在两个执行部件中并行执行。但是指令③和①、②没有这样的依赖关系，所以可以让①和③同时进入到两个执行单元，而让②等待，这样执行顺序就和原来程序中的顺序不一样了。

为了实现乱序执行引擎，从 P6 开始，指令在流水线中译码后形成的微代码不再直接进入执行单元，而是到重排序缓冲（Reorder Buffer, ROB 中，之后被存到保留站（Reservation Station, RS）中，后续版本成为调度器（Scheduler）。执行单元由多个可并行操作的执行单元组成。调度器将那些操作数已准备好微代码，分派到能执行这些微代码并且当前空闲的执行单元中，而不考虑指令原来的顺序（即乱序执行）。执行完的微代码重新回到 ROB 中。顺序退出单元按照源程序的顺序，将执行完的微代码退出 ROB，必要的时候进行数据回写，这样，乱序执行的临时结果才成为永久结果。顺序退出单元同时也记录分支轨迹，将修改后的分支目标信息发送给 BTB。

3）推测执行。根据分支预测结果执行指令池中由动态数据分析之后重新排好序的指令流，而无须等待分支语句结果。由于程序流向是建立在分支预测基础上的，因此指令序列的执行结果也只能作为"预测结果"而保留。一旦证实分支预测正确，已提前建立的"预测结果"立即变成"最终结果"并及时修改机器的状态。显然，推测执行可保证处理器的超标量流水线始终处于忙碌状态，加快了程序执行的速度，从而全面提高了处理器的性能。

（6）多媒体 SIMD 指令扩展技术

从带有 MMX 技术的 Pentium 处理器开始，SIMD 计算技术以及多媒体 SIMD 指令扩展技术被引入到 IA-32 以及之后的 Intel 64 结构中。

所谓 SIMD 技术是指单指令流多数据流技术，也就是一条指令可以同时处理多个数据对，比如普通加法一次只能将两个整数相加，采用 SIMD 技术后，一条 SIMD 的加法指令可以同时将两组整数相加，每组整数中可能包含 2 个、4 个甚至 8 个 16 位整数。

IA-32/Ibtel 64 的多媒体 SIMD 指令扩展技术包含以下一些技术。

1）含 MMX 技术的 Pentium 处理器时代引入的 MMX 技术。

MMX 技术增加 57 条新指令和 8 个 64 位长的 MMX 寄存器。MMX 还针对 MMX 寄存器，定义 4 个新的数据类型，分别是紧缩字节（8 字节的数据紧缩在 MMX 寄存器中）、紧缩字（4 个字的数据紧缩在 MMX 寄存器中）、紧缩双字（2 个双字的数据紧缩在 MMX 寄存器中）以及 4 字（一个 4 位数据放在 MMX 寄存器中）。要注意，紧缩字节虽然是 64 位，但它们包含了 8 个单独的字节数据，紧缩字和紧缩双字也是同样的理解。

MMX 指令就是在 MMX 寄存器内的紧缩字节、紧缩字或紧缩双字整型数上执行 SIMD 操作。MMX 技术拥有积和运算功能以及饱和运算功能。积和运算用于向量计算和矩阵计算，这是多媒体数据处理中最常用的两种运算；饱和运算会在运算结果超出最大值时按最大值处理，低于最小值时按照最小值处理。

以下程序的例子：
Short a[MAX], b[MAX], c[MAX];
for(int i=0; i<MAX; i++)
    c[i] = a[i] + b[i];

图 1-8 给出了上述程序段不使用 SIMD 技术和使用 SIMD 技术的执行情况。

从图 1-8 可以看到，采用 SIMD 技术，每 4 个 16 位整数被打包紧缩到一个 MMX 寄存器中（紧缩字），每次循环可以同时处理 4 组数据，但不使用 SIMD 技术的只能处理一组数据。这样，SIMD 技术可以将算法速度提高到 4 倍。

2）SSE（Streaming SIMD Extensions）/SSE2/SSE3/SSE4 扩展。

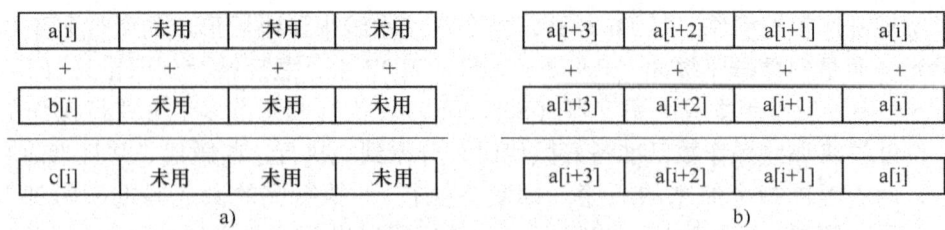

图 1-8 一段整形数组的循环运算中的一次循环
a) 不采用 SIMD 的运算 b) 采用 SIMD 的运算

SSE 在 Pentium Ⅲ 中引入，它包括 70 条 SSE 指令和 8 个 128 位的 XMM 寄存器。SSE 指令处理在 XMM 寄存器中的单精度浮点数和在 MMX 寄存器中的紧缩整数。其中的一些 SSE 指令是针对单精度浮点数据数组操作的应用程序，如三维几何运算、三维渲染、视频编码和解码应用程序。

SSE2 在 Pentium4 和 Xeon 中引入，144 条新增的 SSE2 指令处理在 XMM 寄存器中的紧缩双精度浮点数和在 MMX 与 XMM 寄存器中的紧缩整数。SSE2 整型指令增加了新的 128 位 SIMD 整型运算。

SSE3 扩展是在支持超线程的 Pentium 4 处理器中引入的。它提供 13 条指令来增强 SSE，SSE2 和 x87FPU 进行数学运算的性能。

SSE4 扩展提供 54 条指令，其中 47 条是 SSE4.1 指令，另外 7 条是 SSE4.2 指令。它们都提供了在媒体处理、文本/词法处理以及块加密/解密应用中的加速。

3）Intel 高级向量扩展（Advanced Vector eXtensions）。

Intel 64 结构的处理器支持四代的 SSE 扩展，并且将 XMM 寄存器的数量增加到了 16 个。

Intel 高级向量扩展（Advanced Vector Extensions）提供了超越前几代 SSE 类扩展的全面架构增强，主要表现在以下几点。

- 支持 256 位宽的向量和 SIMD 寄存器组（YMM 寄存器）。
- 256 位浮点指令集可获得 2 倍于 SSE 类扩展的性能。
- 指令支持 3 操作数文法，提高了指令编程的灵活性和新指令扩展的编码效率，也简化了高级语言表达的编译器向量化。
- 支持 256 位 AVX 代码，128 位 AVX 代码，传统 128 位代码和标量代码的灵活部署。

图 1-9 给出了各种 SIMD 指令扩展的寄存器安排和数据类型。

（7）融合图形处理单元 GPU

图形处理器（Graphics Processing Unit，GPU）的概念是 NVIDIA 公司在 1999 年发布 GeForce 256 图形处理芯片时首先提出来的。过去 GeForce 是辅助 CPU 进行图形处理的处理器，由于 GPU 在浮点运算、并行计算等方面可以提供数十倍乃至上百倍于 CPU 的性能，因此，GPU 通用计算技术迅速发展起来。

Intel 在推出 SandyBridge 微结构的时候，将新的图形核心融合进了与 CPU 同一个片中，形成了原生的异构多核结构。该图形核心与 CPU 均采用 32 nm 工艺；图形核心具有 12 个新设计的执行单元（EU），它们包含更大的寄存器文件，用以提高并行性和复杂着色的执行效率，EU 还改进了并行分支技术来提高面对深度嵌套条件下的并行化的效率；图形核心与

CPU 共享 L3 Cache，这样在 CPU 和图形核心之间的数据交换带宽更宽，延迟更小，也减少了对 DRAM 的访问；SandyBridge 利用 CPU 的电源管理，改善了图形核心的电源效率，获得了很好的整体电源管理。图形核心无论在媒体处理还是三维方面因为提供了大量的固定功能的硬件支持，使得在相同的热能耗下，性能得以显著的提升。

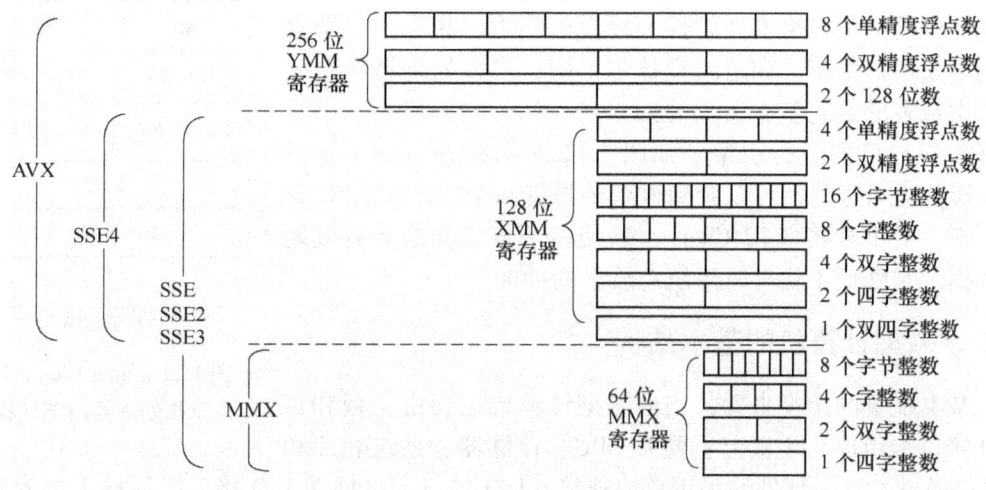

图 1-9　各种 SIMD 指令扩展的寄存器安排和数据类型

（8）超线程技术

超线程（Hyper-Threading，HT）技术是为了改进 IA-32 微处理器在执行多线程操作系统和应用程序，以及在多任务环境下执行单线程程序的性能而发展起来的。这项技术能够在一个物理封装处理器下让两个甚至多个线程并发地使用共享执行资源。

超线程技术让一个 IA-32 微处理器具有硬件多线程能力。从体系结构的观点，一个支持超线程的处理器由两个甚至更多的逻辑处理器组成，每个逻辑处理器都有它自己的 IA-32 结构状态（AS），这包括完整的一组 IA-32 数据寄存器、段寄存器、控制寄存器、调试寄存器和特殊模块寄存器（Model-Specific Register，MSR）中的大多数。

但超线程技术不同于多处理器系统。多处理器系统采用几个物理上完全独立封装的处理器，利用总线相连的方法，每个处理器都有自己完整的独享资源。超线程的几个逻辑处理器核封装在一个物理的 IA-32 微处理器中，所以它们除了拥有自己的结构状态外，还共享同一个物理封装内的 IA-32 微处理器的核心资源，这些资源包括执行引擎和系统总线接口。如图 1-10 所示是超线程与多 IA-32 微处理器系统的不同。

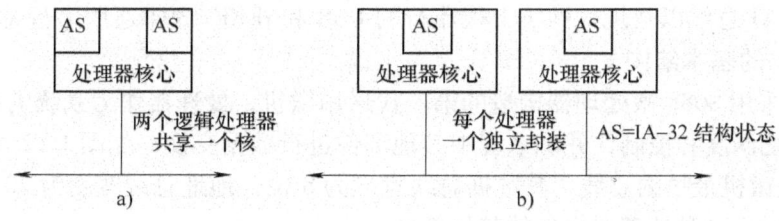

图 1-10　超线程与多 IA-32 微处理器系统的比较
a）支持 HT 的 IA-32 处理器　b）传统多 IA-32 处理器系统

（9）多核技术

超线程技术虽然为多线程的执行提供了硬件环境，但这种环境并不是完整独立的，几个逻辑处理器还需要共享执行引擎，这在一定程度上会影响系统的效率。而多核技术是另一种形式的硬件多线程方案，它通过在一个物理封装中提供两个或者多个完整的执行核来增强硬件多线程的能力，相当于一个紧耦合的多处理器系统。和超线程技术不同，多核处理器在单一处理器中封装的是完整意义上的独立执行核，它不仅有自己的AS，还拥有自己的执行引擎。如图1-11所示的是Intel Core 2 Duo内部结构示意图，可以看到该双核是将两个完整的CPU封装在一起，两个核共享L2 Cache，这使得两核之间能更有效地共享数据，它降低了访存时系统总线上的冲突。

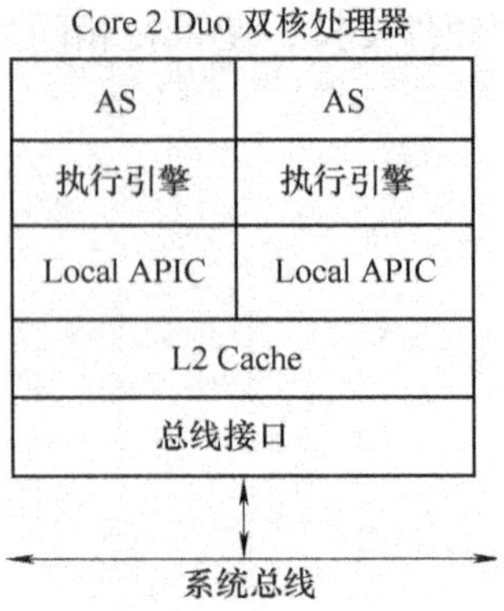

图1-11 Intel Core 2 Duo 双核处理器内部结构

二、微型计算机的基本结构

从基本配置的角度来看，当前微型计算机主要由主板和各类I/O接口卡组成。主板上主要有CPU、存储器、系统芯片和I/O接口插槽，这些部件均采用总线连接。I/O接口卡是插在I/O接口扩展槽上的附加设备的接口电路板，如附加的显示卡、声卡、视频卡、采集卡及网卡等。由于芯片集成度的提高，现在往往将显示卡、声卡和网卡等的功能集成到主板上的系统芯片甚至CPU中。

本节主要介绍PC/XT、IA-32和Intel 64系列系统的基本结构。

1. 3类总线构成微机系统

在一个微机系统中，各个部件通过总线连接起来，成为一个整体。按照总线的层次结构来分，可以将总线分为3类。

1) CPU总线也称为主总线（Host Bus）、片总线、元件级总线等。位于微处理器的内部，作为ALU和各种寄存器等功能单元之间的相互连接。现代微机系统中或者在一个很小的系统中，CPU总线也开始分布在CPU外，紧紧围绕CPU周围的一个小范围内，提供系统原始的控制和命令等信号，是微机系统中速度最快的总线。

2) 系统总线系统总线又称为I/O总线、内总线、板级总线等。它不仅在微机系统板上连接各个器件，也是用来与扩展槽上的各种扩展卡相连接的总线。比如，ISA总线和EISA总线等。

3) 通信总线也称为外部总线、外总线等，是微机系统之间或微机与外部设备之间进行通信的总线。如微机和微机之间可以使用RS-232/RE-485总线，微机和智能仪表之间可以使用IEEE-488/VXI总线以及现代微机上很流行的USB和IEEE 1394通用串行总线。

2. PC/XT的基本结构

PC/XT是采用8088微处理器构造的第一代通用微机，处理器作为系统的核心，通过PC总线进行全系统调度和控制，并和系统中其他部件进行数据交换，如图1-12所示。

PC总线是微机最早的总线，其数据总线宽度为8位，地址总线宽度为20位。

下面重点讨论除微处理器之外的其他部件。

（1）系统芯片

微型计算机系统是一个按时序工作的系统。系统除了微处理器、主存、总线和I/O设备以外，还应该有时序信号的发生、传送和控制的电路。另外微型计算机的运行离不开中断控制、内存存取控制、DMA 控制、总线控制、I/O 接口控制和数据传输电路，所有这些控制电路在整个系统中起着举足轻重的作用，支撑和协调着整个系统有条不紊的工作。这些控制电路就由系统芯片组成。PC/XT 的系统芯片主要有如下几种。

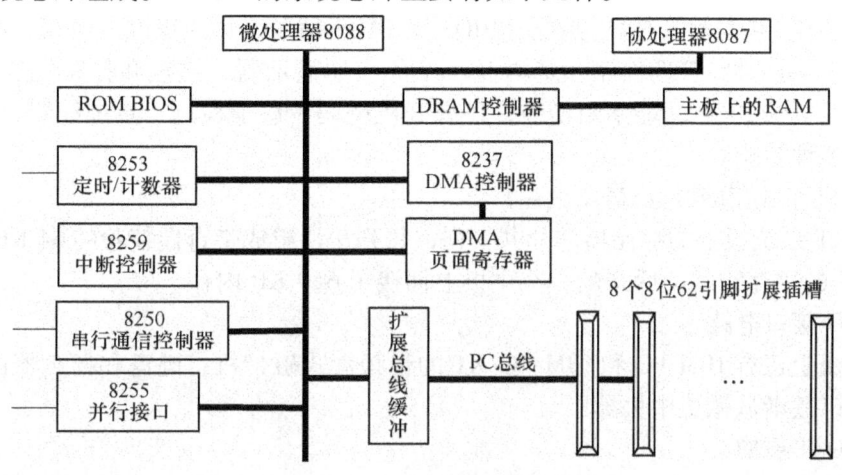

图 1-12 PC/XT 的基本结构

1) 8087 协处理器。PC/XT 微机采用的 8088 微处理器，可以工作在最小模式和最大模式。最小模式是单处理机方式，只允许 8088 接入系统；而最大模式下是多处理机方式，在这种方式下，除了 8088 外，系统可以配接浮点协处理器 8087，这样的配备可以使 PC/XT 的浮点运算速度提高大约 100 倍。

2) 可编程定时/计数器 8253/8254。8253/8254 具有 3 个 16 位的定时/计数通道。其中，通道 0 每 55 ms 向 CPU 发送一个时钟中断信号，系统利用这个时钟信号进行计数，用来计算时钟的时间；通道 1 用于动态存储器的刷新；通道 2 输出方波到扬声器，这个方波频率的持续时间可以由程序控制，使扬声器发出希望的音调并保持一定的时间。

3) DMA 控制器 8237。8237 有 4 个用于直接存储器存取的 DMA 通道。通道 0 用于动态存储器的刷新，通道 2 用于软盘与内存的 DMA 传送，通道 3 用于硬盘和内存间的 DMA 传送，通道 1 保留给用户。

4) 可编程中断控制器 8259。8259 用于 8 级中断优先权的控制，由它负责对外部的中断进行优先级排队，并将最高优先权的中断请求转发给微处理器。

5) 串行通信控制器 8250。8250 芯片是一个可编程串行异步通信接口芯片，可实现数据的"串行→并行"和"并行→串行"的转换，是串行数据通信的主要芯片。该芯片配上相关转换电路，为 PC/XT 提供了符合 RS-232 规范的串行通信接口。

6) 可编程并行接口 8255。PC/XT 的 8255 并行接口芯片工作在方式 0，有 3 个口。其中，A 口在开机自检的时候输出部件检测码，自检结束后又工作在输入状态，输入键盘的扫描码；B 口完成对键盘控制及检测 RAM 和 I/O 通道，还和 8253 的通道 2 一起控制扬声器发声。

除此以外，时钟信号发生与驱动器 8284 外接频率 14.31818 MHz 的石英晶振，输出系统需要的 14.31818 MHz 的 OSC 信号、4.77 MHz 的 CLK 信号和 2.387 MHz 的 PCLK。

（2）只读存储器（ROM）

PC/XT 的只读存储器（ROM）的容量为 64 KB。早期的机器在 F6000H～FDFFFH 中固化了 32 KB 的 Basic 解释程序，以后的机器上已经不再固化 Basic 解释程序。FE000H～FFFFFH 中固化了基本输入/输出系统（BIOS）。BIOS 是一组管理程序，包括上电自检程序、系统引导程序、日时钟管理程序和基本 I/O 设备（如显示器、键盘和打印机等）的驱动程序等。现代微机的 BIOS 功能不断增强，还有开机密码、病毒检测、系统配置、主板和 CPU 温度管理等多种功能。

（3）随机存取存储器 RAM（主存）

在 PC/XT 系统板上的存储器芯片共 4 列，每列 9 片组成带奇偶校验的 64 KB 内存。4 列构成 256 KB 的主存空间。后来的一些主板上插接了 640 KB 内存。

（4）I/O 接口电路

在系统板上还有 IBM PC 和 IBM PC/XT 的音频盒式磁带机、键盘和扬声器的接口电路。磁带机的接口逐渐从微机中去掉了。

（5）I/O 扩展槽

PC/XT 有 8 个 62 芯的 I/O 扩展槽，它符合 PC 总线的规范，可以插各种接口扩展卡，比如显示卡、硬盘卡等。利用这些插槽，用户能对微机的功能进行扩展，使微机具有更为广泛的应用。

3. 基于 3 芯片平台架构的微型计算机系统基本结构

随着超大规模集成电路的发展，芯片的集成度在不断提高，过去很多的接口电路都逐渐集成到了 2～3 片多功能系统芯片中，所以现代微型计算机的结构比早期的 PC 要简洁。而将这些系统芯片组合起来，称为芯片组。

IA-32 与 Intel 64 系列微型计算机尽管处理器型号多样，但从微型计算机基本结构上看，大多都采用了一种如图 1-13 所示的南北桥结构，南桥和北桥构成了一个芯片组，它们与 CPU 共同构成 3 芯片结构。

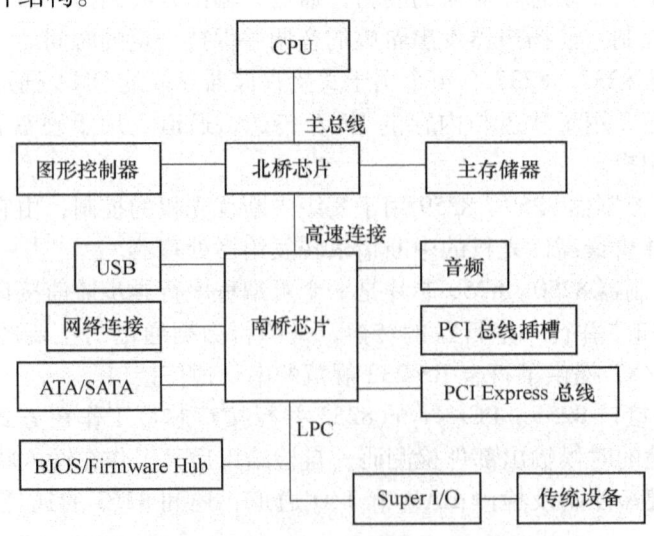

图 1-13　3 芯片平台架构微型计算机基本结构

北桥芯片一般是存储控制中心芯片（MCH），通常带有主存控制器和图形控制器接口。有些型号的北桥芯片甚至内部直接嵌入图形控制器，成为图形存储控制中心。另外，北桥芯片因为直接和CPU通过高速的主总线相连，所以还负责处理CPU与系统其他部件之间的信息交换。

南桥芯片是I/O控制中心，集成了诸如两个8259A可编程中断控制器、8254定时器/计数器、两个8237 DMA控制器、PCI总线控制器、PCI Express总线控制器、USB控制器、网络控制器、连接硬盘的SATA接口、音频编/解码器、USB主控制器、USB键盘与鼠标控制器等当前微型计算机上常用的设备接口部件和总线控制器。由于南桥所接的外设都属于高速外设，而南桥与北桥之间的连线又是这些设备和CPU进行信息交换的唯一通道，所以南北桥之间必须采用高速的连接总线才能不至于成为瓶颈。目前，Intel在其芯片组的南北桥之间采用了1 GB/s（双向2 GB/s）的直接媒体接口（Direct Media Interface，DMI）。

固件中心（Firmware Hub）通常是在ROM、E^2PROM或者Flash Memory中，它的功能不同厂家不完全一样，但都包括BIOS。前面介绍过，BIOS是机器的基本输入/输出系统，它由一组管理程序组成，包括上电自检程序、系统引导程序、日时钟管理程序和基本I/O设备（如显示器、键盘和打印机等）的驱动程序等。现代微型计算机的BIOS功能不断增强，还有开机密码、病毒检测、系统配置、主板和CPU温度管理等多种功能。有的固件中心还包括了一个可用于数字加密、安全认证等领域的硬件随机发生器。

南桥芯片通过LPC接口和Super I/O芯片相连，该芯片主要连接一些传统的慢速设备，比如串行口、并行口、PS/2键盘和鼠标、MIDI接口、游戏杆接口、软盘接口、红外接口等。

I/O插槽方面，除了常规的几个PCI插槽外，根据新技术的发展，主流插槽换成了PCI Express ×16插槽，并且拥有PCI Express ×1总线插槽。

4. 基于2芯片平台架构的微型计算机基本结构

2011年，Intel推出集成了存储控制器与图形处理器的基于SandyBridge微架构的Core i7处理器，使得原本由北桥完成的工作移到了处理器内，北桥芯片也就没有存在的必要了。因此Intel提出了2芯片平台的架构，即处理器＋PCH的微型计算机架构，其中PCH为平台控制中心（Platform Controller Hub），它汇集了南桥的所有功能，并通过DMI 2.0与处理器相接。

2芯片平台结构是今后主要的微型计算机系统结构，它使系统能获得更高的性能，更低的价格，也更容易验证。

三、芯片组的功能

芯片组由一组单功能或多功能的系统芯片组成，在微型计算机中起着非常重要的作用。
- 支撑和协调着整个系统有条不紊地工作。
- 决定微型计算机系统的存储器类型和接口类型。
- 决定微型计算机系统的总线类型，并对总线进行控制。
- 控制微处理器和外设之间的数据传送。
- 为微型计算机功能扩展提供接口和总线插槽。

四、微型计算机基本结构发展特点

微型计算机基本结构的发展主要呈现以下一些特点：

1）处理器性能不断增强。现代微型计算机使用的处理器大量使用如流水线、超标量、SIMD、分支预测、乱序执行、超线程、多核等新技术，性能和速度得以快速增强和提高。

2）系统芯片由规模小的单功能芯片组成的芯片组，发展为由多功能芯片组成的芯片组。早期的 PC 采用多个单一功能接口芯片（如 8259、8253、8237 等），芯片多、连线多，既影响速度，也使系统出错的概率变大；现在采用 2~3 片高集成度的多功能芯片，甚至原本在芯片组中的存储器控制器、图形处理器等集成进 CPU，使得系统平台架构更为简洁，主板更加微型化，而且也大大降低了系统出错的概率。

3）总线带宽变宽。系统总线由早期的 PC 总线发展到 16 位的 ISA 总线，经过多次发展（历史上还经历了 EISA 总线、MCA 微通道总线和 VL 总线等），除兼容以前的低速设备外，还广泛采用了速度更快、带宽更宽的 PCI 总线、PCI Express 总线等。

4）总线串行化趋势明显。由于串行总线在提高总线频率、传输距离和抗干扰等多个方面优于并行总线，所以目前大量串行总线在逐渐替代并行总线，如串行的 PCI Express 取代并行的 AGP 和 PCI 总线；SATA 总线替代 PATA 总线；SAS 总线替代 SCSI 总线，新的 USB 总线也采用了串行总线方式。

5）保持良好的兼容性。尽管处理器、支持芯片及总线接口都发生了变化，但是它们依然保持很好的兼容性，这包括体系结构上的向下兼容和指令系统的向上兼容。比如，Pentium 处理器兼容 8088/8086 的指令系统；新的芯片组也集成了兼容 PC/XT 的系统芯片，如 8259、8254 和 8237；现代微型计算机在接口的功能和地址访问等方面都兼容过去的 PC 系统，如串口、并口等。

思考题与练习题

1）微型计算机系统主要由哪两个子系统组成？它们分别又包含哪几部分？
2）总线在微型计算机中起什么作用？请简单叙述地址总线、数据总线和控制总线的特点和作用。
3）微型计算机系统为什么要配备软件？系统软件包括哪些？有什么作用？
4）衡量微型计算机系统性能的主要指标有哪些？
5）简述高级语言程序如何才能最终变成电路信号控制硬件工作。
6）总结一下 8088、80386、Pentium 微处理器的地址线、数据线的根数，以及这些微处理器物理地址的最大寻址范围。
7）请解释流水线和超标量两个概念，并请用生活中的例子解释流水线的好处。
8）动态执行技术包括哪几项内容？为什么指令可以乱序执行？
9）MMX 的技术特点是什么？
10）超线程技术和多核技术有什么异同点？它们可否共存于一个处理器中？
11）整机系统中，芯片组起何重要作用？
12）微型计算机基本结构发展的特点是什么？

第二章　8086 微处理器

学习目标：
本章主要介绍 8086 微处理器的内部结构、引脚信号、基本执行环境以及基本时序。
建议学时： 5 学时
教师导读：
在学习本章时，应注意如下几点：

1）本章内容是学好后续章节的基础，在学习过程中，对 8086 的内部结构、与接口有关的引脚信号、基本执行环境、时序等要着重加以理解和运用。

2）本章的重点是 8086 的基本执行环境、8086 的引脚信号，尤其是和接口有关的信号、8086 的基本读写时序。

3）本章的难点是 8086 的引脚信号，特别是和接口有关的信号、8086 的基本时序。

4）通过本章的学习，学生应掌握 8086 的基本执行环境、与接口有关的引脚信号以及常见的时序，为后续章节的学习打下良好的基础。

第一节　8086 的内部结构

8086 微处理器是 Intel 公司在 1978 年开发的。8086 均采用双列直插式封装（DIP），共有 40 个引脚。

一、8086 微处理器内部结构

微处理器 8086 是由算术逻辑单元 ALU、累加器、专用和通用寄存器、指令寄存器、指令译码器及定时和控制电路等组成。按照功能可以将 8086 的内部分成两个部分——总线接口单元（Bus Interface Unit，BIU）和执行单元 EU，8086 微处理器内部结构如图 2-1 所示。

1. 总线接口单元

总线接口单元 BIU 包括 4 个段寄存器、一个指令寄存器、一个与 EU 通信的内部暂存器、先入先出的指令队列、总线控制逻辑和一个用于计算 20 位实际物理地址的加法器 Σ。

BIU 的主要功能是负责与存储器及 I/O 接口传送信息。一方面，BIU 根据计算得到的地址从内存中取出将要执行的指令到指令队列中；同时，如果指令执行需要数据，BIU 还负责根据计算出的地址，通过总线到内存或者 I/O 端口中将数据取出，送到 EU 中；另一方面，EU 计算的结果如果需要存储到内存或者输出到 I/O 端口，则也是由 BIU 部件根据计算得到的地址将数据通过总线传到内存或 I/O 端口。

2. 执行单元

执行单元 EU 由 8 个通用寄存器和 1 个标志寄存器、算术逻辑单元 ALU 和 EU 控制系统电路组成。EU 的功能是执行指令。

EU 从指令队列中取出指令代码，将其译码，发出相应的控制信号。从内存或 I/O 端口通过总线和 BIU 来的数据以及从 EU 的通用寄存器中来的数据在 ALU 中进行算术和逻辑运算。运算结果的特征将影响到标志寄存器 FLAGS 的相关位。运算结果根据指令要求，存入通用寄存器或者通过 BIU 传送到内存或 I/O 端口。另外，EU 也负责计算内存地址，并将该地址传送给 BIU。由此可知，EU 负责所有指令的执行。

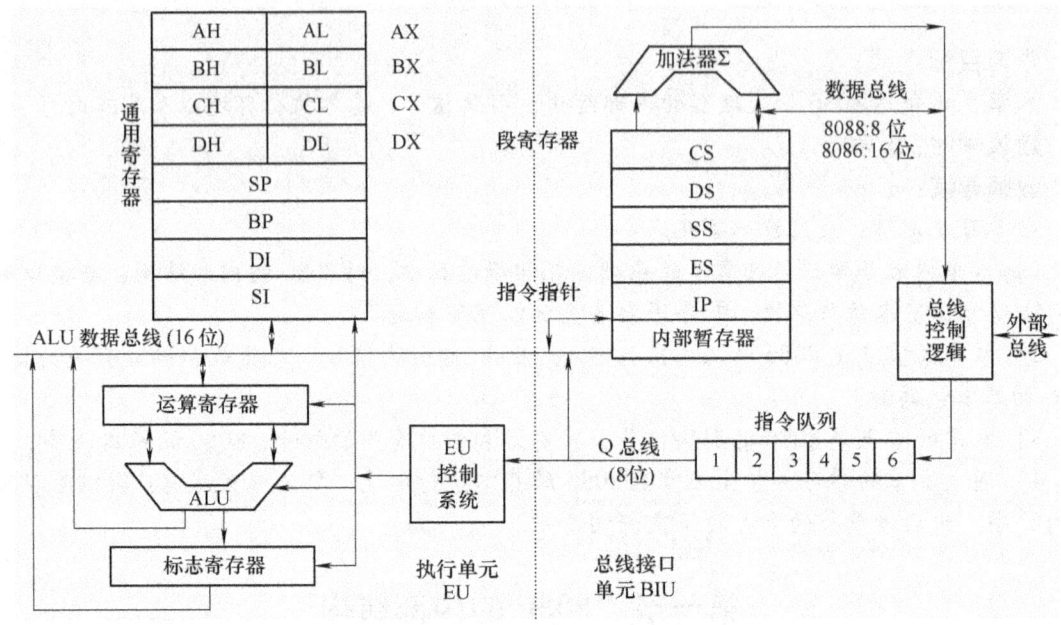

图 2-1　8086 微处理器内部结构

3. 总线接口单元与执行单元的配合

BIU 和 EU 虽然是 8086 处理器中的两个部件，但是它们之间是相互配合工作的。EU 会从指令队列中取出指令执行，由于 EU 从指令队列中将指令取走，指令队列会出现空字节，此时，BIU 就从内存中取出后续的指令代码放入队列中；当 EU 需要数据时，BIU 根据 EU 给出的有效地址计算出实际的 20 位物理地址，并从指定的内存单元或外设中取出数据供 EU 使用；运算结束以后，BIU 将运算结果送入指定的内存单元或外设。如果指令队列的所有字节全空，EU 就会等待直到有指令为止。通常，当 8088 的指令队列空出 1 字节、8086 的指令队列空出 2 字节的时候，BIU 就会自动执行一次取指令周期，将新指令送入队列。一般情况下，程序是顺序执行，如果遇到跳转指令，BIU 就使指令队列复位，从新地址取出指令，并立即传给 EU 去执行。

BIU 和 EU 这两个功能部件是能够相互独立工作的，再加上 BIU 中有指令队列作为缓冲，因此，在大多数情况下，取指令和执行指令是可以重叠进行的。也就是说，当 EU 在执行第一条指令的同时，BIU 可以去取第二条指令，而当 EU 在执行第二条指令的同时，BIU 可以去取第三条指令，……以此类推，如图 2-2 所示。由此可以看到，大部分时候取指令的时间被执行上一条指令的时间"隐藏"了起来。从宏观上看，BIU 和 EU 两个单元大部分情况下是在并行工作。

EU 和 BIU 并行工作，减少了 CPU 为取指令而等待的时间，提高了 CPU 的利用率，加快了整机的运行速度，另外也降低了对存储器存取速度的要求。

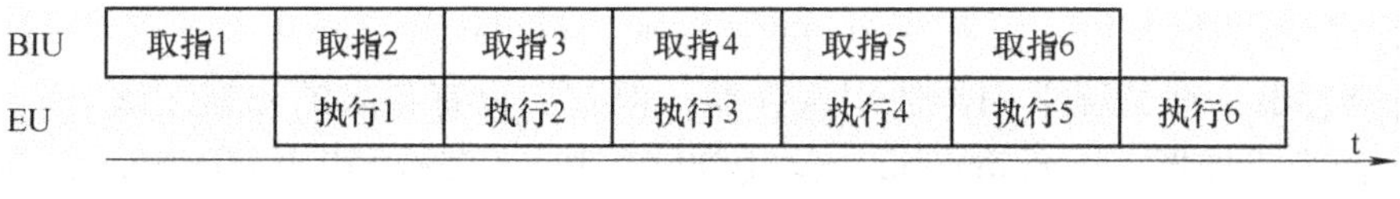

```
BIU  │取指1│取指2│取指3│取指4│取指5│取指6│
EU   │     │执行1│执行2│执行3│执行4│执行5│执行6│
                                                    → t
```

图 2-2　取指与执行指令的重叠进行

但这种并行也会遇到一个问题，当 BIU 正在取指令的时候，执行上一条指令的 EU 可能由于需要数据或输出运算结果而发出了对总线访问的请求，此时，BIU 要通过总线取指令，EU 也要让 BIU 通过总线取数据或者写数据，这显然造成总线的冲突。因此规定，EU 的总线访问请求必须在 BIU 取指令完毕后才会得到响应。

二、8088 和 8086 内部结构上的区别

Intel 8088 微处理器的内部结构实质上与 8086 基本相同，其内部也由 BIU 与 EU 两部分组成，两个部分也是并行工作。但两者在 BIU 上还是表现出以下区别。

1）8086 的指令队列有 6 字节，而 8088 的指令队列只有 4 字节。

2）8086 的指令队列空出 2 字节的时候，BIU 自动执行一次取指令周期。而 8088 是在指令队列空出 1 字节的时候自动执行一次取指令周期。

3）尽管 8086 和 8088 的内部数据总线都是 16 位，但是与 8086 的 BIU 相连的 CPU 外部的数据总线依然是 16 位，而与 8088 的 BIU 相连的 CPU 外部的数据总线只有 8 位，因此 8088 也称为准 16 位机。

第二节　8086 的基本执行环境

从程序员的角度，与编程直接相关的是 8086 的基本执行环境，这包括 8086 的各类寄存器、内存的组织形式、内存访问的地址确定等。8088 的基本执行环境和 8086 相同，因此本节重点讨论 8086 的基本执行环境。

本节内容是本章的重点之一。

一、8086 的内部寄存器

8086 内部有 14 个 16 位寄存器，按照它们的功能可以分为 4 类，即通用寄存器、段寄存器、指令寄存器和标志寄存器。

1. 通用寄存器

通用寄存器包括数据寄存器、地址指针寄存器和变址寄存器。

（1）数据寄存器 AX、BX、CX 和 DX

数据寄存器一般用于存放参与运算的数据或运算的结果。每个数据寄存器都是 16 位的寄存器，但这 4 个寄存器又可以将高 8 位、低 8 位分别作为独立的 8 位寄存器使用。它们的高 8 位分别记作 AH、BH、CH 和 DH，低 8 位分别记作 AL、BL、CL 和 DL。

【例 2-1】　已知 AX 寄存器中存放了一个 16 位的二进制数 1101101100101111B（B 是二进制数的后缀），问 AH 和 AL 中的值分别是多少？

解：由于 AH 寄存器是 AX 寄存器的高 8 位，因此 AH 中的值为 11011011B，由于 AL 寄

存器是 AX 寄存器的低 8 位，因此 AL 中的值为 00101111B。

这 4 个寄存器一般情况下用作通用寄存器，但它们也有各自的习惯用法。

1）AX 作为累加器（Accumulator）运用在字乘法、字除法和字 I/O 中，而 AL 则运用在字节乘法、字节除法、字节 I/O、十进制运算和查表转换中。在 I/O 指令中，AX 和 AL 分别放 16 位和 8 位的传送数据。

2）BX 作为基址寄存器（Base），主要用于查表转换和间接寻址时存放基址。

3）CX 作为计数寄存器（Count），多用于在串操作和循环中的计数器。

4）DX 作为数据寄存器（Data），在寄存器间接寻址的 I/O 中存放 I/O 端口号。在做双字长乘除法运算时，DX 与 AX 合起来存放一个双字长的数（32 位），其中 DX 存放高 16 位。

（2）地址指针寄存器 SP 和 BP

8086 有两个 16 位的地址指针寄存器：栈指针寄存器 SP（Stack Pointer）和基址指针寄存器 BP（Base Pointer）。SP 在栈操作的时候用于确定栈顶在内存中的位置。栈的实际位置需要由 SP 和栈段寄存器 SS 一起确定。BP 用来存放当前栈段的一个数据区的基地址，要注意的是，通用寄存器中的 BX 也是基址寄存器，但它存放的是当前数据段的一个数据区的基地址。作为通用寄存器，SP 和 BP 也能存放其他的数据。这两个寄存器只能用作 16 位寄存器。

（3）变址寄存器 SI 和 DI

SI 是源变址寄存器（Source Index），DI 是目的变址寄存器（Destination Index），常常用在变址寻址方式中存放变址地址。作为通用寄存器，SI 和 DI 也能存放其他的数据。这两个寄存器也只能用作 16 位寄存器。

2. 段寄存器 CS、SS、DS 和 ES

在 8086 存储系统中存放有不同类型的信息，8086 系统将这些不同的信息放在称为"段"的不同的内存区域中。最常见的逻辑段包括以下几个。

- 代码段，用于存放代码（指令）信息，代码将指示微处理器做何种操作。
- 数据段，用于存放数据信息，数据是代码处理的对象和结果。
- 堆栈段，用于暂时存放诸如返回地址或者中间结果的一个以"先入后出"为原则的存储区域。

所有对段的访问都需要得到段的基地址（首地址），而段寄存器正是用于存放段基址。

8086 中共有以下 4 个 16 位的段寄存器。

1）CS 称为代码段寄存器（Code Segment）。存放的是当前代码段的基址，BIU 取指令就是从当前代码段中获取。

2）SS 称为堆栈段寄存器（Stack Segment）。存放的是当前堆栈段的基址，所有对堆栈的操作都是对当前堆栈段的操作。

3）DS 称为数据段寄存器（Data Segment）。存放的是当前数据段的基址，在程序执行的时候访问存储器中的数据，通常访问的就是当前数据段。

4）ES 称为附加数据段寄存器（Extra Segment）。存放的是当前附加数据段的基址，在串操作的时候，目标串存放在当前附加数据段。

要注意的是，这 4 个段寄存器都只有 16 位的宽度，因此它们中存放的所谓"段基址"并不是 20 位的物理地址，需要通过一定的方式转换以后才能真正成为对应段的 20 位物理首地址。转换的方法参见下一小节。

3. 指令指针寄存器 IP

IP 称为指令指针寄存器（Instruction Pointer），用以存放预取指令在当前代码段中的偏移地址。所谓偏移地址，也称为有效地址（Effective Address，EA），是要访问的存储单元的地址到段首地址的地址差。CPU 从代码段中偏移地址为 IP 的内存单元中取出指令代码的一个字节后，IP 自动加 1，指向指令代码的下一字节。IP 不能直接读/写，而是由控制转移指令（JMP、Jcc、CALL 和 RET）、中断和异常间接地进行控制。

4. 标志寄存器 FLAGS

FLAGS 称为标志寄存器，它是 16 位寄存器，但只用其中的 9 位，这 9 位包括 6 个状态标志和 3 个控制标志，如图 2-3 所示。

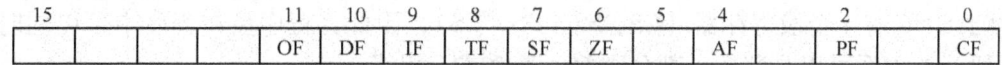

图 2-3　8086 标志寄存器 FLAGS

状态标志位记录了算术和逻辑运算结果的一些特征。不同指令对标志位的影响不同。

- CF——进位标志位。当算术运算结果的最高位发生进位或借位时，CF = 1，否则 CF = 0。这里所谓的最高位在字节数据中是 D7 位，字操作中是 D15 位。
- PF——奇偶标志位。当运算结果的最低字节中有偶数个 1 时，PF = 1，否则 PF = 0。
- AF——辅助进位位。在算术运算中，D3 位向 D4 位进位或借位时，AF = 1，否则 AF = 0。用于 BCD 码运算。
- ZF——零标志位。当运算结果为零时，ZF = 1，否则 ZF = 0。
- SF——符号标志位。当有符号数的运算结果的最高位为 1 时（结果为负数），SF = 1，否则 SF = 0。
- OF——溢出标志位。当有符号数的算术运算结果超出了有符号数的有效范围，即溢出时，OF = 1，否则 OF = 0。8 位带符号数范围是 – 128 ~ + 127，16 位带符号数的范围是 – 32768 ~ + 32767。

下面 3 个是控制标志位。控制标志设置后便对其后的操作产生控制作用。

- TF——跟踪标志位。TF = 1 时，CPU 处于单步执行指令的工作方式，这种方式便于进行程序的调试。每执行一条指令后，自动产生一次内部中断，从而使用户能逐条指令地检查程序中指令执行后的结果。
- IF——中断允许标志位。IF = 1 时，CPU 可以响应可屏蔽中断请求；IF = 0 时，CPU 禁止响应可屏蔽中断请求。IF 的状态对不可屏蔽中断及内部中断没有影响。
- DF——方向标志位。DF = 1 时，数据串操作按地址递减方式进行。也就是说，从高地址开始，每操作一次地址减小一次（如果是字节串操作地址每次减 1，如果是字串操作地址每次减 2）。DF = 0 时数据串操作按地址递增方式进行。

二、8086 的存储器管理

1. 存储器分段

通常存储器中以 1 字节的存储区域作为一个内存单元。8086 有 20 条地址线，最大内存容量为 1 MB（1M = 2^{20}）。因此，一共有 2^{20} 个物理内存单元，任何一个内存单元都有一个 20 位的地址，称为内存单元的物理地址。

由于 8086 的内部结构是 16 位的，其运算数据宽度和寄存器的宽度都是 16 位的，无法直接计算获得 20 位地址，也无法在寄存器中存放 20 位地址，而 16 位地址的寻址范围只有 64 KB（64K = 2^{16}）。为了解决 1 MB 的寻址范围，8086 的存储管理采用了内存分段的办法，1 MB 内存分为若干段，段的大小根据需要决定，最大为 64 KB。每个段的第一个字节的物理地址称为起始物理地址，该地址均采用 16 的倍数，这样能保证该地址的低 4 位全为 0。起始物理地址的高 16 位称为段基址，放入段寄存器中。段内某内存单元的物理地址相对于段起始地址的位移量称为段内偏移地址或有效地址（EA）。由于一个段最大为 64 KB，故偏移地址只用 16 位二进制表示即可。

由于 8086 有 4 个段寄存器（CS、SS、DS、ES），因此，程序员在程序中可以同时使用 4 段，段间的关系可以是邻接、部分重叠、重叠或不相邻。

2. 逻辑地址与物理地址

通常，将分段后的段基址和偏移地址称为内存单元的逻辑地址，而将内存单元实际的 20 位地址称为内存单元的物理地址。逻辑地址一般表示为"段基址：偏移地址"的形式，比如一个内存单元的段基址是 6417H（H 是十六进制数的后缀），段内偏移地址是 0100H，则该单元的逻辑地址写为 6417H：0100H。程序员在编程的时候使用的是逻辑地址。

然而，要访问存储器中的数据，必须给出其在存储器中的物理地址。

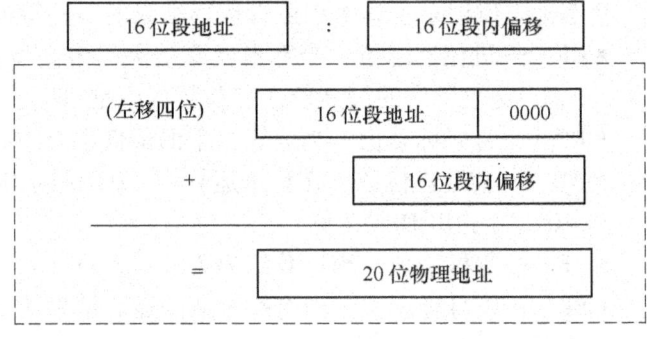

图 2-4 逻辑地址转换为物理地址

CPU 根据逻辑地址确定物理地址的方法为将段基址左移 4 个二进制位（相当于乘以十进制的 16，十六进制的 10H），然后与偏移地址相加便得到内存单元的 20 位物理地址，如图 2-4 所示。也就是：

$$物理地址 = 段基址 \times 10H + 偏移地址$$

【例 2-2】 若某内存单元处于数据段中，DS 的值为 6417H，偏移地址为 0100H，问该单元的物理地址是多少？

解：这个单元的物理地址为 6417H × 10H + 0100H = 64170H + 0100H = 64270H。

要注意的是，由于物理地址的计算方法是确定的，因此同一个物理地址可以由不同的段基址和偏移地址组成。如逻辑地址 6407H：0200H 和 6320H：1070H 的物理地址也都是 64270H，也就是说，一个内存单元的物理地址是唯一的，但其逻辑地址却不唯一，大家在实际编程的时候要注意这个问题。

3. 多字节数据的存放

上面讲到过内存单元是指在内存中存放 1 字节（8 个二进制位）内容的存储单元，也就是说，8086 的 1 MB 存储空间是按照字节编址的。但是，在实际操作中操作数可能是一个字（双字节）或一个双字（4 字节），这些多字节操作数在 8086 存储系统中采用小端存储法，也就是低字节放在低地址、高字节放在高地址。我们通常所说的这些多字节数据的地址，是指它们所有字节中最低字节的地址。

【例 2-3】 在 3000H:2DA0H 地址存放了一个 32 位的双字数据，值为 12345678H，请问该数中 34H 所在的内存单元的物理地址是多少？

解： 由于多字节数据地址是最低字节地址，小端存储，因此，12345678H 这个数所占用的 4 字节的逻辑地址和每字节存放的数据如图 2-5 所示。从图上可以看出 34H 所在的存储单元的逻辑地址是 3000H:2DA2H，按照逻辑地址到物理地址的转换方法，可以得到物理地址是 3000H×10H+2DA2H=32DA2H。

3000H:2DA0H	78H
3000H:2DA1H	56H
3000H:2DA2H	34H
3000H:2DA3H	12H

图 2-5　12345678H 的存放

4. 段、段寄存器和偏移地址的默认关系

段基址是放在段寄存器（CS、SS、DS、ES）中，而段内偏移地址则有可能是一个常数，也可能是放在某个寄存器（BX、SI、DI、SP、BP、IP）中，还有可能是寄存器的值与常数的组合。在默认的情况下，段、段寄存器和偏移地址三者之间的默认关系如表 2-1 所示。

表 2-1　段、段寄存器和偏移地址（有效地址）默认关系表

段	默认段寄存器	偏移地址（有效地址）	用　　途
代码段	CS	IP	取指令
堆栈段	SS	SP 或 BP	涉及堆栈操作或以 BP 作为地址指针寄存器访问存储器数据
数据段	DS	BX、SI、DI、一个 8 或 16 位常数	访问存储器中数据，以 BP 作为地址指针寄存器时除外
附加数据段	ES	DI	串操作中的目的串

第三节　8086 的引脚信号

在微机系统和微机应用系统的分析与设计时，理解微处理器芯片的引脚功能是很重要的。

本节也是本章的重点和难点之一。

1. 8086 的工作方式

8086 有两种基本的工作方式：最小方式和最大方式。

最小方式是指在系统中只有 8086 一个微处理器，系统中的所有总线控制信号都直接由 8086 产生，因此整个系统中的控制线路最简单。因为本课程实验采用 8086 最小方式，所以本书主要介绍最小方式。

最大方式是相对于最小方式而言的，指系统中含有两个或两个以上的总线主设备，其中一个就是 8086，它为主处理器，其他都是协处理器。在 8086 系统中与其配合的协处理器有数值运算协处理器 8087 和输入/输出协处理器 8089。PC 采用了最大工作方式。

8086 工作在何种方式，完全由硬件决定。当微处理器引脚的 MN/$\overline{\text{MX}}$ 接高电平时，工作在最小方式，接低电平（地）时，则工作在最大方式。

2. 8086 的引脚

8086 外部采用 40 引脚双列直插式封装。如图 2-6 所示是 8086 引脚图，括号内为最大方式下引脚的定义。

8086 芯片的各类信号线包括 20 根地址线、16 根（8086）数据线及控制线、状态线、时钟线、电源线和地线等，总数大大超过了 40 根线。因此，为满足封装的要求，部分引脚必须采用一线多用的办法。

注意，在本书所列信号中，信号名上有短横线或者信号名后面带#后缀，表明该信号低电平有效。比如$\overline{INTA}$、IRDY#等。

（1）8086 最大方式和最小方式下公共引脚

- VCC 电源。8088 采用 ±10% 单一 +5V 电源。
- AD15 ~ AD0 为地址/数据复用线（Address/Data Bus），双向工作。在总线周期开始的 T1 周期，作为 20 位地址总线的低 16 位发送地址信息。在总线周期的其他 T 周期，作为数据线读/写 16 位数据。
- A19/S6 ~ A16/S3 为地址/状态复用输出线（Address/Status）。S6 恒等于 0；S5 表明中断允许标志位的状态，S5 = 1 表明 CPU 可以响应可屏蔽中断的请求，S5 = 0 表明 CPU 禁止一切可屏蔽中断；S4 和 S3 的组合表明当前正在使用的段寄存器，详见表 2-2。

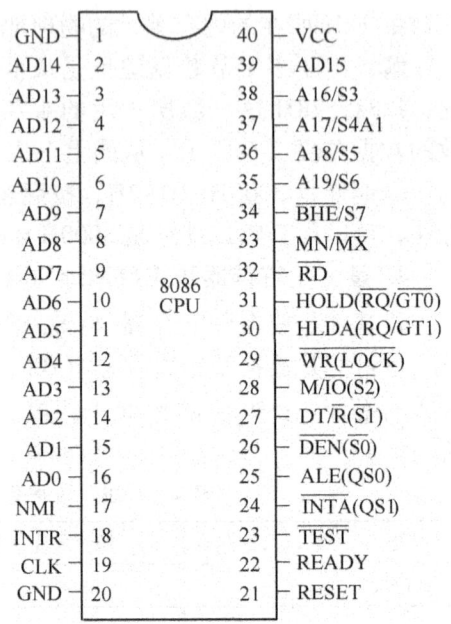

图 2-6 8086 引脚

表 2-2 S4 和 S3 的组合所代表的正在使用的寄存器

S4	S3	当前正在使用的寄存器	S4	S3	当前正在使用的寄存器
0	0	ES	1	0	CS 或未使用任何段寄存器
0	1	SS	1	1	DS

- NMI 为非屏蔽中断申请输入线（Non-Maskable Interrupt）。非屏蔽中断申请输入信号必须是一个由低到高的上升沿，这类中断是一种不可用软件屏蔽的中断。
- INTR 为可屏蔽中断申请输入线（Interrupt Request）。可屏蔽中断申请信号高电平有效，这类中断可用软件屏蔽。
- CLK 为时钟输入线（Clock）。该引脚接至时钟发生器 8284 集成电路的输出线，由 8284 提供 8088 所需的 4.77 MHz、33% 占空比（即 1/3 周期为高电平，2/3 周期为低电平）的系统时钟信号。
- RESET 为系统复位信号输入线。RESET 信号高电平有效，8086 要求该信号的有效时间至少为 4 个时钟周期。接通电源或按 RESET 键，都可产生 RESET 信号。CPU 接收到 RESET 信号后，立即停止当前操作，完成内部的复位过程，恢复到机器的起始状态，即 CS = FFFFH，而 IP、DS、ES、SS 以及标志寄存器 FLAGS 清零，指令队列清空。由于复位后，CS:IP = 0FFFFH:0000H，所以 PC 开机或复位后，都会自动从这个地址开始取指令。
- READY 为"准备好"信号输入线。准备好信号是由被访问的内存或 I/O 设备发出的响应信号，高电平有效。当其有效时，表示内存或 I/O 设备已准备好，CPU 可以进行数据传送。若内存或 I/O 设备还未准备好，则使 READY 信号为低电平。CPU 采集到低电平的 READY 信号后，自动插入 1 个至多个等待周期 T_w，直到 READY 变为高电平后，CPU 才脱离等待状态，完成数据传送过程。
- $\overline{\text{TEST}}$ 为测试信号输入线。当 CPU 执行 WAIT 指令时，每隔 5 个时钟周期对 $\overline{\text{TEST}}$ 引脚进行一次测试。若为高电平，CPU 就仍处于空转状态进行等待，直到 $\overline{\text{TEST}}$ 引脚变为低电平，CPU 结束等待状态，执行下一条指令，以使 CPU 与外部硬件同步。
- $\overline{\text{RD}}$ 为读信号输出线（Read）。读信号是一个低电平有效的输出信号，当 $\overline{\text{RD}}$ 为低电平时，表明 CPU 正在对内存或外设进行读操作。
- MN/$\overline{\text{MX}}$ 为最小/最大方式控制信号输入线（Minimum/Maximum Mode Control）。该引脚接至高电平，8086 工作在最小方式；该引脚接至低电平，8086 工作在最大方式。
- $\overline{\text{BHE}}$/S7 为总线高允许/S7 状态输出（Bus High Enable/S7）。是高 8 位数据总线允许信号。这是因为 8086 有 16 条数据线，它可以传送一个字，也可以用高 8 位数据线或低 8 位数据线传送 1 字节。在总线周期开始的 T1 周期，作为总线高 8 位允许信号，低电平有效。在总线周期的其他 T 周期，该引脚输出状态信号 S7。实际上，S7 是预留的，未被定义。$\overline{\text{BHE}}$/S7 与 AD0 的不同组合对应了不同的操作，见表 2-3。

表 2-3　$\overline{\text{BHE}}$/S7 与 AD0 的不同组合对应的操作

$\overline{\text{BHE}}$/S7	AD0	有效的数据引脚	操　作
0	0	AD15 ~ AD0（一个总线周期同时访问奇体和偶体，从奇地址单元读/写数据的高 8 位，从偶地址单元读/写数据的低 8 位）	从偶地址读/写一个字
1	0	AD7 ~ AD0	从偶地址读/写 1 字节
0	1	AD15 ~ AD8	从奇地址读/写 1 字节
0 1	1 0	AD15 ~ AD8（第一个总线周期从奇地址读写字数据的低 8 位） AD7 ~ AD0（第二个总线周期从偶地址读写字数据的高 8 位）	从奇地址读/写一个字

（2）最小方式下的引脚

8086 最小方式的基本配置如图 2-7 所示，系统主要由 8086CPU、时钟发生器 8284、地址锁存器及数据总线收发器组成。

由于地址与数据、状态线分时复用，因此系统中需要地址锁存器将地址锁存。数据线连至内存及外设，负载大，需用数据总线收发器做驱动。而控制总线一般负载较轻不需要驱动，故直接从 8086 引出。

最小方式下第 24 ~ 第 31 引脚信号简介如下：
- $\overline{\text{INTA}}$ 为中断响应信号输出线（Interrupt Acknowledge）。中断响应信号低电平有效，当 CPU 响应外设中断申请时，发出两个连续有效的 $\overline{\text{INTA}}$ 信号。
- ALE 为地址锁存允许信号输出线（Address Latch Enable）。地址锁存允许信号是 8086 提供给地址锁存器的控制信号，高电平有效。

- $\overline{\text{DEN}}$ 为数据允许信号输出线（Data Enable）。CPU 发出的数据允许信号作为数据总线收发器的输出允许信号。当 CPU 处于 DMA 方式时，此线浮空。
- $DT/\overline{R}$ 为数据发送/接收信号输出线（Data Transmit/Receive）。该信号用来控制数据总线收发器的传送方向。该引脚为高电平，CPU 向内存或 I/O 端口发送数据；该脚为低电平，CPU 从内存或 I/O 端口接收数据；当 CPU 处于 DMA 方式时，$DT/\overline{R}$ 被置为浮空态。
- $M/\overline{\text{IO}}$ 为存储器/输入和输出控制线（Memory/Input and Output）。该引脚为高电平时，表示 CPU 正与内存进行数据传输；当其为低电平时，表示 CPU 正与 I/O 端口进行数据传送；当 CPU 处于 DMA 方式时，此线浮空。

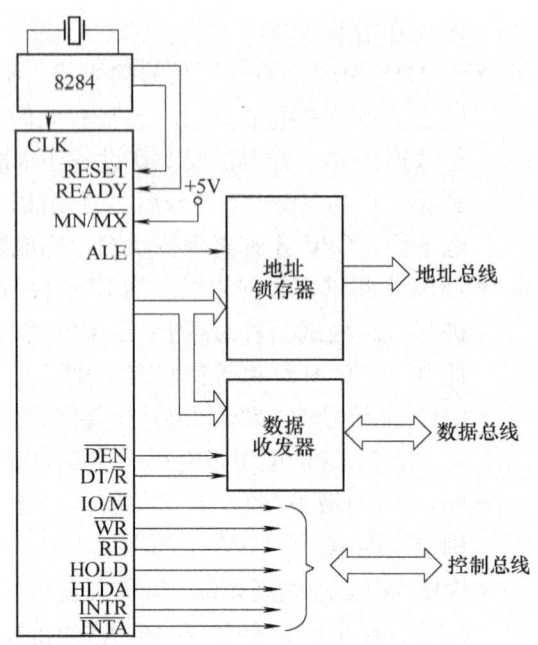

图 2-7 8086 最小方式下的基本配置

- $\overline{\text{WR}}$ 为写信号输出线（Write）。该引脚低电平表明 CPU 正在对内存或 I/O 端口进行写操作。当 CPU 处于 DMA 方式时，该信号置为浮空态。$M/\overline{\text{IO}}$、$\overline{\text{WR}}$ 和 $\overline{\text{RD}}$ 信号的组合，对应的操作及 8086 指令之间的关系如表 2-4 所示。
- HOLD 为总线保持请求信号输入线（Hold Request）。当 8086CPU 外的总线主设备要求占用总线时，通过该引脚向 CPU 发一个高电平的总线保持请求信号。

表 2-4 $M/\overline{\text{IO}}$，$\overline{\text{WR}}$ 和 $\overline{\text{RD}}$ 信号的组合和对应的操作

$M/\overline{\text{IO}}$	$\overline{\text{WR}}$	$\overline{\text{RD}}$	对应的操作	相关的指令举例
0	0	1	写 I/O 端口	OUT 43H, AL
0	1	0	读 I/O 端口	IN AL, DX
1	0	1	写内存	MOV [BX], AX
1	1	0	读内存	MOV AX, [1234H]
X	0	0	无效信号	—
X	1	1	非存储器或 I/O 读写操作	MOV AX, BX

- HLDA 为总线保持响应信号输出线（Hold Acknowledge）。当 CPU 接收到 HOLD 信号后，便发出高电平有效的 HLDA 信号给以响应。此时，CPU 让出总线控制权，发出 HOLD 请求的总线主设备获得总线的控制权。

（3）最大方式下的引脚

8086 最大方式的基本配置如图 2-8 所示。

比较最大方式和最小方式的基本配置图可以看出，最大方式和最小方式有关地址总线和数据总线的电路部分基本相同，即都需要地址锁存器及数据总线收发器，而控制总线的电路部分有很大的差别。在最小方式下，控制总线直接从 8086 得到，不需外加电路；最大方式

是多处理器方式，需要协调主处理器和协处理器的工作。因此，控制总线不能直接从 8086 引脚引出而需外加总线控制器 8288。

下面介绍最大方式下有关引脚的定义。

- QS1 和 QS0 为指令队列状态输出线（Instruction Queue Status）。QS1 和 QS0 两个信号电平的不同组合指明了 8086 内部指令队列的状态，当 QS1QS0 为 00、01、10 和 11 的时候，分别代表指令队列无操作、从指令队列的第一字节中取走代码、队列为空和除第一字节外还取走了后续字节中的代码。

- $\overline{S2}$，$\overline{S1}$ 和 $\overline{S0}$ 为总线周期状态信号输出线（Bus Cycle Status）。低电平有效的 3 个状态信号连接到 8288 总线控制器的输入线，8288 对这些信号进行译码后产生内存及 I/O 端口的读/写控制信号。3 个状态信号的代码组合、对应的操作及 8288 产生的控制信号见表 2-5。

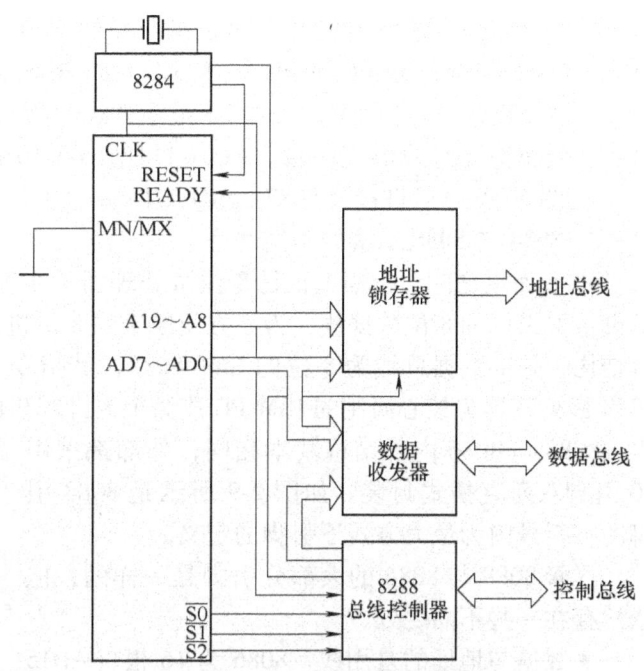

图 2-8 8086 最大方式下的基本配置

表 2-5 $\overline{S2}$，$\overline{S1}$ 及 $\overline{S0}$ 的组合与相应操作

$\overline{S2}$ $\overline{S1}$ $\overline{S0}$	对应的操作	8288 产生的控制信号	相关的指令举例
000	发中断响应信号	$\overline{INTA}$	无
001	读 I/O 端口	$\overline{IROC}$	IN AL, DX
010	写 I/O 端口	$\overline{IOWC}$ 和 $\overline{AIOWC}$	OUT DX, AL
011	暂停	无	NOP
100	取指令	$\overline{MRDC}$	无
101	读内存	$\overline{MRDC}$	MOV AX, [1234H]
110	写内存	$\overline{MWTC}$ 和 $\overline{AMWC}$	MOV [BX], AX
111	无效	无	无

对于表中的前 7 种情况，$\overline{S2}$ $\overline{S1}$ $\overline{S0}$ 三个状态信号中至少有一个为有效的低电平，每一种情况都对应一种总线操作。而第 8 种情况，$\overline{S2}$ $\overline{S1}$ $\overline{S0}$ 皆为高电平，此时一个总线过程就要结束，另一个新的总线周期还未开始，通常称这种状态为无效状态。

- $\overline{LOCK}$ 为总线封锁信号输出线。当 $\overline{LOCK}$ 信号为低电平时，系统中其他的总线主设备不能获得系统总线的控制权。$\overline{LOCK}$ 信号由前缀指令 LOCK 产生，LOCK 指令后面的一条指令执行完后，$\overline{LOCK}$ 信号失效。另外，在 DMA 期间，$\overline{LOCK}$ 浮空。

- $\overline{RQ}/\overline{GT0}$ 和 $\overline{RQ}/\overline{GT_1}$ 为总线请求信号输入/总线请求允许信号输出线（Request/Grant）。

这两个信号端可供 8086 以外的两个总线主设备向 8086 发送使用总线的请求信号$\overline{RQ}$（相当于最小方式时的 HOLD 信号）。而 8086 在现行总线周期结束后让出总线，发出总线请求允许信号$\overline{GT}$（相当于最小方式时的 HLDA 信号），此时，外部的总线主设备便获得了总线的控制权。$\overline{RQ}/\overline{GT1}$ 比 $\overline{RQ}/\overline{GT0}$ 的优先级高。在 IBM PC 及 PC/XT 中，8086 的 $\overline{RQ}/\overline{GT1}$ 接至 8087 的 $\overline{RQ}/\overline{GT0}$ 端。

3. 8088 与 8086 引脚的不同之处

8086 面世之际，市面上正是 8 位微处理器为主流处理器的时候，因此，当时所有的外部设备群采用的 8 位数据线，为了方便原来的 8 位机用户，1979 年 Intel 公司推出了内部 16 位结构、外部数据总线为 8 位的 Intel 8088，其指令系统和 8086 兼容。IBM 公司利用 Intel 8088 微处理器为核心研制的 IBM PC 成为个人计算机的主流机种之一。

8088 与 8086 内部结构基本相同，外部都采用 40 引脚双列直插式封装。如图 2-9 所示是 8088 引脚图，括号内为最大方式下引脚的定义。

尽管 8088 与 8086 的大部分引脚是一样的，但依然存在一些不同之处。

- 数据与地址的复用线，8086 为 16 根（AD15~AD0），而 8088 为 8 根（AD7~AD0）。正是由于 8088 对外数据线只有内部数据线的一半，每次只能传输一半的数据，所以，8088 称为准 16 位结构的微处理器。
- 8088 和 8086 的第 28 引脚的功能是相同的，都是输入和输出/存储器控制输出线，但有效电平的高低定义不同，8086 的第 28 引脚为 M/$\overline{IO}$，而 8088 的第 28 脚为 IO/$\overline{M}$，电平与 8086 正好相反。

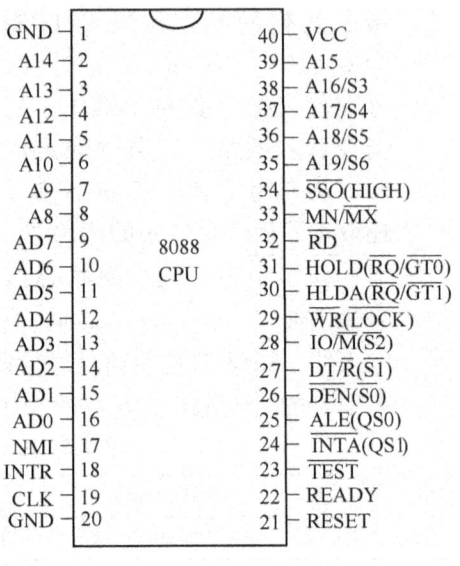

图 2-9　8088 引脚

- 8088 和 8086 的第 34 引脚有所不同。8086 定义为$\overline{BHE}$/S7，而在最小方式下，8088 第 34 引脚为$\overline{SSO}$（System Status Output）是系统状态信号输出线。在最大方式下，8088 的第 34 引脚保持高电平。

第四节　8086 的基本时序

一、时钟周期、总线周期和指令周期

计算机是在时钟脉冲 CLK 的统一控制下，一个节拍一个节拍地工作。这个时钟脉冲由时钟振荡器产生，每两个时钟脉冲上升沿之间的时间间隔称为 T 状态，也称为时钟周期（Clock Cycle）。时钟周期是微处理器动作的最小时间单位。比如在 8086 的时钟频率为 5 MHz，则时钟周期（T 状态）为 200 ns。

8086CPU 与外部交换信息是通过总线进行的，CPU 通过总线与存储器或输入/输出端口进行一次数据传输所要花费的时间称为一个总线周期（Bus Cycle）。对于 8086CPU 来说，与

存储器或输入/输出端口存/取一个字或者一字节就需要一个总线周期。一个总线周期通常包含几个时钟周期。比如，在8086中每个总线周期通常包含4个时钟周期。

执行一条指令所需要的时间称为指令周期（Instruction Cycle）。由于指令是不等长的，最短的指令只需要1字节，大部分指令是2字节，而各种不同寻址方式又可能要附加几个字节，因此不同指令的指令周期也不等长。显然，在指令的执行阶段，不同的指令需要有不同的总线周期数，有的只需要一个总线周期，而有的可能需要若干个总线周期，自然每条指令的时钟周期数也就有多有少。比如，8086中最长的指令可能要6字节。指令的最短执行时间是两个时钟周期，一般的加、减、比较和逻辑操作是几十个时钟周期，最长的为16位数乘除法约要200个时钟周期。

图2-10是8086一个基本总线周期的时序图，其中A19～A16是地址线。AD16～AD0是地址数据复用线，ALE是地址锁存信号，M/$\overline{\text{IO}}$为低电平则是对I/O操作，高电平是对存储器操作，$\overline{\text{WR}}$是写有效信号，$\overline{\text{RD}}$是读有效信号，M/$\overline{\text{IO}}$、$\overline{\text{WR}}$和$\overline{\text{RD}}$的组合决定了是对I/O还是对存储器的写或者读操作。

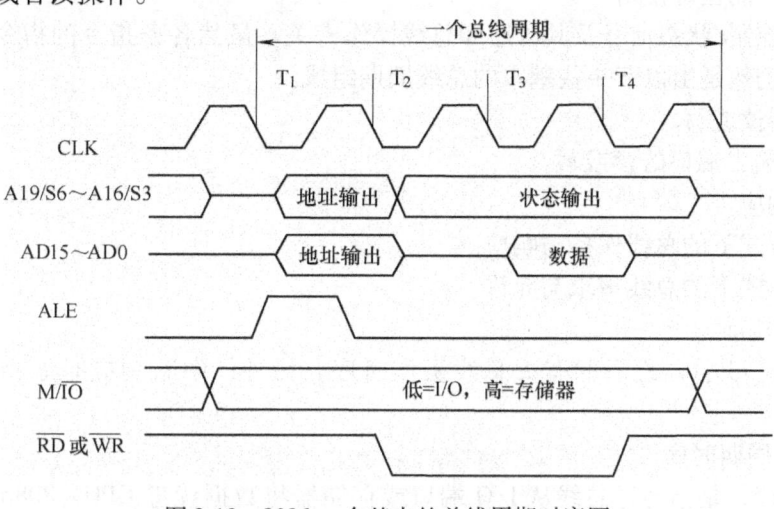

图2-10　8086一个基本的总线周期时序图

从图2-9中可以看到一个基本指令周期由4个时钟周期（T状态）组成。

1）T_1周期20位地址输出，同时ALE发出锁存信号锁存20位地址，M/$\overline{\text{IO}}$输出正确状态。

2）T_2周期地址高4位输出状态编码，$\overline{\text{WR}}$和$\overline{\text{RD}}$输出正确状态。

3）T_3周期地址数据复用线上出现16位数据。

4）T_4周期前沿（下降沿）CPU获取数据（如果是读操作）之后，所有信号撤除。

如果I/O接口或存储器来不及处理数据，可以在T_3周期之后插入一个等待时钟T_w，CPU在该时钟周期检查READY信号，如果该信号无效，则继续插入一个T_w，直到READY有效才进入T_4时钟周期。READY由存储器或者I/O接口发出。

微处理器每条指令都有自己的固定时序，将在后续相关章节中介绍微处理器I/O读写的时序以及一些总线操作的读写时序。了解CPU的时序，对于微机系统设计人员和使用人员都同样的很重要。这主要表现在：

1）当 CPU 与存储器以及 I/O 端口连接时，要考虑如何正确地实现时序上的配合。

2）当微机应用于实时控制时，必须估计或计算 CPU 完成操作所需要的时间，以便与控制过程配合。

3）了解时序有利于深入了解指令的执行过程。

4）了解时序有利于利用汇编编写核心代码的时候，选用适当的指令，以尽量缩短指令的存储空间和指令的执行时间。

二、8086 的基本时序

指令在 CPU 中被译码以后，产生各种控制信号，这些控制信号有些是控制 CPU 内部各个部件（如 ALU 等）进行操作，有些被引出到 CPU 的外部，控制外部部件或设备操作，另外还有些从外设中出来的控制或状态信号进入到 CPU 中，影响到 CPU 的操作流程。微机系统使用者应该对这些 CPU 向外的控制信号和外部进入 CPU 的控制或状态信号及其时序关系有所了解，以便能正确使用。

上述这些控制/状态信号及其时序和总线操作有关。虽然各条指令的指令周期有很大的差别，但它们仍然是由以下一些基本的总线周期组成。

1）存储器读或写。

2）输入/输出端口的读或写。

3）中断响应。

4）最小方式下的总线保持与响应。

5）最大方式下的总线请求与允许。

6）复位和启动。

本节只讨论最小方式下的有关总线操作时序。另外，中断响应时序将放在第六章中介绍。

1. 总线读周期时序

所谓总线读，是指通过总线从 I/O 端口或存储器将数据读进 CPU。8086 的总线读周期如图 2-11 所示。

一个基本的总线读周期由 4 个 T 周期（T_1、T_2、T_3 和 T_4）组成，如果选中的外设或存储器存取速度较慢的时候，会在 T_3 和 T_4 之间插入一个或多个 T_W。

（1）T_1 周期

- A19/S6 ~ A16/S3：给出要读取的 I/O 端口或存储单元 20 位地址的高 4 位。
- AD15 ~ AD0：给出要读取的 I/O 端口或存储单元 20 位地址的低 16 位。
- $\overline{BHE}$/S7：送出 $\overline{BHE}$，其有效表明允许高 8 位数据总线。
- ALE：锁存信号有效，在其下降沿，锁存器锁存锁存 A19/ S6 ~ A16/ S3、AD15 ~ AD0 上的地址和 $\overline{BHE}$ 信号。
- M/$\overline{IO}$：变为有效，并一直维持到读周期结束。如果是读 I/O 端口，则该信号为低电平，否则该信号为高电平。
- DT/$\overline{R}$：变为低电平，说明是读操作，该信号一直维持到读周期结束。如果系统接有数据总线收发器，该信号用来控制数据传输方向。

（2）T_2 周期

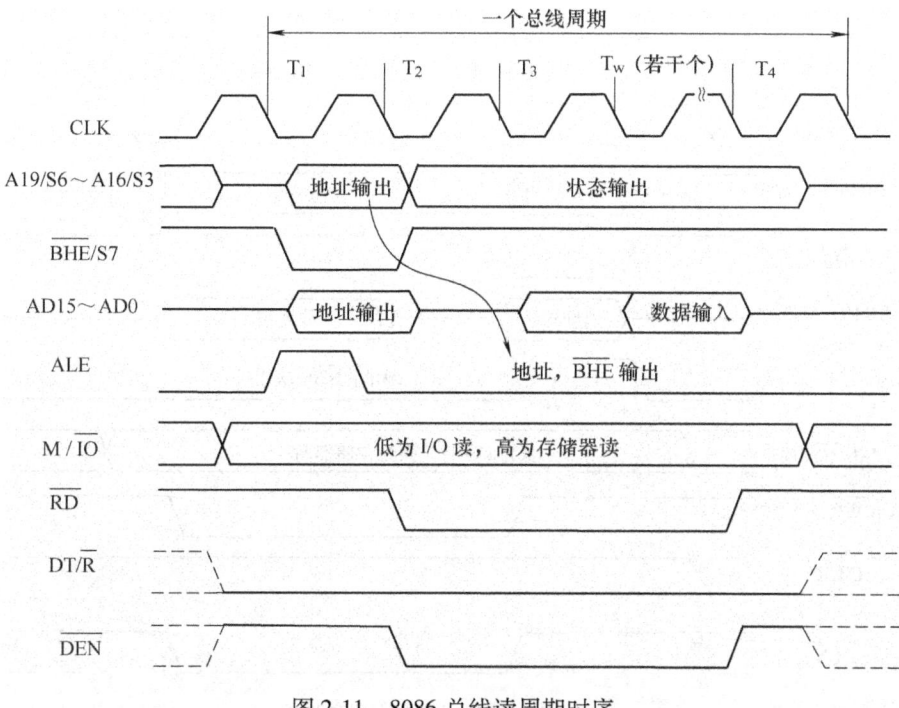

图 2-11 8086 总线读周期时序

- A19/S6 ~ A16/S3：输出状态信息 S6 ~ S3，并一直维持到读周期结束。
- AD15 ~ AD0：进入到高阻状态，为后面读取数据做准备。
- $\overline{BHE}$/S7：转为高电平，并一直维持到读周期结束。
- ALE：锁存信号变为低电平（无效），并一直维持到读周期结束。
- $\overline{RD}$：变为有效，并一直维持到读周期结束。该信号送到要读取的存储器或 I/O 接口中，表明是读操作。
- $\overline{DEN}$：变为低电平（有效），选通数据总线收发器，允许数据传送，该信号一直维持到读周期结束。

（3）T_3 周期

- AD15 ~ AD0：如果选中的 I/O 端口或存储器准备好了数据，则 AD15 ~ AD0 上出现数据，CPU 读取数据，并进入到 T_4 周期；如果选中的 I/O 端口或存储器未准备好数据，则向 CPU 发送高电平有效的 READY 信号，CPU 会在 T_3 的时钟下降沿采样有效的 READY 信号，如果没有采样到（此时数据总线也无数据），则在 T_3 之后增加一个 T_W 周期。同样，CPU 在 T_W 的下降沿也会采样有效的 READY 信号，如果依然没有采样到，则再增加一个 T_W 周期。直到采样到有效的 READY 后，才完成数据传送（数据总线上出现数据，CPU 读取数据），并进入到 T_4 周期。

（4）T_4 周期

所有信号撤销，完成一个总线读周期。

2. 总线写周期时序

所谓总线写，是指通过总线从 CPU 将数据写到 I/O 端口或存储器。8086 的总线写周期如图 2-12 所示。

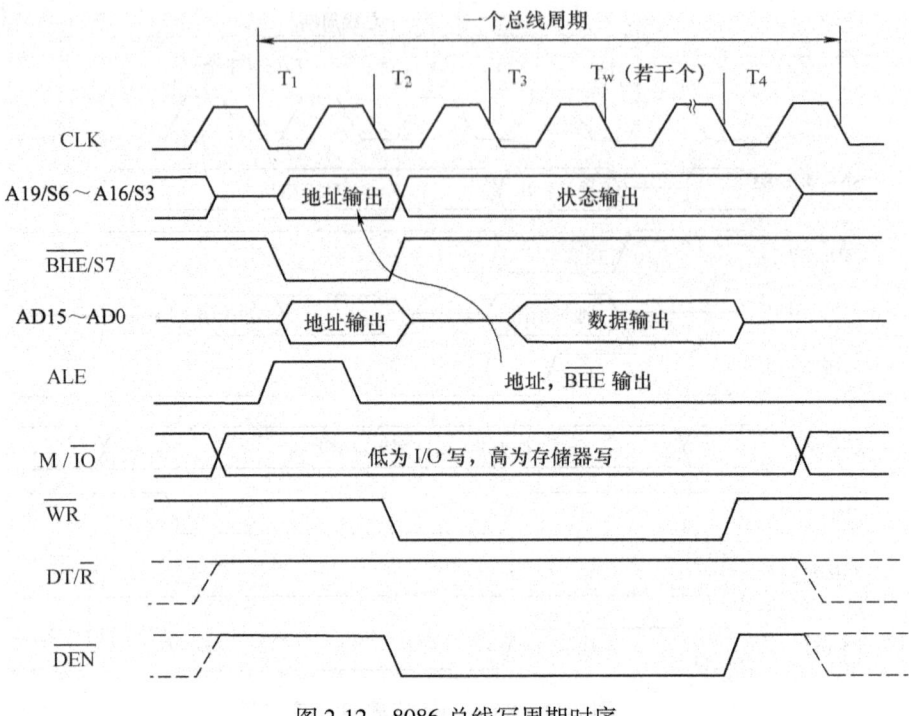

图 2-12 8086 总线写周期时序

8086 的总线写周期和总线读周期相比，主要有以下几个地方不同。
- T_1 周期，DT/$\overline{R}$ 变为高电平，说明是写操作，该信号一直维持到写周期结束。
- T_2 周期，AD15～AD0 被 CPU 驱动，将要写的数据送出，该数据一直维持到写周期结束。
- T_2 周期，$\overline{WR}$ 信号开始有效，并一直维持到写周期结束。该信号被送到要读取的存储器或 I/O 接口中，表明是写操作。写周期 $\overline{RD}$ 信号无效。

3. 总线保持与响应时序

当系统中有其他的总线主设备（比如控制 DMA 传送的 DMA 控制器）需要使用总线时，就会向 8086CPU 发出总线保持和请求信号 HOLD。CPU 获得 HOLD 信号后，会在当前总线周期的 T_4 后沿或者下个总线周期的 T_1 后沿输出保持响应信号 HLDA，并在下一个时钟周期开始让出总线控制权，发出 HOLD 请求的总线主设备（比如 DMA 控制器）获得总线的控制权，对于具有 DMA 控制器的系统，此时进入 DMA 传送过程。8086CPU 一旦让出总线控制权，则 A19/S6～A16/S3、AD15～AD0、M/$\overline{IO}$、DT/$\overline{R}$、$\overline{RD}$、$\overline{WR}$、$\overline{DEN}$ 以及 $\overline{INTA}$ 这些输出总线都浮空。当发出 HOLD 请求的总线主设备完成总线占用后（比如 DMA 传送结束），就会将

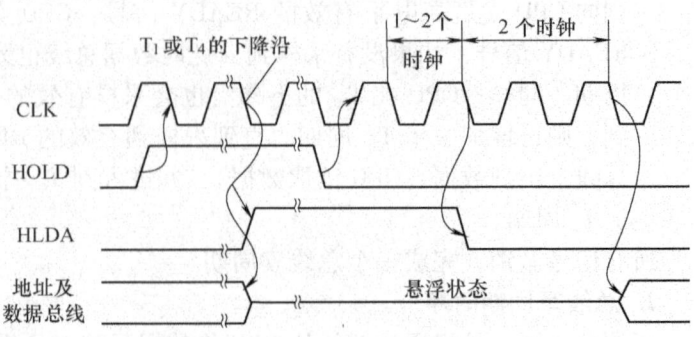

图 2-13 8086 总线保持与响应时序

HOLD 信号变为低电平、下一个时钟的下降沿，CPU 将 HLDA 置为低电平（无效），但要到下一个总线周期才会结束那些输出总线的高阻状态。8086 总线保持与响应时序如图 2-13 所示。

4. 复位时序

8086 的 RESET 是一个用于启动或重新启动系统的输入引脚，当该引脚被检测到一个上升沿，系统将停止进行所有操作，进入到复位状态，如图 2-14 所示。

RESET 是引脚信号，可能和 CPU 不同步，CPU 的内部是靠时钟信号 CLK 来同步的，所以在外部引脚 RESET 信号有效后的时钟上升沿，内部 RESET 信号有效。

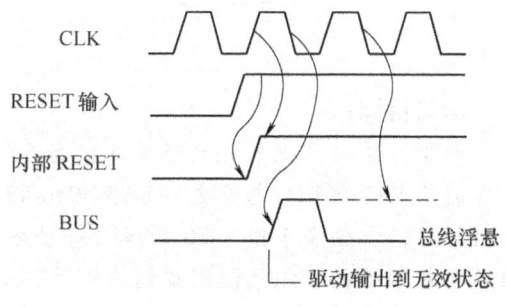

图 2-14 8086 复位时序

复位的时候，地址线浮空，直到 8086CPU 脱离复位；ALE、HLDA 信号线无效（低电平）；其他信号先变高一段时间，然后浮空；指令队列被清空。

思考题与练习题

1）8086 微处理器中 EU 和 BIU 是如何并行工作的？又是如何合作的？

2）8086 微处理器内部有哪些通用寄存器？除了存放运算结果和中间结果，它们各自还有什么特殊用途？

3）在 8086 的程序中，最常见的有哪几个段？分别存放的什么？

4）在 8086 中，如果 AX = 902FH，BX = 8761H，则完成 AX + BX 后，CF、OF、AF、PF、SF、ZF 分别是多少？

5）在 8086 中，逻辑地址 FFFFH:0001H，00A2H:37FH 和 B800H:173FH 的物理地址分别是多少？

6）在 8086 中，从物理地址 388H 开始顺序存放下列 3 个双字节的数据，651AH，D761H 和 007BH，请问物理地址 388H、389H、38AH、38BH、38CH 和 38DH 6 个单元中分别是什么数据？

7）8086 工作方式有哪几种？它们有什么区别？

8）请总结 8086 处理器中 M/$\overline{\text{IO}}$、$\overline{\text{RD}}$、$\overline{\text{WR}}$ 的不同值的组合所代表的操作。

9）$\overline{S2}$、$\overline{S1}$ 和 $\overline{S0}$ 的不同值组合代表什么操作？8288 会发出什么控制信号？

10）请参照图 2-10 和图 2-11，画出 8086 的总线 I/O 读周期时序图。

11）请参照图 2-10 和图 2-12，画出 8086 的总线存储器写周期时序图。

12）总线读/写周期中，T_W 会在什么情况下出现？其作用是什么？又有什么特点？

第三章 8086 汇编语言程序设计

学习目标：

微型计算机系统不能只有硬件，离开软件，那样的微机只是一个空壳。指令系统是软件开发最基本的要素。本章主要介绍 8086 指令系统和汇编语言程序设计的基本方法。通过本章的学习，学生要掌握 8086 的各类寻址方式、基本指令和伪指令的格式与功能、8086 汇编程序的基本结构，能读懂汇编语言程序，并能写基本的汇编语言程序。

建议学时： 16 学时

教师导读：

在学习本章时，应注意以下几点：

1）本章将汇编语言格式和伪指令这两个内容放在汇编指令之前介绍，是希望在具体讲汇编语言指令的时候，学生已经能够通过实际编程来学习。

2）本章内容较多，不能靠死记硬背的方式学习，尤其是各种寻址方式和各种指令，需要在一定的程序阅读量和编写足够代码行的前提下加以运用，才能记住。另外，汇编编程往往会有些细节的东西，大家要特别关注。比如不同指令对 FLAGS 寄存器的影响。

3）当前编程以高级语言为主，汇编语言辅助的新形式，本章在伪指令介绍上采用了和高级语言接轨的简化段定义法、数据定义等，希望大家学习的时候加以注意。

4）本章的重点是 8086 指令寻址方式、8086 汇编语言伪指令、8086 汇编指令与汇编语言程序设计以及对常见的 DOS 功能调用和 BIOS 功能调用。

5）本章的难点是 8086 指令寻址方式、8086 汇编指令与汇编语言程序设计、汇编指令与硬件信号之间的关系。

6）通过本章的学习，学生应掌握 8086 汇编程序的编写，达到简单应用的程度。

第一节 8086 指令寻址方式

计算机中的指令由操作码（Operation Code，Opcode）字段和操作数（Operand）字段两部分组成，如图 3-1 所示。

操作码	操作数	…	操作数

图 3-1 指令格式的一般形式

操作码字段指出计算机所要执行的操作，而操作数字段则指出在指令执行操作的过程中所需要的操作数。操作数字段可以有 0 个、1 个、2 个或多个，通常称为零地址、一地址、二地址或多地址指令。在 8086 的指令中，二地址指令最多，这样的指令的格式：

OP dest，src

其中，OP 是指令码，dest 是目的操作数，src 是源操作数。

从程序运行时的数据结构来看，操作数常常不是单个的数，往往是成组以表格或数组的形式存放在存储器的某一区域中，在这种情况下，指令用什么方式来指定操作数，在计算机的设计中是一个很重要的问题，它会影响机器运行的速度和效率。通常，操作数字段可以是操作数本身，也可以是操作数地址或是地址的一部分，还可以是指向操作数地址的指针或其他有关操作数的信息。

指令的寻址方式（Addressing Mode）就是指令中操作数的表示方式，也就是寻找操作数的方法。一般说来，计算机的寻址方式越丰富，指令系统的功能就越强，工作的灵活性也越大。

8086有着丰富的寻址方式，通常根据操作数的类型，可以分为两个大的类型：数据寻址和转移操作寻址。

一、数据寻址

8086微处理器接受下列4种类型的操作数：
1）立即数操作数，数据作为指令的一部分，紧跟在操作码的后面。
2）寄存器操作数，数据存放在CPU的某个寄存器中。
3）存储器操作数，数据存放在存储器中。
4）端口操作数，数据存放在端口寄存器中。

由此形成了四大类型的数据寻址：立即寻址、寄存器寻址、存储器寻址和I/O端口寻址。

在介绍数据寻址方式的时候，会用MOV指令做例子。MOV指令的格式：
MOV dest，src
该指令是将源操作数的值复制给目的操作数。

1. 立即寻址（Immediate Addressing）

操作数直接存放在指令中，紧跟在操作码之后，作为指令的一部分存放在代码段中，这种操作数称为立即数，对应的寻址方式即为立即寻址，如图3-2所示。

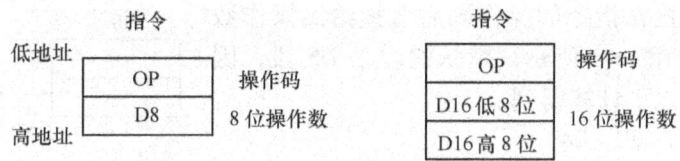

图3-2 立即寻址示意图

下面指令的源操作数就是立即寻址方式。
MOV　AL，8　　　　　　　；则执行指令后，（AL）=8
MOV　AX，1234　　　　　；则执行指令后，（AX）=1234
汇编语言规定，立即数可以是数值常量、字符常量、符号常量或者数值表达式。

2. 寄存器寻址（Register Addressing）

操作数在寄存器中，即寄存器的内容就是操作数的数值，在指令中放的是这个寄存器的编号，指令需要通过这个编号从相应的寄存器中取出操作数，这种寻址方式为寄存器寻址，如图3-3所示。

在汇编指令中，操作数用寄存器的符号来表示。例如下面的指令目的操作数和源操作数都是寄存器寻址。

  MOV AL, CL   ;则执行指令后，(AL) = (CL)
  MOV DS, AX   ;则执行指令后，(DS) = (AX)

寄存器寻址的指令，其机器码字节最少。此外，由于寄存器在微处理器内部，整个操作都在微处理器内部进行，不必执行访问内存的总线周期，故其执行速度也最快。

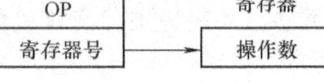

图 3-3 寄存器寻址示意图

3. 存储器寻址（Memory Addressing）

由于程序编写上的需要，大多数情况下，指令中并不直接给出操作数的数值，而是给出存放操作数的存储单元的地址，即操作数的地址。同时，在许多情况下，操作数的地址也不直接给出，而是给出计算操作数地址的方法。计算机执行程序时，根据指令给出的寻址方式，计算出操作数的地址，然后从该地址中取出操作数进行指定的操作，或者把操作结果送入某一操作数地址中去。这种操作数的地址称为有效地址 EA（Effective Address），也称为偏移地址，它是存放该数据存储单元在段中的偏移量，是一个无符号数，可由如下完整计算公式或部分参数计算得到：

  EA = 基址 + 变址 + 位移量

其中，基址放在基址寄存器（BX, BP）中，变址放在变址寄存器（SI, DI）中，位移量指包含在指令中的 8 位或 16 位无符号常数。

存储器寻址是变化最多的寻址方式。根据操作数的有效地址 EA 的形成方法不同，这种寻址方式又可分为直接寻址、寄存器间接寻址、基址寻址、变址寻址以及基址变址寻址。

正如第二章中所述，程序中使用的是逻辑地址，它由段基址和有效地址（偏移地址）两部分组成，因此，寻址方式得到的有效地址还需与所在段的段基值组合才能形成物理地址（参见第二章第二节）。如果访问的数据不在默认段，则需使用段超越前缀显式指出所访问的段，其方法是段寄存器名加冒号，如 ES:、SS: 等。

（1）**直接寻址（Direct Addressing）**

直接寻址方式是在指令的操作码后直接给出操作数的有效地址 EA，如图 3-4 所示。默认的段是 DS 段，因此其物理地址通过以下计算得到。

  物理地址 = (DS) × 10H + EA

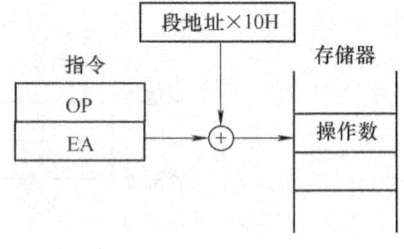

图 3-4 直接寻址示意图

直接寻址在汇编语言中有两种书写格式。一是在有效地址表达式中直接写出存储单元的有效地址的数值形式，其默认段是 DS 段。例如下面指令的源操作数。

  MOV AX, [1234H] ;取出 DS:[1234H]→AL, DS:[1235H] →AH
  MOV BL, SS:[10H] ;源操作数有段超越，取出 SS:[10H] 字节单元的内容→BL

这种书写格式，编程时很少使用，因为存储单元的分配是由操作系统管理的，通常情况下，程序员并不知道要访问的那个存储单元的有效地址是多少。

二是用变量名代表存储单元的有效地址。汇编语言规定，程序员可以为某个存储单元起一个名字，这个名字就称为存储单元的变量名。在一个源程序中，逻辑段之中或者逻辑段之间都不允许有重复定义的变量名。源程序经过汇编之后，存储单元的有效地址就赋给了变量名，因此在直接寻址方式中可以用变量名取代有效地址表达式。例如，取出数据段以 VAR 命名的单字单元的内容→AX 寄存器，可以写成：

MOV　　AX, VAR

（2）寄存器间接寻址（Register Indirect Addressing）

存储器操作数的有效地址放在一个基址寄存器（BX，BP）或变址寄存器（SI，DI）中，指令中放的是寄存器编号，需要通过寄存器号找到有效地址的方式即为寄存器间接寻址，如图 3-5 所示。

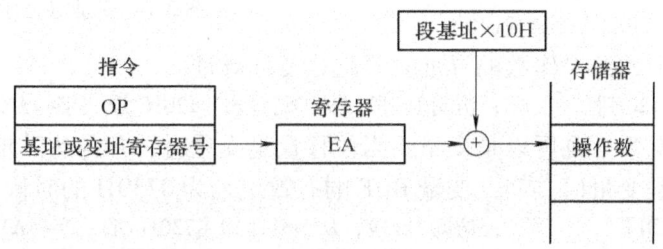

图 3-5　寄存器间接寻址示意图

使用 BX、SI 和 DI 作为基址/变址寄存器的时候，默认访问的是 DS 段，此时物理地址：

物理地址 = (DS) × 10H + (BX)或(SI)或(DI)

使用 BP 作为基址寄存器的时候，默认访问的是 SS 段，此时物理地址：

物理地址 = (SS) × 10H + (BP)

例如下列指令的源操作数的寻址方式就是寄存器间接寻址。

MOV　　AX, [SI]　　　　　；访问数 DS 段，从 DS：[SI]取一字→AX
MOV　　BL, [BP]　　　　　；访问 SS 段，从 SS：[BP]取一字节→BL
ADD　　AX, ES：[BX]　　　；访问 ES 段，从 ES：[BX]取一字与 AX 相加→AX

（3）基址寻址（Based Addressing）

以基址寄存器（BX，BP）的内容为基准地址，再加上指令中给出一个 8 位或 16 位的地址位移量而得存储器操作数的有效地址，如图 3-6 所示。

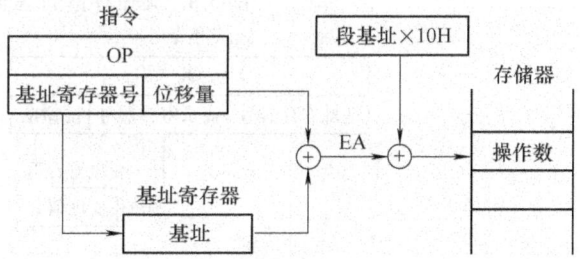

图 3-6　基址寻址示意图

使用 BX 作为基址寄存器的时候，默认访问的是 DS 段，此时物理地址：

物理地址 = (DS) × 10H + (BX)

使用 BP 作为基址寄存器的时候，默认访问的是 SS 段，此时物理地址：

物理地址 = (SS) × 10H + (BP)

例如下列指令中的源操作数的寻址方式就是基址寻址。

MOV　　BL, 10H[BP]　　　　　；访问 SS 段，从 SS：[BP + 10H]单元取一字节→BL
ADD　　AX, ES：[BX + 200H]　；访问 ES 段，从 ES：[BX + 200H]取一字与 AX 相加→AX
MOV　　AX, [BX + 10H]　　　　；访问 DS 段，从 DS：[BX + 10H]取一字→AX

位移量可以是常数，也可以是变量。当位移量是变量时，参与有效地址计算的是变量名代表的地址，而不是变量值。如：变量 VAR 的有效地址为 0200H 的时候，

MOV　　AX, VAR[BX]　　　　　；访问 DS 段，从 DS：[BX + 0200H]取一字→AX

（4）变址寻址（Indexed Addressing）

指令中给出一个位移量作为基准地址，再同变址寄存器的内容相加作为存储器操作数的有效地址，如图 3-7 所示。

在这种格式中，变址寄存器只能选择 SI 和 DI 这两个 16 位的寄存器，默认访问的是 DS 段。此时物理地址：

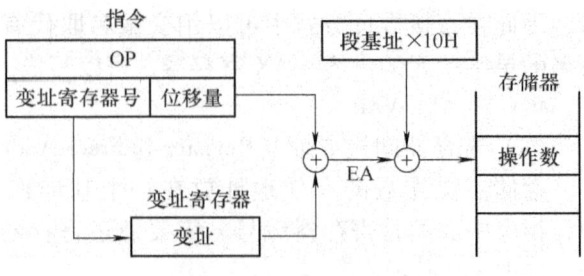

图 3-7　变址寻址示意图

物理地址 =（DS）×10H +（SI）或（DI）

例如下列指令中的源操作数的寻址方式就是变址寻址。

  MOV　AX,[SI+120H]　　　;访问 DS 段,从 DS:[SI+120H]取一字→AX

位移量可以是常数，也可以是变量。当位移量是变量时，参与有效地址计算的是变量名代表的地址，而不是变量值。如：变量 BUF 的有效地址为 0730H 的时候，

  MOV　AX,BUF[DI]　　　;访问 DS 段,从 DS:[DI+730H]取一字→AX

（5）基址变址寻址（Based Indexed Addressing）

基址变址寻址是基址和变址两种寻址方式的组合，它有两种格式：无位移量的基址变址寻址（如图 3-8 所示）和有位移量的基址变址寻址（如图 3-9 所示）。

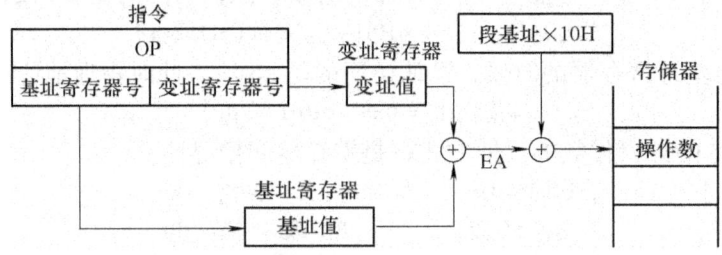

图 3-8　无位移量的基址变址寻址示意图

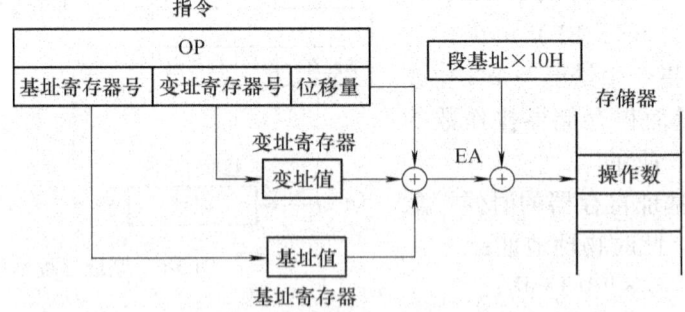

图 3-9　有位移量的基址变址寻址示意图

基址变址寻址无论是哪种格式，都是以基址寄存器的情况来确定默认访问的段。因此，默认情况下物理地址的计算如下。

1）以 BX 为基址寄存器的无位移量的基址变址寻址：

物理地址 =（DS）×10H +（BX）+（SI）或（DI）

2）以 BP 为基址寄存器的无位移量的基址变址寻址：

物理地址 =（SS）×10H +（BP）+（SI）或（DI）

3) 以 BX 为基址寄存器的有位移量的基址变址寻址：

物理地址 = (DS) × 10H + (BX) + (SI)或(DI) + 位移量

4) 以 BP 为基址寄存器的有位移量的基址变址寻址：

物理地址 = (SS) × 10H + (BP) + (SI)或(DI) + 位移量

例如下列指令中的源操作数的寻址方式就是基址变址寻址。

MOV　AX, 10H[BP][SI]　　;访问 SS 段,从 SS:[BP + SI + 10H]取一字→AX
MOV　AL, [BX + SI + 10H]　　;访问 DS 段,从 DS:[BX + SI * 2 + 10H]取一字节→AL

位移量可以是常数,也可以是变量。当位移量是变量时,参与有效地址计算的是变量名代表的地址,而不是变量值。如:变量 ARRAT 的有效地址为 0D0H 的时候:

MOV　AX, ARRAY[BX][SI]　;访问数据段,从 DS:[BXSI + 0200H]取一字→AX

4. I/O 端口寻址（I/O Port Addressing）

在计算机中,除了以上几种形式操作数外,还有一类操作数是在 I/O 端口中,对于此类操作数,8086 微处理器使用专用 I/O 指令进行寻址,有直接寻址和间接寻址两种类型。

（1）I/O 端口直接寻址（I/O Port Direct Addressing）

I/O 端口直接寻址是将 8 位的端口地址直接放在指令码后的一字节,因此端口直接寻址的 I/O 端口寻址范围为 00H ~ FFH,最多为 256 个端口。如:

IN　AL, 20H　　　　;从 20H 端口读入 1 字节
OUT　60H, AX　　　;将 AX 中 1 个字送到 60H 和 61H 端口

（2）I/O 端口间接寻址（I/O Port Indirect Addressing）

I/O 端口间接寻址由 DX 寄存器间接给出 I/O 端口地址,为 2 字节,所以最多可寻址 2^{16} = 64K 个端口地址。这种寻址方式专门针对端口地址是 16 位的情况。如:

MOV　DX, 3FCH
IN　AL, DX　　　　;从 3FCH 端口读入 1 字节

二、转移操作寻址

指令在顺序执行时,下一条指令的偏移地址总是由指令指针 IP 自动递增而得。当程序发生转移时,需要给出即将转移去执行的那条指令的有效地址,并用它去取代 IP 的原有内容；如果转去执行的指令与原来执行的指令不在同一个代码段中,还需要用新的代码段基址去取代 CS 中原有的内容。此时,操作数作为转移地址使用,称为转移操作寻址。这种寻址方式用来确定转移指令、循环指令及 CALL 指令的转向地址。

转移操作寻址按照目的地址的形成方式分为以下 4 种。

1. 段内相对寻址（Intrasegment Relative Addressing）

转向的有效地址是当前 IP 寄存器的内容和指令中指定的位移量之和。这种寻址方式适用于条件转移指令、无条件转移指令、循环指令和 CALL 指令。但在用于条件转移指令和循环指令时,位移量只允许 8 位有符号数。CALL 指令的位移量是 16 位有符号数。无条件转移指令的位移量可以是 8 位有符号数,此时称为短（Short）跳转,也可以是 16 位有符号数,此时称为近（Near）跳转。短跳转在符号地址（标号名做地址）前需加 SHORT 操作符。例如:

偏移量　　　　机器码　　　　程序
0000H　　　　0405H　　　　PROG_S: ADD　AL, 05H
0002H　　　　90H　　　　　NOP

0003H	0EBFBH	JMP SHORT PROG_S
0005H	90H	NOP

以上是一个含有短跳转指令的列表文件内容，其中，PROG_S 是转向的符号地址，在机器指令中，用位移量来表示。

在无条件转移和 CALL 指令中，转移标号类型默认为 NEAR，即位移量是 16 位。

2. 段内间接寻址（Intrasegment Indirect Addressing）

转向的有效地址是一个寄存器或是一个存储单元的内容。这个寄存器或存储单元内容可以用数据寻址方式中除立即寻址外的任何一种寻址方式取得，所得到的转向的有效地址用来取代 IP 寄存器的内容。

设：(DS) = 2100H，(BX) = 1080H，变量 TABLE 的有效地址为 8000H，(22080H) = 0040H，(2A080H) = 5678H，则下列 3 条指令分别执行后结果如下：

```
JMP    BX              ；执行后 IP = 1080H
JMP    [BX]            ；执行后 IP = 0040H
JMP    TABLE[BX]       ；执行后 IP = 5678H
```

3. 段间直接寻址（Intersegment Direct Addressing）

指令中直接提供了转向的段地址和偏移地址，用指令中提供的偏移地址取代 IP 寄存器的内容，用指令中提供的段地址取代 CS 寄存器的内容就完成了从一个段到另一个段的转移操作。例如：

```
JMP    FAR PTR NEXT_PRO
```

其中，NEXT_PRO 为转向的符号地址，与当前指令不在同一段，故需使用 FAR PTR 操作符。

4. 段间间接寻址（Intersegment Indirect Addressing）

用存储器中的连续两个字（4 字节）的内容来取代 IP 和 CS 寄存器中的原始内容，以达到段间转移的目的。

设 (DS) = 2500H，(SI) = 1300H，(26425H) = 4500H，(26427H) = 32F0H，则执行以下指令后结果如下：

```
JMP DWORD PTR [SI + 0125H]      ；执行后 CS = 32F0H，IP = 4500H
```

第二节　8086 汇编语言基础

本节重点介绍 8086 汇编语言源程序的格式、汇编语句格式、数据类型和常量、标识符等，这些都是编写汇编语言源程序的基础。

一、汇编源程序结构

汇编语言（Assembly Language）是一种介于机器语言和高级语言之间的，以符号方式表示的面向机器的计算机程序语言。由于它以人容易辨认的符号来表示机器指令，因此比起机器语言，它更容易被程序员理解，也方便程序员编写和修改。与高级语言相比，它能更好地利用硬件资源，比高级语言速度快，占用内存少。汇编语言适合编写高性能、低资源占有率的程序，比如时序要求很严格的控制系统程序、需要快速而内存占有少的操作系统内核程序等。

由于高级语言编程的便捷性，所以目前大多数编程场合都是采用高级语言，但在需要性能的场合，还是需要编写汇编程序。因此，本章在讲解汇编语言程序设计的时候，采用了与高级语言接轨较好的简化段定义法，它是微软的宏汇编程序 MASM5.0 版本之后特有的。指示性语句（伪指令），包括指令系统选择、编程模型选择、段的定义、程序的起始执行位置、过程定义及现场保护、返回操作系统（带状态的返回）等。

汇编语言编写的程序称为汇编语言源程序。这种程序不能直接在机器中运行，必须通过汇编程序进行汇编，使之变成 CPU 能够识别的机器语言目标程序后，才能运行。不同的 CPU 有着不同的汇编语言，但即使是同一个 CPU，不同版本的汇编程序也规定了不一样的汇编语言程序格式。作为程序员，在编写汇编语言源程序的时候，必须遵循某个 CPU 和某个汇编程序下的汇编语言源程序的格式。本书针对的是 8086CPU 的汇编语言，汇编程序建议采用微软宏汇编程序 MASM6.11 及以上版本。

下面列举了一段汇编源程序，其功能是在屏幕上输出字符串 "This is an example."。注意，8086 汇编程序对字母的大小写不敏感。

```
        .MODEL  SMALL           ;规定内存模式 SMALL
        .DATA                   ;定义数据段
        MSG DB 'This is an example. $'  ;'$'是字符串结束符
        .STACK                  ;定义堆栈段
        .CODE                   ;定义代码段
START:  MOV   AX, @DATA         ;@DATA 得到.DATA 的段基址
        MOV   DS, AX            ;给数据段寄存器赋.DATA 段基址
        MOV   DX, OFFSET MSG
        MOV   AH, 9             ;显示一个字符串
        INT   21H
        MOV   AX, 4C00H
        INT   21H
        END   START             ;汇编语言程序结束
```

由上面程序可以看到，汇编语言源程序有下面的这些特点。

1. 采用分段结构

在第二章中提到过 8086 程序被分成若干段，最多可同时有代码段、堆栈段、数据段和附加数据段等 4 个段，因此，8086 汇编语言源程序也是分段的，比如上面的程序就有 3 个段，分别是.DATA 定义的数据段、.STACK 定义的堆栈段和.CODE 定义的代码段。一个段的开始，就意味着上一个段的结束。程序结束语句 END 也同时表明最后一个段的结束。

2. 段内由若干汇编语言语句组成

正如上面的程序，每个段都是由若干条汇编语言语句组成，每个语句占一行。一个好的编程风格是将每个汇编语言语句的各个部分对齐，并尽量在语句后以分号";"作为起始标志，加入注释。这样的程序会显得整洁，易于阅读。

3. 使用起始标号

每个汇编语言源程序都需要赋给第一条指令一个起始标号，并且该标号还要出现在程序结束语句 END 之后。该标号的作用是指明程序开始执行时目标代码的入口地址。该标号由程序员自己定义，但要符合 8086 汇编程序对标号的规定。比如上面的程序例子中，START 就是这个程序的起始标号。

4. 程序开始的语句

大多数情况下，程序的开始有以下两句。

MOV　　AX，@DATA

MOV　　DS，AX

因为 DOS 操作系统在将程序调入内存的时候，会自动对 CS 和 SS 赋值，但是 DS 却并没有赋值成数据段的段基址，此时的 DS 存放的是一个称为程序段前缀（PSP）的数据结构的段基址，而程序要用的数据却在数据段中，因此，如果不使用 PSP，或者使用完了 PSP 后，要用上面两句将数据段的段基址赋值给 DS 寄存器。因为大多数程序不需要操作 PSP，所以通常这两句成了程序一开始的语句。要记住，必须有这两句，才能够在默认的情况下访问到数据段中的数据。

5. 程序要正常退出到操作系统

本章所述的汇编程序是 8086 实地址模式（8086 只有这种模式）下的程序，在该模式下运行的操作系统是 DOS，任何一个应用程序都应看成是操作系统的一个子程序，因此，当程序结束的时候，必须正常退出并返回到 DOS。

MOV　　AX，4C00H

INT　　21H

这两句就是退出程序返回 DOS 的最常用方法之一。

二、8086 汇编语言语句

正如上节所述，汇编程序的源程序是以语句为单位进行汇编的。一个完整的汇编源程序至少应包含两类语句：一类是指令性语句，即通常所说的符号指令；另一类是指示性语句，即伪指令。指令和伪指令是两种不同的概念。每一个指令语句在汇编时产生一个目标代码，对应着机器的一条指令，通知 CPU 进行某种操作，由硬件完成其功能。伪指令为汇编程序提供编译信息，为链接程序提供链接信息。显然，伪指令的功能是由相应软件完成的。

1. 指令性语句

指令性语句的书写格式如下：

[标号:]指令助记符　　[操作数1,][操作数2,…][;注释]

它由标号及其后跟的冒号、指令助记符、操作数、分号及其注释等几部分组成。其中，中括号括起来的部分是任选项，不是每条指令都必须有。

（1）标号

标号不是必需的，只有当某条指令作为转移指令的目标时，该条指令才需要加上标号，标号和指令之间必须用冒号分隔。另外，标号的定义必须符合标识符的定义规则。

标号用来代表一条指令所在存储单元的地址，在代码段中使用标号有以下 3 种属性：

- 段属性。定义标号所在段的起始地址。
- 偏移地址属性。从段起始地址到定义标号的位置之间的字节数。
- 类型属性。因为标号通常用作转移指令的目的操作数，因此，该属性表示它的转移特性。转移有两种类型：NEAR（近转移，即段内转移）和 FAR（远转移，即段间转移），因此，标号的类型也有 NEAR 和 FAR 两种，默认情况下标号是 NEAR 类型的。

（2）指令助记符

指令助记符不可缺省，它是汇编指令的符号代码，是方便程序员记忆机器码的一种符号。汇编器在汇编源程序时，会使用内部对照表将每条指令的助记符译成相应的机器码。

（3）操作数

操作数表示指令操作的对象。在操作数指令中，两个操作数用逗号隔开，逗号前面的操作数是目的操作数，用来存放操作的结果；逗号后面的操作数是源操作数。如果操作需要两个源操作数（比如加法指令），则在操作前，目的操作数的位置放另一个源操作数。比如 ADD AX，BX 这条指令，在运算前，AX 寄存器里放被加数，BX 寄存器里放加数，运算完后，和放在 AX 寄存器中。

源操作数可以使用所有的寻址方式。目的操作数除了不能用立即寻址方式以外，可以使用其他任何寻址方式。

（4）注释

注释可有可无，CPU 不执行，只是在列出程序清单时，照原样显示以便于阅读。汇编语言程序不像高级语言程序那样容易理解，所以加注释是十分必要的。

注释以分号开头，必须写在一行内，如果换行，第二行也必须以分号开头。

以上述程序中的下一条语句为例。

START：MOV　AX，@DATA　　　　；@DATA 是等价名，代表.DATA 定义的段名

其中，START：是标号，MOV 是指令助记符，AX 是目的操作数，@DATA 是源操作数，MOV AX，@DATA 组成完整的指令，分号后面是注释。

2. 指示性语句（伪指令）

指示性语句的书写格式如下：

［变量/名字］　　命令　　［操作数1,］［操作数2，…］［；注释］

变量和名字不是必需的。一条指示性语句，如果有变量或名字，则变量或名字与伪指令之间用"空格"作为分隔符，这是与指令性语句在书写格式上的区别。变量和名字主要用于存储器寻址。伪指令只是在汇编时给汇编程序提供汇编信息，并不产生目标代码。

（1）名字

名字可以是常量名、段名、过程名、符号名等。具体内容将放在下面各小节的相应内容中进行介绍。

（2）变量

变量用来代表数据所在存储单元的地址，在数据段、附加段和堆栈段中使用。变量有以下 3 种属性：

- 段属性。变量所在段的起始地址。
- 偏移地址属性。从段起始地址到定义变量的位置之间的字节数。
- 类型属性。该变量所在的内存数据的类型。通常有字节、字、双字、8 字节、10 字节等。

三、标识符、常量与表达式

在汇编编程中，标识符、常量和表达式会经常用到，下面对它们进行介绍。

1. 标识符

标识符是由程序员自由建立起来的有特定意义的字符序列。它可以作为段名、过程名、

变量名、标号、模块名等。

标识符可由字母、数字、特殊符号等字符集组成。建立标识符有如下限制：
1) 第一个字符不能是 0~9 的数字。
2) 若用圆点"."就必须是第一个字符。
3) 大小字母可混用，汇编时不加区别（汇编时使用了/ML 选项等特殊情况除外）。
4) 特殊符号包括?，@，_，$。特殊符号不能单独成为标识符。
5) 若超过 31 个字符，则只有前 31 个字符有效。
6) 不能用保留字做标识符。保留字是在汇编语言中有特定意义的标记，包括指令助记符、伪指令、寄存器名和运算符等。

2. 常量

常量是在汇编语言程序中具有一定数值的量。8086 汇编有如下一些常量。

（1）数值常量

数值常量是以数字开头的'0'~'9'的字符串，十六进制数可以使用'A'~'F'以及'a'~'f'这几个字母。数值常量可以有以下几种进制形式。

- 二进制数。以 B 作为后缀，如 01011101B。
- 八进制数。以 O 或 Q 作为后缀，如 235Q。
- 十进制数以 D 作为后缀或无后缀，如 98D 或 98。
- 十六进制数以 H 结尾，如 5BH，当最高位为'A'~'F'，则在最高位前加'0'，如 0FB35H。

汇编程序在编译时，对于不同进制的立即数常量一律编译成等值的二进制数，负数自动编译成补码机器数。

（2）字符与字符串常量

字符常量是用单引号括起来的字符，如'a'、'3'等，它们会翻译成相应的 ASCII 码。字符串常量是由单引号括起来的多个字符组成，它们是以 ASCII 码的形式存放。

（3）符号常量

为了方便编程，程序员可以将一个标识符设定一个固定的数值，该标识符就成了一个符号常量，可以在指令中被引用。

数值表达式是用 +、-、*、/表示的算术表达式。汇编程序按照先乘除后加减的规则自动计算，也可以用圆括号改变运算顺序。

3. 表达式

表达式是一个操作数和运算符组成的序列，表达式在汇编时由汇编程序自动计算，并将计算得到的数值直接带入到生成的机器指令的相关操作数位置。

35 +4，40H OR 57H，800 XOR 681 都是合法的表达式。

第三节 8086 汇编伪指令与操作数运算符

一、8086 汇编伪指令

在 MASM 中，指示性语句中的命令都是伪指令，因为它们不可能产生真正的机器代码。

伪指令的作用是辅助汇编器更好地将源程序翻译成机器代码。下面只简要介绍常用的基本伪指令。

1. 简化段定义伪指令

分段是 8086 系统的特点，在源程序中也是按照段来组织的，随着高级语言的普及，汇编程序更多的是在高级语言编写的工程中作为一个模块，因此采用简化段定义能够更容易地与 Microsoft 高级语言程序进行链接。

使用简化段构建 MASM 程序需要使用多个指令来为程序中的段指定标准名称、对齐方式和属性，比如，简化段定义法首先需要定义段所用的内存模式。另外，在简化段定义中会明确所定义的段是数据段还是代码段等。下面只简单介绍常用的几条伪指令。

（1）存储模式伪指令

存储模式决定了一个程序的规模，也确定了进行子程序调用、指令转移和数据访问的默认属性。存储模式伪指令必须放在所有简化段定义之前。存储模式的格式：

.MODEL 存储模式［，语言类型］［，堆栈类型］

表 3-1 各种存储模式及属性给出了各种存储模式的属性。

表 3-1 各种存储模式及属性

存储模式	最大段空间/KB	文件类型（扩展名）	操作系统	代码段个数	数据段个数
Tiny	64	com	DOS	同一个段	
Small	64	exe	DOS	1	1
Medium	64	exe	DOS	多个	1
Compact	64	exe	DOS	1	多个
Large	64	exe	DOS	多个	多个
Huge	>64	exe	DOS	多个	多个

语言类型可以是 C、BASIC、FORTRAN、PASCAL、SYSCALL 或 STDCALL。指示汇编程序遵循指定语言的命名、调用和返回约定。通常这一项可以缺省。

堆栈类型可以是 NEARSTACK（如果 SS 等于 DS）或 FARSTACK（如果 SS 不等于 DS），默认值为 NEARSTACK。

例如下面的存储模式定义语句。

.MODEL SMALL

.MODEL large, c, farstack

由于本课程编写的程序基本上是 SMALL 模式，近堆栈类型，所以通常编程的时候可以用 .MODEL SMALL

（2）数据段定义伪指令

数据段定义的格式：

.DATA

生成的数据段的段名为 _DATA，程序员可以通过 @DATA 的方法获得数据段的段基址。如：

MOV AX, @DATA
MOV DS, AX

（3）代码段定义伪指令

代码段定义的格式：

.CODE[名字]

如果有多个代码段，可以给它们赋不同的名字，如果没有名字，则在 tiny、small、compact 模式下段名为_TEXT，在 medium、large、huge models 模式下段名为模块名_TEXT。

比如下面的代码就产生了段名分别为 FIRST_TEXT 和 SECOND_TEXT 的两个代码段。

.CODE FIRST

…

.CODE SECOND

…

（4）堆栈段定义伪指令

堆栈段定义的格式：

.STACK [大小]

如果没有指定堆栈的大小，则默认大小为 1 KB，默认段名为 STACK。

下面的伪指令定义了一个 4 KB 的堆栈段：

.STACK 4096

要注意的是，只有在主模块中才能定义堆栈段。如果一个工程中包含有好几个汇编源程序，则只有一个里面有主模块，也就是有起始标号的那个源程序。

还要注意一点，简单段定义有段定义的开始，但没有明确的段定义的结束，实际上，当定义一个新的段，就意味着前面那个段的结束，最后定义的段在遇到 END 伪指令的时候结束。

2. 数据定义伪指令

数据定义伪指令用来为一个数据项分配存储单元，用一个符号名与这个或这些存储单元相联系，并为这个数据项提供一个任选的初始值。

数据定义伪指令的格式：

[变量名] 命令 操作数项[,操作数项[,操作数项,…]][;注释]

命令主要有以下几个。

- DB——定义字节数据，MASM6.11 后还可用 BYTE。
- DW——定义字（2 字节），MASM6.11 后还可用 WORD。
- DD——定义双字（4 字节），MASM6.11 后还可用 DWORD。
- DF——定义 6 字节。
- DQ——定义 8 字节。
- DT——定义 10 字节。

MASM6.11 后增加了 BYTE、WORD、DWORD 这 3 个命令，可以明显看出它们与 C++ 的数据定义有了相似之处。

在不同的命令后面的每一个操作数项的数据宽度按照命令的定义设置。比如 DB 后的每个操作数项都占用 1 字节；DW 后的每个操作数项都占用一个字（2 字节，低位字节在第一字节地址中，高位字节在第二字节地址中）；DD 后的每个操作数项都占用一个双字（4 字节）。

操作数项可以为以下几种。

- 常量或表达式。常量或表达式的值就是该操作数项的初始值。

- 字符串。定义字符串只能用 DB 或 BYTE 命令，该命令将字符串中字符序列转换成 ASCII 序列存放。
- ? 表达式。为数据项分配存储单元，该操作数项没有初始值（初始值不定）。
- 带 DUP 的表达式。

例如，定义如下变量：

NLIST   DB   11B, 'B', -1   ; 为变量 NLIST 分配 3 字节，初值为 03H, 42H, 0FFH
        DB   'PAS',?   ; 为变量 NLIST 再分配 4 字节，NLIST 共占用 7 字节
NLS   DW   1, 2, 'AB'   ; 为变量 NLS 分配 3 个字，初值为 0001H, 0002H, 4241H

使用复制操作符 DUP 可以复制某个(或某些)操作数。例如：

BUFFER   DW   100   DUP(?)   ; 为变量 BUFFER 分配 100 个字
SW   DB   3   DUP('A5', 2), 1   ; 为变量 SW 分配 10 字节
ARRAY   DB   2   DUP('abc', 3 DUP(?)) ; 为变量 ARRAY 分配 12 字节

在上例中，变量 SW 的初值从低地址到高地址依次为 41H, 35H, 02H, 41H, 35H, 02H, 41H, 35H, 02H, 01H。而 ARRAY 的初值从低地址到高地址依次为 61H, 62H, 63H, ?, ?, ?, 61H, 62H, 63H, ?, ?, ?。

【例 3-1】 假设 DS = 1000H，给出下列数据在内存中的分配。
. DATA
DATA1   DB   31H
DATA2   DB   'abc'
DATA3   DW   3864H,?
. CODE

解：数据段的段基址是 1000H，第一个数据 31H 在该段起始的位置，也就是偏移地址为 0 的的单元，后面的数据依次存放，这样在内存单元中的分配如图 3-10 所示。

其中，'abc' 是存放的 ASCII 码，可以看到，字符串的存放是按照首字符在低字节的顺序。3864H 的存放是按照小端存储的方法，低字节 64H 在低地址，高字节 38H 在高地址，DW 型的? 数据虽然没有初始值，但是依然占据 2 字节的位置。

【例 3-2】 假设 DS = 2000H，给出下列数据在内存中的分配。
. DATA
DATA1   DB 2 DUP(54H, 2 DUP(7))
DATA2   DW 'ab'
. CODE

解：内存单元中的分配如图 3-11 所示。

地址	内容
1000H:0000H	31H
1000H:0001H	61H
1000H:0002H	62H
1000H:0003H	63H
1000H:0004H	64H
1000H:0005H	38H
1000H:0006H	?
1000H:0007H	?

地址	内容
2000H:0000H	54H
2000H:0001H	07H
2000H:0002H	07H
2000H:0003H	54H
2000H:0004H	07H
2000H:0005H	07H
2000H:0006H	62H
2000H:0007H	61H

图 3-10 【例 3-1】的数据在内存单元中的分配   图 3-11 【例 3-2】的数据在内存单元中的分配

注意 DW 'ab' 的存放顺序。在汇编中，除了用 DB 或 BYTE 可以定义大于两个字符的字符串外，其他情况下，单引号中的 ASCII 字符不能超过两个。

3. 地址定位伪指令与地址计数器

（1）地址定位伪指令 ORG

ORG 指令的指令格式：

ORG 表达式

该伪指令将表达式的值送入程序计数器，也就是说，表达式的值作为偏移地址，将该伪指令之后的指令或者数据从这个偏移地址位置开始存放。

【例 3-3】 假设 DS = 1000H，给出下列数据在内存中的分配。

```
. DATA
DATA1   DB  31H
DATA2   DB  'abc'
        ORG 6
DATA3   DB  86H, 5FH
. CODE
```

地址	内容
1000H:0000H	31H
1000H:0001H	61H
1000H:0002H	62H
1000H:0003H	63H
1000H:0004H	?
1000H:0005H	?
1000H:0006H	86H
1000H:0007H	5FH

图 3-12　【例 3-3】的数据在内存单元中的分配

解：内存单元中的分配如图 3-12 所示。

图 3-12 可以看到，ORG 6 之后的 DATA3 是从偏移地址 00066H 开始存放。

（2）地址计数器——$

地址计数器 $ 表示它当前所在位置的偏移地址，它可以出现在变量定义中，也可以出现在指令中。比如：

```
ORG  $ + 10    ；下一条指令或下一个数据的地址从当前偏移地址 + 10 的位置开始存放
JMP  $ + 2     ；跳转到当前指令偏移地址 + 2 的位置
```

【例 3-4】 假设 DS = 1000H，给出下列数据在内存中的分配。

```
. DATA
ORG  126H
ARRAY  DW  1, 2, $ +5, 3, $ +2
. CODE
```

解：由于有 ORG 126H 的存在，因此，第一个数 "1" 占用的内存偏移地址是 0126H 和 0127H（一个 DW 类型数据两个字节）。由此可得到 $ +5 这个数据所占单元的偏移地址是 012AH 和 012BH，低地址作该字的偏移地址，因此该 $ 为 012AH，则 $ +5 就等于 012FH。因此在偏移地址为 012AH 的地方存放的数据是 012FH。同样可以得到 $ +2 数据的偏移地址是 012EH，这个 $ 的值为 012EH，而 $ +2 的值则为 0130H，因此在偏移地址为 012EH 的地方存放的数据是 0130H。内存单元中的分配如图 3-13 所示。

地址	内容
1000H:0126H	01H
1000H:0127H	00H
1000H:0128H	02H
1000H:0129H	00H
1000H:012AH	2FH
1000H:012BH	01H
1000H:012CH	03H
1000H:012DH	00H
1000H:012EH	30H
1000H:012FH	01H

图 3-13　【例 3-4】的数据在内存单元中的分配

（3）定位偶地址起始伪指令

定位偶地址起始伪指令格式：

EVEN

EVEN 伪指令使下一个变量或者指令开始于偶数地址。通常字数据的地址最好从偶地址开始，否则系统会启动两次对存储器的读操作。所以对于字数据为了保证其从偶地址开始，可以在其前面使用 EVEN 伪指令来达到这一目的。

例如：
ORG   100H
BUF1   DB   12
EVEN   ；保证 BUF2 从偶数地址开始
BUF2   DW   8F76H

（4）地址边界对齐伪指令

地址边界对齐伪指令的格式：
ALIGN   NUM

ALIGN 伪指令使得下一条指令或数据在 MUM 的整数倍地址上。对于 8086 来说，NUM 只能是 1 和 2，对于 80386 及以上的微处理器，NUM 可以是 1，2 和 4。利用 ALIGN 伪指令，可以保证字数据从偶数地址开始，双字数据从 4 的倍数地址开始，从而保证了数据边界对齐存放。

例如：
ORG   100H
BUF1   DB   12
ALIGN   4   ；保证 BUF2 从 4 的倍数地址开始
BUF2   DD   8F76H

注意，ALIGN 2 的效果和 EVEN 一样。

4. 符号定义伪指令

符号定义伪指令给符号名定义一个值，或定义为别的符号，甚至是一条可执行的命令、表达式的值等。

（1）用 EQU 伪指令定义符号

EQU 伪指令的格式：
符号名   EQU   表达式
例如：
CONST   EQU   100∗2   ；定义符号常数
ADDRS   EQU   [BX+10]   ；为地址表达式定义名字
COUNT   = AX   ；给寄存器定义名字
   …
MOV   BX, CONST   ；等同于 MOV   BX, 100∗2
MOV   BX, COUNT   ；等同于 MOV   BX, AX
MOV   ADDRS, 20   ；等同于 MOV   [BX+10], 20

（2）用 = 定义符号

= 定义符号的格式：
符号名   =   表达式

虽然也是符号定义，但与 EQU 不同的是，= 定义的符号可以在程序中随时重新定义。

例如：

```
        NUM = 23
            …
        MOV   BX, NUM
            …
        NUM = 76
            …
        MOV CX, NUM
```

符号定义伪指令的这个语句行虽然也有地址,但是不占用存储单元,也就是说下一句的地址和它相同。

5. 过程定义伪指令

过程是一段可由别的程序调用的程序,执行完后返回原调用处。过程相当于高级语言程序中的子程序,往往用于编写完成特定任务的代码模块。

过程定义伪指令的格式如下:

```
过程名   PROC   [NEAR/FAR]
…                          ;过程体
过程名   ENDP
```

过程名实际上是该过程的入口地址。近过程(NEAR)与调用程序在同一个代码段,其中,NEAR 可省略;远过程(FAR)与调用程序不在同一个代码段,FAR 不可省略。

PROC 和 ENDP 必须成对出现,它们之间就是过程体,也就是过程的内容。过程体必须用 RET 指令返回到调用它的程序中。

6. 程序起始伪指令

表示程序代码段开始执行的起始点,格式:

.STARTUP

该伪指令不仅表示程序开始执行的起始点,还将初始化 DS 段寄存器和调整 SS、SP 寄存器的内容。如果不考虑堆栈段,该伪指令相当于替代了以下的语句。

```
START: MOVAX, @DATA
       MOVDS, AX
```

该伪指令需要 MASM 6.11 及以上版本的支持。

7. 程序退出伪指令

该伪指令产生终止程序执行,返回 DOS 的代码,格式:

.EXIT   [返回码]

通常正常的情况下返回码为 0,此时该伪指令会产生如下代码:

```
MOV   AX, 4C00H
INT   21H
```

该伪指令需要 MASM 6.11 及以上版本的支持。

8. 程序结束伪指令

表示源程序结束的伪指令,格式:

END   [起始标号]

其中,起始标号指示程序开始执行的起始地址。如果多个程序模块相连接,则只有主程序要使用起始标号,其他子程序模块则只用 END 而不必指定起始标号。如果程序中用

.STARTUP 作为程序起始，则 END 后面的起始标号也不需要。

二、宏指令

宏指令主要是为了简化程序的书写而设计的。若在汇编语言源程序中某个程序段要多次使用，为了使在源程序中不重复书写这个程序段，则可以用一条宏指令来代替，由汇编程序在汇编时产生所需的代码，从而使程序非常简练、清晰，免去重复书写所定义的程序段。在汇编时，每当遇到该宏指令，就将其替换为相应的代码块。如果这个宏带有参数，则用相应的实参来代替形参。

宏定义格式如下：

宏名　MACRO　［形参1，形参2，…］
　　　…　　　　　　　　　　　　　；宏体
ENDM　；宏定义结束

MACRO 与 ENDM 要成对出现，形参可以没有，也可以有多个（用逗号隔开），形参在宏体中可能是指令的操作码、操作数，需要在宏调用的时候配上实参后才有意义。

调用宏的格式：

宏名　［实参1，实参2，…］

【例 3-5】 定义一个3个数相加的宏，并调用这个宏。

解：

ADDUP　MACRO　AD1，AD2，AD3　　　；定义一个带3个形参的宏
　　　　MOV　AX，AD1
　　　　ADD　AX，AD2
　　　　ADD　AX，AD3
　　ENDM
　　　…
ADDUP　BX，2，COUNT　　　　　　　；宏调用

汇编器在将这个宏调用翻译成目标代码的时候会对宏展开，展开后的程如下。

MOV　　AX，BX
ADD　　AX，2
ADD　　AX，COUNT

对于那些重复使用的代码块，既可以用宏也可以用过程来实现。宏在几处使用，则每处均需扩展，程序长度会增长；过程在程序中虽只有一个代码块，但需要 CALL 和 RET 指令的开销。一般选用原则：当程序执行速度比程序大小更重要时选用宏，反之选用过程；其次，如果代码块短则选用宏，代码块长就选用过程。

三、操作数运算符

上一节谈到了表达式由操作数和运算符组成，这一节就介绍 8086 汇编语言中的操作数运算符。

MASM 汇编程序支持算术、逻辑与移位、关系、数值回送、修改属性等运算符。

1. 算术运算符

表 3-2 给出了 MASM 中的算术运算符。

算术运算符可用于数值表达式或地址表达式，用于地址表达式时，只有其结果有物理意义时才有效。算术运算符在地址表达式中常用的有以下 3 种情况。

表 3-2 算术运算符

运算符	说 明	示 例
+（双目）	在两个操作数之间作加法	MOV AX, 8+4；汇编为 MOV AX, 000CH
+（单目）	在一个操作数左边作正号	DB +7, +8；内存中存入 7, 8
−（双目）	在两个操作数之间作减法	MOV AX, 8−4；汇编为 MOV AX, 0004H
−（单目）	在一个操作数左边作负号	DB −7, −8；内存中存入 0F9H, 0F8H
*	乘法运算	MOV AX, 7*8；汇编为 MOV AX, 0038H
/	除法运算	MOV AX, 16/4；汇编为 MOV AX, 0004H
MOD	取余数	MOV AX, 31 MOD 5；汇编为 MOV AX, 0001H

- 地址 + 数字常量，结果是一个新的地址。
- 地址 − 数字常量，结果是一个新的地址。
- 地址 − 地址，结果是一个常量，也就是地址差。

【例 3-6】 将首地址为 BLOCK 的字数组的第 6 个字传送到 DX。
解：MOV DX, BLOCK + (6−1)*2 ；地址 + 常量，结果仍为一地址值

【例 3-7】 设数据定义如下：
ARRAYA DW 1, 2, 3, 4, 5, 6, 7
　　　 WENDA DW ?
将数组长度（字数）存入 CX：
解：MOV CX, (WENDA − ARRAYA)/2 ；地址 − 地址，结果为一常量
之所以要除以 2 是因为 ARRAY 是一个 DW 型的数组，每个数据项站 2 字节。

2. 逻辑与移位运算符

表 3-3 给出了 MASM 中的逻辑与移位运算符。

表 3-3 逻辑与移位运算符

运算符	说 明	示 例
AND	按位相与	MOV AL, 37H AND 0FH ；汇编为 MOV AL, 07H
OR	按位相或	MOV AL, 7 OR 30H ；汇编为 MOV AL, 37H
XOR	按位异或	MOV AL, 0AAH XOR 55H ；汇编为 MOV AL, 0FFH
NOT	按位取反	MOV AL, NOT 10010011B ；汇编为 MOV AL, 6CH
SHL	左移	MOV AL, 73H SHL (2*4) ；汇编为 MOV AL, 00H
SHR	右移	MOV BL, 16 SHR (1+3) ；汇编为 MOV BL, 01H

逻辑与移位运算符与指令的名字相同，但它们与指令是有本质区别的。指令是在程序运行时执行的语句，而所有的操作数运算符是在汇编时由汇编程序完成的，汇编器在生成最终目标代码的时候，会将运算后的值填入到指令的相应的操作数位置。

3. 关系运算符

表 3-4 给出了 MASM 中的关系运算符。

表 3-4 关系运算符

运算符	说明	示例
EQ	相等为真	MOV AL, X EQ 5 ；若 X = 5 则汇编为 MOV AL, 0FFH, 否则为 MOV AL, 0
NE	不相等为真	MOV AL, X NE 5 ；若 X≠5 则汇编为 MOV AL, 0FFH, 否则为 MOV AL, 0
LE	小于或等于为真	MOV AL, X LE 5 ；若 X≤5 则汇编为 MOV AL, 0FFH, 否则为 MOV AL, 0
GE	大于或等于为真	MOV AL, X GE 5；若 X≥5 则汇编为 MOV AL, 0FFH, 否则为 MOV AL, 0
LT	小于为真	MOV AL, X LT 5；若 X<5 则汇编为 MOV AL, 0FFH, 否则为 MOV AL, 0
GT	大于为真	MOV AL, X GT 5；若 X>5 则汇编为 MOV AL, 0FFH, 否则为 MOV AL, 0

关系运算符的两个操作数必须都是常量或同一段内的符号地址，比较结果为逻辑值。如果关系成立，则返回 -1，即结果为全 1（真）；否则，返回 0（假）。

4. 数值回送运算符

表 3-5 给出了 MASM 中的数值回送运算符。

表 3-5 数值回送运算符

运算符	说明	示例
SEG	返回变量/标号的段值	MOV AX, SEG MSG ；将变量 MSG 的段地址给 AX
OFFSET	取变量/标号的偏移地址	MOV DX, OFFSET MSG；将变量 MSG 的偏移地址给 AX
TYPE	返回变量类型：DB = 1, DW = 2, DD = 4, DQ = 8, DT = 10 取标号类型：NEAR = -1, FAR = -2	BLOCK DW 50 DUP(2 DUP(?)) MOV SI, TYPE BLOCK ；汇编为 MOV SI, 2
LENGTH	返回变量的元素个数，返回外层 DUP 数值，其他为 1	BLOCK DW 50 DUP(2 DUP(?)) BUFF DB 10, 20, 30 STR DB'hello!', 0DH, 0AH,'$' MOV CX, LENGTH BLOCK 汇编为 MOV CX, 50 MOV AX, LENGTH BUFF 汇编为 MOV AX, 1 MOV DX, LENGTH STR 汇编为 MOV DX, 1
SIZE	返回变量的字节数 SIZE = TYPE * LENGTH	BLOCK DW 50 DUP(2 DUP(?)) MOV CX, SIZE BLOCK 汇编为 MOV CX, 100
LENGTHOF*	返回变量的元素个数	BLOCK DW 50 DUP(2 DUP(?)) BUFF DB 10, 20, 30 STR DB'hello!', 0DH, 0AH,'$' MOV CX, LENGTHOF BLOCK 汇编为 MOV CX, 100 MOV AX, LENGTHOF BUFF 汇编为 MOV AX, 3 MOV DX, LENGTHOF STR 汇编为 MOV DX, 9
SIZEOF*	返回变量的字节数 SIZE = TYPE * LENGTHOF	BLOCK DW 50 DUP(2 DUP(?)) MOV CX, SIZEOF BLOCK 汇编为 MOV CX, 200

*：只有 MASM 6.11 及以上的汇编器才支持。

5. 属性运算符

表 3-6 给出了 MASM 中的属性运算符。

表 3-6 属性运算符

运算符	说明	示例
PTR	改变原来地址操作数的类型为 PTR 左边指定的新的类型	X　DW　1234H Y　DB　10H, 20H, 30H MOV　AL, BYTE PTR X　；汇编为 MOV　AL, 34H MOV　AX, WORD PTR Y　；汇编为 MOV　AX, 2010H
SHORT	说明标号为短标号（-128~127）	JMP　SHORT NEXT
THIS	保持原标号/变量的段和偏移地址，只改变其属性	MY-BYTE EQU THIS BYTE MY-WORD DW 10 DUP(?)；MY-BYTE 与 MY-WORD 地址相 ；同，仅属性不同
:	改变地址表达式的段属性为新的段属性	MOV　AL, SS：[BX]

PTR 运算符的格式：

　　类型 PTR　表达式

对存储器寻址的表达式，类型可为 BYTE, WORD 和 DWORD；表达式为标号时，类型可为 NEAR 或 FAR，该运算符显式指定表达式的类型。

例如：

JMP FAR PTR　NEXT　　　；指明 NEXT 是一个远地址指针，实现段间转移

当指令中操作数的数据类型不明确的时候，必须用 PTR 运算符来指明操作数的类型。

【例 3-8】 下列语句如果操作数是字节操作，是否有错？应该如何修改？

MOV　[BX], 20

解：词句错在源操作数和目的操作数都无法判断是什么类型的数据，正确的写法应该：

MOV BYTE PTR [BX], 20；表明是字节操作

6. 其他运算符

表 3-7 给出了 MASM 中的其他运算符。

表 3-7 其他运算符

运算符	说明	示例
HIGH	返回高字节	X　DW　1234H MOV　AL, HIGH X　汇编为 MOV　AL, 12H
LOW	返回低字节	X　DW　1234H MOV　AL, LOW X　汇编为 MOV　AL, 34H
( )	用于改变运算符的优先级	MOV　AL, 2*(5+3)　汇编为 MOV　AL, 10H
[ ]	该运算符表示一个地址表达式	MOV　AL, [BX]　BX 中不是操作数，而是地址

7. 操作数运算符的优先级

表 3-8 给出了 MASM 中操作数运算符的优先级。

表 3-8　操作数运算符优先级

优先级		运　算　符
高	1	(　)，[　]
↑	2	LENGTH，LENGTHOF，SIZE，SIZEOF，WIDTH，MASK
	3	PTR，OFFSET，SEG，TYPE，THIS
	4	HIGH，LOW
	5	+，-（单目）
	6	*，/，MOD，SHL，SHR
	7	+，-（双目）
	8	EQ，NE，LT，LE，GT，GE
	9	NOT
	10	AND
低	11	OR，XOR
	12	SHORT

第四节　8086 汇编指令与汇编语言程序设计

一、程序设计概述

所谓"程序"就是完成一个特定功能的指令序列，它可以理解为解决某个问题的算法的描述。

1. 程序的设计原则

作为一个程序的设计者，应该遵循以下的程序编写原则。
- 程序必须是正确的和完整的。
- 程序应该结构清晰、简单明了、注释详尽，易于阅读和维护。
- 程序要尽量做到运算速度快、占用内存少，要在这两者之间取得一个较好的平衡。

2. 程序设计的步骤

从拿到具体问题到编制好程序解决问题，通常需要经历以下几个步骤。

1）分析问题，弄清楚问题的实质和要求，包括问题的目标、原始数据、计算精度以及需要达到的速度等。

2）确定解决问题的算法，把实际问题转化成计算机求解的步骤，以便编写程序加以实现。

3）对于比较复杂的问题，将其划分成各个功能模块，并制定好各功能模块之间的信息交换机制。

4）绘制各个功能模块的流程图。流程图是算法的一种形象、直观的表现方法，在汇编程序设计尤其是分支和循环较多的程序设计中起到很重要的辅助作用。

5）在熟悉 8086 指令和掌握程序编写技巧的前提下，根据流程图编写程序，注意分配好内存和寄存器。

6）上机调试、修改直至程序功能正确通过。

3. 程序的基本结构

8086 汇编程序设计语言是一种结构化程序设计语言，从程序结构上说主要分为 4 种结构：顺序结构、分支结构、循环结构和子程序结构。本节按照这 4 种结构介绍相关指令和程序设计方法。

另外，为了便于大家在学习 8086 指令和汇编语言程序设计的时候能够即刻上手编写程序，并在程序中能够通过键盘输入数据和用屏幕显示结果，本节首先介绍人机交互的相关 8086 指令和程序的编写方法。

二、人机交互程序的编写

所谓人机交互程序，就是通过编写程序进行键盘数据的输入和屏幕数据的输出，对于 8086 汇编程序，一般是通过中断指令进行 BIOS 功能调用和 DOS 系统功能调用来完成。

1. 中断指令与中断返回指令

人机交互所用的一般都是 DOS 系统功能调用或 BIOS 功能调用，而这两种系统调用都要用到中断指令。关于中断的概念和中断处理程序的详细内容将在第 6 章中介绍。

（1）软件中断指令 INT

INT 指令属于控制转移类指令，可以执行软件中断、BIOS 功能调用和 DOS 系统功能调用。在执行完软件中断、BIOS 系统功能调用和 DOS 系统功能调用后，会返回到 INT 指令的下一条指令。

中断指令的格式：

INT n

其中，n 是中断类型号（也称中断向量号），它的范围为 0~255。该指令的操作过程：

```
SP←(SP)-2
((SP)+1,(SP))←(FLAGS)      ;FLAGS 寄存器压栈
SP←(SP)-2
((SP)+1,(SP))←(CS)         ;CS 压栈
SP←(SP)-2
((SP)+1,(SP))←(IP)         ;IP 压栈
TF←0                       ;禁止单步跟踪
IF←0                       ;禁止中断
IP←(0000:OA)               ;从中断向量表中取出偏移地址给 IP
CS←(0000:OA+2)             ;从中断向量表中取出段基址给 CS
```

其中，OA = 4 * n。中断向量表是一个按照中断类型号顺序依次存放中断处理程序入口地址的连续内存区域。该指令一开始就将 INT 指令的下一条指令的地址压栈进行保存。最后两个操作是将 n 号中断的中断处理程序入口地址的段内偏移地址和段基址分别赋给 IP 和 CS，以跳转到中断处理程序执行。

（2）中断返回指令 IRET

IRET 指令也属于控制转移类指令，它将从中断处理程序中返回到被中断的程序的断点处继续执行。如果中断处理程序是因为 INT 指令被执行，则返回到 INT 的下一条指令。IRET 指令会在第 6 章中使用。

中断返回指令的格式：
IRET
其操作过程：
IP←((SP)+1,(SP))　　　　　　;断点处指令的偏移地址恢复
SP←(SP)+2
CS←((SP)+1,(SP))　　　　　　;断点处指令的段基址恢复
SP←(SP)+2
FLAGS←((SP)+1,(SP))　　　　 ;FLAGS寄存器的内容恢复
SP←(SP)+2

2. BIOS 与 DOS 系统功能

在第一章中介绍过紧贴着裸机的就是基本输入/输出系统（BIOS），BIOS是一组管理程序，包括上电自检程序、系统引导程序、日时钟管理程序和基本I/O设备（如显示器、键盘和打印机等）的驱动程序等。裸机配上BIOS后，就可以正常运转起来，而各种软件也能够比较方便地进行数据的输入与输出。

磁盘操作系统（Disk Operation System，DOS）是1979年由微软公司为IBM个人计算机开发的单用户单任务的操作系统，也称为MS-DOS。后来DOS的概念也包括了其他公司生产的与MS-DOS兼容的系统，如PC-DOS、DR-DOS，以及一些其他相对不太出名的DOS兼容产品。从1981年直到1995年的15年间，DOS在IBM PC兼容机市场中占有举足轻重的地位。

无论是BIOS还是DOS，都为应用程序开发者提供了能够方便使用各种资源的一系列功能。这些功能均可在汇编语言中采用INT n的调用方式使用，因此这些功能被分门别类地赋予中断类型号n。

与人机交互关系密切的BIOS功能和DOS系统功能所赋予的中断类型号（n）如表3-9所示。

表3-9　与人机交互有关的中断类型号（n）

中断类型号	功　能	中断类型号	功　能
10H	BIOS 显示器输出功能	16H	BIOS 键盘输入功能
17H	BIOS 打印输出功能	21H	DOS 系统功能调用
33H	鼠标功能		

用INT指令进行BIOS与DOS功能调用的一般步骤：
1）功能号送AH寄存器。
2）按要求将所有入口参数送指定的寄存器。
3）发送INT n软中断指令。

3. 从键盘输入一个字符

（1）使用DOS系统功能调用的1号功能
使用方法：
MOV　AH,1
INT　21H
该功能会等待键盘输入，当从键盘输入一个字符后，如果是〈Ctrl+Break〉键，则退出

程序，否则，将输入字符的 ASCII 码存入到 AL 寄存器中。如果键盘输入的是一个功能键（比如〈F1〉、〈Del〉）则 AL 中的值为 0。

该功能具有回显的效果，即会自动将输入的字符显示在显示器上。

（2）使用 DOS 系统功能调用的 6 号功能

使用方法：

MOV　AH, 6

MOV　DL, 0FFH

INT　21H

该功能会在键盘有输入的时候让 ZF＝0，并将输入字符的 ASCII 码存入到 AL 中。如果键盘输入的是一个功能键，则 AL 中的值为 0；如果没有键按下，则 ZF＝1，因此该功能不会等待按键。该功能不检测〈Ctrl＋Break〉键，也没有回显效果。

（3）使用 BIOS 16H 功能调用的 0 号功能

使用方法：

MOV　AH, 0

INT　16H

该功能也会等待键盘输入，当从键盘输入一个字符后将输入字符的 ASCII 码存入到 AL 寄存器中。如果键盘输入的是一个功能键则 AL 中的值为 0，但该功能键的扫描码会放在 AH 中。实际上，键盘上每个键都有一个扫描码，DOS 系统功能调用不读取扫描码，因此不支持功能键的识别，但是本功能无论是字符键还是功能键都将扫描码读入到 AH 中，因此本功能可以识别所有的键。按下〈Ctrl＋Break〉会退出程序，该功能没有回显效果。

（4）使用 BIOS 16H 功能调用的 1 号功能

使用方法：

MOV　AH, 1

INT　16H

该功能会在键盘有输入的时候让 ZF＝0，并将输入字符的 ASCII 码存入到 AL 中。如果键盘输入的是一个功能键，则 AL 中的值为 0，但该功能键的扫描码会放在 AH 中，如果没有键按下，则 ZF＝1，因此该功能不会等待按键。按下〈Ctrl＋Break〉会退出程序。该功能没有回显效果。

4. 向屏幕输出一个字符

使用方法：

MOV　AH, 2

MOV　DL, 'a'　　　　　；要打印的字符的 ASCII 码放入 DL 中

INT　21H

该功能将 DL 中的 ASCII 码以字符的形式打印到屏幕的当前光标位置，并将光标向后移动一个字符位。

【例3-9】 请编写程序段，不回显输入一个字符，并在屏幕上显示一个'*'。

解：

MOV　AH, 0H

INT　16H

MOV　DL, '*'

```
    MOV    AH，02H
    INT    21H
```

5. 向屏幕输出一个字符串

使用方法：

```
.DATA
    MSG BYTE 'This is an example. $'
    …
.CODE
…
    MOV    AX，@DATA       ；
    MOV    DS，AX          ；给 DS 寄存器赋.data 段基址
…
    MOV    DX，OFFSET MSG  ；要输出的字符串的偏移地址给 DX
    MOV    AH，9           ；调用 DOS 系统功能调用的 9 号功能
    INT    21H
…
```

该功能要将 DS：DX 指向要输出的字符串。要输出的字符串必须以字符'$'结束。调用该功能后，字符串中除字符'$'之外的所有字符都将输出到屏幕上。

【例3-10】 请在屏幕上输出字符串'Hello'，然后换一行输出'World！'。

解：

```
.MODEL SMALL
.DATA
    MSG1    DB  'Hello,'，0DH，0AH，'$'；0DH，0AH 就是回车换行的 ASC II 码
    MSG2    DB  'World！ $'
.STACK
.CODE
STRAT：
    MOV    AX，@DATA
    MOV    DS，AX
    MOV    DX，OFFSETMSG1
    MOV    AH，9
    INT    21H
    MOV    DX，OFFSETMSG2
    MOV    AH，9
    INT    21H
    MOV    AX，4C00H
    INT    21H
END    START
```

6. 从键盘输入一个字符串

使用方法：

```
.DATA
    MAXLEN   DB 80              ；字符缓冲区最大长度
```

```
    ACTLEN   DB   ?                    ;缓冲区实际输入的字符个数
    STRING   DB 80 DUP(?)              ;80 个字符空间作为字符缓冲区
    …
    .CODE
    …
        MOV   AX，@DATA                ;
        MOV   DS，AX                   ;给 DS 寄存器赋 .data 段基址
    …
        MOV   AH，0AH                  ;调用 DOS 系统功能调用的 0A 号功能
        MOV   DX，OFFSET MAXLEN        ;输入缓冲区首地址给 DX
        INT   21H
    …
```

该功能首先要在数据段设置一个输入缓冲区，该缓冲区的第一字节给出最大能输入的字符数 N，第二字节将在功能调用后，由 DOS 回填实际输入的字符数 K，从第三字节开始是长度为 N 个字节的字符缓冲区，输入的字符将放在这个字符缓冲区中。调用该功能的时候，要将 DS：DX 指向输入缓冲区（注意不是字符缓冲区）。输入字符串的时候以回车键结束，实际输入字符个数 K＜N 的时候，字符缓冲区多余的字节填 0，如果输入字符数大于 N，则多出来的字符被丢掉，系统响铃。

三、8086 基本指令与顺序程序的编写

1. 8086 的基本指令

8086 的基本指令包括数据传送指令、算术运算指令、逻辑运算指令、移位与循环移位指令和处理器控制指令等。

（1）数据传送指令

数据传送类指令一共有 4 类，共 14 条，如表 3-10 所示。

表 3-10　数据传送指令

	通用数据传送指令	
MOV	传送字节或字	Move
PUSH	字入栈	Push onto stack
POP	字出栈	Pop off of stack
XCHG	交换字节或字	Exchange
XLAT	字节转换	Table lookup translation
	I/O 指令	
IN	输入字节或字	Read from a port
OUT	输出字节或字	Write to a port
	地址传送指令	
LEA	装入有效地址	Load effective address
LDS	将指针变量装入寄存器及 DS	Load far pointer using DS
LES	将指针变量装入寄存器及 ES	Load far pointer using ES

(续)

标志传送指令		
LAHF	标志寄存器低字节送 AH	Load flags into AH register
SAHF	AH 值送标志寄存器低字节	Store AH register into flags
PUSHF	标志寄存器内容进栈	Push FLAGS onto stack
POPF	标志寄存器内容出栈	Pop FLAGS from stack

使用数据传送指令时要注意以下几点规定。
- 立即数只能作为源操作数，不能作为目的操作数。
- 不允许源操作数和目的操作数都是存储器操作数。
- 不能用数据传送指令为 CS 和 IP 赋值。
- 不允许用立即数为段寄存器赋值。
- 除 SAHF 指令和 POPF 指令外，数据传送指令皆不影响标志寄存器的值。
- 除 XCHG 和 XLAT 指令外，皆不破坏源操作数。
- 所谓数据传送，除了 XCHG 以外，其他指令都是进行复制。

下面介绍几个主要的数据传送指令。

1）MOV 指令格式：

MOV dest, src

操作：

dest←（src）   ;将源操作数 src 复制给目的操作数 dest

表 3-11 给出了 src 和 dest 可以使用的寻址方式以及它们的合法组合。在本章中，对不同寻址方式采用如下描述方法。

表 3-11　MOV 指令的寻址方式及合法组合

指令格式	举　　例
MOV reg8/16, imm8/16	MOV AX, 0FAB2H
MOV reg8/16, reg8/16	MOV AH, DL
MOV reg8/16, mem8/16	MOV DX, BUFF [BX] [SI]
MOV mem8/16, reg8/16	MOV [DI], AL
MOV mem8/16, imm8/16	MOV BYTE PTR [DI], 30
MOV seg, reg16	MOV DS, AX
MOV reg16, seg	MOV AX, DS
MOV seg, mem16	MOV DS, WORD PTR [BX]
MOV mem16, seg	MOV WORD PTR [BX], DS

- *reg*8/16：8 位/16 位通用寄存器。
- *imm*8/16：8 位/16 位立即数。
- *mem*8/16：8 位/16 位存储器操作数。
- *seg*：段寄存器。

除了遵循上述的数据传送指令几点规定外，使用 MOV 指令还有以下规定：

- dest 和 src 的数据位宽必须相等。
- 不允许两个操作数均是段寄存器。

【例 3-11】 已知有下面的变量和常量定义，请问以下指令是否正确？

```
val1    DB    100
val2    DB    200
number  equ   100
```

① mov val1，val2
② mov number，val2
③ mov val2，number
④ mov ds，offset val1
⑤ mov ax，bl
⑥ mov al，300

解：

① mov val1，val2   ；错误，两个操作数不能都是存储器操作数
② mov number，val2   ；错误，常量（立即数）不能作为目的操作数
③ mov val2，number   ；正确
④ mov ds，3000H   ；错误，源操作是立即数，不能给段寄存器赋值
⑤ mov ax，bl   ；错位，源操作数和目的操作数的位宽不一样
⑥ mov al，300   ；错误，300 超出 8 位无符号数范围

【例 3-12】 请编程将 3000H 赋值给 DS 寄存器。

解：因为立即数不能直接赋值给段寄存器，因此，需要将立即数赋值给通用寄存器，然后再转给段寄存器。程序如下。

```
MOV   AX，3000H
MOV   DS，AX
```

2）PUSH 指令格式：

PUSH src

操作：

SP←(SP)−2

((SP)+1，(SP))←(src)   ；将 16 位的源操作数压栈

表 3-12 给出了 src 可以使用的寻址方式。

表 3-12 PUSH 指令的寻址方式

指令格式	举 例
PUSH reg16	PUSH AX
PUSH mem16	PUSH WORD PTR [BX][SI]
PUSH seg	PUSH DS

3）POP 指令格式：

POP dest

操作：

dest←((SP)+1，(SP))

SP←(SP)+2   ；将栈顶的 16 位数弹出到 dest 中

表 3-13 给出了 dest 可以使用的寻址方式。

表 3-13 POP 指令的寻址方式

指令格式	举 例
POP reg16	POP AX
POP mem16	POP WORD PTR [BX+2]
POP seg（不含 CS）	POP DS

4) XLAT 指令格式：

XLAT 或 XLAT OPR

操作：

AL←(DS：BX + ZeroExtend(AL))；

该指令执行前需要在内存中有一个字节类型的数组（字节表），并让 DS：BX 指向这个字节表的首地址，AL 中存放一个无符号的 8 位数作为索引值，通过首地址加上该索引值，检索并取出字节表中该索引位置的一字节的数据，存放到 AL 中替代原来的索引值（换码）。OPR 是这个字节表的变量名或首地址，但它只是增加程序的可读性，并不将首地址放进 BX 中。

假设 DS 已经存放数据段的段基址，则可用下列指令序列来执行 XLAT：

TABLE   DB   30H, 31H, 32H, 33H, 34H, 35H, 36H, 37H, 38H, 39H

...

MOV   BX, OFFSET   TABLE   ；表首址给 BX

MOV   AL, 4   ；待转换内容到 AL 作为索引

XLAT

5) LEA 指令格式：

LEA dest, src

操作：

dest←EA(src)；src 必须是存储器操作数，将 src 的有效地址（偏移地址）给 dest

【例 3-13】 假设(DS) = 2000H，(BX) = 1234H，内存中(21234H) = 7086H，问下面两句执行后，SI 和 DI 中分别是多少？

LEA SI, [BX]

MOV DI, [BX]

解：LEA 指令是取源操作数的有效地址，[BX] 是寄存器间接寻址，有效地址就在 BX 中，因此执行了 LEA 指令后，SI 中的值为 1234H；MOV 指令是将源操作数的数值复制给目的操作数，源操作数是存储器操作数，有效地址是 1234H，与 DS 中的段基址 2000H 共同组成物理地址 21234H，该地址存放的数是 7086H，因此，MOV 指令执行完后，DI 中的值是 7086H。

6) XCHG 指令格式：

XCHG dest, src

操作：

dest ↔ src；src 与 dest 的值互换

除了和 MOV 指令的规定一样外，XCHG 指令不能用段寄存器作为操作数，也不能用立

即数作为源操作数。

7) IN 指令格式：

IN　A, PORT

操作：

AL←(PORT)　　　　　　　;8 位操作

AX←(PORT+1)_(PORT);16 位操作

(PORT+1)和(PORT)都是 8 位端口内容，(PORT+1)_(PORT)为两个连续的 8 位端口内容组成的 16 位内容。

如果端口地址是 8 位，指令中的 PORT 可以是 8 位立即数表示的直接地址，也可以是数值为 8 位二进制数的已定义的符号常量。如果端口地址是 16 位的，PORT 必须是 DX 寄存器，其内容是 16 位端口地址。

指令中的 A 是累加器，8 位操作时 AL，16 位操作时 AX。如：

IN　AL, 32H

MOV　DX, 01F8H

IN　AL, DX 或

IN　AX, DX

8) OUT 指令格式：

OUT　PORT, A

操作：

(PORT)←AL　　　　　　　;8 位操作

(PORT+1)_(PORT)←AX　　;16 位操作

如果端口地址是 8 位，指令中的 PORT 可以是 8 位立即数表示的直接地址，也可以是数值为 8 位二进制数的已定义的符号常量。如果端口地址是 16 位的，PORT 必须是 DX 寄存器，其内容是 16 位端口地址。

指令中的 A 是累加器，8 位操作时是 AL，16 位操作时是 AX。如：

OUT　21H, AL

MOV　DX, 01F0H

OUT　DX, AL 或

OUT　DX, AX

(2) 算术运算指令

算术运算指令有 20 条，可以分为 4 组，如表 3-14 所示。

算术运算类指令有如下的共性规则：

- 除 CBW 和 CWD 两条指令外，其余算术运算指令皆影响标志位。
- 算术运算指令中是字节运算还是字运算由出现在操作数表达式中变量名的类型属性决定，或由寄存器操作数的位宽决定。
- 加法和减法指令中操作数是有符号数还是无符号数由程序员解释。

下面介绍几个主要的算术运算指令。

1) ADD/ADC 指令格式：

ADD dest, src

ADC dest, src

表 3-14 算术运算指令

	加法指令	
ADD	加法	Integer add
ADC	带进位的加法	Add with carry
INC	增量	Increment
AAA	加法的 ASCII 修正	ASCII adjust after addition
DAA	加法的十进制修正	Decimal adjust after addition
	减法指令	
SUB	减法	Subtract
SBB	带借位的减法	Subtract with borrow
DEC	减量	Decrement
NEG	求补	Negate
CMP	比较	Compare
AAS	减法的 ASCII 修正	ASCII adjust after subtraction
DAS	减法的十进制修正	Decimal adjust after subtraction
	乘法指令	
MUL	无符号数乘法	Unsigned multiply
IMUL	有符号数乘法	Signed multiply
AAM	乘法的 ASCII 修正	ASCII adjust after multiplication
	除法指令	
DIV	无符号数除法	Unsigned divide
IDIV	有符号数除法	Signed divide
AAD	除法的 ASCII 修正	ASCII adjust before division
CBW	字节转换为字	Convert byte to word
CWD	字转换为双字	Convert word to doubleword

ADD 的操作：

dest←(dest)+(src)　；源操作数加上目的操作数的和给目的操作数

ADC 的操作：

dest←(dest)+(src)+CF　；源操作数加上目的操作数和 CF 的和给目的操作数

这两条指令的运行结果对 CF、SF、OF、PF、ZF、AF 都会影响。

表 3-15 给出了 ADD 指令两个操作数的寻址方式和合法组合，ADC 指令一样。

除了寻址方式外，这两条指令对于 dest 和 src 的其他规定与 MOV 指令一样。

【例 3-14】 设一个 32 位数存放在 DX:AX 中，DX 存放高位字，另一个 32 位数存放在 BX:CX 中，BX 存放高位字，请编写程序完成(DX:AX)+(BX:CX)。

解：程序如下：

ADD　AX,CX　　；先加低位字

表 3-15　MOV 指令的寻址方式及组合

指令格式	举例
ADD reg8/16, imm8/16	ADD　AX, 837FH
ADD reg8/16, reg8/16	ADD　AX, BX
ADD reg8/16, mem8/16	ADD　CX, [SI]
ADD mem8, reg8/16	ADD　[DI], DL
ADD mem8, imm8/16	ADD　BYTE PTR [DI], 23

　　ADC　DX, BX　　　;再带进位加高位字

2）SUB/SBB 指令格式：

SUB dest, src

SBB dest, src

　SUB 的操作：

dest←(dest)-(src)　　;目的操作数减去源操作数的差给目的操作数

　SBB 的操作：

dest←(dest)-(src)-CF　;目的操作数减去源操作数再减去 CF 的差给目的操作数

　　这两条指令的运行结果对 FLAGS 寄存器的影响，对 dest 和 src 的规定、寻址方式等都和 ADD 一样。

3）INC/DEC 指令格式：

INC dest

DEC dest

　INC 的操作：

dest←(dest)+1　　;目的操作数加 1 后给目的操作数，即目的操作数自增 1

　DEC 的操作：

dest←(dest)-1　　;目的操作数减 1 后给目的操作数，即目的操作数自减 1

　　增量指令 INC 及减量指令 DEC 运行结果对 SF、OF、PF、ZF、AF 都会影响，但不影响 CF。

　　表 3-16 给出了 INC 指令操作数的寻址方式及组合，DEC 指令一样。

表 3-16　INC 指令的寻址方式及组合

指令格式	举例
INC reg8/16	INC CX
INC mem8/16	INC BYTE PTR[BX]

4）CMP 指令格式：

CMP dest, src

　操作：

(dest)-src；目的操作数减去源操作数，不保存结果，但影响标志位

　　CMP 指令除了不把结果写到 dest，其他一切都和 SUB 指令一样。虽然它不保存运算结果，但由于影响了标志位，因此，通常利用这条指令对两个数进行大小比较。

5) DAA 指令格式：

DAA

操作：

如果 AL 的低 4 位 >9 或(AF) = 1，则 AL←(AL) + 6，AF←1

如果 AL 的高 4 位 >9 或(CF) = 1，则 AL←(AL) + 60H，CF←1

DAA 指令对 AL 寄存器中的压缩 BCD 码加法之和进行上述调整，调整后的结果在 AL 寄存器中。DAA 指令必须紧跟在对压缩 BCD 码进行加法的 ADD 和 ADC 之后，而且调整只针对 AL 寄存器。

【例 3-15】 用压缩 BCD 码计算十进制数 29 + 18。

解：程序如下：

MOV　AL, 29H

MOV　BL, 18H

ADD　AL, BL

DAA

6) DAS 指令格式：

DAS

操作：

如果 AL 的低 4 位 >9 或(AF) = 1，则 AL←(AL) − 6，AF←1

如果 AL 的高 4 位 >9 或(CF) = 1，则 AL←(AL) − 60H，CF←1

DAS 指令对 AL 寄存器中的压缩 BCD 码减法之差进行上述调整，调整后的结果在 AL 寄存器中。DAS 指令必须紧跟在对压缩 BCD 码进行减法的 SUB 和 SBB 之后，而且调整只针对 AL 寄存器。

7) MUL/IMUL 指令格式：

MUL src

IMUL src

表 3-17 给出了 MUL 指令的寻址方式和操作，IMUL 和 MUL 一样，两者的区别在于 MUL 做的是无符号数乘法，IMUL 做的是有符号数乘法。至于做有符号数乘法还是无符号数乘法由程序员决定。从表 3-17 上可以看到，被乘数和乘积都是隐含的，而且乘积的位宽是被乘数和乘数位宽的 2 倍。

表 3-17　MUL 指令的寻址方式与操作

指令格式	操　　作	举　　例
MUL　reg/mem8	AX←AL × reg/mem8	MUL　BL
MUL　reg/mem16	DX：AX←AX × reg/mem16	MUL　WORD PTR [SI]

8) DIV/IDIV 指令格式：

DIV src

IDIV src

表 3-18 给出了 DIV 指令的寻址方式和操作，IDIV 和 DIV 一样，两者的区别在于 DIV 做的是无符号数除法，IDIV 做的是有符号数除法。

表 3-18　DIV 指令的寻址方式与操作

指令格式	操　　作	举　　例
DIV reg/mem8	AX ÷ reg/mem8 AL←商，AH←余数	DIV　BL
DIV reg/mem16	DX：AX ÷ reg/mem16 AX←商，DX←余数	DIV　WORD PTR [SI]

从表 3-18 上可以看到，被除数、商和余数都是隐含的，而且被除数的位宽是余数位宽的两倍。商和余数的位宽与除数一样，因此要防止除数太小造成商的溢出。比如 16 位数 8672H 除以 8 位的 2 后，商还是 16 位数，就超出了存放商的 AL 寄存器的数据范围，此时除法溢出。

9）CBW/CWD 指令格式：

CBW

CWD

CBW 的操作：

扩展 AL 中的符号至 AH 中，将 8 位有符号数扩展成等效的 16 位有符号数

CWD 的操作：

扩展 AX 中的符号至 DX 中，将 16 位有符号数扩展成等效的 32 位有符号数

例如：

如果 AL = 70H，则 CBW 后 AX = 0070H

如果 AL = 81H（ - 127），则 CBW 后 AX = 0FF81H（ - 127）

【例 3-16】　计算(V - (X * Y + Z))/X，其中 X，Y，Z，V 均为 16 位有符号数（存储器操作数），要求最后的商存入 AX，余数存入 DX。

解：程序如下：

```
    MOV   AX, X
    IMUL  Y              ; X * Y
    MOV   CX, AX
    MOV   BX, DX         ; 积存 BX：CX
    MOV   AX, Z
    CWD                  ; Z 扩展
    ADD   CX, AX         ; X * Y + Z
    ADC   BX, DX
    MOV   AX, V
    CWD                  ; V 扩展
    SUB   AX, CX         ; 相减
    SBB   DX, BX
    IDIV  X              ; 除以 X
```

最后的除法运算做完后，刚好商在 AX 中，余数在 DX 中。

(3) 逻辑运算指令

逻辑运算指令有 5 条，如表 3-19 所示。

表 3-19　逻辑运算指令

逻辑运算指令		
AND	逻辑"与"	And
OR	逻辑"或"	Or
XOR	逻辑"异或"	Exclusive or
NOT	逻辑"非"	Not
TEST	测试	Logical compare

逻辑运算指令的规则：
- 除了 NOT 指令不影响标志位外，其他所有指令都影响标志位 PF、SF、ZF，使 CF = 0、OF = 0。
- 除了 NOT 指令操作数只允许是 reg8/16 和 mem8/16 外，其他各条指令对操作数的规则都与 MOV 指令一样。
- 逻辑运算都是按位运算。

1）AND 指令格式：

AND dest, src

操作：

dest←(dest)∧(src)；目的操作数和源操作数按位逻辑与

逻辑"与"指令 AND 用来清除或保留 dest 中某些位。欲清除的位同"0"相"与"，称为"屏蔽"；欲保留的位同"1"相"与"；自身相"与"其值不变。

【例 3-17】 屏蔽 AL 寄存器的低 4 位。

解：AND　AL, 0F0H

2）OR 指令格式：

OR dest, src

操作：

dest←(dest)∨(src)；目的操作数和源操作数按位逻辑或

逻辑"或"指令 OR 用来进行数的组合。同"0"相"或"，其值不变；同"1"相"或"则置"1"，自身相"或"，其值不变。

【例 3-18】 将 AL 寄存器的最高位置 1。

解：OR　AL, 80H

3）XOR 指令格式：

XOR dest, src

操作：

dest←(dest)⊕(src)；目的操作数和源操作数按位逻辑异或

逻辑"异或"指令 XOR 可用来将 dest 中某些位取反或保持不变。同"0"相"异或"，其值不变；同"1"相"异或"，其值取反；自身相"异或"，则清零。

【例 3-19】 将 AX 寄存器清零。

解：XOR　AX, AX

4）TEST 指令格式：

TEST dest, src

操作：

(dest)∧(src)；目的操作数和源操作数按位逻辑与，不保存结果，但影响标志位。
　　　　　　　；测试指令 TEST 可以用来测试目的操作数中某一位是否为"1"

【例 3-20】 测试 AL 中的数是否为奇数，若是则转移到标号 NEXT 处。

解：因为在二进制中，奇数的最低位一定是 1，因此可根据这个来判断。

TEST　AL, 01H
JNZ　　NEXT　　　　；ZF=0 说明 AL 最低位是 1，为奇数，跳转

5) NOT 指令格式：

NOT dest

操作：

dest←(dest)按位取反；目的操作数按位取反

(4) 移位与循环移位指令

移位与循环移位指令有 8 条，分为 2 组，如表 3-20 所示。

表 3-20　移位与循环移位指令

移位指令		
SHL	逻辑左移	Shift logical left.
SAL	算术左移	Shift arithmetic left
SHR	逻辑右移	Shift logical right
SAR	算术右移	Shift arithmetic right
循环移位指令		
ROL	循环左移	Rotate left
ROR	循环右移	Rotate right
RCL	通过 CF 循环左移	Rotate through carry left
RCR	通过 CF 循环右移	Rotate through carry right

移位与循环移位指令的共同规则：

- 指令格式都为 OP　dest, count，根据不同的指令 OP，对目的操作数移动 count 指定的位数，移位结果送 dest，移出的位进入标志位 CF。
- 指令格式中，dest 可以是寄存器操作数或存储器操作数。
- 指令格式中，count 可以是立即数 1，当移位次数大于 1 的时候，移位次数必须放到 CL 寄存器中，此时 count 就是 CL。
- 移位指令会影响 OF、PF、SF、ZF、CF，其中 PF、SF、ZF、CF 随着运算结果变化，OF 只有在移位次数为 1 的时候才有意义，如果移位前后 dest 的符号位没有变化，则 OF=0，否则 OF=1。
- 循环移位指令只会影响 OF 和 CF，CF 随着运算结果变化，对 OF 的影响和移位指令一样。

1) SHL/SAL 指令格式：

SHL dest, count

逻辑左移指令 SHL 和算术左移指令的操作完全一样，都是将 dest 左移 count 位，移出的高位进 CF，低位用 0 填充，如图 3-14 所示。

2）SHR 指令格式：

SHR dest, count

逻辑右移指令 SHR 将 dest 右移 count 位，移出的低位进 CF，高位用 0 填充，如图 3-15 所示。

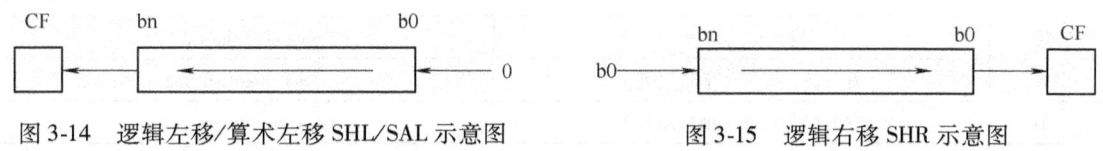

图 3-14　逻辑左移/算术左移 SHL/SAL 示意图　　　图 3-15　逻辑右移 SHR 示意图

3）SAR 指令格式：

SAR dest, count

算术右移指令 SAR 将 dest 右移 count 位，移出的低位进 CF，符号位在移位前后保持不变，如图 3-16 所示。

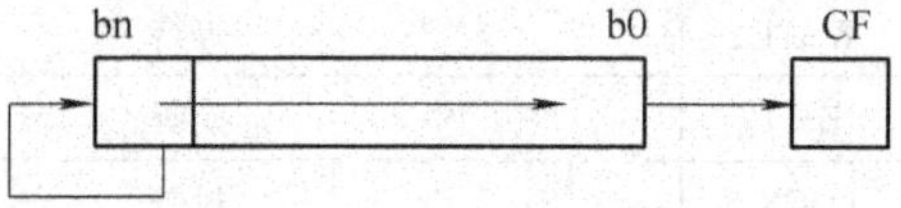

4）ROL 指令格式：

ROL dest, count

循环左移指令 ROL 将 dest 左移 count 位，移出的最高位进 CF，同时最高位进最低位，形成循环，如图 3-17 所示。

图 3-16　算术右移 SAR 示意图

5）ROR 指令格式：

ROR dest, count

循环右移指令 ROR 将 dest 右移 count 位，移出的最低位进 CF，同时最低位进最高位，形成循环，如图 3-18 所示。

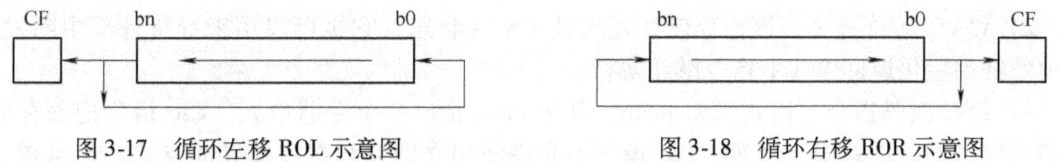

图 3-17　循环左移 ROL 示意图　　　图 3-18　循环右移 ROR 示意图

6）RCL 指令格式：

RCL dest, count

通过 CF 循环左移指令 RCL 将 dest 左移 count 位，移出的最高位进 CF，同时以前的 CF 进最低位，形成大循环，如图 3-19 所示。

7）RCR 指令格式：

RCR dest, count

通过 CF 循环右移指令 RCR 将 dest 右移 count 位，移出的最低位进 CF，同时以前的 CF 进最高位，形成大循环，如图 3-20 所示。

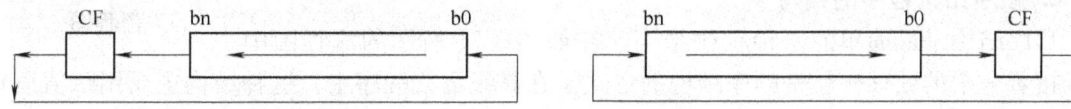

图 3-19　通过 CF 循环左移 RCL 示意图　　　图 3-20　通过 CF 循环右移 RCR 示意图

（5）处理器控制指令

处理器控制指令共 12 条，分为 2 组，如表 3-21 所示。

表 3-21 处理器控制类指令

标志操作指令		
STC	进位标志置 1	Set carry flag
CLC	进位标志置 0	Clear the carry flag
CMC	进位标志取反	Complement the carry flag
STD	方向标志置 1（地址减量）	Set direction flag
CLD	方向标志置 0（地址增量）	Clear the direction flag
STI	中断允许标志置 1（开中断）	Set interrupt flag
CLI	中断允许标志置 0（关中断）	Clear the interrupt flag
系统控制指令		
HLT	停机	Halt processor
WAIT	等待	Wait
ESC	换码	Escape
LOCK	封锁	Lock Bus（prefix）
NOP	空操作	No operation

系统控制指令主要用于为操作系统和应用程序提供实现处理器与外部事件同步，与其他处理器分用总线等功能。

1）HLT 停机指令：该指令可使机器暂停工作，使处理机处于停机状态以便等待一次外部中断到来，中断结束后可继续执行下面的程序。

2）WAIT 等待指令：该指令使处理机处于空转状态，它也可以用来等待外部中断发生，但中断结束后仍返回 WAIT 指令继续等待。

3）ESC 换码指令：格式 ESC mem，其中 mem 指出一个存储单元，Esc 指令把该存储单元的内容送到数据总线。当然，Esc 指令不允许使用立即数和寄存器寻址方式。这条指令在使用协处理机（Coprocessor）执行某些操作时，可从存储器取得指令或操作数。

4）LOCK 封锁指令：该指令是一种前缀，它可与其他指令联合，用来维持总线的锁存信号直到与其联合的指令执行完为止。当 CPU 与其他处理机协同工作时，该指令可避免破坏有用信息。

5）NOP 无操作指令：该指令不执行任何操作，其机器码占有一个字节单元，在调试程序时往往用这条指令占有一定的存储单元，以便在正式运行时用其他指令取代。

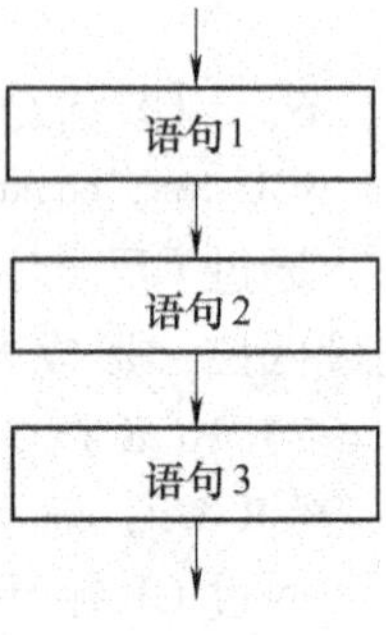

2. 顺序结构程序的编写

顺序结构是最简单的一种程序结构。在如图 3-21 所示的流程图中，一个接着一个的处理框就是顺序结构的形式。在高级语言程序中，这种结构主要用赋值语句和过程语句实现；而在汇编语言程序中，顺序结构主要由数据传送及算术运算或逻辑运算等指令组合而成。

图 3-21 顺序结构流程图

【例 3-21】 将 BCD_ BUF 中压缩的 BCD 码转化成字符串放到中 ASC_ BUF。

解：程序如下：
```
. MODEL SMALL
. STACK
. DATA
    BCD_ BUF   DB   96H
    ASC_ BUF   DB   2   DUP(?)
. CODE
. STARTUP
    MOV   AL, BCD_ BUF      ;（AL）= 96H
    MOV   CL, 4
    MOV   BL, AL            ;（BL）= 96H
    SHR   AL, CL            ; 右移 4 位, 将高 4 位填 0,（AL）= 09H
    OR    AL, 30H           ;（AL）= 39H '9'
    MOV   ASC_ BUF, AL
    AND   BL, 0FH           ;（BL）= 06H
    OR    BL, 30H           ;（BL）= 36H '6'
    MOV   ASC_ BUF + 1, BL  ; ASC_ BUF 中存放的是 '96'
. EXIT  0
    END
```

【例 3-22】 用直接查表法完成将键盘输入的一位十进制数（0~9）转换成对应的平方值并存放在 SQRBUF 单元中。

解：程序如下：
```
SQUTAB  DB   0, 1, 4, 9, 16, 25, 36, 49, 64, 81
SQRBUF  DB   ?
...
    MOV   AH, 1
    INT   21H          ; DOS 功能调用的 1 号子功能是键盘输入
    AND   AL, 0FH
    MOV   BX, OFFSET SQUTAB
    XLAT
    MOV   SQRBUF, AL
```

四、转移指令与分支结构程序设计

1. 转移指令

转移指令分为无条件转移指令和有条件转移指令两大类。

（1）无条件转移指令 JMP

1）段内转移。

格式 1：（段内相对短转移）

JMP SHORT OPR

操作：

IP←(IP) + disp8　　；转移范围 -128 ~ +127 字节，操作数 OPR 为段内某个标号
例如：
JMP SHORT NEXT

格式 2：（段内相对近转移）
JMP　OPR　或
JMP　NEAR PTR　OPR
操作：
IP←(IP) + disp16；转移范围 -32 ~ +32 KB，操作数 OPR 为段内某个标号
例如：
JMP NEXT

格式 3：（段内间接转移）
JMP REG16 或
JMP WORD PTR　OPR
操作：
IP←(REG16)　　；将基址寄存器/变址寄存器的值赋给 IP
　或
IP←(OPR)　　；将 16 位存储器操作数的值赋给 IP
例如：
JMP BX
JMP WORD　PTR[SI]

2）段间转移。
格式 1：（段间直接转移）
JMP FAR PTR　OPR
操作：
IP←EA(OPR)　　　　　　　　；标号 OPR 的有效地址给 IP
CS←段基址(OPR)　　　　　　；标号 OPR 的段基址给 CS
例如：
JMP FAR PTR NEXT

格式 2：（段间间接转移）
JMP　DWORD　PTR　OPR
操作：
IP←((DS)*10H + OPR)　　　　；OPR 所致的 32 位存储器数低 16 位给 IP
CS←((DS)*10H + OPR +2)　　；OPR 所致的 32 位存储器数高 16 位给 CS
例如：
JMP　DWORD　PTR[4000H]

(2)有条件转移指令 Jcc
格式：
Jcc dest

cc 是测试条件，如果 cc 为真，则跳转到标号 dest 处执行，即 IP←(IP) + disp8；否则，继续执行后续指令。所有的 Jcc 指令的跳转范围都只有 -128 ~ +127 字节，也就是说所有的 Jcc 都是段内相对短跳转。

Jcc 指令有 3 类，即根据单标志位判断、根据 CX 值判断和根据多标志位判断。

1）单标志位判断的 Jcc 指令。

表 3-22 中列出了根据单标志位判断的 Jcc 指令和测试条件。

2）根据 CX 值判断的 Jcc 指令。

指令格式：

JCXZ dest

当 CX = 0，则跳转到标号 dest 处执行，即 IP←(IP) + disp8；否则，继续执行后续指令。

表 3-22 单标志位判断的 Jcc 指令

操作符	功　　能	测试条件
JE/JZ	等于/为零转移	ZF = 1
JNE/JNZ	不等于/不为零转移	ZF = 0
JC	有进位（借位）转移	CF = 1
JNC	无进位（借位）转移	CF = 0
JO	溢出转移	OF = 1
JNO	无溢出转移	OF = 0
JS	SF = 1 转移	SF = 1
JNS	SF = 0 转移	SF = 0
JNP/JPO	偶状态转移	PF = 0
JP/JPE	奇状态转移	PF = 1

3）多标志位判断的 Jcc 指令。

多标志位判断的 Jcc 指令在逻辑意义上多用于进行两个数的大小比较，因此分为无符号数比较和有符号数比较两组。

表 3-23 中列出了根据多标志位判断的 Jcc 指令和测试条件。

表 3-23 多标志位判断的 Jcc 指令和测试条件

多标志位判断，无符号数转移指令		
操作符	功能	测试条件
JA/JNBE	高于/不低于等于转移	CF = 0 且 ZF = 0
JAE/JNB	高于等于/不低于转移	ZF = 1 或 CF = 0
JB/JNAE	低于/不高于等于转移	CF = 1 且 ZF = 0
JBE/JNA	低于等于/不高于转移	ZF = 1 或 CF = 1
多标志位判断，有符号数转移指令		
操作符	功能	测试条件
JG/JNLE	大于/不小于等于转移	SF = OF 且 ZF = 0
JGE/JNL	大于等于/不小于转移	SF = OF 或 ZF = 1
JL/JNGE	小于/不大于等于转移	SF ≠ OF 且 ZF = 0
JLE/JNG	小于等于/不大于转移	SF ≠ OF 或 ZF = 1

2. 分支结构程序的设计

顺序程序的设计和运行都是比较简单的，但是实际应用中往往需要根据不同的情况和条件作出不同的处理。要编制这样的程序，可以事先把各种可能出现的情况和处理方法写在程序中，然后计算机自动作出判断，并转向相应的处理程序。由于按这种方法编制出的程序会出现分支，故称为分支程序。

分支程序包括了条件判断和转移两个部分，通常转移是在满足一定条件的情况下进行的。

分支结构有单分支、双分支和多分支 3 种结构。

（1）单分支结构

单分支结构如图 3-22 所示。其特点是分支中的一支会执行一个语句块，然后再和另一支汇合。

【例 3-23】 计算两个 16 位数 X – Y。如果结果为负数则将 |X – Y| 存入 RESULT，否则直接将 X – Y 存入 RES。

解：判断负数只要看运算结果的符号位，流程图如图 3-23 所示。

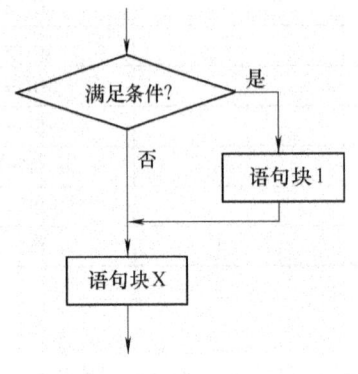

图 3-22　单分支结构示意图

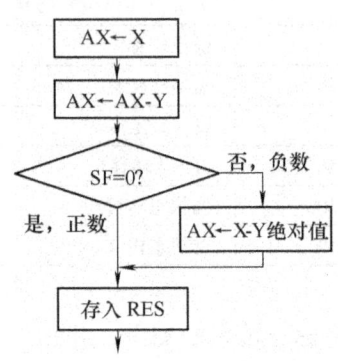

图 3-23　【例 3-23】流程图

程序如下：

```
        MOV   AX, X
        SUB   AX, Y
        JNS   NEXT        ; SF = 0 则跳转
        NEG   AX          ; 求负数的绝对值
NEXT:   MOV   RES, AX
```

（2）双分支结构

双分支结构如图 3-24 所示。其特点是两路分支会执行不同的语句块后再汇合。

【例 3-24】 检查 X 中的数，如果是奇数，则输出字符串 "Odd number"，否则输出字符串 "Even number"。

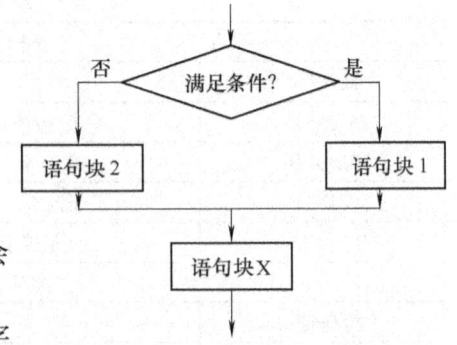

图 3-24　双分支结构示意图

解：二进制的奇数最低位为 1，而偶数为 0，根据这一点来判断。流程图如图 3-25 所示。

程序如下：

```
.MODEL SMALL
.STACK
.DATA
```

```
        MSG1   DB   'Odd number $'
        MSG2   DB   'Even number'
        X   DB   73H
.CODE
START: MOV   AX, @DATA
        MOV   DS, AX
        MOV   AL, X
        TEST  AL, 01H
        JNZ   ODD      ; 是奇数, 转 ODD
        LEA   DX, MSG2
        JMP   PRN
ODD:    LEA   DX, MSG1
PRN:    MOV   AH, 9
        INT   21H
        MOV   AX, 4C00H
        INT   21H
        END   START
```

（3）多分支结构

多分支结构如图 3-26 所示。其特点是通过多次单分支和双分支形成多种选择，每种选择执行不同的语句块。

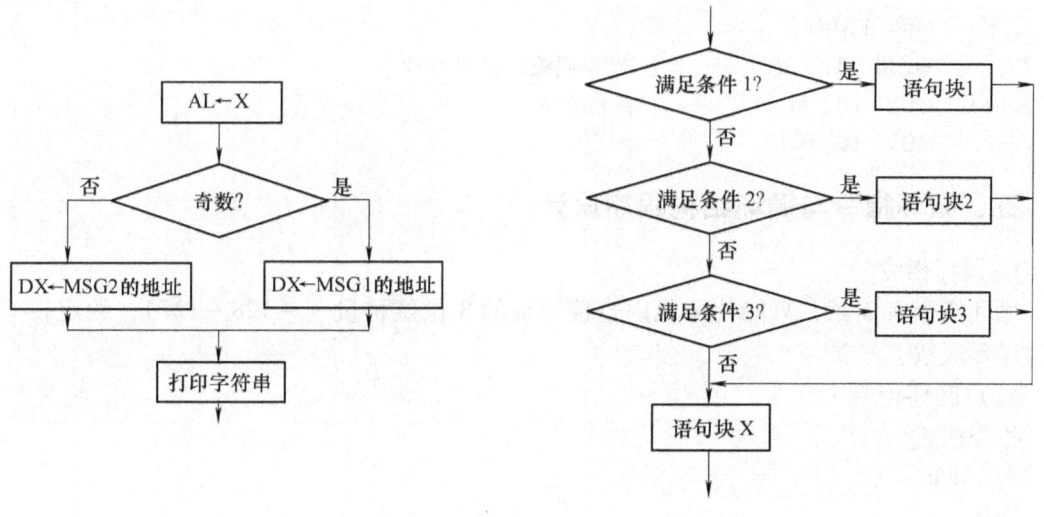

图 3-25 【例 3-24】流程图　　　　图 3-26　单分支结构示意图

【例 3-25】　设字节单元 N1、N2 中存放无符号数，字节单元 D1、D2 存放结果，现要求：

1) 若 N1、N2 两个均是偶数，则分别加 1 后送字节单元 D1、D2 中。
2) 若 N1、N2 两个均是奇数，则直接送字节单元 D1、D2 中。
3) 若一个是奇数，一个是偶数，则把奇数送 D1，偶数送 D2 中。

解：分析该题不难得出，根据要求，当 N1 是奇数时，无论 N2 是奇数还是偶数，都只需直接送 D1、D2，由此可以绘制如图 3-27 所示的流程图。

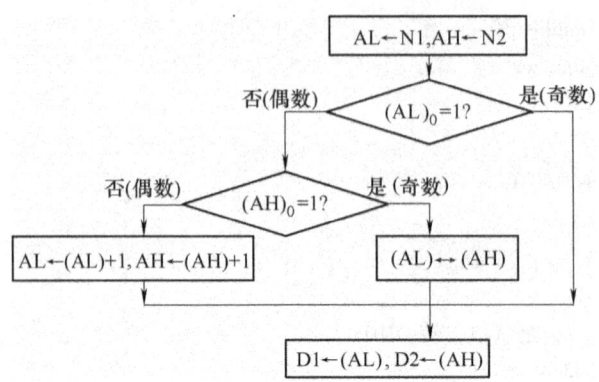

图 3-27 【例 3-25】流程图

程序如下：

```
        MOV   AL, N1
        MOV   AH, N2
        TEST  AL, 01H      ;测试 N1 的奇偶性
        JNE   ENDO         ;N1 为奇数
        TEST  AH, 01H      ;测试 N2 的奇偶
        JNE   L1           ;N2 是奇数, 转移
        INC   AL           ;两个均是偶数
        INC   AH
        JMP   ENDO
L1:     XCHG  AL, AH       ;N1 是偶数, N2 是奇数
ENDO:   MOV   D1, AL       ;存放结果
        MOV   D2, AH
```

五、循环指令与循环结构程序设计

1. 循环指令

循环指令有 3 条，只能使用段内直接寻址的 8 位位移量（-128～127），约定在 CX 中存放循环次数。

（1）循环指令

指令格式：

LOOP dest

操作：

CX←(CX)-1

如果(CX)≠0 则 IP←(IP)+disp8　　；跳转到标号 dest 处，执行循环
否则，按顺序执行下一条指令　　　　；退出循环

（2）为零或相等时循环指令

指令格式：

LOOPZ dest

或

LOOPE dest

操作：

CX←(CX) - 1

如果 ZF = 1 且(CX) ≠0 则 IP←(IP) + disp8   ；跳转到标号 dest 处，实行循环

否则，按顺序执行下一条指令   ；退出循环

（3）不为零或不相等时循环指令

指令格式：

LOOPNZ dest

或

LOOPNE dest

操作：

CX←(CX) - 1

如果 ZF = 0 且(CX) ≠0 则 IP←(IP) + disp8   ；跳转到标号 dest 处，实行循环

否则，按顺序执行下一条指令   ；退出循环

【例 3-26】 求首地址为 ARRAY 的 80 个字之和，结果存入 TOTAL。

解：程序如下：

```
              MOV   CX, 80          ;设置循环次数
              MOV   AX, 0           ;累加和清零
              MOV   SI, AX
START_LOOP:   ADD   AX, ARRAY[SI]   ;累加
              ADD   SI, 2           ;调整字数组索引
              LOOP  START_LOOP      ;循环
              MOV   TOTAL, AX
```

2. 串操作指令

串操作指令之所以放在循环程序设计中介绍，是因为这类指令的大部分是可以带 REP/REPZ/REPNZ 前缀，形成本身指令的自循环。

串操作指令如表 3-24 所示。

表 3-24 串操作指令

串操作指令		
指令格式	功能	操作
MOVSB/MOVSW	串传送（字节/字）	ES:[DI] = DS:[SI]; if(DF = 0){SI = SI + 1/2; DI = DI + 1/2} else {SI = SI - 1/2; DI = DI - 1/2}
CMPSB/CMPSW	串比较（字节/字）	DS:[SI] - ES:[DI]; if(DF = 0) DI = DI + 1/2 else DI = DI - 1/2
SCASB/SCASW	串扫描（字节/字）	ES:[DI] - AL; if(DF = 0) DI = DI + 1/2 else DI = DI - 1/2
LODSB/LODSW	取出串（字节/字）	AL = DS:[SI]; if(DF = 0) SI = SI + 1/2 else SI = SI - 1/2
STOSB/STOSW	存入串（字节/字）	ES:[DI] = AL; if(DF = 0) DI = DI + 1/2 else DI = DI - 1/2
重复前缀		
REP	重复	重复执行串操作 CX 次
REPE/REPZ	等于/为零时重复	ZF = 1 且(CX) ≠0 是重复执行串操作，且 CX←CX - 1
REPNE/REPNZ	不等于/不为零时重复	ZF = 0 且(CX) ≠0 是重复执行串操作，且 CX←CX - 1

串操作指令有如下约定：

1）在串操作指令中一般有两个操作数，即源操作数和目的操作数，还可使用重复前缀 REP/REPZ/REPNZ 等以及重复次数计数器。

2）串操作均属隐含寻址，约定源串的起始地址在 DS:SI 中，目的串的起始地址由 ES:DI 指定，重复次数在 CX 中。

3）串操作时，FLAGS 中的方向标志 DF＝1 时（STD 指令将 DF 置 1），SI 和 DI 作自动减量修改；当 DF＝0 时（CLD 指令将 DF 清 0），SI 和 DI 作自动增量修改。

4）在同一个数据段内进行串操作时，应使（DS）＝（ES）。

5）重复前缀 REP、REPZ/REPE 和 REPNZ/REPNE 用来控制其后字符串指令是否重复执行，重复前缀不影响标志。每次重复后，地址指针 SI 和 DI 都会修改，不过指令指针 IP 保持执行重复前缀指令的偏移地址。

【例 3-27】 给首地址为 BUF，长度为 1000 字节的存储器区域清零。

解：程序如下：

```
BUFF    DB    1000  DUP(?)
…
        CLD                    ; DF=0
        LEA   DI, BUFF         ; 缓冲区首地址－－>DI
        MOV   CX, 1000         ; 重复次数
        MOV   AL, 0            ; 0－－>AL
        REP   STOSB            ; 重复存储串
```

【例 3-28】 串 String1 和 String2 分别定义在数据段和附加段中。比较两串，如相等则转移到标号 NEXT 处。

解：程序如下：

```
String1  DB 'HELP'             ; 定义 String1
String2  DB 'HEPP'             ; 定义 String2
…
         CLD                   ; DF=0
         LEA  SI, String1      ; 源串地址－－>SI
         LEA  DI, String2      ; 目的串地址－－>DI
         MOV  CX, 4            ; 重复次数－－>CX
         REPZ CMPSB            ; 重复比较
         JZ   NEXT             ; 串相等转移
…
NEXT:
```

3. 循环结构程序设计

在顺序结构和分支结构中，程序中每条指令至多执行一次，甚至有的指令从未被执行。这样的结构称为"开式结构"，其特点是程序的控制流向不能再回到该结构入口。在实际应用中，有些相同或类似的操作需要重复执行多次，即程序的控制流向可以返回到该结构入口，称为"闭式结构"，典型的是循环结构。

（1）循环程序的组成

循环程序通常有以下 5 个组成部分。

1)初始化部分。为操作数、地址指针、循环计数器等设置初始值,这部分只执行一次。

2)工作部分。这是循环的主体,完成循环程序的基本操作。

3)修改部分。修改工作部分的部分变量,比如地址指针等,为下一次重复操作做准备。

4)控制部分。修改计数器和/或判断循环结束条件,如果条件满足则退出循环进入结束部分,如果结束条件不满足,则转移到循环体的头部重复执行循环体。所谓循环体是指工作部分、修改部分和控制部分,循环体的第一条指令就是循环体头部。

5)结束部分。循环结束后,对循环结果的处理。这部分也只执行一次。

(2)循环程序的结构

循环程序的结构形式主要有两种类型。

1)先执行、后判断循环结构。这种结构通常也称为 do-while 结构,如图 3-28 所示。这种结构的循环体至少要执行一次。

2)先判断、后执行循环结构。这种结构通常也称为 while 结构,如图 3-29 所示。这种结构的循环体有可能一次都不执行。

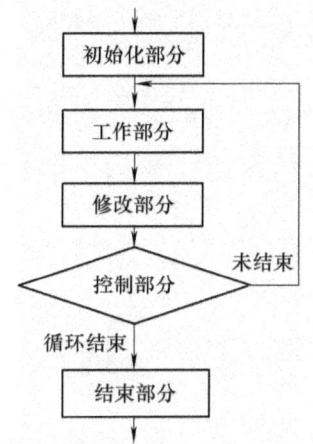

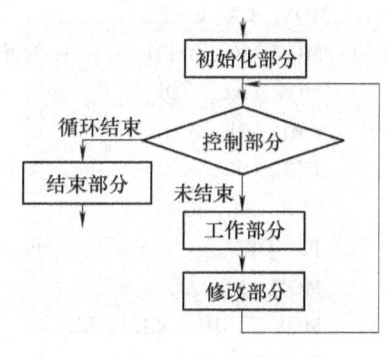

图 3-28 先执行、后判断循环结构　　图 3-29 先判断、后执行循环结构

(3)循环程序的种类

1)按照循环控制的方法分为计数法和条件控制法。

①计数法。计数法适合知道重复次数的情况,利用计数值来控制循环的开始和结束。计数法又包括了增数法和减数法两种。

- 增数法。初始化时循环计数器置 0,每执行一次循环体后计数器加 1 个增量(通常是 1),并与已知的循环次数比较,如相等则退出循环。

增数法一般用比较指令和条件转移指令实现循环转移。

【例 3-29】 计算 S = 1 + 2 + 3 + … + 50,结果存入 S 中。

解:程序如下:

```
NUM    DW    1        ;
              …
       MOV   CX, 0    ;初始化
```

```
            MOV   AX, 0
ROTATE: ADD   AX, NUM           ;累加
            INC WORD PTR [NUM]
            INC CX                  ;计数器加1
            CMP CX, 50              ;与已知的循环次数比较
            JNZ ROTATE
MOV   S, AX
```

- 减数法。初始化时循环计数器置为循环次数，每执行一次循环体后计数器减1，并测试循环计数器是否为0，如为0则终止循环。

减数法一般用循环指令形成循环回路。

【例3-30】 将内存中6个十进制数的 ASCII 码转换为非压缩 BCD 码，并存放在后继相应单元中，如错，则存放 0FFH。

解：程序如下：

```
ASCBUF  DB  35H, 38H, 30H, 4DH, 39H, 32H
DB   6 DUP (?)
            …
        MOV  DI OFFSET ASCBUF
        MOV  CX, 6
LAB_1: MOV  BL, 0FFH          ;设置错误标志
        MOV  AL, [DI]
        CMP  AL, 3AH
        JNB  OK                ;大于等于3A 则错
        SUB  AL, 30H
        JC   OK                ;小于30H 也错
        MOV  BL, AL
OK:    MOV  [DI+06H], BL
        INC  DI
        LOOP LAB1
            …
```

② 条件控制法。在许多情况下，事先无法确定循环次数，这时可选用"条件"来控制循环。在问题的求解过程中，找出一个终止循环的条件。每循环一次，对条件进行一次检测，如满足终止循环的条件，便退出循环，否则继续循环。

【例3-31】 AX 寄存器中存放有16位二进制数，统计其中为"1"的位数，把结果存放在 CX 中。

解：程序如下：

```
            MOV  CX, 0
COUNT: AND  AX, AX
        JZ   STOP              ;当 AX 为0退出循环
        SHL  AX, 1
        JNC  COUNT             ;高位左移出来不是1,继续考察
        INC  CX                ;否则 CX+1
```

```
            JMP    COUNT
STOP：…
```

【例3-29】和【例3-30】都是先执行、后判断的循环结构，【例3-31】采用的是先判断、后执行的循环结构。

2）按照循环体的结构分。

①单重循环。这类循环的循环体只有顺序程序和分支程序，不再有循环程序。【例3-29】~【例3-31】都是单重循环。

②多重循环。这类循环体中还嵌套有一个甚至多个循环。如果多重循环都使用 LOOP 语句，则要保护好外层循环的计数器 CX，通常采用压栈或退栈的方法或者转存的方法。

【例3-32】 用一个双重循环做软件延时。

解：程序如下：

```
        MOV   CX, 10        ;设置外循环计数值
DELAY： PUSH  CX            ;保存外循环计数值
        MOV   CX, 2801      ;设置内循环计数值
WAIT：  LOOP  WAIT          ;内循环
        POP   CX            ;恢复外循环计数器
        LOOP  DELAY         ;外循环
…
```

这个程序内循环可以实现大约 10 ms 的延时，外循环 10 次，整个程序大约延时 100 ms。

六、子程序设计

所谓子程序，是能够完成一定功能的连续的指令序列组成的程序段，该程序段在功能上相对独立，可在程序的多个地方被调用甚至被其他模块调用，具有可重用性和递归性。调用子程序的程序称为主程序或者调用程序。

1. 与子程序相关的指令

子程序调用指令 CALL 用来调用一个"子程序（过程）"，其格式与 JMP 指令相似。该指令与 JMP 指令的区别：执行该指令时，必须有一个保存断点的过程，即将 CALL 指令的下一条指令的偏移地址（若为段间调用，还需加上 CS 值）保存进栈，以供返回之用。

过程返回指令 RET 的功能是，控制从一个过程返回到调用该过程的 CALL 指令之后的那条指令，即返回断点。

（1）CALL 调用指令

1）段内直接调用。

指令格式：

CALL PROC_ NAME

操作：

SP←SP−2，((SP)+1, (SP))←(IP)   ;返回地址入栈
IP←IP+disp16   ;转子程序

例如：

CALL PROC−G；目标地址的偏移地址在指令中，源程序中给的是子程序名

2）段内间接调用。

指令格式：
CALL reg16
或
CALL WORD PTR mem16
操作：
SP←SP-2，((SP)+1，(SP))←(IP)   ；返回地址入栈
IP←(EA)   ；转子程序
例如：
CALL BX   ；目标地址在寄存器中
CALL WORD PTR [BX+SI]   ；目标地址在存储器中的16位数

3）段间直接调用。
指令格式：
CALL FAR PTR PROC_NAME
操作：
SP←SP-2，((SP)+1，(SP))←(CS)   ；返回地址入栈
SP←SP-2，((SP)+1，(SP))←(IP)
IP←偏移地址，CS←段地址   ；转子程序
例如：
CALL FAR PTR PROG_F；目标地址在指令中，源程序中给的是子程序名

4）段间间接调用。
指令格式：
CALL DWORD PTR mem
操作：
SP←SP-2，((SP)+1，(SP))←(CS)   ；返回地址入栈
SP←SP-2，((SP)+1，(SP))←(IP)   ；转子程序
(IP)←(EA)，(CS)←(EA+2)
例如：
CALL DWORD PTR [BX]   ；目标地址存放在存储器中的32位数

(2) RET 返回指令

该指令通常放在子程序的末尾，使子程序执行完毕以后能够返回主程序继续执行原来的程序。为此，执行该指令后应该把返回地址出栈送 IP 寄存器，若为段间返回，还需送 CS 寄存器。该指令格式有以下4种形式。

1）段内返回。
指令格式：
RET
操作：
IP←((SP)+1，(SP))，SP←SP+2

2）段内带立即数返回。
指令格式：
RET imm16
操作：

IP←((SP)+1,(SP)), SP←SP+2+imm16

3) 段间返回。

指令格式：

RET

操作：

IP←((SP)+1,(SP)), SP←SP+2
CS←((SP)+1,(SP)), SP←SP+2

4) 段间带立即数返回。

指令格式：

RET imm16

操作：

IP←((SP)+1,(SP)), SP←SP+2
CS←((SP)+1,(SP)), SP←SP+2+imm16

2. 子程序的调用和返回

主程序通过 CALL 指令把控制转向子程序，当子程序执行完后通过 RET 指令返回主程序。在程序设计中，为使程序结构清晰易读，一般都通过过程定义语句（PROC 和 ENDP）将子程序定义为独立的程序段，并使其具有 NEAR 或 FAR 属性。若子程序定义为 NEAR 属性，则 RET 指令被汇编为近返回指令，并且不能被其他代码段使用，这样的子程序可不使用过程定义语句，而直接使用标号；要使子程序既可被本代码段使用，又可被其他代码段使用，该子程序必须用过程定义语句定义，并必须注明为 FAR 属性，它的返回指令定义为远返回（段间返回）。

带有子程序的汇编语言程序的典型结构如下：

```
        . MODEL   SMALL
        . DATA
        …
        . STACK
        . CODE
MAIN:   MOV   AX, @ DATA        ；主程序
        MOV   DS, AX
        …
        CALL  SUB_ PROC1
        …
        CALL  SUB_ PROC2
        …
        SUB_ PROC1    PROC      ；子程序1
        …
            RET
        SUB_ PROC1    ENDP
        SUB_ PROC2    PROC      ；子程序2
        …
            RET
```

```
        SUB_ PROC2    ENDP
        END   MAIN
```

3. 子程序编写方法

子程序通常包括两个部分：子程序调用说明和子程序清单。

（1）子程序说明

一个子程序可以被多个主程序调用，为了能够让主程序正确使用子程序，通常子程序要给出一个子程序调用说明，它一般包括下面几个部分。

1）子程序名：调用子程序时候使用。

2）子程序功能和性能：描述子程序完成的功能和性能情况。

3）占用的寄存器和存储单元。主要说明主程序执行后，哪些寄存器和存储单元的数值要改变。

4）入口参数：说明子程序执行应该具备的条件。

5）出口参数：说明子程序执行后的结果放在哪里。

6）子程序调用其他子程序的说明。

7）子程序调用示例：说明子程序的调用方法。

以上 7 点中，除了第一点和第二点，其他几点根据不同情况可以省略。子程序说明如果是放在程序文件中，则全部以注释的形式存在。

（2）子程序清单

这部分是子程序的主体。子程序是以过程形式存放在代码段中，以一个过程名开始，在子程序最后要以 RET 指令返回。例如：

```
SUB_ PROC1    PROC      ;子程序1
    ...
    RET
SUB_ PROC1    ENDP
```

（3）现场保护和现场恢复

为了保证主程序在调用子程序后，主程序所用的寄存器的内容不被破坏（作为出口参数的寄存器除外），子程序在完成自己功能前，将要用到的寄存器的值先保存起来，这个过程称为现场保护，等子程序功能执行后，在将这些寄存器的值恢复，这个过程称为现场恢复。一般，现场保护采用将寄存器的值压栈，现场恢复是将这些值从堆栈中弹出到原来的寄存器中。

比如子程序 SUB_ PROC1 使用了 AX、BX、SI 和 DI 寄存器，则现场保护和恢复如下：

```
SUB_ PROC1   PROC      ;子程序1
    PUSH  AX            ;保护现场
    PUSH  BX
    PUSH  SI
    PUSH  DI
    ...
    POP   DI            ;恢复现场
    POP   SI
    POP   BX
```

```
      POP    AX
      RET
SUB_ PROC1  ENDP
```

4. 子程序的参数传递方法

主程序在调用子程序之前必须向子程序提供一些参数,而当子程序执行完毕后又要将执行结果提供给主程序使用。在主程序和子程序之间必须进行信息传递,称为参数传递。常用参数传递方法有 3 种。

(1) 利用寄存器传递参数

主程序在调用子程序前,先将参数保存在某些通用寄存器中,子程序就可以直接使用寄存器中的入口参数,同样出口参数也可以通过寄存器返回给主程序。这种方法简单快捷,但传递参数的数量有限。

【例 3-33】 用寄存器传递参数法编写子程序,实现求 50 个元素组成的字节数组 ARRAY 的各个元素之和,元素个数在 COUNT 中,结果放在 SUM 中。

解:程序如下:

```
. DATA
      ARRAY  50  DB(?)
      COUNT  DW  50           ;数组元素个数
      SUMDW   ?
. STACK  100H
. CODE
START:
      …
      LEA   SI, ARRAY         ;参数准备
      MOV   CX, COUNT
      CALL  SUM1              ;求和
      MOV   SUM, AX
      …
; 子程序:SUM1
; 入口参数:SI = 数组首址,CX = 数组长度
; 出口参数:AX = 数组和
; 使用寄存器:AX, CX, SI
SUM1   PROC    NEAR
         PUSH   CX            ;保护现场
         PUSH   SI
         CMP    CX, 0
         JZ     EXIT
         XOR    AX, AX        ;累加和清 0
AGAIN:   ADD    AL, [SI]      ;累加
         ADC    AH, 0
         INC    SI
         LOOP   AGAIN
EXIT:    POP    SI            ;恢复现场
```

```
        POP   CX
        RET
SUM1    ENDP
        END   START
```

(2) 利用地址表传递参数

主程序在数据段建立一张地址表,在调用子程序前,把所有参数的地址送入地址表,然后把地址表的偏移量通过寄存器带进子程序,子程序从地址表中取得参数地址。这种方式适合参数较多的时候。

【例3-34】 用地址表传递参数法编写子程序,实现求50个元素组成的字节数组ARRAY的各个元素之和,元素个数在COUNT中,结果放在SUM中。

解:程序如下:

```
.DATA
ARRAY  50  DB(?)
    COUNT  DW  50            ;数组元素个数
    SUMDW  ?
    TABLE  DW ?,?,?
.STACK 100H
.CODE
START:
...
MOV   TABLE, OFFSET ARRAY
MOV   TABLE+2, OFFSET COUNT
MOV   TABLE+4, OFFSET SUM
LEA   BX, TABLE
CALL  SUM2
...
;子程序:SUM2
;入口参数:BX=地址表首地址,地址表数据顺序是ARRAY首址,COUNT地址和SUM地址
;出口参数:SUM=数组和
;使用寄存器:AX, BX, CX, SI, DI
SUM2   PROC
        PUSH  AX              ;保护现场
        PUSH  BX
        PUSH  CX
        PUSH  SI
        PUSH  DI
        MOV   SI, [BX]        ;数组首地址送SI
        MOV   DI, [BX+2]      ;数组长度单元地址送DI
        MOV   CX, [DI]        ;数组长度送CX
        MOV   DI, [BX+4]      ;存储和的单元地址送DI
        CMP   CX, 0
        JZ    EXIT
```

```
                MOV   AX, 0
        ADDT:   ADD   AL, [SI]
                ADC   AH, 0
                INC   SI
                LOOP  ADDT
                MOV   [DI], AX
        EXIT:   POP   DI              ;恢复现场
                POP   SI
                POP   CX
                POP   BX
                POP   AX
                RET
        SUM2    ENDP
                END   START
```

(3) 利用堆栈传递参数

利用地址表保存主程序和子程序之间传递信息的地址，可以不受寄存器个数的限制，但要占用一些存储单元。对于一些暂时需要的信息，可以利用堆栈来保存和传递。这种方法既省内存，又不占用寄存器，是一种常用的信息传递方法。但是在使用堆栈时必须清楚堆栈中的内容，掌握并跟踪指针的变化情况，以免出现错误。

【例3-35】 用堆栈传递参数法编写子程序，实现求50个元素组成的字节数组ARRAY的各个元素之和，元素个数在COUNT中，结果放在SUM中。

解：程序如下：

```
.DATA
    ARRAY  50  DB(?)
    COUNT  DW  50              ;数组元素个数
    SUM    DW  ?
.STACK 100H
.CODE
START:
    ...
    MOV   BX, OFFSET ARRAY
    PUSH  BX
    MOV   BX, OFFSET COUNT
    PUSH  BX
    MOV   BX, OFFSET SUM
    PUSH  BX
    CALL  SUM3;                ; ----①
    ...
;子程序：SUM3
;入口参数：参数在堆栈中，压栈顺序是ARRAY首址，COUNT地址和SUM地址
;出口参数：SUM=数组和
;使用寄存器：AX, BP, CX, SI, DI
```

```
SUM3  PROC
PUSH  BP                    ;保护现场
MOV   BP, SP
PUSH  AX
PUSH  CX
PUSH  SI
PUSH  DI                    ; - - - - ②
MOV   SI, [BP+8]            ; get parameter
MOV   DI, [BP+6]
MOV   CX, [DI]
MOV   DI, [BP+4]
MOV   AX, 0
ADDT: ADD  AX, [SI]
ADD   SI, 2
LOOP  ADDT
MOV   [DI], AX              ; save sum
POP   DI
POP   SI
POP   CX
POP   AX
POP   BP
RET   6                     ; adjust stack
SUM3  ENDP
END   START
```

上述程序将 3 个参数的地址先后压进堆栈，然后调用近过程的子程序，因此，在执行完程序中①这条指令后，堆栈中的情况如图 3-30 所示。执行完程序中①这条指令后，堆栈中的情况如图 3-31 所示。

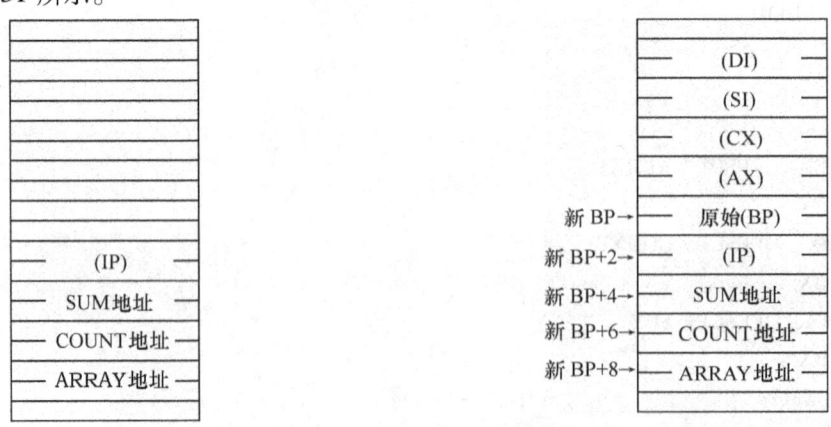

图 3-30 【例 3-35】①句后堆栈情况　　图 3-31 【例 3-35】②句后堆栈情况

子程序最后用的是 RET 6，除了将程序返回地址弹出给 IP 外，还将压栈的 3 个参数弹出丢弃。因此，主程序不需要再用 POP 语句将压栈的参数弹出。

5. 子程序嵌套与递归

如果一个子程序调用另一个子程序称为子程序嵌套。如果子程序直接或者间接调用它自己则称为递归，无论是嵌套层次还是递归层次均受到堆栈大小的限制。

在进行子程序嵌套的时候要注意每一层调用都要进行寄存器的保存和恢复，PUSH 和 POP 的使用要严格平衡，确保自内向外顺序退出。

编写子程序嵌套程序的时候，一定要注意子程序必须要有最终停止嵌套的条件，每次嵌套的时候参数都要有变化，并且该变化应该收敛于满足停止嵌套的条件。

【例 3-36】 编写程序完成 N! 的计算（N < 8）。

解：程序如下：

```
.DATA
N       DB  4
RESULT  DW  ?
.STACK  100H
.CODE
    START:
            ...
            MOV  AL, N
            CALL FACT
            MOV  RESULT, DX
            ...
; 子程序：FACT
; 入口参数：AL（N 的值）
; 出口参数：N! = DX
; 使用寄存器：AX, CX, DX
FACT    PROC
        PUSH AX
        PUSH CX
        CMP  AL, 0      ; N=0?，递归结束条件是 N=0
        JNZ  F1         ; N≠0 跳转，
        MOV  DX, 1      ; (DX)←1，递归结束
        JMP  EXIT
F1:     MOV  CL, AL     ; (CL)←N
        DEC  AL         ; (AL)←N–1
        CALL FACT       ; 递归
        CALL MULT       ; (DX)←N * FACT (N–1)
EXIT:   POP  CX
        POP  AX
        RET
FACT    ENDP
; 子程序：MULT
; 入口参数：CL 中是 N，DX 中是 FACT (N–1)
; 出口参数：DX 中是 N * FACT (N–1)
```

```
        ;使用寄存器: AX, CX, DX
        MULT  PROC
        PUSH  AX
              MOV  AL, CL
              MUL  DL
              MOV  DX, AX
              POP  AX
              RET
        MULT  ENDP
            EBD  START
```

思考题与练习题

1) 寻址方式小结。请根据已填的格式，完成下面表中的空白部分：

寻址方式	操作数物理地址（PA）	指令格式举例
立即寻址	操作数由指令给出	MOV DX, 100H;
寄存器寻址		MOV AX, BX;
直接寻址	操作数的有效地址由指令直接给出	
寄存器间接寻址	$PA=(DS)\times 16 + \begin{Bmatrix}(BX)\\(SI)\\(DI)\end{Bmatrix}$ 或 $=(SS)\times 16+(BP)$	
基址寻址		
变址寻址		
基址变址寻址		
基址变址相对寻址		

2) 假定（DS）= 2000H，（ES）= 2100H，（SS）= 1500H，（SI）= 00A0H，（BX）= 0100H，（BP）= 0010H，数据变量 VAL 的偏移地址为 0050H。请指出下列指令的源操作数是什么寻址方式，并给出它的逻辑地址和物理地址。

①MOV AX, 0ABH   ②MOV AX, BX
③MOV AX, [100H]   ④MOV AX, VAL
⑤MOV AX, [BX]   ⑥MOV AX, ES:[BX]
⑦MOV AX, [BP]   ⑧MOV AX, [SI]
⑨MOV AX, [BX+10H]   ⑩MOV AX, VAL[BX]
⑪MOV AX, [BX][SI]   ⑫MOV AX, VAL[BX][SI]

3) 假定（DS）= 2000H，（ES）= 2100H，（SS）= 1500H，（SI）= 00A0H，（BX）= 0100H，（BP）= 0010H，（SP）= 0010H，数据变量 VAL 的偏移地址为 0050H。内存储器中数据单元如下：

[20100H] = 12H，[20101H] = 34H，[20050H] = 56H，[20051H] = 78H，

[21100H] = 0ABH, [21101H] = 90H, [15010H] = 0CDH, [15011H] = 0EFH,
[200A0H] = 01H, [200A1H] = 23H, [20150H] = 45H, [20151H] = 67H,
[201A0H] = 89H, [201A1H] = 0AH, [201F0H] = 0BCH, [201F1H] = 0DEH。要求写出下列指令单独执行的结果。

① MOV　AX, 0ABH　　　　　　② MOV　AX, BX
③ MOV　AX, [100H]　　　　　 ④ MOV　VAL, BH
⑤ MOV　AX, [BX]　　　　　　⑥ MOV　AX, ES：[BX]
⑦ MOV　AX, [BP]　　　　　　⑧ MOV　AX, [SI]
⑨ MOV　AX, [BX + 50H]　　　 ⑩ MOV　VAL[BX], BP
⑪ MOV　AH, [BX][SI]　　　　 ⑫ MOV　AL, VAL[BX][SI]

4) 假设下列指令中的所有标识符均为类型属性为字的变量，请指出下列指令中哪些是非法的？它们的错误是什么？

① MOV　BP, AL
② MOV　WORD_ OP[BX + 4 * 3][DI], SP
③ MOV　WORD_ OP1, WORD_ OP2
④ MOV　AX, WORD_ OP1[DX]
⑤ MOV　SAVE_ WORD, DS
⑥ MOV　SP, SS：DATA_ WORD[BX][SI]
⑦ MOV　[BX][SI], 2
⑧ MOV　AX, WORD_ Op1 + WORD_ OP2
⑨ MOV　AX, WORD_ Op1 - WORD_ OP2 + 100
⑩ MOV　WORD_ OP1, WORD_ Op1 - WORD_ OP2

5) 画图说明下列语句所分配的存储空间及初始化的数据值。
NUM1　DB　7, 43H, 'AB'
NUM2　DW　1, ?
NUM3　DB　2 DUP(1, 2 DUP(5))

6) 对于下面的数据定义，各条 MOV 指令单独执行后，有关寄存器的内容是什么？
FLDB　　DB　　?
TABLEA　DW　20　DUP(3DUP(?))
TABLEB　DB　　'ABCD'

① MOV　AX, TYPE　FLDB
② MOV　AX, TYPE　TABLEA
③ MOV　CX, LENGTH　TABLEA
④ MOV　DX, SIZE　TABLEA
⑤ MOV　CX, LENGTH　TABLEB
⑥ MOV　CX, LENGTHOF　TABLEB
⑦ MOV　CX, LENGTHOF　TABLEA
⑧ MOV　DX, SIZEOF　TABLEA
⑨ MOV　DX, SIZEOF　TABLEB

7) 已知：
　　ORG　100H
ARY　DW　3, 4, 5, 6

```
        CNT    EQU    $ - ARY
        DB     7, 8, CNT, 9
```
则执行指令"MOV AX, ARY + 2"和"MOV BX, ARY + 10"后, AX = ?, BX = ?。

8) 指出下列指令的错误:

①MOV AH, BX
②MOV [BX], [SI]
③MOV AX, [SI][DI]
④MOV MYDAT[BX][SI], ES: AX
⑤MOV BYTE PTR[BX], 1000
⑥MOV BX, OFFSET MYDAT[SI]
⑦MOV CS, AX

9) 根据下面的指令和伪指令序列:

```
TAB    DW   1, 2, 3, 4, 5, 6
ENTRY  EQU  6
       MOV  BX, OFFSET TAB
       ADD  BX, ENTRY
       MOV  AX, [BX]
```

执行到此, AX 寄存器的内容是多少?

10) 阅读下列程序, 回答问题。

```
BEGIN: IN   AL, 20H
       MOV  BL, AL
       IN   AL, 30H
       MOV  CL, AL
       MOV  AX, 0
ADLP:  ADD  AL, BL
       ADC  AH, 0
       DEC  CL
       JNZ  ADLP
       HLT
```

①本程序执行什么操作?

②执行结果存放在什么地方?

11) 指出下列 8088 指令的错误:

①MOV   2000, BP
②PUSH 2000
③POP   CS
④XLAT BX
⑤MUL   AX, BX
⑥SHL   DX, 8
⑦IN   AX, 0382H
⑧OUT   AX, 20H
⑨MOVSB DI, SI
⑩LOOP CX

12）从 FIRST 开始的 100 个单元中存放着一个字符串，结束符为'$'。编程统计该字符串中字母'A'的个数。

13）请说明下面两段程序的功能。

① mov si, 600h
   mov di, 601h
   mov ax, ds
   mov es, ax
   mov cx, 256
   std
   repmovsb

② cld
   mov ax, 0fefh
   mov cx, 5
   mov bx, 3000h
   mov es, bx
   mov di, 2000h
   repstosw

14）编写一个子程序，实现对一组代码进行奇校验。

15）编程从键盘输入 4 位十六进制数的 ASCII 码，并将其转换为 4 位十六进制数存入 DX 寄存器中。

16）判断下列程序段跳转的条件。

① XOR AX, 1E1EH
   JE   EQUAL
② TEST AL, 10000001B
   JNZ THERE
③ CMP CX, 64H
   JB   THERE

17）如果条件跳转指令的跳转目标范围超出 -128～127 的范围，该如何处理？举例说明。

18）阅读程序：
```
       MOV  CX, 100
       MOV  SI, 0FFFFH
NEXT:  INC  SI
       CMP  BYTE PTR [SI], 'A'
       LOOPNZ NEXT
EXIT:
```
该程序段的功能是_____。

19）程序填空：

把内存中从 PACKED 开始的 8 字节单元中的 16 位组合 BCD 数转换成非组合 BCD 数，并把结果存放在从 UNPACKED 开始的 16 字节单元中。

       MOV DX, _____

```
              MOV   CL, _____
              MOV   SI, 0
              MOV   DI, _____
  CONVERT:    MOV   AL, [SI + PACKED]
              MOV   AH, AL
              AND   AL, 0FH
  _____
              MOV   [DI + UNPACKED], _____
              ADD   DI, _____
  _____
              DEC   DX
              JNZ   CONVERT
              HLT
```

20）在下面程序段的括号中如果分别放入以下指令。

①LOOP　L20

②LOOPNE　L20

③LOOPE　L20

试说明，当程序执行完时 AX，BX，CX，DX 四个寄存器的内容分别是什么？

```
      MOV   AX, 01
      MOV   BX, 02
      MOV   CX, 03
      MOV   DX, 04
  L20: INC   AX
      ADD   BX, AX
      SHR   DX, 1
      (           )
      RET
```

第四章 内部存储器及其接口

学习目标：

本章主要介绍内部存储器及其接口。包括 8086 微机和现代微机的存储结构、半导体存储器基础知识和基本性能、常见的半导体存储器芯片功能、存储器扩展、8086 与存储器的连接以及 8086 系统地址映射。

建议学时： 5 学时

教师导读：

在学习本章时，应注意如下几点：

1）注意掌握存储器的几种分类方法；了解存储器的层次结构；理解分层次的目的。

2）了解半导体存储器的类型和主要性能指标；领会几个典型的半导体存储器的工作原理。

3）理解存储器地址译码方法；掌握并简单应用存储器扩展技术和 8086 CPU 与存储器的连接。

4）了解 8086 微机系统地址映射。

5）本章的重点是微机的存储结构、8086 微机的系统地址映射、8086 CPU 与存储器的连接、存储器扩展。

6）本章的难点是 8086 CPU 与存储器的连接、存储器扩展。

第一节 存储器分类及其层次结构

一、存储器分类

在计算机系统中，存储器用来存放程序和数据。

1）根据存储器放置的位置和在计算机系统中的地位不同，存储器一般可分为通用寄存器、高速缓存（Cache）、内部存储器（内存、主存）和外部存储器（外存、辅助存储器）等。

2）按照存储介质的不同又可分为半导体存储器、磁存储器和光存储器。通常主存是由半导体存储器构成，而外存则由磁存储器或者光存储器构成。

3）按照信息的存取方式，存储器又可分为只读存储器（如 ROM）、随机存取存储器（如 RAM、磁盘）和顺序存取存储器（如磁带）。

半导体存储器由于其存取速度快（ns 级）、集成度高、功耗低（约几十毫瓦），作为微机系统的高速缓存和内部存储器，用于存放当前正在执行的程序与其要用的数据。

半导体存储器从制造工艺上可以分为以下两种。

- 双极型。双极型由晶体管-晶体管逻辑（Transistor-Transistor Logic，TTL）电路组成，它的特点是速度快，但相对集成度不高，功耗略大。

- 单级型。单级型是由金属-氧化物-半导体（metal-oxide-semiconductor，MOS）电路组成，它的特点是集成度高、功耗低，但相对速度慢。

半导体存储器按照信息存取方式可分为只读存储器和随机存取存储器等，这个将放在下一节中介绍。

二、存储器的层次结构

计算机存储体设计的原则是希望能够获得高的性能/价格比，也就是说尽量能够满足大容量、高速度与低成本。然而实际的情况则是高速存储体价格一般很高，不太适合实现大容量存储。而成本低，适合大容量存储的存储体，往往速度又比较慢。为了在大容量、高速度与低成本之间找到一种平衡，计算机系统大多采用了层次结构的存储组织。

图 4-1 给出了当前微机典型的存储结构。

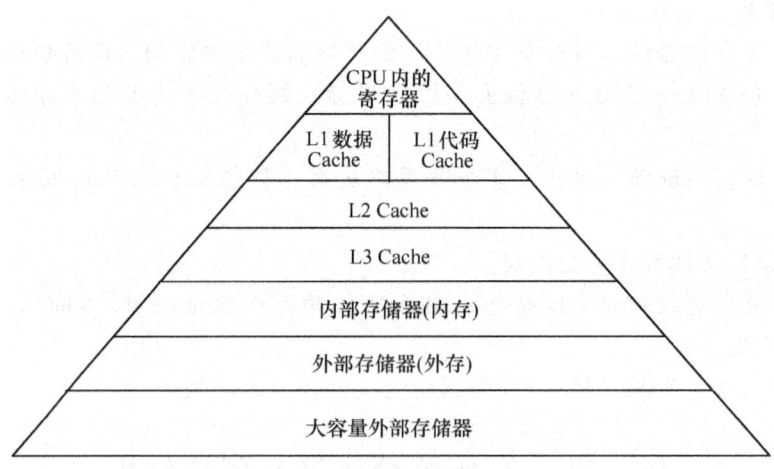

图 4-1 当前微机典型存储结构

1）CPU 内的寄存器：是整个存储结构中读写速度最快的存储体，存放在其中的数据可以直接参与运算和各种操作。由于实现寄存器的器件成本很高，所以通常寄存器数量有限。

2）高速缓冲存储器 Cache。为了加快 CPU 和内存之间的数据读写速度，系统在内存与 CPU 之间增加了高速缓冲存储器 Cache，将 CPU 最近正在使用或预计即将使用的数据存放在 Cache 中。为了防止读写数据与程序产生总线冲突，IA-32 结构还特别将 L1 级 Cache 分为数据 Cache 和代码 Cache。Cache 通常采用静态 RAM 实现，这种存储器读写速度快，但集成度不高，要组成大容量存储成本很高，所以通常 Cache 的容量不大，比如 Core 结构的处理器一般只有 32 KB 的数据 Cache 与代码 Cache，2 MB 的 L2 Cache，L3 Cache 一般在主板上。通常基于成本的考虑，有些系统会去掉 L3 Cache，甚至会去掉或者缩减 L2 Cache。

3）内部存储器采用的是集成度比较高的动态 RAM（当前使用最多的是 DDR、DDR2 和 DDR3 SDRAM），尽管存取速度比 Cache 慢，但容易组成较大的存储容量，目前的 IA-32/Intel64 微机系统一般有 4 GB 甚至 8 GB 的内部存储器。内存主要用来存放正在运行的程序的代码和数据。

4)外部存储器(外存)又称为辅助存储器(辅存)。传统上,外存采用磁存储或光存储器,比如硬盘、磁盘或光盘。现代微机中也有采用固态硬盘这种半导体存储器的。固态硬盘(Solid State Drive,SSD)是用固态电子存储芯片阵列制成的硬盘,由控制单元和存储单元(FLASH芯片、DRAM芯片)组成。固态硬盘在接口的规范和定义、功能及使用方法上与普通硬盘的完全相同,在产品外形和尺寸上也完全与普通硬盘一致。外部存储器用于存储用户以及系统的数据与程序,由于他们实现的成本相对较低,所以外部存储器可以实现大容量存储。比如目前的硬盘(磁盘)存储器容量达到 500 GB 甚至 1 TB 以上。但外部存储器相对于内存来说,读写速度比较慢,所以通常会在磁盘控制器中增加一层缓存。

5)大容量外部存储器主要是指磁盘库、光盘库这种大规模、大容量存储设备。

在这样一种分层存储结构中,程序和数据首先是保存在外存,当程序要运行时,会将其及相关数据调入到内存。由于程序的局部性特点,最近使用的数据和程序段会暂时保留在 Cache 中以便在不久的将来能快速使用。Cache 中的数据在参与运算的时候,有些调入到 CPU 的寄存器中,而 Cache 中的代码则调入 CPU 中的指令缓冲,并发往译码器进行译码。

需要指出的是,PC/XT 计算机的存储层次中没有寄存器和内存之间的 Cache。

第二节 半导体存储器

一、半导体存储器的基本结构

通常,半导体存储器由地址寄存器(MAR)、地址译码器、存储体、读/写电路、数据寄存器(MDR)以及控制/时序逻辑等部分组成,如图 4-2 所示。

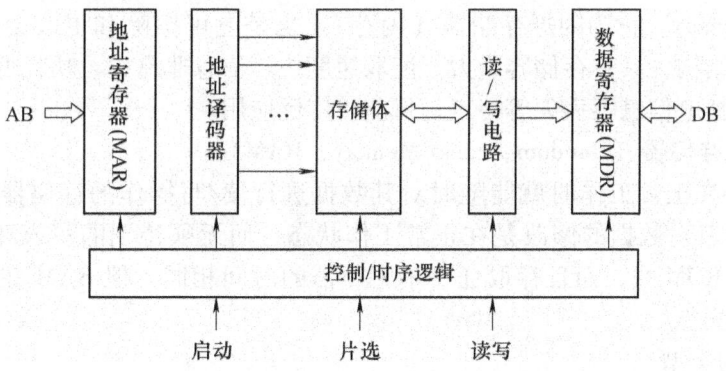

图 4-2 半导体存储器的基本组成

存储体是存储单元的集合体,为了便于访问存储单元,将存储单元编址,CPU 通过 M 位地址总线将所访问的存储单元地址送到地址寄存器中,地址通过地址译码器译码后形成对应的译码输出线选中相应的存储单元,并驱动读/写电路,读/写电路完成对选中的存储单元的读出或写入。存储器数据寄存器负责暂存从存储单元中读取的 N 位数据或从 CPU 或 I/O 中来的准备写入存储器的 N 位数据。所有的这些工作将由控制时序逻辑来协调。

假设现在有一个从存储器读数据的操作。首先启动一次存储器,通过片选信号选中该存储芯片,地址将由 CPU 通过 M 位地址线送入到 MAR 中,之后,控制/时序逻辑中发出

READ 信号，该地址通过译码后选中相应的存储单元，读/写电路将该单元的 N 位数据读出，送到数据寄存器 MDR 中，该数据最后通过数据总线被读入到 CPU 中。

二、半导体存储器分类

1. 只读存储器（Read Only Memory，ROM）

ROM 在正常工作的时候只能读出其中存放的数据，而不能改变其内容。因此 ROM 经常用来存放那些固定不变，无须修改的数据与程序，如微机中的 BIOS 等。ROM 的最大特点是，掉电以后，数据不会丢失，通电后可以继续使用。尽管 ROM 称为只读，但在特定的情况下，其存放的数据也能被修改，只是这种特定的情况与正常工作状态不一样。常用的只读存储器主要有以下类型：

1）掩膜 ROM（Masked ROM）。由掩膜工艺制作，一般由厂家将已定型的程序和数据固化在 ROM 中，之后就不可再更改。

2）PROM 称为可编程 ROM（Programmable ROM）。这种类型的存储器允许用户向其中写入一次数据或程序，之后其中的数据就不可再更改。

3）EPROM 称为可擦除的 PROM（Erasable Programmable ROM）。其中的数据可以通过紫外线照射擦除，之后可以再次写入新的数据。此类存储器通常在封装中开有一个玻璃窗，通过这个窗口进紫外线清除数据，平时使用的时候将这个窗口贴上，就可以保护数据不被丢失。

4）EEPROM 称为电可擦除可编程 ROM（又写为 E^2PROM）（Electrically Erasable Programmable ROM）。也是一种可擦除的 ROM，但其擦除和改写无须紫外线，只需特定的电信号即可，因此这种 ROM 可以实现在线擦除与修改。但这种存储器的存取速度较慢。

5）Flash Memory，称为闪烁存储器（闪存）。也是电可擦除和更改型的 ROM 存储器，采用块擦除阵列结构，具有存储容量大、读取速度快、信息非易失、功耗低、可在线读/写，抗干扰能力强、掉电信息不丢失等特点，目前被广泛应用。

2. 随机存取存储器（Random Access Memory，RAM）

RAM 是一种在正常工作时就能随时对其数据进行读/写操作的存储器，与可编程型的 ROM 不同的是，其对数据的修改是在正常工作状态，而无须特别的写入环境。RAM 的读/写速度一般都比 ROM 快，而且存取任一单元所需的时间相同。但 RAM 在掉电的时候会将其存储的数据丢失。

（1）RAM 的类型

RAM 主要有以下几种类型：

1）SRAM 称为静态 RAM（Static RAM）。它是用双极型电路或 MOS 电路的触发器来作为存储元件的，因此，只要电源不掉电，内部存放的数据就不会丢失。SRAM 的最大特点就是速度快。

2）DRAM 称为动态 RAM（Dynamic RAM）。它用 MOS 管的栅极对其衬底间的分布电容来保存信息。由于电容会放电，所以需要定期充电来维持存储内容的正确，这一过程称为刷新。比如在 PC 中，使用集成的 8254 定时/计数器中的计数器 1 作为内存刷新的定时时钟。DRAM 的最大特点就是集成度高。

3）NVRAM 称为非易失 RAM（Non Volatile RAM）。它是 SRAM 和 EEPROM 的共同体，

正常工作时是 SRAM 存储数据，一旦掉电，就会自动地将数据转存到 EEPROM 中，重新上电后，数据又会自动地从 EEPROM 恢复到 SRAM 中。

（2）DRAM 的发展与内存条

目前，在微机中作为内存的存储器主要是 DRAM，伴随着微机的发展，微机主频的不断提高，DRAM 也在通过不断地更新来适应新的微机体系结构的发展需求。

微机上的 RAM 由早期 PC 中直接焊接到主板上的内存颗粒组，发展到由内存芯片组成的内存条形式。内存条又从早期的 30 引脚（8 位/16 位）、72 引脚（32 位）的 SIMM（Single Inline Memory Module，单列直插内存模块）发展到后来的 168 引脚、184 引脚甚至 240 引脚（64 位）的 DIMM（Dual Inline Memory Module，双列直插内存模块）。

常用的 DRAM 类型有以下几种。

1）SDRAM 称为同步动态随机存储器（Synchronous DRAM）。SDRAM 的工作原理就是将 RAM 与 CPU 以相同的时钟频率进行控制，使 RAM 和 CPU 的外频同步，彻底取消等待时间，所以也叫同步 DRAM。SDRAM 采用 3.3 V 工作电压，168 引脚的 DIMM 接口，数据位宽为 64 位。工作频率有 66 MHz、100 MHz、133 MHz 和 166 MHz 等。SDRAM 的命名与工作频率有关，比如 133 MHz 工作频率的 SDRAM 就成为 PC133，166 MHz 工作频率的 SDRAM 就成为 PC166。

SDRAM 采用双存储体结构，当 CPU 访问一个存储体时，另一个存储体做好访问准备，两个存储体自动切换。

2）DDR SDRAM 称为双倍速率 SDRAM（Double Data Rate SDRAM）。它是在 SDRAM 的基础上发展而来的。SDRAM 在一个时钟周期内只传输一次数据，它是在时钟的上升期进行数据传输的；而 DDR SDRAM 能够在时钟的上升期和下降期各传输一次数据，因此一个时钟周期内可传输两次数据。DDR 可以在与 SDRAM 相同的总线频率下达到双倍的数据传输率。

SDRAM 内存频率可细分为数据传输频率、时钟频率和内核频率 3 种。对于普通 SDRAM 而言，这三者相同，也就不存在预存取的概念。但是对于 DDR 而言，由于其在时钟信号的上升沿和下降沿都采样数据，所以其数据传输频率等于时钟频率的两倍，内核频率与时钟频率相同。DDR 读操作时，使用所谓的 2 倍预存取技术，在一个时钟周期内给 I/O 总线提供双倍数据量。2 倍预存取原理就是将 DDR SDRAM 存储阵列的位宽增加一倍，这些数据转化为宽度为 1/2 的两通道数据分流，分别从时钟信号的上升沿和下降沿发送出去。

DDR SDRAM 采用数据传输频率作为性能标准，如 DDR333，其工作频率是 333/2 = 166 MHz，带宽是为 2.7 G，因此命名为 PC2700。除了 DDR333 外，常见的 DDRSDRAM 规范有 DDR200（PC1600）、DDR266（PC2100）、DDR333（PC2700）、DDR400（PC3200）。

DDRSDRAM 采用 2.5 V 工作电压，168 引脚的 DIMM 接口，数据线宽度为 64 位。

3）DDR2 SDRAM。DDR2 SDRAM 与 DDR SDRAM 技术标准最大的不同在于，虽然同样采用了在时钟的上升/下降沿同时进行数据传输，但 DDR2 却拥有两倍于 DDR 的预读取能力（4 bit 数据读预取）。即 DDR2 每个时钟能够以 4 倍外部总线的速度读/写数据，并且能够以内部控制总线 4 倍的速度运行。此时，时钟频率是内核频率的两倍，数据传输频率又是时钟频率的两倍。由此可见，DDR2 在数据传输频率与 DDR 相同的情况下，内核频率只有 DDR 的一半。内核频率越低，意味着功耗越小，发热量越低，内存越稳定。

DDR2SDRAM 采用 1.8 V 工作电压，168 引脚的 DIMM 接口，数据线宽度为 64 位。

4) DDR3 SDRAM。DDR3 有 8 位预存取能力，它最大可支持 1600 MHz 的数据存取速率，但是它的内核频率其实也只有 1600 MHz/8 = 200 MHz。时钟频率：1600 MHz/2 = 800 MHz。

三、内存的主要性能指标

1) 存储容量。就是内存所能容纳的二进制的总位数，以 bit 或位为单位。在微机中，存储容量以字节 Byte（1 Byte = 8 bit）作为基本单位。一个有 K 位地址线，L 位数据线的存储芯片所拥有的容量为 $2^K \times L$ 位。比如某存储芯片的地址线为 16 位，数据线是 2 位，则其容量为 $2^{16} \times 2$ 位 = 64 K×2 位。再比如 6264 的芯片有 13 根地址线和 8 根数据线则其容量为 $2^{13} \times 8$ 位 = 8 K×8 位 = 8 KByte。

2) 存取时间。指 CPU 给出有效地址，启动一次存储器读/写操作，到操作完成所经历的时间。也就是从内存单元将数据读到存储数据寄存器或从存储数据寄存器将数据写到内存单元所需的时间，前者为读取时间，后者为写入时间。它是反应存储器工作速度的一个重要标志。

3) 存取周期。指连续启动两次独立的存储器读/写所需的最小时间间隔。通常存取周期要大于存取时间。因为存储器在读出数据之后，还需要一个恢复时间来完成内部操作。存取周期要等于读取时间加上恢复时间。

4) 可靠性。内存可靠性用平均无故障时间（MTBF）来衡量，也可以看作是两次故障之间的时间间隔。MTBF 越长，可靠性越高。

5) 性能/价格比。性能主要是指上面 4 项，对不同的用途，侧重点会有所不同。比如用作 Cache 的 SRAM 强调的是速度，而作为内存的 SDRAM 强调的是容量。

四、典型的半导体存储器芯片

(1) SRAM 芯片 HM 6264

典型的 SRAM 芯片主要有 2114（1 K×4 位）、6116（2 K×8 位）、6264（8 K×8 位）、62128（16 K×8 位）、62256（32 K×8 位）和 62512（64 K×8 位）等几种。这一节介绍 Intel 的 6264 芯片。

HM 6264 是容量为 8 K×8 位高速 SRAM 芯片，它通过 1.5 mm CMOS 工艺技术实现更高的性能和更低的功耗。该芯片最大存取时间是 85/100 ns；采用 5 V 电压，与 TTL 电平兼容，待机功耗是 10 μW，工作功耗 15 mW。该芯片是全静态的，无须时钟和定时选通信号。

该芯片采用 28 引脚双列直插式（DIP）封装，如图 4-3 所示。

图 4-4 是 HM 6264 的功能框图。

从图 4-4 可以清楚地看到，A0~A12 共 13 根地址线，说明 HM 6264 一共有 8 K（2^{13}）个存储单元，由于数据线是 8 根（I/O1~I/O8）每个存储单元有 8 位数据，因此 HM 6264 的容量一共有 8 K×8 位。

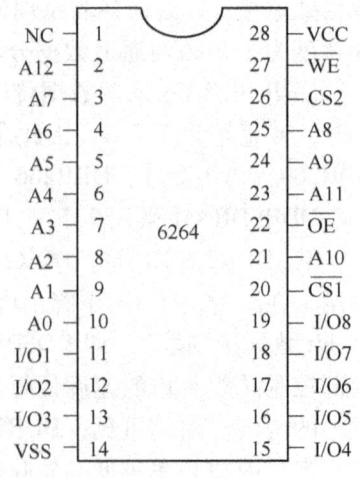

图 4-3　HM 6264 引脚排列

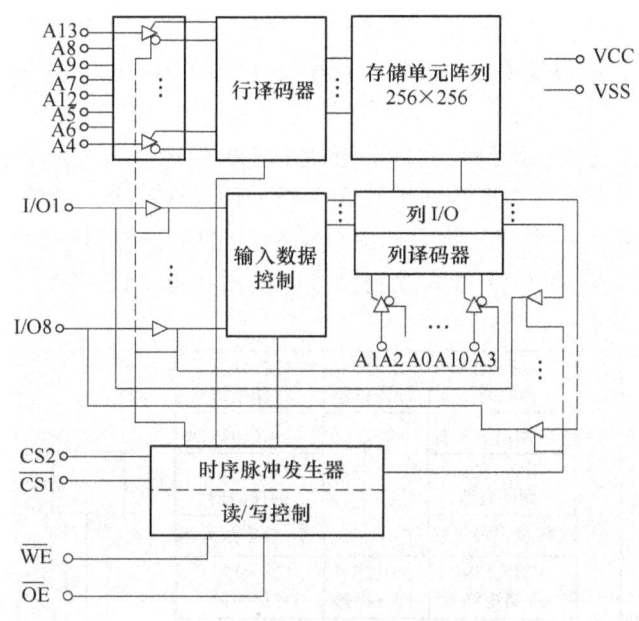

图 4-4　HM 6264 功能框图

如图 4-4 所示，13 根地址线分成 8 根行线和 5 根列线，因此 HM 6264 内的 8 K 个存储单元是以 2 维形式排列，其中 8 根行线经过行译码器形成 256 个行选择信号线，也就是说所有存储单元排成了 256 行，5 根列线经过列译码器形成 32 个列选择信号线，也就是说每行有 32 个存储单元这样就形成了 $256 \times 32 = 8192 = 8$ K 个存储单元，每个存储单元包含 8 位，所以存储体一共是 $256 \times 32 \times 8 = 256 \times 256 = 8$ K × 8 位。实际上，静态存储器都是采用这种二维结构安排存储单元。

8 根数据线 I/O1～I/O8 是双向、三态控制。HN6264 由两个片选信号线 $\overline{CS1}$ 和 CS2，只有当 $\overline{CS1} = 0$，CS2 = 1 的时候，该存储芯片才选中，才可以进行读写。在选中的情况下，如果写入需控制信号 $\overline{WE} = 0$，输出使能信号 $\overline{OE} = 1$ 的时候，执行数据写入操作；反之，当 $\overline{WE} = 1$，$\overline{OE} = 0$ 的时候，执行数据输出操作。

（2）DRAM 芯片 2164

Intel 2164 是容量为 64 K × 1 位的 DRAM 芯片，它是 Intel 早期的产品。该芯片最大存取时间是 150/200 ns；待机功耗是 27.5 mW，最大工作功耗是 2755 mW。

该芯片采用 16 引脚双列直插式（DIP）封装，如图 4-5 所示。

图 4-6 是 Intel 2164 的功能框图，从图 4-6 可以清楚地看到 Intel 2164 中有 4 个存储单元矩阵，每个存储单元矩阵都是 128 × 128 位，也就是 16 K × 1 位，4 个存储单元矩阵就构成了 64 K × 1 位的存储空间。

理论上，寻址 64 K 个存储单元应该需要 16 根地址线（$2^{16} = 64$ K），但为了节省引脚的数量，2164 只给出了 8 个引脚作为地址线，分别是 A0～A7，片内设置有行地址锁存器和列地址锁存器。利用外界的多路开关，先使行选通信号 $\overline{RAS}$ 有效（为低电平），此时，A0～A7 被所存到行地址锁存

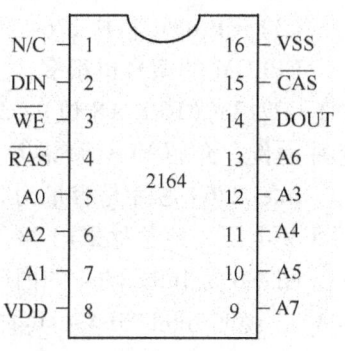

图 4-5　Intel 2164 引脚排列

器成为行地址 RA0～RA7。之后，使列选通信号$\overline{CAS}$有效（为低电平），此时，A0～A7 被所存到列地址锁存器成为列地址 CA0～CA7。行地址中的 RA0～RA6 这 7 根线经过行地址译码器译码形成 128 根行选择信号线，在每个存储单元矩阵的 128 行中选择一行。列地址中的 CA0～CA6 这 7 根线经过列地址译码器译码形成 128 根列选择信号线，在每个存储单元矩阵的 128 列中选择一列。这样，7 根行地址线和 7 根列地址线配合，就能分别从一个 128×128 位的存储单元矩阵中选出一个存储单元。由于 4 个存储单元矩阵同时操作，所以一共选出 4 个存储单元，然后由 RA7 和 CA7 作为控制信号，使用 4 选 1 的 I/O 门控电路从 4 个存储单元中选择一个进行读写。

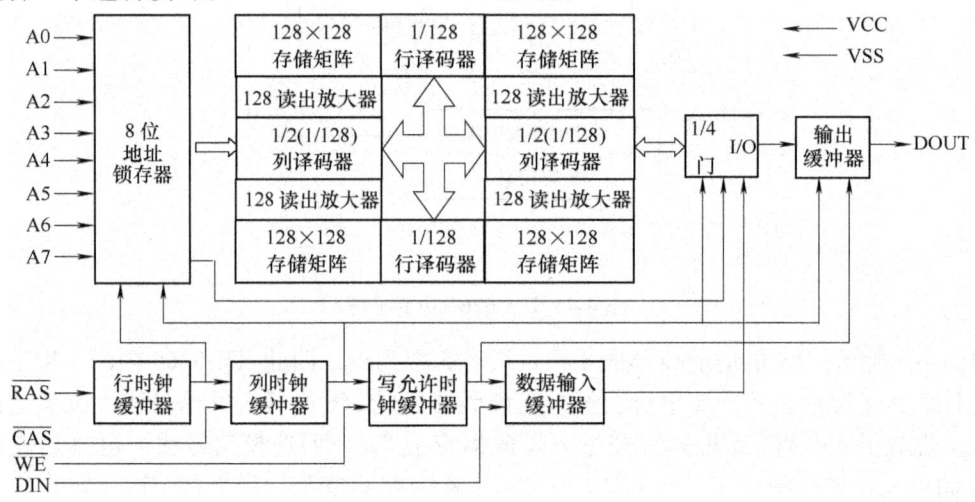

图 4-6　Intel 2164 功能框图

Intel 2164 的读出和写入是分开的，由$\overline{WE}$信号来控制读写，当$\overline{WE}$为低电平的时候为写入，DIN 引脚上的数据通过输入三态缓冲器写入到选中的存储单元中；当$\overline{WE}$为高电平的时候为读出，选中的存储单元中的数据通过输出三态缓冲器从 DOUT 引脚读出。

DRAM 芯片必须定期刷新，Intel 2164 在刷新操作的时候，$\overline{RAS}$有效，RA_0～RA_6 经过译码后的行选择信号线从存储单元矩阵的 128 行中选择一行共 128 个存储体进行刷新，由于 4 个存储单元矩阵中的同一行同时刷新，因此每个刷新周期刷新 512 个存储单元。一共 128 行只需要 128 次操作就可以将所有存储单元刷新一遍。Intel 2164 刷新一遍的周期是 2 ms。

2164 没有片选信号，行选通信号$\overline{RAS}$和列选通信号$\overline{CAS}$可以起到片选的作用。

（3）EPROM 芯片 2764

EPROM 的型号也很多，主要有 2716（2 K×8 位）、2732（4 K×8 位）、2764（8 K×8 位）、27128（16 K×8 位）、27256（32 K×8 位）和 27512（64 K×8 位）。本节以 Intel 2764 芯片为例，介绍 EPROM 芯片的基本特点和工作方式。

Intel 2764 芯片是容量为 8 K×8 位的 EPROM 芯片。该芯片最大读出时间是 250 ns，采用 5 V 电压。该芯片采用 28 引脚双列直插式（DIP）封装，如图 4-7 所示。

图 4-8 是 Intel 2764 的内部功能框图，从图 4-8 可以清楚地看到，2764 共 13 根地址线 A_0～A_{12}，说明 Intel 2764 一共有 8 K（2^{13}）个存储单元，由于数据线是 8 根（D_0～D_7）每个存储单元有 8 位数据，因此 Intel 2764 一共有 8 K×8 位。除了 13 根地址线和 8 根双向数据

线外，2764 还有片选信号线$\overline{CE}$，低电平有效，表示该芯片被选中；输出允许信号线$\overline{OE}$以及编程脉冲输入端$\overline{PGM}$。

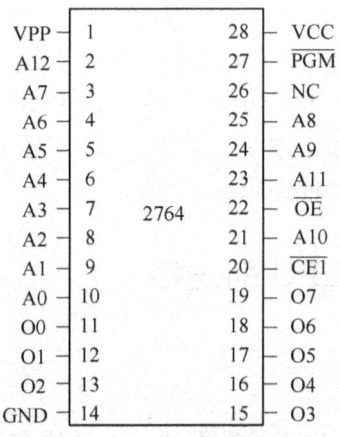

图 4-7　Intel 2764 引脚排列

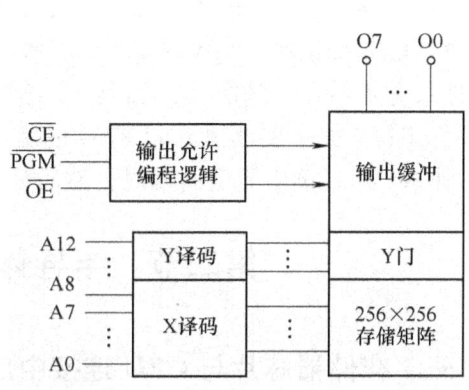

图 4-8　Intel 2764 内部功能框图

Intel 2764 一共有 7 种工作方式，如表 4-1 所示。

表 4-1　Intel 2764 工作方式

工作方式	$\overline{CE}$	$\overline{OE}$	$\overline{PGM}$	A9	A0	VPP/V	VCC/V	数据段 D7～D0 功能
读出	0	0	1	×	×	5	5	数据输出
输出禁止	0	1	1	×	×	5	5	高阻
备用	1	×	×	×	×	5	5	高阻
编程	0	1	0	×	×	12.5	5	数据输入
校验	0	0	1	×	×	12.5	5	数据输出
编程禁止	1	×	×	×	×	12.5	5	高阻
Intel 标识符	0	0	1	11.5～12.5V	0	5	5	制造商编码
					1	5	5	器件编码

1）读出：读出芯片内指定单元的内容并输出到数据总线上。此时 VPP 和 VCC 都接到 +5 V，$\overline{PGM}$ 接至高电平，$\overline{CE}$ 和 $\overline{OE}$ 接到低电平。首先从 CPU 来的地址信号通过地址引脚进到片内，然后 $\overline{CE}$ 和 $\overline{OE}$ 信号有效，经过一段时间间隔后选中的存储单元的数据读到数据总线上。

2）输出禁止：$\overline{CE}$ 信号为低电平，$\overline{OE}$ 信号为高电平的时候，数据线输出为高阻。

3）备用：$\overline{CE}$ 信号为高电平则数据线输出为高阻。Intel 2764 进入到备用方式，此时芯片的功耗下降，从电源所取的电流从 100 mA 下降到 40 mA。

4）编程：该方式是将数据写入芯片内的存储单元中。这种方式下，VPP 要接 12.5 V 的编程电压，VCC 还是 5 V。此时 $\overline{CE}$ 保持低电平，$\overline{OE}$ 为高电平，数据线输入要写到某地址单元的数据。每写一个地址单元，都必须给 $\overline{PGM}$ 引脚一个宽度为 45 ms 的低脉冲。

5）校验：为了检查编程过程中写入数据的正确性，通常在编程过程中包含校验操作，在一字节编程完成后，保持 VPP 和 VCC 不变，让 $\overline{PGM}$ 为高，$\overline{CE}$ 和 $\overline{OE}$ 均为低电平，则同一存储单元的数据就在数据线上输出，这样就可以和输入数据相比较，判断数据写入的是否正确。

6）编程禁止：在编程过程中，只要让$\overline{CE}$变为高电平，编程就立即禁止。

7）Intel 标识符：当 VPP 和 VCC 都接到 5 V，而$\overline{CE}$和$\overline{OE}$都为低电平，PGM 为高电平（与读取方式一样）的时候，如果 A9 接至 11.5～12.5 V 的高电平，则 Intel 2764 进入到读 Intel 标识符方式。要读出 Intel 2764 的编码，需要连续读 2 字节，首先让 A1～A8 全为低电平，让 A0 = 0，读出制造商编码，然后让 A0 = 1，读出器件编码。

第三节　半导体存储器与 CPU 的连接

一、存储器芯片与 CPU 连接中应关注的问题

在半导体存储器芯片和 CPU 连接的时候，除了要正确连接数据线、地址线和控制信号以外，还要考虑下面的问题。

1. CPU 的负载能力

一般 CPU 输出线的直流负载能力设计为带一个 TTL 负载或 20 个 MOS 器件。但 CPU 的每一根地址线或数据线都有可能连接多片存储器芯片。所以，在存储器芯片与 CPU 的连接过程中，要考虑 CPU 外接存储器芯片的数量以及 CPU 与存储器芯片的物理距离等因素。

由于现在的存储器芯片多为 MOS 电路，直流负载都很小，因此在小型系统中，CPU 可与存储器芯片直接相连。在较大的系统中，要考虑在总线上增加缓冲器或驱动器，由缓冲器或驱动器来提高 CPU 的负载能力。一般对于单向传送的地址线或者控制线可以采用诸如 74LS244 或者 74LS367 这样的单项缓冲器或 74LS373 或 Intel 8282 这样的驱动器。如果是双向传送的数据线，则可用 74LS245 或者 Intel 8287 这样的双向总线驱动器。

2. 芯片的选择

在微机的存储器系统中，由于使用的芯片单片容量有限，构成一定容量的存储器要选择多块芯片，在选片过程中，要考虑芯片容量、总存储容量、时序匹配等问题。

3. 时序配合

在微机工作过程中，CPU 对存储器的读/写操作是最频繁的基本操作。因此，在考虑存储器与 CPU 连接时，必须考虑存储器芯片的工作速度是否能与 CPU 的读/写时序相匹配。

对 CPU 来说，CPU 在对存储器进行读操作时，CPU 在发出地址和读命令后，存储器必须在规定的时间内将读出数据送入数据总线；而当 CPU 对存储器进行写操作时，存储器必须在写脉冲规定的时间内将数据写入指定的存储单元。所以，应考虑选择速度能与 CPU 相匹配的存储器芯片。若芯片已选定，则应考虑如何插入等待周期问题。

对存储器芯片来说，存储器芯片对输入信号的时序也是有严格要求的，而且不同的存储器件，其时序要求也不相同。为确保整个微机系统能正常、高效地工作，要求给存储器提供的地址信号和控制信号必须满足存储器所规定的时序参数，其中最重要的参数是存取时间。

4. 存储器的地址分配

系统内存通常分为 ROM 和 RAM 两部分，其中 ROM 用于存放系统监控程序等固化程序及常数。RAM 可分为系统区和用户区两部分，系统区是监控程序或操作系统存放数据的区

域；用户区又分为程序区和数据区两部分，分别用于存放用户程序和数据，所以，地址分配是一个重要问题。由于目前的存储器芯片单片容量有限，需要多片存储器芯片连接组成存储器系统，因此，需要考虑使用译码的方法产生片选信号，并连接各芯片。

二、存储器扩展

在存储器的实际应用当中，由于单片存储器芯片的容量有限，无法满足实际应用对存储容量的要求，需要用多片存储芯片与系统相连进行容量的扩展。存储器扩展通常有3种方式：位扩展、字扩展和字位扩展。

1. 位扩展

所谓存储器位扩展，就是将若干片位数较少的存储芯片通过并联增加位数，从而得到给定位宽的存储器。

【例4-1】 请用2K×8位的存储芯片组成一个2K×32位的存储体。

解：分析如下。

一个芯片是2K×8位，要构成2K×32位的存储体需要(2K/2K)×(32/8)=4片芯片。从8位扩展到32位，这显然是存储器位扩展，采用将地址线、控制线并联的方法，其中2K个单元需要11根地址线。数据线需要32根，其中每8个接一片2K×8芯片，这样就得到如图4-9所示的设计。

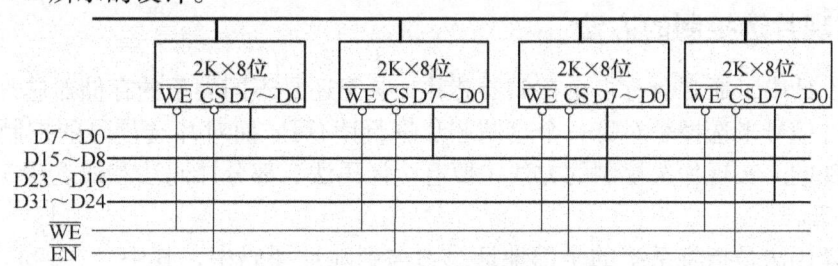

图4-9 【例4-1】图（存储器位扩展）

2. 字扩展

所谓字扩展技术是指数据位数不变，字的数量扩展。也就是将数据线、控制线和部分地址线并联，将另一部分地址线通过译码后形成片选信号来决定每片存储芯片的地址范围。

【例4-2】 请用2K×8位的存储芯片组成一个8K×8的存储体。

解：分析如下。

一个芯片是2K×8位，要构成8K×8位的存储体需要(8K/2K)×(8/8)=4片芯片。从2K扩展到8K但位数不变，这显然是存储器字扩展，采用将数据线、控制线和部分地址线并联的方法，其中8K个单元需要13根地址线A12～A0，但每个芯片只有2K个单元，因此只用到11根地址线A10～A0。剩下的A12～A11送入一个2-4译码器（如74LS139），形成4个片选信号来选择4个2K×8位芯片中的一个。数据线需要8根，这样就得到如图4-10所示的设计。

按照图4-10的设计，从左边数第一个芯片的地址范围是0000H～7FFH，第二个芯片的地址范围是800H～0FFFH，第三个芯片的地址范围是1000H～17FFH，第四个芯片的地址范围是1800H～1FFFH。

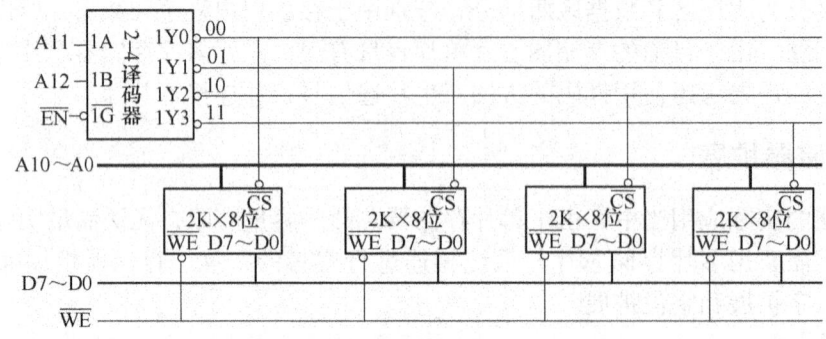

图 4-10 【例 4-2】图（存储器字扩展）

3. 字位扩展

所谓字位扩展技术是指数据位数和字都需要扩展。如果一个存储芯片的容量是 K×L 位，需要组成 M×N 位的存储体，则该存储体需要(M/K)×(N/L)个存储芯片。比如要用 2 K×8 位芯片组成 8 K×16 位存储体，则需要(8 K/2 K)×(16/8) = 8 片芯片。先将 2 个 2 K×8 位的芯片利用位扩展构成 2 K×16 位的存储器，然后再用 4 个 2 K×16 位的存储器用字扩展发扩展到 8 K×16 位存储体。

三、实现片选控制的方法

存储器设计中，通常会有多个存储器芯片，甚至还是不同类型的存储器芯片，需要通过芯片上的片选信号来选择是对哪一个存储芯片进行读/写。而对片选信号的控制通常是采用地址线来实现的。实现片选控制的方法主要有全译码法、部分译码法和线选法 3 种。

1. 全译码法

所谓全译码法是指将系统的全部地址线参与到地址译码中，其中地址高位全部接到译码器的输入后，形成片选信号来选择存储芯片，地址低位直接接到存储芯片的地址输入引脚，选择存储芯片内的存储单元。全译码法是存储器芯片中的每一个存储单元都有一个唯一的地址。常用的译码器包括 2-4 译码器 74LS139 和 3-8 译码器 74LS138。

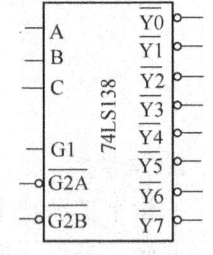

图 4-11 74LS138 译码器

图 4-11 给出了 74LS138 的引脚图。74LS138 是一个 3-8 译码器，在它被使能的情况下，根据输入端 A，B 和 C 的不同组合，输出端中只有一个输出脚有效（低电平）。G_1，$\overline{G2A}$ 和 $\overline{G2B}$ 是 74LS138 的使能端，只有当这 3 个输入脚有效的时候（G1 = 1，$\overline{G2A}$ = $\overline{G2B}$ = 0），输出才有效，否则所有输出都为 1（无效）。表 4-2 是 74LS138 译码器的真值表。

表 4-2 74LS138 译码器的真值表

输入						输出							
G_1	$\overline{G2A}$	$\overline{G2B}$	C	B	A	$\overline{Y7}$	$\overline{Y6}$	$\overline{Y5}$	$\overline{Y4}$	$\overline{Y3}$	$\overline{Y2}$	$\overline{Y1}$	$\overline{Y0}$
1	0	0	0	0	0	1	1	1	1	1	1	1	0
1	0	0	0	0	1	1	1	1	1	1	1	0	1
1	0	0	0	1	0	1	1	1	1	1	0	1	1

(续)

输入						输出							
G_1	$\overline{G2A}$	$\overline{G2B}$	C	B	A	$\overline{Y7}$	$\overline{Y6}$	$\overline{Y5}$	$\overline{Y4}$	$\overline{Y3}$	$\overline{Y2}$	$\overline{Y1}$	$\overline{Y0}$
1	0	0	0	1	1	1	1	1	1	0	1	1	1
1	0	0	1	0	0	1	1	1	0	1	1	1	1
1	0	0	1	0	1	1	1	0	1	1	1	1	1
1	0	0	1	1	0	1	0	1	1	1	1	1	1
1	0	0	1	1	1	0	1	1	1	1	1	1	1
0	×	×	×	×	×	1	1	1	1	1	1	1	1
×	1	×	×	×	×	1	1	1	1	1	1	1	1
×	×	1	×	×	×	1	1	1	1	1	1	1	1

在图 4-10 中，如果系统只有 13 根地址线，则该方案就是全译码法。如果是接 8086，由于 8086 是 20 位地址线，如果采用全译码法就必须将 A19～A13 都加入到译码器输入中。一个简单的办法是将 A19～A13 这 7 根线连同 $\overline{EN}$ 一起通过一个或门接到 2-4 译码器的使能端 $\overline{1G}$ 上，这样，4 个芯片的地址范围保持不变。

2. 部分译码法

部分译码法是将系统的部分地址线参与到地址译码中，通常是地址高位的一部分接到译码器的输入后，形成片选信号来选择存储芯片，地址低位直接接到存储芯片的地址输入引脚，选择存储芯片内的存储单元。如图 4-10 在 8086 系统中的就是部分译码法，因为系统地址线的 A19～A13 没有接到译码器输入端。部分译码使得存储单元的地址不再是唯一的，每个存储芯片的地址范围也不唯一，这是因为没有参与译码的地址线可以为 0，也可以为 1。比如图 4-10 中，如果 A19～A13 为全 0，则左边第一块存储芯片地址范围是 00000H～0007FFH，如果 A19～A13 为全 1，则左边第一块存储芯片地址范围是 0FE000H～0FE7FFH。由于 A19～A13 可以是 0 或 1 的任意组合，因此图 4-10 中每个存储芯片的地址范围都有 128（2^7）种可能。

3. 线选法

所谓线选法是不使用译码器，而是直接将地址线的高位作为片选线。比如在图 4-10 中如果去掉 2-4 译码器，而是将 A11～A14 这 4 根线分别接到 4 个存储芯片的片选端，这就形成了线选法，如图 4-12 所示。

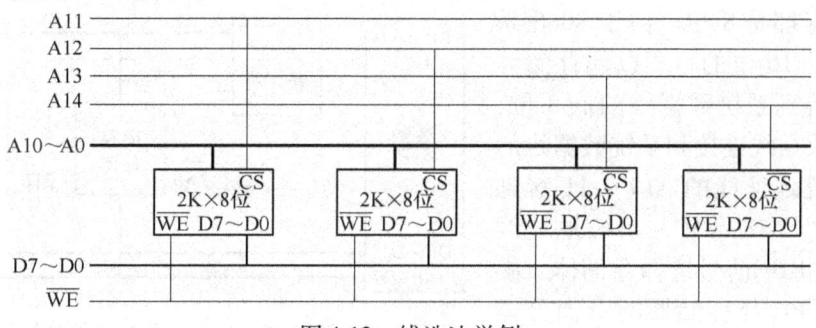

图 4-12 线选法举例

没有用到的地址线（图4-12中是A19~A15）可以为0也可以为1，作为片选的地址线只能有一根是有效的。比如在图4-12中，A14~A11这4根线只能有一根有效（本例中0为有效）。因此，假如A19~A15都为0，表4-3给出了地址线的情况。

表4-3　图4-11中A19~A15都为0的地址线情况

存储芯片（从左到右）		A19 A18 A17 A16	A15 A14 A13 A12	A11 A10 A9 A8	A7 A6 A5 A4	A3 A2 A1 A0
第一片	最小地址	0 0 0 0	0 1 1 1	0 0 0 0	0 0 0 0	0 0 0 0
	最大地址	0 0 0 0	0 1 1 1	0 1 1 1	1 1 1 1	1 1 1 1
第二片	最小地址	0 0 0 0	0 1 1 0	1 0 0 0	0 0 0 0	0 0 0 0
	最大地址	0 0 0 0	0 1 1 0	1 1 1 1	1 1 1 1	1 1 1 1
第三片	最小地址	0 0 0 0	0 1 0 1	1 0 0 0	0 0 0 0	0 0 0 0
	最大地址	0 0 0 0	0 1 0 1	1 1 1 1	1 1 1 1	1 1 1 1
第四片	最小地址	0 0 0 0	0 0 1 1	1 0 0 0	0 0 0 0	0 0 0 0
	最大地址	0 0 0 0	0 0 1 1	1 1 1 1	1 1 1 1	1 1 1 1

从表4-3可以看到图4-12中的各存储芯片从左到右第一片地址范围是07000H~077FFH，第二个芯片的地址范围是06800H~06FFFH，第三个芯片的地址范围是05800H~05FFFH，第四个芯片的地址范围是03800H~03FFFH。

在采用线选法存储器结构的系统中，软件要保证访问的地址不能让作为片选的地址线出现多于一个有效的情况。比如如果访问图4-12的地址是00700H，则出现A14~A11这4根线全为0，4个芯片全被选中，这是不允许的。这种情况称为出现地址重叠，作为存储器硬件的设计者应该在系统说明文档中明确重叠的地址区域，并提示程序员避开这个地址区域。

四、8086CPU与存储器的连接

8086CPU是16位系统中典型的一个微处理器，本节将以8086CPU为例，介绍16位系统中内存储器的接口技术。

1. 8086CPU与存储器的奇偶分体接口

8086 CPU拥有20根地址线，寻址范围为1 MB。由于8086处理器对内存的访问既可以是一个字（16位），又可以是一字节（8位），因此8086系统在组成1 MB存储体的时候，实际上是使用了两个512 KB的存储体，其中一个为偶存储体，一个是奇存储体，两个存储体的数据宽度都是8位。由于8086系统的数据线是16位的，所以偶存储体的数据线连接到系统数据线的低8位，奇存储体的数据线连接到系统数据线的高8位。系统地址线的A19~A1接到两个存储体的A18~A0，系统地址线A0和8086的$\overline{BHE}$信号选择存储体。图4-13是8086CPU与存储器的奇偶分体接口示意图。表4-4是A0和$\overline{BHE}$信号

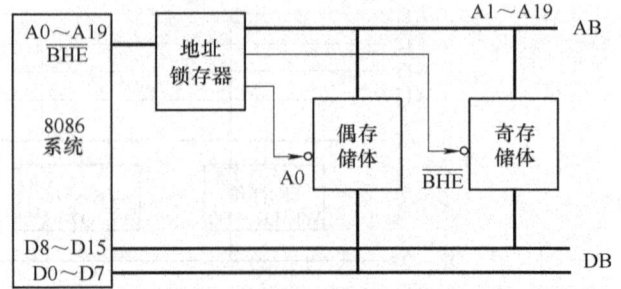

图4-13　8086CPU与存储器的奇偶分体接口示意图

对存储体的选择。

表 4-4　A0 和 $\overline{BHE}$ 信号对存储体的选择

$\overline{BHE}$	A0	传送的数据	指令举例
0	0	两个连续的字节	MOV　AX,［2002H］
0	1	奇地址的高位字节	MOV　AH,［2003H］
1	0	偶地址的低位字节	MOV　AL,［2002H］
1	1	不传送	—

2. 8086 对存储器的访问

(1) 被访问数据的边界对齐问题

通常如果一个数据有 K 个连续字节组成，该数据的地址（对 8086 系统就是最低字节的那个地址）是 K 的整数倍，则称该数据是边界对齐的。比如 8086 系统一个字是 2 字节，则如果数据的地址是 2 的整数倍（偶数），该数据就是边界对齐的。

8086 具有 16 位数据线，可以访问一个完整的字（16 位），也可以访问一字节（8 位）。

对于字节的访问，无论是偶地址还是奇地址都是边界对齐的。如果是偶地址，则 $\overline{BHE}$ = 1，A0 = 0，直接访问偶存储体；如果是奇地址，则 $\overline{BHE}$ = 0，A0 = 1，直接访问奇存储体。因此字节访问都可以在一个总线周期内完成。

对字的访问则稍微复杂些，如果是偶地址访问一个字（边界对齐），则此时 $\overline{BHE}$ = 0，A0 = 0，由表 4-4 可知系统可以在一个总线周期完成两个连续字节的传送。但如果是奇地址访问一个字（非边界对齐），则此时 $\overline{BHE}$ = 0，A0 = 1，从表 4-4 上可以发现此时只能访问奇地址的一字节，另一个在偶数地址的字节需要在下一个总线周期将地址 +1 后才能访问到。因此需要两个总线周期访问奇地址的一个字。

(2) 非边界对齐的一个字的访问

下面，以读一个非边界对齐的字操作来说明 8086 系统对非边界对齐字的访问。

假设当前内存中存放的数据和地址如图 4-14 所示。

现在考虑 MOV AX,［0001］指令，这条指令显然是要将有效地址为 0002H ~ 0001H 两字节的数据读到 AX 寄存器中，由于 8086 是小端存储，因此低地址的 07H 应该放在低字节，高地址的 61H 应该放在高字节，这样执行后 AX = 6107H。下面来看执行 MOV AX,［0001］指令取得数据的过程。

地址	内容
0000H	54H
0001H	07H
0002H	61H
0003H	21H

图 4-14　非边界对齐字的访问

指令执行后，首先在第一个总线周期，$\overline{BHE}$ = 0，A0 = 1，从表 4-4 中可以看到，这个信号组合是将奇地址的一字节（07H）放到数据线的高 8 位（D 15 ~ D8），根据小端存储原则，该数据被交换到低 8 位；要得到 16 位数据的另外 8 位，就必须再来一个总线周期，在第二个总线周期，地址 +1，$\overline{BHE}$ = 1，A0 = 0，从表 4-4 上可以看到，这个信号组合是将偶地址的一字节（61H）放到数据线的低 8 位（D7 ~ D0），根据小端存储原则，该数据被交换到高 8 位。经过两个总线周期读和两次高低 8 位交换，最终 16 位数据线上的数据是 6107H，该数据被写入到 AX 寄存器中。

由上面的过程可以看到，对于字数据的访问，如果是非边界对齐的数据访问，将会多耗费一次总线周期，因此要尽量避免这样的情况发生。实际上，在 IA-32 和 Intel 64 的某些型号 CPU 中，对于非边界对齐数据的访问会引起异常。

【例 4-3】 下面的变量定义有什么不妥的地方，请指出并更正。

```
ORG    0012H
BUF1   DB   28H, 76H, 39H
BUF2   DW   2100H
```

解：BUF1 是从偶数地址 12H 开始的，BUF1 是字节数据，一共有 3 个数据，这样就使得 BUF2 是一个从奇数地址开始的字数据，由于是非边界对齐，因此，程序中对它的访问将会启动两次总线周期，程序效率不高。可作如下更正，使 BUF2 的地址成为偶数地址。

```
ORG    0012H
BUF1   DB   28H, 76H, 39H
ORG    $+1              ;也可用 EVEN 或 ALIGN 2 来将 BUF2 定位到偶数地址
BUF2   DW   2100H
```

3. 8086 系统存储器接口案例

【例 4-4】 请利用 62512（64 K×8 位 SRAM）和 27128（16 K×8 位的 EPROM）芯片设计 8086 系统在最小工作方式下的存储系统。要求 RAM 区域从地址 00000H 开始，容量是 64 K×16 位，可进行字的访问和字节的访问；ROM 区域从地址 0F0000H 开始，容量是 16 K×16 位，只能进行字的访问。采用 74LS138 译码。

解：根据题目的要求作分析，由于存储器是按照字节编址，对于 RAM 区域，64 K×16 位的容量实际是 128 KB，需要 17 根地址线，按照奇偶分体，A0 用于选择奇偶存储体，剩下的 16 根（A16~A1）进到 62512 中选择存储单元。ROM 区域 16 K×16 位实际是 32 KB，需要 15 根地址线，由于是字访问，按照边界对齐原则，A0 始终为 0，剩余的 14 根线（A14~A1）进到 27128 中选择存储单元。这样很容易列出存储系统地址的特点，如表 4-5 所示。

表 4-5 【例 4-4】存储系统的地址特点

存储类型		被选中的存储器的地址范围	
		A19~A0（二进制）	A19~A0（十六进制）
RAM	起始地址	0000 0000 0000 0000 0000	00000
	结束地址	0001 1111 1111 1111 1111	1FFFF
ROM	起始地址	1111 0000 0000 0000 0000	F0000
	结束地址	1111 0111 1111 1111 1110	F7FFE

根据题目要求，观察 RAM 和 ROM 区的地址范围，由于相隔比较远，不太容易用一个 74LS138 译码得到，所以决定 RAM 和 ROM 各自采用一个 74LS138 译码。

对于 RAM 区，64 K×16 位需要两片 62512 做位扩展和奇偶分体，用 A0 和 $\overline{BHE}$ 信号联合 74LS138 译码出来的输出信号形成片选信号，选择读/写 1 片或 2 片 62512。系统地址的低位地址 A16~A1 并联接到两片 62512 的 A15~A0，这样，地址高位就只剩下 A19~A17 三根线，它们接 74LS138 的 C、B、A，由于 A19~A17 = 000，所以 74LS138 输出用 $\overline{Y0}$。74LS138 的 G1 可以接到 M/$\overline{IO}$，G2A 和 G2B 直接接地。

对于 ROM 区，16 K×16 位需要两片 27128 进行位扩展，由于题目要求 ROM 区域是字访问，按照边界对齐原理，地址应该都是偶数地址，因此 A0 始终为 0，并将系统地址的低位地址 A14 ~ A1 并联接到两片 27128 的 A13 ~ A0，这样，地址高位就只剩下 A19 ~ A15 五根线，可以将 A17 ~ A15 接 74LS138 的 C、B、A，由于 A17 ~ A15 = 110，所以 74LS138 输出用 $\overline{Y6}$。74LS138 的 G1 接到 $M/\overline{IO}$，将 A18 和 A19 通过与非门接$\overline{G2A}$、A0 接到 $\overline{G2B}$，如图 4-15 所示。

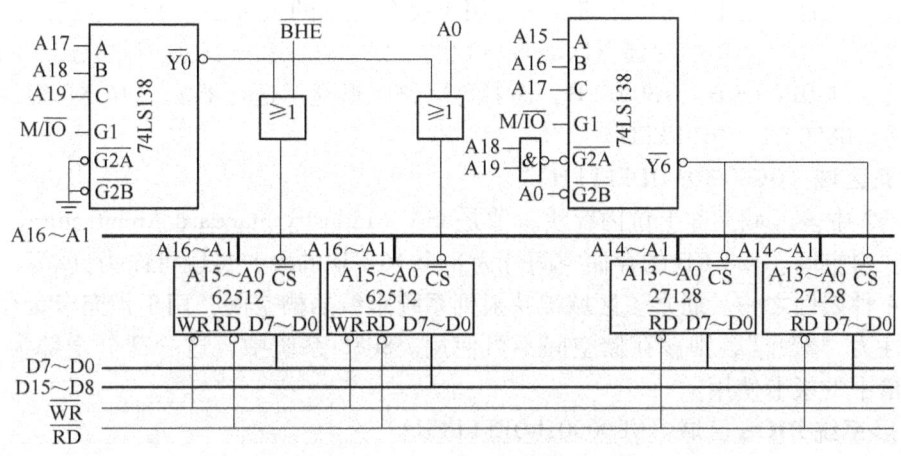

图 4-15 【例 4-4】存储系统设计

第四节 8086 系统地址映射

8086 系统有 20 位地址线，支持 1 MB 的存储区。其地址范围为 00000H 至 FFFFFH。数据的每个字节存储在连续的地址码所组织的空间内，处理器可访问连续 2 字节的单字长数据。这 1 M 字节的寻址空间都是用户可以访问的，低端 640 KB 供 DOS 及应用程序使用，高端 64 KB 供系统 BIOS 使用，其余存储空间保留给视频适配卡及扩充区等使用。图 4-16 给出了 8086 微机系统的地址范围。

1. 中断向量表（00000H-003FFH）

按照中断向量号的顺序依次存放中断向量（中断处理程序入口地址），每个中断向量是 4 字节，一共是 256 个中断向量，因此这个区域占据 1 KB。

2. BIOS 数据区（00400H ~ 004FFH）

基本输入输出系统（BIOS）是机器启动后自动运行的第一个程序，它首先对机器进行自检，同时为其他软件提供了最基本的设备控制方法和数据输入/输出的编程接口。BIOS 程序是存放在机器里的一片 ROM/EPROM/E^2PROM/Flash Memory 中。但它的数据则需要放在 RAM 中便于读写，一般就放在 BIOS 数据区。整个 BIOS 数据区共有 256 字节，保存的是系统 BIOS 在开机自检时检测到的关键数据信息。

图 4-16 实地址模式的传统地址范围

3. DOS 管理区（00500H-9FFFFH）

该区域通常称为常规内存，其大小约为 638 KB。之所以称为 DOS 管理区是因为 MS-DOS 操作系统以及 DOS 应用程序、用户编写的应用程序等都运行在这个区域。

4. 传统视频缓冲区（0A0000H-0BFFFFH）

传统视频缓冲区占 128 KB 存储空间，用于缓存显示的视频图形和文本信息。对于不同的显示适配器，实际使用的存储器区域各不相同，如单色字符显示适配器只用 4 KB 缓冲区，所以地址范围为 0B0000H~0B0FFFH，而彩色字符图形显示适配器需要 16 KB 缓冲区，所以地址范围为 0B8000H~0BBFFFH。

5. 扩充区域（0C0000H-0DFFFFH）

在 IA-32 中该区域又称上位内存块，曾是 ISA（Industry Standard Architecture）总线扩充卡的地址映射空间。128 KB 的存储空间分为 8 个 16 KB 的段，每段可以为读/写、只读、只写、禁止 4 种属性之一。通常该区域被映射到系统总线插槽空间，用于扩充卡缓存。若存储器段的属性为"禁止"，则该存储空间不可使用。8086 系统中，这一部分全部为 ROM，提供给扩展槽中的板卡使用。

6. 扩展系统 BIOS 区域（0E0000H-0EFFFFH）

该区域占 64 KB 地址空间，划分为 4 个 16 KB 的段，每段可以赋予独立读和写属性，从而使它能够映射到主存储区 DRAM 或 DMI 接口。若存储器段的属性为"禁止"，则该存储空间不再被映射。8086 时期的 PC 该区域存放 ROM BASIC，现在该区域和地址为 0F0000H-0FFFFFH 的系统 BIOS 区域一起用来存放系统 BIOS。

7. 系统 BIOS 区域（0F0000H-0FFFFFH）

这是一个单独的 64 KB 段，此段的属性可以为读和写。通过设置读/写属性，系统芯片可以将 BIOS"投影"到 DRAM 存储器，这样可以加快 BIOS 的执行速度，但会占用部分 DRAM 存储空间。若该段的属性为"禁止"，则该存储空间不再被映射。8086 系统中这里不被投影，存放的是基本输入/输出系统 BIOS。

思考题与练习题

1) 计算机中存储器的层次结构是怎样的？
2) 从存取方式角度半导体只读存储器包含哪些类型？
3) 常用的 DRAM 有哪些？各有什么特点？
4) 作为内存的半导体存储器主要的性能指标有哪些？
5) 内存系统中片选的控制方案有哪几种？
6) 存储器扩展有哪几种方式？
7) 为什么 BIOS 数据不放在系统 BIOS 区域？
8) 下列芯片的地址线和数据线各多少位？

① 512 K×8 位

② 64 K×4 位

③ 512 K×1 位

④ 8 K×2 位

9）用下面的存储芯片构成 64 KB 容量的存储体，各需要多少个芯片？每个芯片需要多少地址线？整个系统需要多少地址线？

①Intel 2114（1 K×4 位）

②Intel 2113（16 K×1 位）

③Intel 2128（2 K×8 位）

④Intel 2164（64 K×1 位）

⑤Intel 3148（4 K×8 位）

10）用若干片 64 K×1 位芯片组成 64 K×8 位存储体，地址线 16 根，请给出设计图。

11）用 74LS138 和若干片 4 K×8 位芯片组成 32 K×8 位存储体，地址线 16 根，请给出设计图。

12）要设计一个具有 15 位地址和 8 位数据的存储体。

①该存储体能存储多少字节的信息？

②如果用 8 K×4 位的芯片组成，需要多少芯片，需要多少位地址做芯片选择？

③如果用 2 K×1 位的芯片组成，需要多少芯片，需要多少位地址做芯片选择？

13）用 74LS138 和若干片 16 K×4 位芯片组成 32 K×8 位存储体，地址线 16 根，请给出设计图。

14）请利用 62512（64 K×8 位 SRAM）和 27128（16 K×8 位的 EPROM）芯片设计 8086 系统在最小工作方式下的存储系统。要求 RAM 区域从地址 0A0000H 开始，容量是 64 K×16 位，可进行字的访问和字节的访问；ROM 区域从地址 20000H 开始，容量是 16 K×16 位，只能进行字的访问。采用 74LS138 译码。

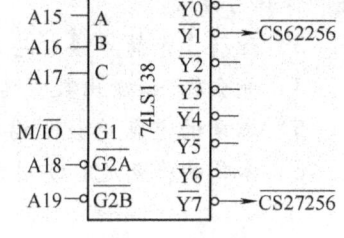

图 4-17　习题 15

15）某系统有 20 位地址线，其存储系统用一片 27256（32 K×8 位 EPROM）和一片 62256（32 K×8 位 RAM）组成，如图 4-17 所示是其译码电路，请给出该系统中 ROM 和 RAM 的地址范围。

第五章 输入/输出与接口技术

学习目标：

微处理器与外部世界（外设）之间需要进行信息的交换，这需要输入/输出系统进行有效的工作。本章主要介绍输入/输出的基本原理。通过本章的学习，学生要熟悉计算机与外部设备之间是如何进行连接和信息传输的，包括8086小系统基本电路的连接、地址译码技术以及数据传送的控制方法。

建议学时： 6学时

教师导读：

在学习本章时，应注意如下几点：

1) 要弄清楚在外设和CPU之间增加接口的目的，了解接口的基本功能和基本组成。
2) 了解端口的概念以及端口地址的形成；领会I/O端口的编制方式；会用I/O端口地址的译码方法。
3) 理解3个简单接口芯片的功能和作用，能在8086系统中进行简单应用。
4) 领会输入/输出数据传送的控制方式；对程序控制的传送方式要能简单应用。
5) 本章的重点是I/O端口编址、输入/输出数据传送的控制方式。
6) 本章的难点是I/O端口地址译码、程序控制的传送方式、8086小系统接口电路设计。

第一节 I/O接口概述

一、接口的概念和种类

微机系统的硬件结构主要由CPU、存储器、I/O设备和接口电路几大部分组成。其中，CPU是微机系统中运算与控制的中心；接口就是CPU与"外部世界"的连接电路，是CPU与外界进行信息交换的中转站。这里所说的"外部世界"，是指除CPU本身以外的所有设备或电路。

如图5-1所示，接口是CPU与内存及CPU与外部设备之间通过总线进行连接的逻辑部件（电路），前者称为存储器接口，后者称为I/O接口。选用不同的外部设备（简称外设，也称I/O设备），配置相应的接口电路，可以构成不同用途的应用系统。上一章讨论了存储器接口，本章主要讨论I/O接口。

外部设备是微机系统的重要组成

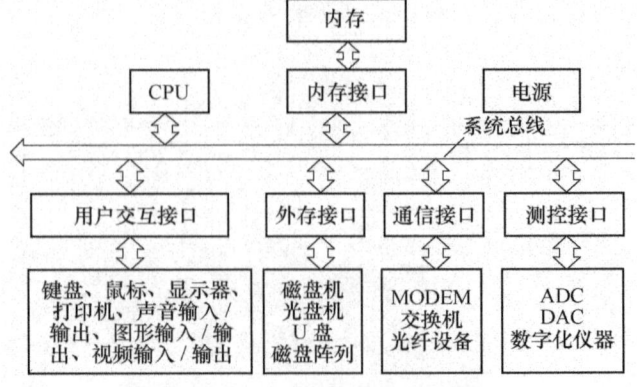

图5-1 微机应用系统接口示意图

部分。首先，任何计算机必须有一条接收程序和数据的通道，才能接收外界的信息来进行处理，这就必须有输入设备，如键盘、操纵杆、鼠标器、光笔、触摸屏和扫描仪等；而处理的结果还必须送给要求进行信息处理的人或设备，才能为人或设备所利用，这就必须有输出设备，如 CRT 显示终端、LCD 显示器、打印机和绘图仪等。为了将计算机应用于数据采集、参数检测和实时控制等领域，必须向计算机输入反映测控对象的状态和变化的信息，经过中央处理器处理后，再向控制对象输出控制信息。这些输入信息和输出信息的表现形式是千差万别、千姿百态的，可能是开关量或数字量，更可能是各种不同性质的模拟量，如温度、湿度、压力、流量、长度、刚度和浓度等，因此需要把各种传感器和执行机构与微处理器或微机连接起来。所有这些设备统称为外部设备或输入/输出设备（I/O 设备）。

I/O 设备一般不和微机内部直接相连，而是必须通过 I/O 接口与微机内部进行信息交换。

首先，微机和 I/O 设备两者的信息类型和格式可能不一样。外设种类繁多，信号类型十分复杂，它既可以是机械式的、电动式的或电子式的，也可以是其他形式的；所使用的信号可以是数字量或模拟量，也可以是开关量；即使是数字量，也可能与微机在信号线的功能定义、逻辑定义上都不一致；必须通过 I/O 接口实现微机与外部设备的隔离和信号转换。

其次，微机和 I/O 设备信号传输处理的速度往往不匹配，信号时序有很大差别，必须通过 I/O 接口来进行缓冲和协调。

再次，随着计算机技术的发展，I/O 设备的种类日益丰富，一台多媒体微机可能要配置数十个 I/O 设备，若不通过接口，而由 CPU 直接对 I/O 设备的操作实施控制，就会使 CPU 一直忙于与外设打交道，大大降低 CPU 的效率。

最后，若 I/O 设备直接由 CPU 控制，也会使外设的硬件结构依赖于 CPU，对外设本身的发展不利。I/O 接口的引入，使得 CPU 对 I/O 设备的操作转化为对 I/O 接口的操作。

可见，I/O 接口是微机与外部设备之间进行信息交换的中转站，是任何微机应用系统必不可少的重要组成部分。例如，各种型号的 PC（从 PC/XT 到 PC/AT，从 80386/80486 系统到 Pentium 系统再到 Pentium Ⅱ、Pentium Ⅲ 及 Pentium 4、酷睿系统）都提供了 5 个以上的 I/O 扩展插槽，目的就是用于插入连接 I/O 设备的接口电路板。

接口技术是把由处理器、存储器等组成的基本系统与外部设备连接起来，从而实现计算机与外部设备通信的一门技术。处理器通过总线与接口电路连接，接口电路再与外部设备连接，因此 CPU 总是通过接口与外部设备发生联系。微机的应用是随着外部设备的不断更新和接口技术的发展而深入到各个领域的，因此接口技术是组成任何实用微机系统的关键技术，任何微机应用开发工作都离不开接口的设计、选用和连接。实际上，任何一个微机应用系统的研制和设计，主要是针对微机接口的，需要设计的硬件是一些接口电路，所要编写的软件是控制这些电路按要求工作的驱动程序。因此，微机接口技术是一种用软件和硬件综合来完成某一特定任务的技术，掌握微机接口技术已成为当代科技和工程技术人员应用微机必不可少的基本技能。

二、I/O 接口的基本功能

CPU 与 I/O 设备之间的接口应具有以下基本功能：

1）作为微机与 I/O 设备传递数据的缓冲。在接口电路中一般设置一个或几个数据缓冲寄存器，以补偿各设备的速度差，起到速度匹配的作用。

2) 正确寻址与微机交换数据的 I/O 设备。在微机系统中一般有多种 I/O 设备，在同一种 I/O 设备中也可能有多台，而一个 CPU 在同一时间里只能与一台 I/O 设备交换信息，这就要在接口中对 I/O 设备进行寻址，选定需要与自己交换信息的设备。

3) 信号转换功能。由于 I/O 设备所需的控制信号和它所能提供的状态信号往往同微机的总线信号不兼容，不兼容性表现在两者的信号格式、逻辑关系、电平高低以及工作时序的不一致，因此信号转换（包括信号格式、CPU 的信号与 I/O 设备的信号的逻辑关系、时序配合以及电平匹配的转换），就成为接口设计中的一个重要任务。

4) 提供微机与 I/O 设备间交换数据所需的控制逻辑和状态信号。

总之，I/O 接口的功能就是完成数据、地址和控制三总线的转换和连接任务。

三、I/O 接口的组成

I/O 接口的功能实现既需要硬件的支撑，也需要软件的驱动。I/O 接口实际上是微机与 I/O 设备间的硬件连接和软件控制的总称。接口中硬件和软件分别称为接口硬件和接口软件。

1. 接口硬件

接口电路现在通常做在一块大规模或超大规模集成电路芯片上，因而常称为接口芯片。当然，有时也根据需要而用中、小规模集成电路做成。不同功能的接口电路，其结构虽各有不同，但都是由寄存器和控制逻辑两大部分组成，每部分又都包含几个基本组成部分，如图 5-2 所示。

（1）数据缓冲寄存器

缓冲寄存器有时也简称缓存器，它分为输入缓存器和输出缓存器两种。前者的作用是将外设送来的数据暂时存放，以便处理器将它取走；后者的作用是用来暂时存放处理器送往外设的数据。有了数据缓存器，就可以在高速工作的 CPU 与慢速工作的外设之间起协调和缓冲作用，实现数据传送的同步。由于输入缓存器的输出是接在数据总线上的，因此它必须有三态输出功能。

（2）控制寄存器

控制寄存器用于存放处理器发来的控制命令和其他信息，以确定接口电路的工作方式和功能。由于现在的接口芯片大都具有可编程的特点，即可通过编程来选择或改变其工作方式和功能，这样，一个接口芯片就相当于具有多种不同的工作方式和功能，因此使用起来十分灵活和方便。控制寄存器是写寄存器，其内容只能由处理器写入，而不能读出。

（3）状态寄存器

状态寄存器用于保存外设现行各种状态信息。它的内容可以被处

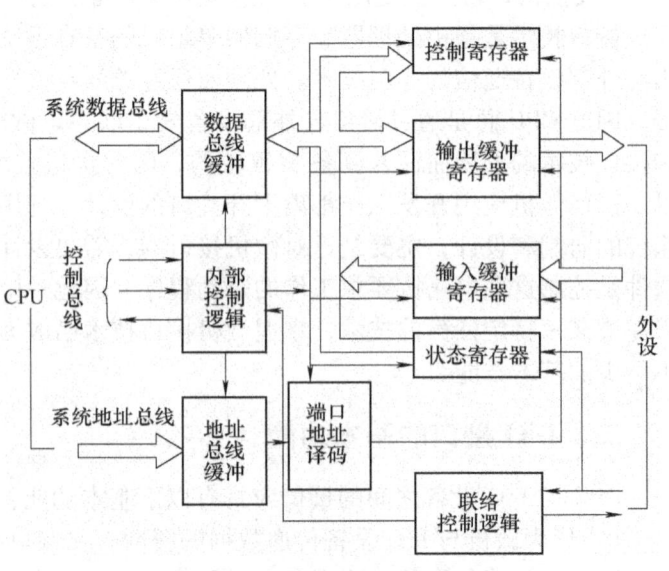

图 5-2 接口电路基本结构框图

理器读出，从而使处理器了解外设状况及数据传送过程中正在发生或最近已经发生的事情，供处理器作出正确的判断，使它能安全可靠地与接口完成交换数据的各种操作。特别当 CPU 以程序查询方式同外设交换数据时，状态寄存器更是必不可少的。CPU 通过查询外设的忙与闲、良好与故障及就绪与不就绪等状态，才能正确地与之交换信息。

以上 3 种寄存器是接口电路中的核心部分。为了保证在处理器和外设之间通过接口正确传送数据，接口电路还必须包括下面几种控制逻辑电路。

（4）数据总线和地址总线缓冲器

数据总线和地址总线缓冲器用于实现接口芯片内部总线和处理器外部总线的连接。如接口的数据总线可直接和系统数据总线相连接，接口的端口选择端根据 I/O 寻址方式的要求与地址总线恰当连接。

（5）端口地址译码器

端口地址译码器用于正确选择接口电路内部各端口寄存器的地址，保证一个端口寄存器唯一地对应一个端口地址码，以便处理器正确无误地与指定外设交换信息，完成规定的 I/O 操作。

（6）内部控制逻辑

内部控制逻辑用于产生一些接口电路内部的控制信号，实现系统控制总线与内部控制信号之间的变换。通常在内部控制逻辑的输入端有一个片选信号（$\overline{CS}$），只有当片选信号有效（低电平），该接口芯片才能和 CPU 之间通过系统总线进行数据交换。

（7）对外联络控制逻辑

对外联络控制逻辑用于产生与接收 CPU 和外设之间数据传送的同步信号。这些联络握手信号包括微处理器一侧的中断请求和响应、总线请求和响应以及外设一侧的准备就绪和选通等控制与应答信号。

当然，并非所有接口都具备上述全部组成部分。但一般说来，数据缓冲寄存器、端口地址译码器和输入/输出操作控制逻辑是接口电路中的核心部分，任何接口都不可少。其他部分保证在处理器和外设之间通过接口正确传送数据，至于是否需要，则取决于接口功能的复杂程度和 CPU 与外设之间的数据传送方式。

2. 接口软件

接口软件又称为设备驱动程序。从实现接口的功能来看，一个完整的设备驱动程序大约包括如下一些程序段。

（1）初始化程序段

对可编程接口芯片（或控制芯片）都需要通过其方式命令或初始化命令设置工作方式及初始条件，这是驱动程序中的基本部分。

（2）传送方式处理程序段

对 I/O 设备的处理，一般都涉及输入/输出数据传送，针对 CPU 与 I/O 设备不同的数据传送方式，要有不同的处理程序段。

（3）主控程序段

主控程序段即完成接口任务的程序段，如数据采集的程序段，包括发转换启动信号、查转换结束信号、读数据、计算以及保存结果等内容。

（4）程序终止与退出程序段

程序终止与退出程序段包括程序结束退出前对接口电路中硬件的保护程序段，以及对操作系统中数据的恢复程序等。

（5）辅助程序段

该程序段主要解决人机对话等内容。

以上这些程序段是相互依存、统为一体的，只是为了分析一个完整的设备接口程序而划分成几个部分。

第二节　I/O 端口编址

一、I/O 端口与 I/O 端口地址

CPU 要和 I/O 设备进行数据传送，在接口中就必须有一些寄存器或特定的硬件电路供 CPU 直接存取访问，这就是 I/O 端口。这些端口可以是输入端口，也可以是输出端口，还可以是双向端口。为了区分不同的 I/O 端口，也必须像存储器一样给它们编号，形成 I/O 端口的地址。实际上，I/O 端口地址由两部分组成，一部分是地址线的高位，它们通过地址译码电路，形成片选信号（通常是$\overline{CS}$），用于选择接口电路，该地址也作为接口电路的基地址；而地址的低位进到接口芯片中作为端口号，通过芯片内部的端口地址译码器和相关控制逻辑，选定接口中的某端口。接口基地址加上端口号，最终形成 I/O 端口地址。比如 8086 微机中，地址高位通过系统地址译码，并行接口芯片 8255 的接口基地址为 60H，地址低位的 A1、A0 进入 8255 芯片中形成 4 个端口号 0~3，因此，8255 的 4 个端口地址为 60H、61H、62H、63H。

CPU 通过这些地址向接口电路中的寄存器发送命令、读取状态和传送数据。因此一个接口可以有多个端口，如上述接口中必须有的控制寄存器、数据缓冲寄存器和状态寄存器等都是端口，分别称为命令端口、数据端口和状态端口，简称命令口、数据口和状态口。在接口电路中，一般一个端口对应一个寄存器；也可以一个端口对应多个寄存器，此时由内部控制逻辑根据程序指定的 I/O 端口地址和数据标志位、读写信号甚至时序选择不同的寄存器进行读/写等操作。因此，CPU 在访问这些寄存器时，只需指明它们的端口地址，不需指出是什么寄存器。在输入/输出程序中，也只看到端口，而看不到相应的具体寄存器。也就是说，访问端口就是访问接口电路中的寄存器。端口寄存器或部分端口线与 I/O 设备直接相连，完成数据、状态及控制信息的交换。这样，I/O 操作实质上转化为对 I/O 端口的操作，即 CPU 所访问的是与 I/O 设备相关的端口，而不是 I/O 设备本身。

二、I/O 端口编址方式

对 I/O 端口的访问，取决于 I/O 端口的编址方式，即 I/O 编址。常用的编址方式主要有 I/O 端口与存储器统一编址和 I/O 端口与存储器分开独立编址。

1. I/O 统一编址

这种编址的出发点是把每一个端口视为一个存储器单元，并赋予相应的存储器地址，CPU 访问端口，如同访问存储器（只是地址值不同），所有访问内存的指令同样适于 I/O 端口。由于端口地址被映像到存储空间作为存储空间的一部分，因此这种编址方法称为"存

储器映像编址"。Motorola 系列、Apple 系列、MIPS 系列和一些小型机采用这种方式。

I/O 统一编址的主要优点：一是对 I/O 接口的操作与对存储器的操作完全相同，任何存储器操作指令都可用来操作 I/O 接口，而不必使用专用的 I/O 指令。系统中存储器操作指令是丰富多彩的，这可大大增强系统的 I/O 功能，使访问外设端口的操作方便、灵活，不仅可对端口进行数据传送，还可对端口内容进行移位和算术逻辑运算等。二是可以使外设数目或 I/O 寄存器数目只受总存储容量的限制，从而大大增加系统的吞吐率，这在某些大型控制或数据通信系统等特殊场合是很有用的。三是使微机系统的读/写控制逻辑较简单，因为它同样只需要和存储器读/写控制一样的 $\overline{IOR}$、$\overline{IOR}$ 信号来实现。

I/O 统一编址的主要缺点：一是占用了存储器的一部分地址空间，使可用的内存空间减少，比如在 8086 系统中，一共 20 位地址线，地址空间有 1 MB，地址范围为 00000H ~ 0FFFFFH，如果将 0F0000H ~ 0FFFFFH 这最高处的 64 K 作为 I/O 空间，则存储器的地址范围就只能是 00000H ~ 0EFFFFH，也就是存储器只有 960 KB 容量；二是访问内存的指令一般较长，执行速度较慢；三是为了识别一个 I/O 端口，必须对全部地址线译码，这样不仅增加了地址译码电路的复杂性，而且使执行外设寻址的操作时间相对增长。

2. I/O 独立编址

这种编址方式是将 I/O 端口单独编址而不和存储空间合在一起，即两者的地址空间是互相独立的，I/O 结构不会影响存储器的地址空间。大型计算机一般采用这种方式，有些微机，如 Intel 公司和早期的 Zilog 公司生产的微处理机，如 Z80 系列、x86 系列等主要采用这种 I/O 编址方式。处理器对 I/O 端口和存储单元的不同寻址是通过不同的读/写控制信号 IOR#、IOW# 和 MEMR#、MEMW# 来实现的。采用这种编址方式，CPU 访问 I/O 端口必须采用专用 I/O 指令，所以也叫专用 I/O 指令方式。

I/O 独立编址的优点：I/O 端口地址不占用存储器地址空间，或者说存储器全部地址空间都不受 I/O 寻址的影响。由于系统需要的 I/O 端口寄存器一般比存储器单元要少得多，比如设置 256 ~ 1024 个端口对一般微机系统已绰绰有余，因此选择 I/O 端口只需用 8 ~ 10 根地址线即可。由于 I/O 地址线较少，因此 I/O 端口地址译码较简单，寻址速度较快。使用专用 I/O 指令和真正的存储器访问指令有明显区别，可使程序编制得清晰，便于理解和检查。

I/O 独立编址的缺点：专用 I/O 指令类型少，远不如存储器访问指令丰富，使程序设计灵活性较差；且使用 I/O 指令一般只能在累加器和 I/O 端口间交换信息，处理能力不如存储器映像方式强；尤其是要求处理器能提供存储器读/写及 I/O 端口读/写两组控制信号，这不仅增加了控制逻辑的复杂性，而且对于引脚线本来就紧张的 CPU 芯片来说不能不说是一个负担。最小模式下的 8088 要用 IO/$\overline{M}$ 引脚来区分两组控制信号；最大模式下的 8088 为和协处理器连接，引脚更为紧张，只有输出 $\overline{S2}$、$\overline{S1}$ 及 $\overline{S3}$ 这 3 个总线周期状态信号，由 8288 总线控制器译码后再生成存储器读/写和 I/O 设备读/写两组控制信号了。

三、I/O 端口地址译码方法

CPU 和外部设备的数据交换实质上是通过对接口电路中的端口寄存器的读/写来完成的，这就必须使用地址总线上的地址信号和必要的控制信号实现对端口寄存器的开关控制，这就是 I/O 端口地址译码。

I/O 端口地址译码的方法灵活多样，可按地址和控制信号不同的组合进行译码。一般原则是把地址线分为两部分：一部分是高位地址线与 CPU 的控制信号进行组合，经译码电路产生 I/O 接口芯片的片选 $\overline{CS}$ 信号，实现系统中的片间寻址；另一部分是低位地址线不参加译码，直接连到 I/O 接口芯片，进行 I/O 接口芯片的片内端口寻址，即寄存器寻址。因此，低位地址线又称接口电路中的寄存器寻址线。通常低位地址线的根数决定于接口中寄存器的个数。但对于中断控制器 8259A 这样的芯片，内部的寄存器数目接近 10 个，CPU 却可以只用一根地址线 A0 进行寻址，这是因为 8259A 内部的寄存器一部分是和外部设备打交道的，剩余的与 CPU 打交道的寄存器可以通过 CPU 由数据线送来的控制字标志经内部控制逻辑解释，结合地址总线缓冲器中的低位地址完成寄存器的选择。因而，8259A 内的寄存器数目从 CPU 角度来看，等效于两个。从接口卡的设计上来看，低位地址线的根数就是所使用芯片上除片选信号 $\overline{CS}$ 外应当与地址线相连的引脚个数。

当设计某种用途的接口卡时，需为其分配一个至数个 I/O 端口地址。首先应当参照根据随机资料或用检测软件查清所用微机的 I/O 地址分配后，选取可使用的端口地址。如能确定选用这些端口地址，现在和将来都肯定不会和其他器件冲突，则可用简单的固定端口地址译码法。使用固定端口地址译码法设计的接口卡中用到的接口地址不能更改。编写该卡的驱动程序时，一定要按该卡固定的接口地址编写。

例如，产生 300～307H 这 8 个端口的地址译码信号，可以采用如图 5-3 所示的端口固定地址译码电路。

图中 74LS138 是一个 3～8 译码器，在它被使能的情况下，根据输入端 A、B 和 C 的不同组合，输出端中只有一个输出脚有效（低电平）。G1、$\overline{G2A}$ 和 $\overline{G2B}$ 是 74LS138 的使能端，只有当这 3 个输入脚有效的时候（G1 = 1，$\overline{G2A} = \overline{G2B} = 0$），输出才有效，否则所有输出都为 1（无效）。$\overline{G2B}$ 是有关 DMA 控制逻辑送到 I/O 槽上的信号，在 DMA 传送时，DMA 操作地址和 I/O 端口地址有可能相冲突。$\overline{G2B}$ 参加译码后，在 DMA 操作周期 $\overline{G2B}$ 为高，封锁了 74LS138 的译码输出，这样不管地址信号为何值，74LS138 的输出全为 "1"，使译码无效。非 DMA 周期，$\overline{G2B}$ = "0"，允许根据其他条件译码输出。

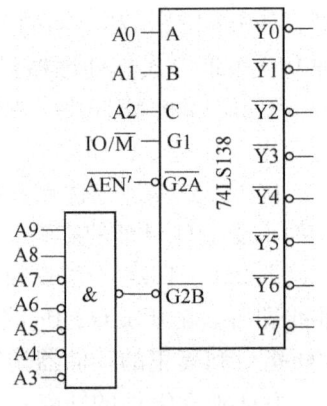

图 5-3　I/O 端口固定地址译码电路

因为 I/O 槽上的地址线是主板上总线的延伸，所以对存储器操作的地址信号也会送到 I/O 槽上，这样对主存 00300H 存储单元进行读/写时，也会同时选中 300H 端口，从而产生冲突。因此，可以用译码输出作为选端口信号，用 I/O 读/写控制信号进行读/写控制。本例参照 8088 时序，使用 IO/$\overline{M}$ 信号作为译码器的使能信号。当对主存操作时，由于 IO/$\overline{M}$ 为低电平，无效，所以不能对 I/O 端口进行读或写操作。

四、8088 系列 PC 的 I/O 编址方式和端口地址分配

1. 8088 系列 PC 的 I/O 编址方式

早期 PC 采用的 8088 为微处理器。PC 的 I/O 编址方式为独立编址方式，访问 I/O 端口必须有相应的 I/O 指令（IN，OUT）。此时，I/O 地址空间与存储器地址空间各自独立，地址可以重叠。对存储器和对 I/O 端口的访问，从软件上可以根据使用的指令不同进行区分，

从硬件上则通过处理器的地址线进行区分。在 8088 处理器的控制总线中有一根（存储器输入/输出控制线，注意在 8086 以及后续的 IA-32 和 Intel 64 处理器中是 M/$\overline{\text{IO}}$），当 IO/$\overline{\text{M}}$ 为 0 时，地址总线上的地址对存储器寻址，当 IO/$\overline{\text{M}}$ 为 1 时，地址总线上的地址对 I/O 端口进行寻址。这样，可以将 IO/$\overline{\text{M}}$ 线接到存储器芯片和 I/O 端口地址译码器的使能端，控制对存储器和 I/O 端口分别寻址。

2. 8088 系列 PC 的 I/O 地址空间

8088 系列 PC，如，PC/XT 尽管具有 64 K 字节的独立 I/O 寻址空间，但往往只使用其中的 1 KB（2^{10}）I/O 空间，只用 10 根 I/O 地址线寻址。因此，8088 系列 PC 的 I/O 地址空间由 1 K 个可独立编址的 8 位端口组成。任意两个连续的 8 位端口可作为 16 位端口处理。所以，8088 系列 PC 的 I/O 地址空间最多能提供 1 K 个 8 位端口或 512 个 16 位端口。

在此需要说明的是，这 10 条 I/O 地址线并非专设，而是借用 CPU 访问存储器的 10 条低位地址线（A9~A0）。当它们送到端口地址译码电路以译出指向接口电路的片选信号时，应在端口地址译码电路上同时加两种信号来限定：一种是 IN 或 OUT 指令所产生的 $\overline{\text{IOR}}$ 或 $\overline{\text{IOW}}$，另一种是表示 DMA 正在操作的 AEN 之反向信号。

3. 8088 系列 PC 的端口地址译码和端口地址分配

Intel 系列 PC 的 I/O 地址线有 16 根，但 8088 系列 PC 只用了低 10 位地址线 A9~A0，故其 I/O 端口地址范围是 0000H~03FFH，总共只有 1024 个端口。其中，前 256 个端口（0000H~00FFH）供系统板上的 I/O 接口芯片使用，如表 5-1 所示；后 768 个端口（0100H~03FFH）供扩展槽上的 I/O 接口控制卡或主机板上的 I/O 接口电路使用（例如，许多机器的硬盘接口是做在主机板上的），如表 5-2 所示。

表 5-1 PC 系统板上接口芯片的端口地址

I/O 芯片名称	地 址 范 围	I/O 芯片名称	地 址 范 围
DMAC1	0000~001FH	定时器	0040~005FH
DMAC2	00C0~00DFH	并行接口芯片（键盘接口）	0060~006FH
DMA 页面寄存器	0080~009FH	RT/CMOS RAM	0070~007FH
中断控制器 1	0020~003FH	协处理器	00F0~00FFH
中断控制器 2	00A0~00BFH		

表 5-2 PC I/O 通道端口地址

I/O 接口名称	地 址 范 围	I/O 接口名称	地 址 范 围
游戏控制卡	0200~020FH	同步通信卡 1	03A0~03AF
并行控制卡 1	0370~037FH	同步通信卡 2	0380~038FH
并行控制卡 2	0270~027FH	单显 MDA	03B0~03BFH
串行口控制卡 1	03F8~03FFH	彩显 CGA	03D0~03DFH
串行口控制卡 2	02F8~02FFH	彩显 EGA/VGA	03C0~03CFH
原型插件板（用户可用）	0300~031FH	软驱控制卡	03F0~03FFH
		硬驱控制卡	01F0~01FFH
		PC 网卡	0360~036FH

图 5-4 给出了 8088 系列 PC 的部分端口地址译码电路。根据 74LS138 译码器的真值表和图 5-4 的信号输入，不难看到，$\overline{\text{INTRCS}}$ 的地址范围是 0020H~003FH，这和表 5-1 中中断控制器 1 的地址范围是吻合的。

在表 5-1 中分配给每个接口芯片的 I/O 端口地址，在实际使用中，并未全部用完。例如，中断控制器 8259A 只使用了前面 2 个端口地址，20H、21H（主片）和 A0H、A1H（从片）。定时/计数器芯片 8254，只使用了前面 4 个端口地址，40H ~ 43H。使用端口地址最多的 DMA 控制器芯片 8237A，也只用了前面的 16 个地址（00 ~ 0FH）。从表 5-2 中可以看到，允许用户使用的端口地址是 300 ~ 31FH。这一段地址是留给用户在开发 IBMPC 系列机功能模块（插板）时使用的端口地址，系统不会占用它。

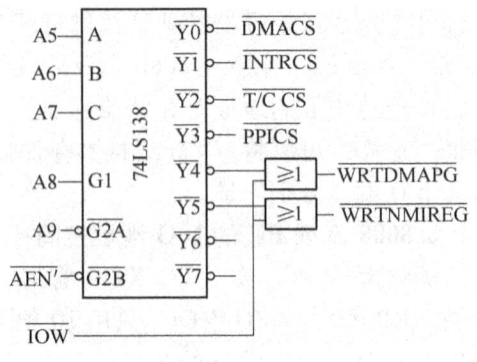

图 5-4　8088 系列 PC 部分 I/O 端口地址译码

第三节　8086 小系统简单接口电路

一、I/O 接口电路的分类

随着大规模集成电路技术的迅速发展，计算机系统中 CPU 与外设之间的接口电路已由早期的中、小规模集成电路芯片组成的电路板发展为以大规模集成电路芯片为主的接口芯片，计算机输入/输出的接口芯片种类极多，功能各异，但大致可按功能选择的灵活性和接口的通用性来分类。

1. 按功能选择的灵活性分

（1）不可编程接口芯片

这种接口芯片内部接口电路比较简单，接口功能单一，工作方式基本固定，但这类芯片使用方便。后续内容中将要介绍的数据锁存器 74LS373、数据缓冲器 74LS244 和数据收发器 74LS245 等都属于这一类接口芯片。

（2）可编程接口芯片

这种接口芯片内部的接口电路复杂，但接口功能强。通常这种芯片具有多种工作方式，可以在不改变硬件连接的情况下，根据不同的应用通过软件编程来设置芯片的初始状态、选择芯片的工作方式及接口功能，具有很好的灵活性和通用性。这一类芯片包括 Intel 公司的 8250、8251、8253/8254、8255、8237 和 8259 等。此外还有为一些复杂外设配备的可编程专用控制芯片，如点阵式打印机控制器 8295、键盘/显示器控制器 8279、CRT 显示器控制器 8275 和 6847 等。

2. 按接口的通用性分

（1）通用接口芯片

这一类接口芯片具有接口功能强，通用性好的特点，适应各种不同外设的需要的特点，可应用于不同的并行外设、串行外设的接口以及作为定时和计数之用。上述的 8250、8251、8253/8254、8255、8237 和 8259 等可编程接口芯片都属于通用接口芯片。

（2）专用接口芯片

在构成计算机系统和计算机应用系统中，配置键盘、显示器、打印机和磁盘驱动器等复杂外设常常是必不可缺的，如果采用通用接口芯片实现对这些复杂外设的正确控制往往要增加其他芯片，并会带来连接的复杂性，加重 CPU 的负担，为此 Intel 等公司为这些常用的复杂外设开发生产了大量可编程的专用接口芯片，如 8295、8279 和 8275 以及 6847 等，这些专用接口芯片的使用，为计算机系统和计算机应用系统中 CPU 与外设的接口提供了极大的方便。

二、3 种简单的 I/O 接口芯片

在接口电路设计中，即使是最简单的输入和输出，也需要对数据进行放大、隔离和锁存等，采用最多的接口芯片包括锁存器、缓冲器和数据收发器。

1. 74LS373 锁存器

锁存器（Latch）是一种对脉冲电平敏感的存储单元电路，它们可以在特定输入脉冲电平作用下改变状态。锁存，就是把信号暂存以维持某种电平状态。锁存器的最主要作用是缓存，其次是完成高速控制器与慢速外设的不同步问题，再次是解决驱动的问题。

74LS373 是一个常用的 8 位锁存器，具有三态驱动输出。如图 5-5 所示是 74LS373 的内部逻辑电路，如图 5-6 所示是 LS373 的外部引脚图。

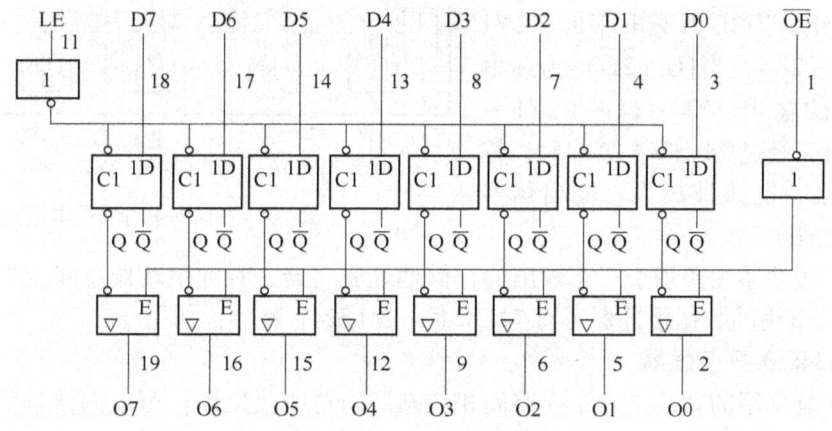

图 5-5　74LS373 内部逻辑电路

74LS373 由 8 个 D 触发器组成，具有 8 个输入信号 D7～D0，8 个输出信号 O7～O0，另外还有一个锁存使能端 LE 和输出允许端 $\overline{OE}$。当 LE 有效时，D7～D0 的数据被锁存到锁存器中的 D 触发器中；当 $\overline{OE}$ 有效时，锁存的数据从输出端 O 输出。

具体说，当锁存使能端 LE 为高电平时，如果输出允许端 $\overline{OE}$ 为低电平，则输出 O = 输入 D。

当锁存使能端 LE 由高电平转到低电平之后，如果输出允许端 $\overline{OE}$ 为低电平，则无论输入 D 再作何变化，输出 O 始终保持 LE 在高电平时候的输出，即 LE 的下降沿将 LE 为高电平时输入 D 的值锁存。

当输出允许端 $\overline{OE}$ 为低电平，无论锁存使能端 LE 和输入 D 如何变化，输出 O 都保持高阻状态。

74LS373 常用于锁存地址、数据信息等。常用的锁

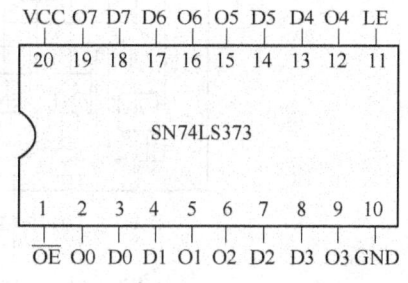

图 5-6　LS373 外部引脚图

存器还有 74LS273、573、Intel 8282 和 8283 等。

由于 8086 采用的是地址数据复用线 AD，因此在总线周期 T_1 阶段就需要通过锁存信号，将地址信息锁存到锁存器中，以便于后面的时序 AD 线上传送数据的时候，仍然能够通过锁存器继续提供地址信息。

2. 74LS244 缓冲器

缓冲器（Buffer）指的是缓冲寄存器，它分输入缓冲器和输出缓冲器两种。前者的作用是将外设送来的数据暂时存放，以便处理器将它取走；后者的作用是用来暂时存放处理器送往外设的数据。有了缓冲器，就可以使高速工作的 CPU 与慢速工作的外设起协调和缓冲作用，实现数据传送的同步。由于缓冲器接在数据总线上，故必须具有三态输出功能。

74LS244 是一个具有三态输出的 8 缓冲器和线驱动器，它的内部逻辑电路如图 5-7 所示。

74LS244 有 8 个输入端，分为两组，1A1～1A4，2A1～2A4；8 个输出端也分为两组，1Y1～1Y4，2Y1～2Y4。另外有两个控制端 $\overline{1G}$ 和 $\overline{2G}$。$\overline{1G}$ 控制第一组，当 $\overline{1G}$ 为低电平时，1Y1～1Y4 = 1A1～1A4；$\overline{2G}$ 控制第一组，当 $\overline{2G}$ 为低电平时，2Y1～2Y4 = 2A1～2A4。当 $\overline{1G}$（$\overline{2G}$）为高电平时，相应的输出 1Y1～1Y4（2Y1～2Y4）为高阻。经过 74LS244 缓冲后，输入信号被驱动，电流被放大，输出信号的驱动能力增强。

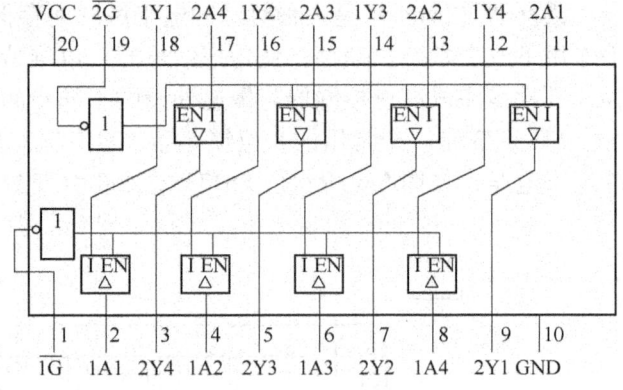

图 5-7　74LS244 内部逻辑电路

74LS244 缓冲器主要用于三态输出的存储地址驱动器、时钟驱动器总线定向接收器和定向发送器等。常用的数据缓冲器还有 74LS240、74LS241 等。

3. 74LS245 数据收发器

74LS245 是常用的芯片，它是 8 路同相三态双向总线收发器，可双向传输数据，用来驱动 LED 或者其他的设备，它的内部逻辑电路如图 5-8 所示。

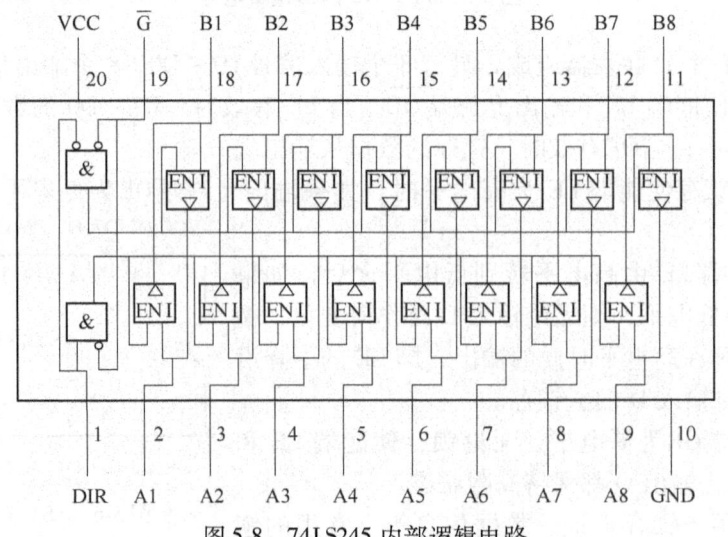

图 5-8　74LS245 内部逻辑电路

74LS245 有两组 8 位的输入/输出数据端：A1～A8 和 B1～B8，一个使能端 $\overline{G}$ 和一个方向控制端 DIR。

当使能端 $\overline{G}$ 为低电平时，如果 DIR 是低电平，则 B 是输入端，A 是输出端，数据流向是 B→A；如果 DIR 是高电平，则 A 是输入端，B 是输出端，数据流向是 A→B。

当使能端 $\overline{G}$ 为高电平时，A 和 B 断开。

三、8086 与 3 个简单 I/O 接口芯片的应用举例

1. 同 74LS373 组成 LED 输出接口

如图 5-9 所示是采用 74LS373 的 LED 接口电路。

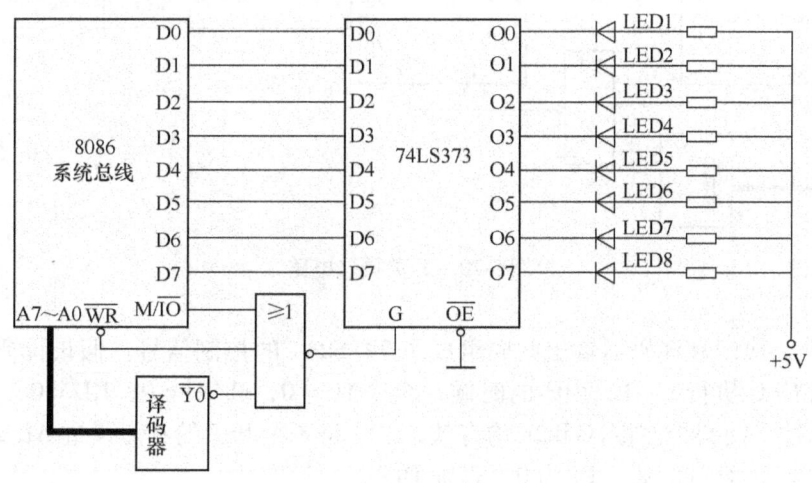

图 5-9 LED 接口电路

图 5-9 中，或非门和译码器输出共同组成了 74LS373 的使能控制信号。假设译码器的 $\overline{Y0}$ 的地址是 50H，则当 CPU 执行 OUT 50H, AL 的时候，会令 $\overline{Y0}=0$，M/$\overline{IO}=0$，$\overline{WR}=0$，经过或非门后，得到一个正脉冲，这使得使能端 LE 有效，并产生锁存作用，将 AL 的数据 D7～D0 锁存并从 O7～O0 输出来控制 LED 的亮或灭。从电路上看，当 Oi 输出低电平的时候 LED-i 会亮。

下面的程序每次亮一盏 LED 灯，每隔 1s 换一盏灯，首先点亮 LED0，然后是 LED1，以此类推，循环往复，显示 1h。

```
     MOV  CX, 3600
     MOV  AL, 11111110B        ;初始亮 LED0
LP:  OUT  50H, AL
     CALL DELAY1S              ;调用延迟 1s 的子程序
     ROL  AL, 1                ;循环左移一位
     LOOP LP
     MOV  AX, 4C00H
     INT  21H
```

2. 同 74LS244 组成开关输入接口

如图 5-10 所示是采用 74LS244 的开关接口电路。

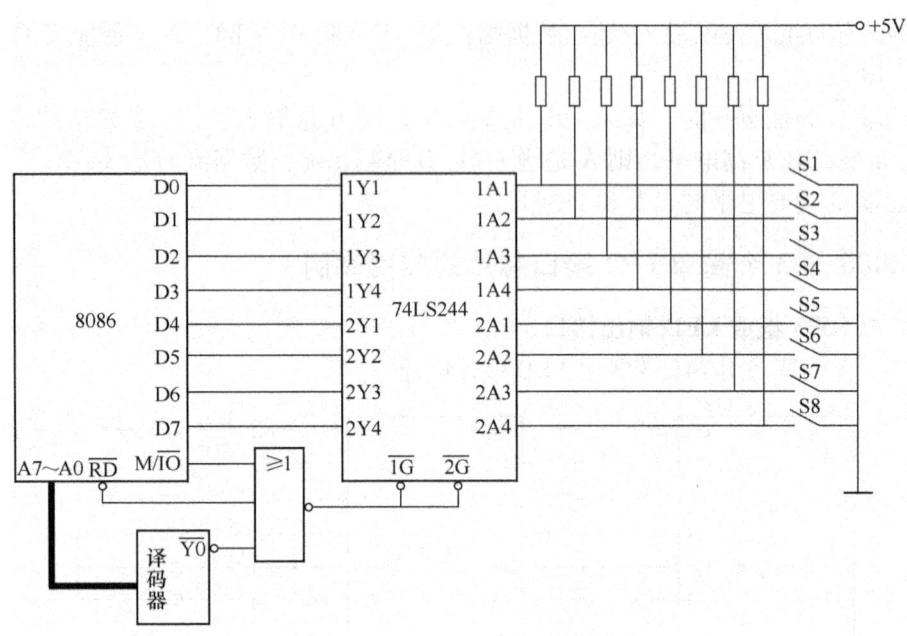

图 5-10 开关接口电路

图 5-10 中，或门和译码器输出共同组成了 74LS244 的控制信号。假设译码器 $\overline{Y0}$ 的地址是 70H，则当 CPU 执行 INAL，70H 的时候，会令 $\overline{Y0}=0$，$M/\overline{IO}=0$，$\overline{RD}=0$，经过或门后，得到一个负脉冲，使得控制端 $\overline{1G}$ 和 $\overline{2G}$ 均有效，CPU 将 8 个开关的状态读进 AL 寄存器，根据图 5-10，开关 Si 闭合的时候，Di 为 0，否则 Di 为 1。

下面的程序将开关状态读出后，作为一位十六进制数，并将其转换为 ASCII 码后输出的屏幕上。

```
        IN   AL, 70H
        CMP  AL, 9
        JBE  NEXT
        ADD  AL, 36H     ;将 A ~ F 转到 'A'~'F'
        JMP  PRN
NEXT:   ADD  AL, 30H     ;将 0 ~ 9 转到 '0'~'9'
PRN:    MOV  AH, 2
        MOV  DL, AL
        INT  21H
        ...
```

3. 双向数据线使用和复用总线的分离

8086 中，AD7 ~ AD0 是地址数据复用线，并且数据线是双向的，在使用的时候不仅要讲地址和数据分离出来，还要控制数据传送的方向。

如图 5-11 所示是采用 74LS373 和数据收发器 74LS245 组成的双向数据线使用和复用总线的分离的接口电路。

图 5-11 中，74LS373 在 ALE 信号的控制下，将 AD7 ~ AD0 线上的地址信号锁存，因此 74LS373 的输入是 AD7 ~ AD0，输出则是已经锁存的地址信息 A7 ~ A0。

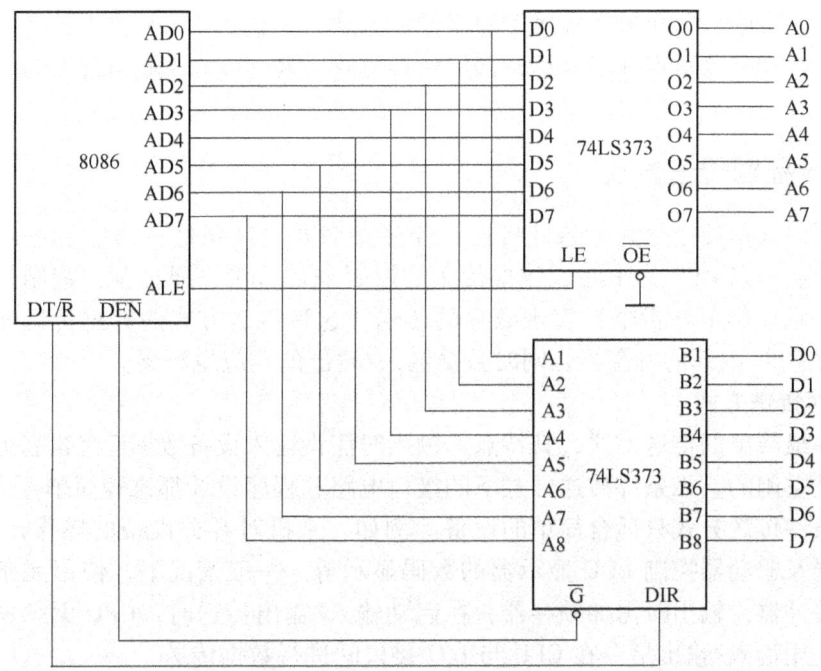

图 5-11 双向数据线使用和复用总线的分离

74LS245 则在 $\overline{DEN}$ 信号控制下传送 AD7～AD0 上的数据，因此 74LS245 输入是 AD7～AD0，输出则是双向数据信号 D7～D0，数据是输入还是输出由 DT/$\overline{R}$ 决定。

第四节　输入/输出数据传送的控制方式

一、概览

输入/输出是微机与外部设备之间的数据传送，实际上是 CPU 与接口之间的数据传送。由于外设的工作速度与 CPU 的速度之间存在差异，因此要想在 CPU 与外设之间正确传送数据，就需要两者之间进行很好的时序配合，比如 CPU 何时能执行 IN 指令从外设读取数据，以及 CPU 何时能执行 OUT 指令将数据写到外设，而这关系到 CPU 与外设之间采用何种数据传送方式。传送的方式不同，CPU 对外设的控制方式也不同，从而使接口电路的结构及功能也不同。

按照外设与 CPU 并行工作的程度，CPU 与外设之间传送数据的控制方式一般有以下几种。

1) 无条件传送方式。
2) 程序查询方式。
3) 中断传送方式。
4) 直接存储器存取方式（DMA）。
5) I/O 通道方式。
6) I/O 处理机方式。

在这 6 种方式中，前 3 种方式属于程序控制方式，它们与 DMA 方式是微机系统常用的数据传送方式，本节将重点加以介绍，最后两种方式主要用在大型机和服务器上，本节将不作介绍。

二、程序控制传送方式

程序控制的数据传送分为无条件传送、程序查询方式（条件传送）和中断传送。这类传送方式的特点：以 CPU 为中心，数据传送的控制来自 CPU，通过预先编制好的输入或输出程序（传送指令和 I/O 指令）实现数据的传送。这种传送方式的数据传送速度较低，传送路径要经过 CPU 内部的寄存器，同时数据输入/输出的响应也较慢。

1. 无条件传送方式

这是一种最简单的传送方式，其特点：输入时假设输入设备数据已经准备好，输出时假设输出设备是空闲的。无条件传送方式下的接口电路和程序设计都比较简单，应用场合也很少，通常无条件传送方式只适合简单的设备。例如，主机对开关设备的操作，以及 CPU 通过输出锁存器及驱动器控制 LED 显示器的数码显示等。一般情况下，使用无条件传送方式输入时需加缓冲器，输出时需加锁存器；在启动输入/输出传送时，CPU 无须考虑 I/O 设备状态，直接使用输入/输出指令在 CPU 与 I/O 接口间进行数据传送。

图 5-9 ~ 图 5-11 就是典型的无条件传送的例子。

无条件传送方式下程序的编写也很简单，因为不需要知道外设的状态，因此只在需要输出数据的时候用 OUT 指令，需要读取数据的时候用 IN 指令就可以了。但是必须保证访问的端口地址是正确的。

【例 5-1】 已知一个系统中采用无条件传送方式，连接如图 5-12 所示，8 个开关 K 的状态通过三态缓冲器 74LS244 的输入到数据总线。数据总线上的数据通过锁存器 74LS373 输出，控制 8 个 LED 的亮或灭。请编写程序完成用 LED 反映 K 的状态，要求开关闭合时对应的 LED 灭。

解： 首先分析，由图 5-12 的译码器输出以及连接 74LS244 和 74LS373 使能信号的两个或门可知，74LS244 被使能的前提是对端口地址 307H 进行读操作（$M/\overline{IO}=0$，$\overline{RD}=0$，译码器 307H 地址选择线 =0）；74LS373 被使能的前提是对端口地址 307H 进行写操作（$M/\overline{IO}=0$，$\overline{WR}=0$，译码器 307H 地址选择线 =0）。当开关 K 闭合的时候，对应的输入线为 0。当 74LS373 某输出线输出为 0 的时候，该输出线上的 LED 会亮。因此输出的数据要在输入数据基础上取反，才能获得正确的结果。

程序如下。
```
LP: MOV  DX, 307H
    IN   AL, DX
    NOT  AL
    OUT  DX, AL
    JMP  LP
```

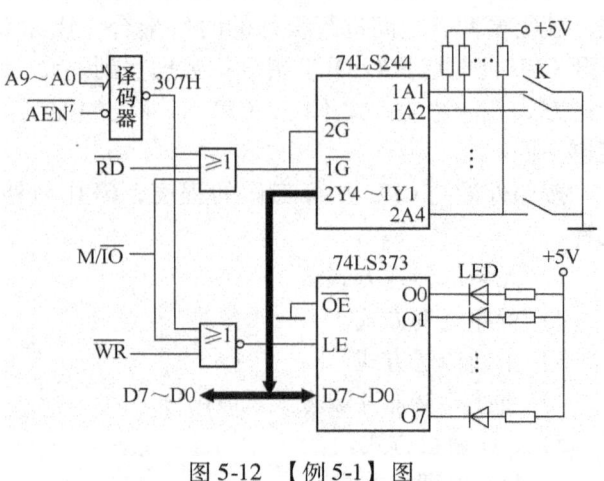

图 5-12 【例 5-1】图

2. 条件传送方式（程序查询方式）

条件传送方式又称程序查询方式，即 CPU 传送数据（包括输入和输出）之前，主动去查询外设是否就绪。若没有就绪，则继续查询其状态，直至外设就绪。即确认外部设备已具备传送条件之后，才进行数据传送。对于输入操作，所谓外设就绪是指外设已经将要给 CPU 的数据准备好，可以进行传送；对于输出操作，外设就绪是指外设已经做好了接收新数据的准备工作。

条件传送方式避免了无条件传送方式下由于 CPU 不知道外设的状态，甚至不知道外设是不是好的，以及有没有连接外设就进行数据读/写而造成的数据传送错误。

条件传送方式是一种天然的同步控制机构，由于总是 CPU 主动，所有 I/O 传送都与程序的执行严格同步，因此能很好地协调 CPU 与外设之间的工作，数据传送可靠。条件传送方式的接口比较简单，硬件电路不多，较之无条件传送方式，只需要添加供 CPU 查询外部设备状态的电路，如使用一个 D 触发器和一个三态缓冲器附加地址译码就可以构成。条件方式下的查询程序也不复杂，但 CPU 在进行输入/输出数据之前需要先了解外设的状态，总的程序步骤如下。

1）CPU 通过 IN 指令从接口读取状态信息。
2）CPU 检测状态信息，如果外设未"就绪"，则转 1）继续读取状态；如果外设已经"就绪"，则转 3）。
3）根据需要，通过 IN 指令或者 OUT 指令传送数据。

（1）程序查询输入

如图 5-13 所示为程序查询方式（条件传送）下，CPU 从外设输入数据的接口电路例子。

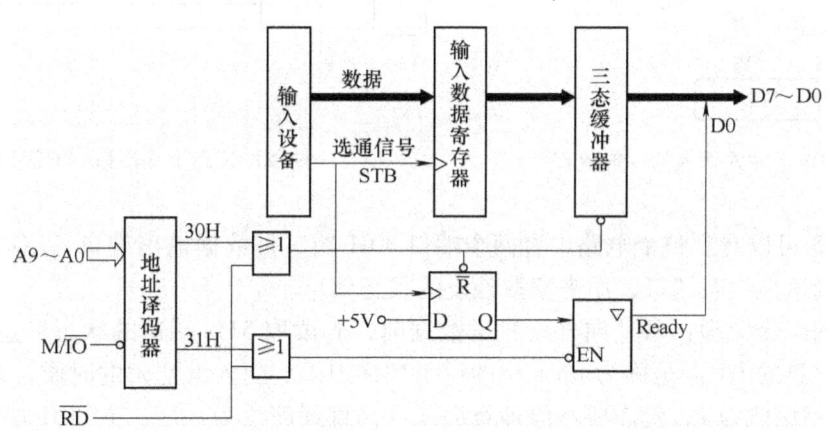

图 5-13　条件传送下输入数据的一种接口电路

从图 5-13 可以看到整个电路与有两个端口 30H 端口是数据输入端口，用以读取外设的数据，31H 端口是状态端口，用来读取外设的状态信息。

该电路的工作原理：当外设准备好数据，就向接口电路发送选通信号 STB，该信号将数据锁存到输入数据寄存器，同时，它使接口电路中的 D 触发器置"1"。表明数据已经准备好。CPU 要完成数据的读入，首先通过 IN 指令读取 31H 端口的状态信息，由于数据准备好后，D 触发器输出的"1"作为 Ready 信号被安排在状态信息的 D0 位，因此，CPU 确认该位置上是否为 1，如果不是，则继续读 31H 端口进行判断，直到状态信息的 D0 位为 1 后，才可通过 30H 端口将数据读出。图 5-14 是使用条件传送方式输入的一般流程。

下面的程序是结合图 5-13 的电路给出的数据输入程序段。

```
CHK: IN      AL, 31H
     TEST    AL, 01H      ;检测 Ready
     JZ      CHK
     IN      AL, 30H
...
```

（2）程序查询输出

如图 5-15 所示为程序查询方式（条件传送）下，CPU 向外设输出数据的接口电路例子。

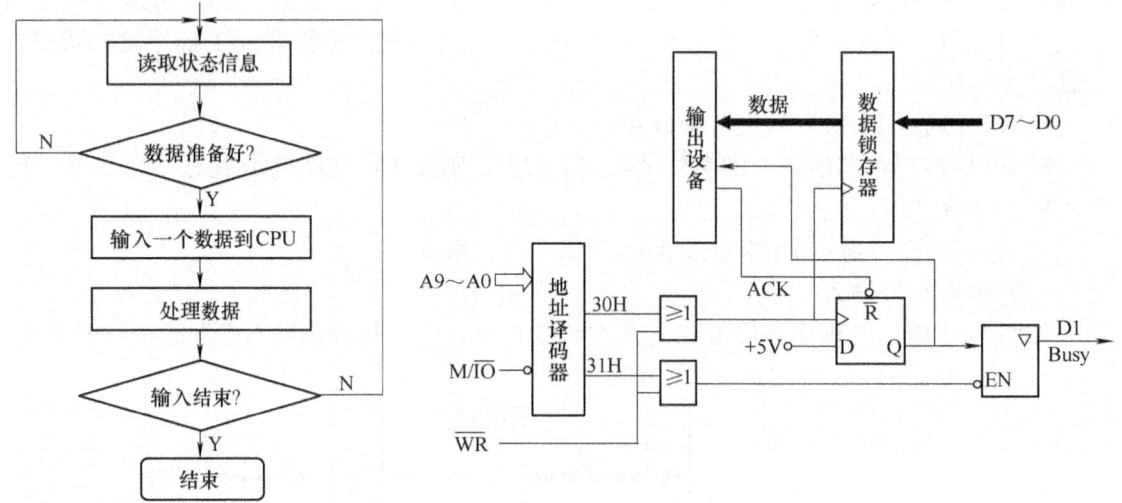

图 5-14　条件传送方式输入的一般流程　　图 5-15　一种条件传送下输出数据的接口电路

从图 5-15 可以看到整个电路中有两个端口 30H 端口是数据输出端口，用以向外设输出数据，31H 端口是状态端口，用来读取外设的状态信息。

该电路的工作原理：CPU 向外设发送数据前，先读取 31H 端口的状态信息，按照图 5-15，该状态信息的 D1 位是称为 Busy 位的设备忙标识位，当外设空闲的时候，该位为 0。如果 CPU 检测到该位为 1，就需要不停地查询该位，直到该位为 0 后，向 30H 端口输出数据。向 30H 端口输出数据这一操作同时将 D 触发器的输出变为 1，该输出作为 Busy 信号安排在状态信息的 D1 位，供 CPU 从 31H 端口读出。该 Busy 信号变为 1，就组织 CPU 发送下一个数据，此信号同时传给外设，以通知外设获取数据。外设在成功接收数据后，会恢复一个 ACK 信号，该信号将 D 触发器的输出清 0，这一操作，也使得状态信息的 Busy 位清 0，从而允许 CPU 发送下一个数据。图 5-16 是使用条件传送方式输出的一般流程。

下面的程序是结合图 5-15 的电路给出的数据输入程序段。

```
CHK: IN      AL, 31H
     TEST    AL, 02H      ;检测 Busy
```

```
    JNZ     CHK
    OUT     30H，AL
    ...
```

根据条件传送方式工作原理可知，在这种方式下，CPU 每传送一个数据，需花费很多时间来等待外设进行数据传送的准备，因此 CPU 利用效率很低。此外，当系统中有多个外部设备时，CPU 只能使用轮询方式依次为各个外部设备服务，如果 I/O 处理的实时性要求很高，或者 CPU 的任务很繁忙，则不宜采用这种方式。但这种方式接口设计简单，往往不需要增加太多额外的硬件电路，因此易于实现。在 CPU 不太忙且传送速度不高的情况下，可以采用。

3. 中断传送方式

查询方式下 CPU 使用效率低和多设备时实时性较差的缺陷，归根结底是由于 CPU 与 I/O 设备之间以及多个 I/O 设备之间不能同时工作的缘故，因此让 CPU 与 I/O 设备并行工作是中断传送方式的基本思想。

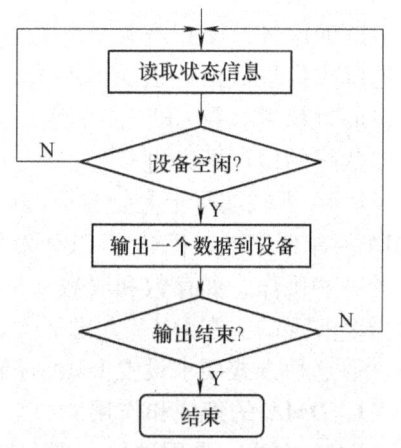

图 5-16　条件传送方式输出的一般流程

采用中断方式传送数据时，无须反复测试外部设备的状态。在外部设备没有做好数据传送准备时，CPU 可以运行与传送数据无关的其他指令。外设做好传送准备后，主动向 CPU 请求中断，CPU 响应这一请求，暂停正在运行的程序，转入进行数据传送的中断服务子程序，完成中断服务子程序（即完成数据传送）后，自动返回原来运行的程序。这样，虽然外部设备工作速度比较低，但 CPU 在外设工作时，仍然可以运行其他程序，使外设与 CPU 并行工作，提高了 CPU 的效率。

中断传送方式既能节省 CPU 时间，提高计算机使用效率，又能使 I/O 设备的服务请求得到及时响应，很适合计算机工作量十分饱满、而 I/O 处理的实时性要求又很高的系统，如实时采集、处理和控制系统中使用，这是它的突出优点。但是，这种控制方式需要一系列中断逻辑电路支持，所以它的硬件比较复杂。另外，中断方式是一种异步控制机构，中断请求信号的出现完全是随机的，在主程序的任意两条指令之间，中断请求都可能插入一段完全不同的、甚至与它们相冲突的子程序去执行，使整个程序执行流程无法预料，因此其软件开发和调试比查询传送方式复杂和困难。这种问题在用高级语言编程时更可能出现，因为高级语言的一个语句就包含许多机器指令，而且很难保证高级语言程序中的许多变量在中断服务期间都保持不变。所以，在有些资料中强调，中断驱动的 I/O 服务程序必须用汇编语言编写，而且用汇编语言编程也必须遵守严格的约定，这些约定通过控制哪些变量可被读写和什么时候可读写以及在中断驱动程序与被中断程序之间如何进行信息通信等来避免冲突。采用中断传送方式，还有一种易于引发错误的情形，就是当中断正好出现在程序中的某个危险点时，即由于算法设计和程序编写的疏忽，使程序运行到栈指针不是指向栈内，而是短暂地指向栈外的某个数据区的程序点时，中断就将改写那个数据区的一部分，从而造成错误，使系统不能正常工作。为此，作为程序设计的一个一般规则，栈指针永远不能指向其他地方而只能指向栈。

有关中断的详细介绍将放在第六章中介绍。

三、直接存储区存取（DMA）传送方式

利用中断方式进行数据传送，可以提高 CPU 效率。但中断传送是由 CPU 通过程序来实现的，每次执行中断服务程序时 CPU 都要保护断点。在中断服务程序中，需要保护现场，为中断源服务，中断服务结束又需要恢复现场，这样一次中断至少需要执行十几条指令。对高速度大批量数据传送应用场合，使用中断传送方式中断次数过于频繁，不仅影响传送速度，而且耗费大量 CPU 的时间。采用直接存储器存取（Direct Memory Access，DMA）方式，可使数据的传送不经过 CPU，由 DMA 控制器来实现内存与外设之间的直接快速传送。

DMA 方式实际上是把输入/输出过程中外设与内存交换数据的那部分操作和控制交给 DMA 控制器完成，简化了 CPU 对输入/输出的控制。在查询和中断方式下，数据传送过程中的一些操作，如存数和取数、地址刷新和计数以及检测传送是否结束等，是由软件中相应的指令实现的。在 DMA 方式下，这些操作都由 DMA 控制器的硬件实现，因此传送速率很高。但这种方式要求设置 DMA 控制器，电路结构复杂，硬件开销大。

1. DMA 的组成和作用

DMA 方式，是用硬件实现存储器和存储器之间、存储器和 I/O 设备之间直接进行高速数据传送，不需要 CPU 的干预（而在其他的传送方式，如查询方式和中断方式下均需经过 CPU 中转），减少了中间环节，而且存储器地址的修改和传送完成的报告均由硬件自动完成，所以极大地提高了传送速度。

DMA 传送方式通常用来高速传送大批量的数据块。如磁盘存取、图像处理及高速数据采集系统等。

注意：由于 DMA 传送期间，CPU 让出总线控制权，这就可能影响诸如中断请求的及时响应和处理；又因为 DMA 传送方式的高速度是以增加系统的复杂性和成本为代价的（即用硬件控制代替软件控制），所以在一些小系统中，当对传送速度和传送量要求不高时，一般并不用 DMA 方式。

DMA 传送包括：

1）DMA 读传送，存储器→I/O 设备。
2）DMA 写传送，I/O 设备→存储器。
3）存储单元传送，存储器→存储器。

DMA 传送过程的示意如图 5-17 所示。

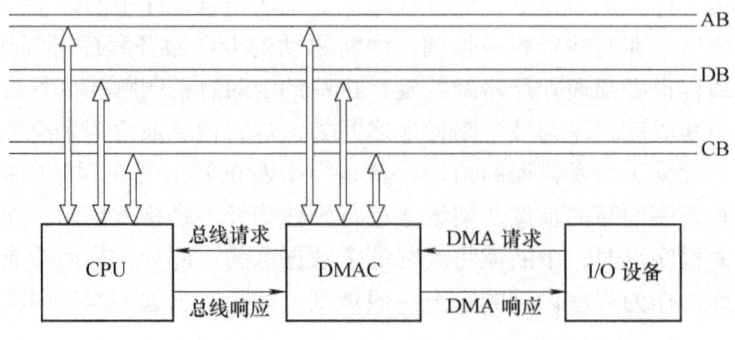

图 5-17　DMA 传送示意

从图 5-17 中看出，实现 DMA 传送的关键部件是 DMA 控制器（图中 DMAC）。系统总线分别受到 CPU 和 DMAC 这两个部件的控制，即 CPU 可以向地址总线、数据总线和控制总线发送信息（非 DMA 方式），DMAC 也可以向地址总线、数据总线和控制总线发送信息（DMA 方式）。

但在同一时刻，系统总线只能接受一个部件的控制。究竟哪个部件来控制系统总线，是通过这两个部件之间的"联络信号"控制实现的。

2. DMA 传送的工作过程

DMA 传送方式从开始到结束有如下几个过程：

1) I/O 设备向 DMAC 发出 DMA 请求（请求传送数据）。

2) DMAC 在接到 I/O 设备发出的 DMA 请求后，向 CPU 发出总线请求，请求 CPU 脱离对系统总线的控制，而由 DMAC 接管对系统总线的控制。

3) CPU 在执行完当前指令的当前总线周期后（不一定是最后一个总线周期，注意和中断的区别），向 DMAC 发出总线响应信号。

4) CPU 脱离对系统总线的控制，处于等待状态（但一直监视 DMA 总线请求信号），由 DMAC 接管对系统总线的控制。

5) DMAC 向 I/O 设备发出 DMA 应答信号。

6) DMAC 把存储器与 I/O 设备之间进行数据传送所需要的有关地址送到地址总线，通过控制总线向存储器和 I/O 设备发出读或写信号，从而完成 1 字节的传送。

7) 当设定的字节数据传送完毕后（DMAC 自动计数），DMAC 将总线请求信号变成无效，同时脱离对系统总线的控制，CPU 检测到总线请求信号变成无效后（CPU 一直在监视总线请求信号），也将总线响应信号变成无效，CPU 恢复对系统总线的控制，继续执行被 DMAC 中断的、当前指令的当前总线周期。

3. DMA 传送的方式

（1）DMA 操作类型

DMA 传送主要是进行数据传送操作，但也包括其他的操作，如数据校验和数据检索。

1) 数据传送。数据传送是把源地址的数据传送到目的地址中（源地址和目的地址都可以是存储器的，也可以是 I/O 设备的）。

2) 数据校验。当数据传送完毕之后，如读操作完成后，可以进行校验操作，以便校验所读数据是否有效。校验操作并不进行数据传送，只进行数据校验。但操作过程仍然要通过 DMAC 向 CPU 提出申请，获得响应后，进入 DMA 周期，对每一个数据块的每字节进行校验。

3) 数据检索。数据检索操作和数据校验操作一样，并不进行数据传送，只是对在指定的内存区内查找某个关键字节或某几个关键数据位是否存在，如果查找到了，就停止检索操作。

（2）DMA 操作方式

DMA 操作方式是指进行 DMA 操作类型（数据传送、数据校验和数据检索）时，每次操作的字节数。一般有以下 4 种操作方式。

1) 单字节操作方式。每次进行 DMA 操作（数据传送、数据校验和数据检索）只操作一字节。即每操作一个字节都要进行 DMA 申请，获得 DMA 响应后，占用总线，进入 DMA

操作一字节后即交还总线控制权。如果需要进行下一字节的操作，需再进行重新申请。这里所谓的单字节是指数据总线8位的情况下，如果数据总线是16位的，则是单字操作。

2）连续操作方式。只要DMA操作开始，DMAC始终占用总线，直到DMA操作完成，才把总线控制权交还CPU。在DMA操作期间，即使DMA请求变得无效，DMAC仍然占用总线，此时暂停DMA操作，直到DMA请求重新变得有效后，继续进行DMA操作。此方式的结束，可由DMAC中设置的字节数计数器计数结果决定（每操作一字节，计数器减一，直到产生终止计数信号T/C），也可以由外部输入的过程结束信号$\overline{EOP}$决定。

3）请求操作方式。此方式以是否有DMA请求来决定。如果有DMA请求，则DMAC就占用总线；当DMA请求无效，或DMA操作完成，或由外部传来过程结束信号（$\overline{EOP}$）时，DMAC都会释放总线。

4）级联传送方式。为了实现DMA系统的扩展，可以用几个DMAC进行级联。

4. DMA控制器在系统中的两种工作状态

DMA控制器是作为两种实体（存储器和I/O设备、存储器和存储器）之间实现高速数据传送的专用处理器。在系统中它有两种工作状态：主动态和被动态。所以，它们可处在两种不同的地位：主控器和受控器。

（1）主动态

在DMAC获得总线控制权之后，DMAC取代CPU而成为系统的主控者，接管和控制系统总线（数据总线、地址总线和控制总线）。通过总线向存储器或I/O设备发出地址、读/写信号，以控制在两个实体之间的传送。

DMA写操作时，它发出$\overline{EOP}$（I/O读信号）及$\overline{MEMW}$（存储器写信号），数据从I/O设备传送到存储器；DMA读操作时，发出$\overline{MEMR}$（存储器读信号）及$\overline{CS}$（I/O写信号），数据从存储器传送到I/O设备。

（2）被动态

在DMAC获得总线控制权之前，DMAC受CPU控制（这和其他的I/O接口集成电路一样）。此时，CPU可对DMAC进行初始化编程，也可从DMAC中读出状态。当DMAC上电或复位时，DMAC自动处于被动态。

思考题与练习题

1）什么是接口？为什么计算机内一定要配置接口？
2）微机的接口一般应具备哪些功能？
3）什么是端口？I/O端口的编址方式有哪几种？各有何特点？
4）在8086/8088系统中采用哪种方法？如果一个CPU的指令集里对于存储器和I/O端口的访问都只能用LD和ST两个指令进行读/写，这样的处理器组成的系统该采用哪种方法I/O端口编址方法？
5）在PC系列微机中端口的地址范围有多大？
6）如果多个端口共用一个端口地址，你能想到哪些办法来区别这些端口？
7）设计一个外设端口译码器，使CPU能寻址4个地址范围：①0280～0287H；②0288～028FH；③0290～0297H；④0298～029FH。

8）根据图 5-9，假设译码器译出的地址为 40H，请编写程序让 8 个 LED 同时闪烁，闪烁周期为 2s，前一秒全部亮，后一秒全部灭。程序运行半小时后退出。

9）CPU 与外部设备有哪几种数据传送方式？各有何特点？各适用于何种场合？

10）以查询输出方式编程，从内存中首地址为 BUFFER 的缓冲区向 CRT 终端输出 128 个字节，CRT 终端数据口地址为 0008H，状态口地址为 0020H，D7 为状态位，0 表示输出缓存空闲。

11）DMA 传送方式和其他传送方式（查询方式及中断方式）相比，有何特点？

12）DMA 传送方式为什么能实现高速传送？

13）简述 DMA 方式传送的一般过程。

第六章 中断系统

学习目标：

中断是微处理器和外设之间进行数据传输最常用和最有效的控制方式。本章主要介绍微型机系统中中断相关的内容，包括 I/O 接口中的中断控制方法、8086 系统的中断、可编程中断控制器 8259 以及实地址模式下中断处理程序的编写。

建议学时： 6 学时

教师导读：

在学习本章时，应注意如下几点：

1) 识记中断、内部中断和不可屏蔽中断的概念，8088 系统的中断类型，中断响应的时序图。

2) 识记 8259A 的内部结构与功能、工作方式；CPU 对 8259A 的中断响应；PC 中 8259A 的使用，理解什么是向量中断。

3) 领会 CPU 与多中断源连接的方法，中断响应时栈的变化，8259A 的结束方式。

4) 了解 8259 的内部结构、功能、工作方式、初始化方法，对中断源的识别和判别中断优先级的方法以及单片 8259A 的初始化要能进行简单应用。

5) 对可屏蔽中断要学会综合应用，会对实模式下中断向量表进行设置，学会实模式下的中断处理程序的编写。

6) 本章的重点是 CPU 与多中断源的 3 种连接（中断源识别和优先级判别）、8086 的中断向量表及其设置、8259A 的初始化、8259 结束方式、实地址模式下中断处理程序的编写。

7) 本章的难点是 CPU 与多中断源的 3 种连接、8086 的中断向量表及其设置、8259A 的初始化。

第一节 中断系统概述

一、中断的概念

中断就是 CPU 暂停执行现行的程序，转而处理随机事件，处理完毕后再回到被中断的程序，这一全过程称为中断。能够引发 CPU 中断的来源称为中断源。比如在微机中，定时/计数器约每隔 55 ms 会发送一个时钟中断，则定时/计数器就是时钟中断的中断源。

最初，中断的概念是为了解决快速的处理器与慢速的外设之间数据传输的矛盾而引入的。通常它由外部设备引起，与硬件系统产生的信号有关，与当前正在执行的指令流没有直接关系。随着计算机技术的不断发展，中断的概念也不断延伸。除了传统的外部设备引起的硬件中断外，还有内部的中断，是处理器在执行指令期间检测到不正常的或非法的条件所引起的，它与正执行的指令有直接的关系，如在执行除法指令时出错，或者执行了断电指令等则会产生内部中断。

中断系统具有以下基本功能：

1）为了加强中断系统的灵活性，对于各种中断请求，应该具有屏蔽和开放的功能，使得程序员可以灵活控制。

2）具有"中断级别"的判断和控制功能，即能实现中断源排队。当有多个中断源申请中断时，能根据事先的设定及时响应中断。

3）能实现中断嵌套，即新的中断请求能打断尚未结束的中断处理程序，使得新中断的中断处理程序嵌套到尚未结束的中断处理程序中执行。

4）系统响应中断后，能自动进行中断处理。当中断处理完后能自动返回。

二、I/O 接口中中断的控制电路

采用中断传送方式的接口电路除了需要常见的命令口、数据口和状态口外，还需要有专门的中断控制逻辑电路来产生中断所需的各种信号，也决定中断的传送机制。

1. CPU 中断请求引脚与中断源的连接方式

通常，CPU 的中断请求引脚与中断源的连接有下面两种方式。

（1）1 对 1 的连接方式

在小系统中 CPU 的中断请求引脚和中断源形成 1 对 1 的连接关系，这种方式的优点是简单，CPU 通过判断哪个中断请求引脚有请求，就能直接确定是哪个中断源发出的中断请求。但这种方式不适合外部中断源比较多的场合，因为它会占用太多的 CPU 引脚。比如 51 单片机只有 INT0 和 INT1 两个外部中断请求引脚，如果只有两个外设需要使用中断，则直接将外设的中断请求连接到 INT0 和 INT1 上就可以了，这就是 1 对 1 的连接方式。

（2）1 对多的连接方式

这是目前采用最多的连接方式，这种连接方式下，CPU 的一个中断请求引脚会连接多个中断源，只要有一个中断源发出中断请求，CPU 上的中断请求线就会有效。这种方式最大的优点是中断源的数目不受 CPU 中断请求线的限制。比如在 8086 中有两个中断请求引脚 INTR 和 NMI，其中 INTR 作为不可屏蔽中断请求引脚，会连接外设作为中断源，而 PC 通过一定的方法将 8 个甚至 15 个外设作为中断源接到 INTR 上。

采用 1 对多的连接方式需要解决以下两个问题：

1）当一个中断请求到来的时候，CPU 如何知道是连在同一个中断请求引脚上的哪一个中断源发出的中断请求。这一过程称为中断源的识别。

2）当多个中断源都同时发出中断请求的时候，CPU 该先为谁服务。为了解决这个问题，通常的办法是根据各个中断源所发中断请求的轻重缓急排一个优先次序，这个次序成为优先级或者优先权，CPU 每次都是先响应优先级高的中断请求进行处理。当然采用优先级方法的前提是要有一定的机制来决定优先级和选择高优先级的中断源。

通常有 3 种办法来解决上述两个问题，即软件查询法、硬件查询法和请求线仲裁法。

2. 1 对多连接下中断源的识别和优先级判断法

（1）软件查询法

这种方法是由中断处理程序来负责查询中断接口，确定是哪一个中断源发出的中断请求。

如图 6-1 所示为软件查询法的中断接口电路连接示意图。从图上可以看到所有外设的中

断请求通过终端接口中的一个或门连接到了 CPU 的一个中断请求引脚上。所有的中断请求都是高电平有效。另外，在中断接口中有一个中断请求锁存器，它会将来自于中断源的中断请求线的信号锁存在相应的位中。中断处理程序通过读出中断请求锁存器，并依次判断哪一位为 1，则可知道是该位对应的那个中断源发出了中断请求，这样就解决了中断源识别的问题。

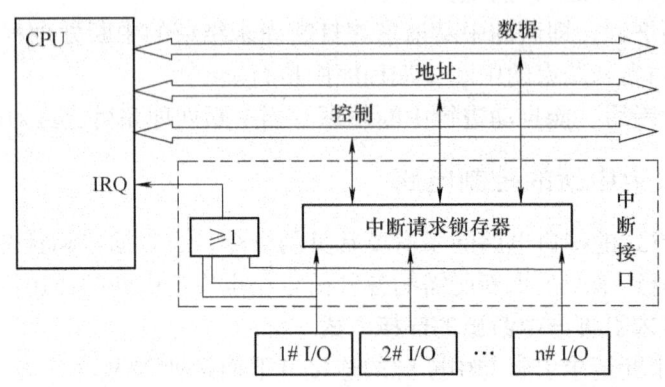

图 6-1 软件查询法的中断接口示意图

软件查询法中中断处理程序的查询流程如图 6-2 所示。

根据图 6-2 的流程可知，如果有多个中断源发出了请求，则 CPU 先处理哪个中断完全看查询程序查询的先后次序，如图 6-2 中，查询的顺序是按照设备编号从小到大的顺序进行的，因此这个顺序就决定了优先级从大到小的顺序。图 6-2 中 1#设备中断优先级最高，n#设备中断优先级最低。

软件查询法在电路上来说比较简单，容易实现。但是通过软件方法来查询显然耗费的时间比较多，使得中断处理程序的处理时间加长。另外，如果不修改软件的查询顺序，这种优先级就是固定的，在图 6-2 中如果 1# ~（n-1#）设备频繁发出中断，就有可能是 n#中断源的中断请求长时间得不到响应，这种情况称作"饿死"。当然，软件查询也具有一定的灵活性，可以通过修改软件查询顺序，来改变中断优先级。

（2）硬件查询法

硬件查询法又称为菊花链法，这是因为这种方法将所有的中断源的中断请求通过或门形成一根请求线送到 CPU 的 INTR 引脚，而 CPU 会对 INTR 的请求发送中断

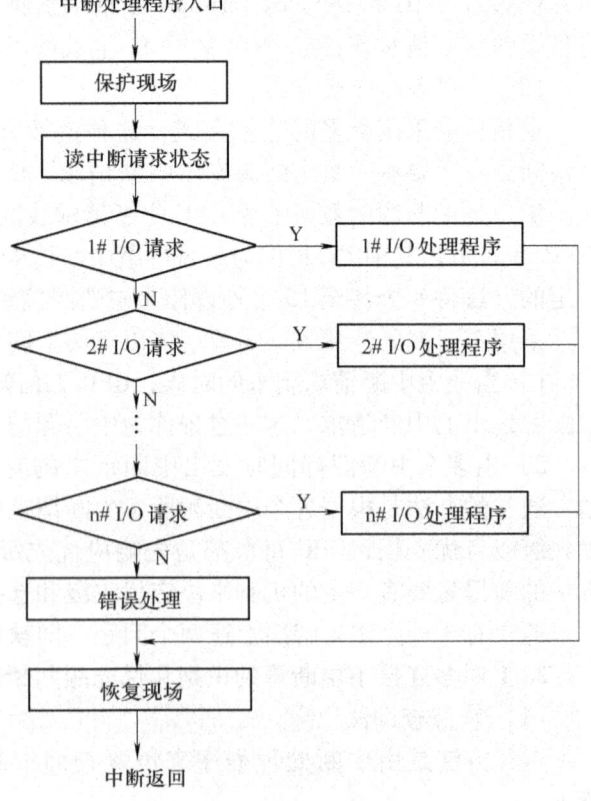

图 6-2 软件查询法中中断处理程序的查询流程

的响应信号$\overline{\text{INTA}}$，该信号通过串联各个中断源设备的菊花链电路向下传递。如图 6-3 所示给出了硬件查询法的菊花链电路。

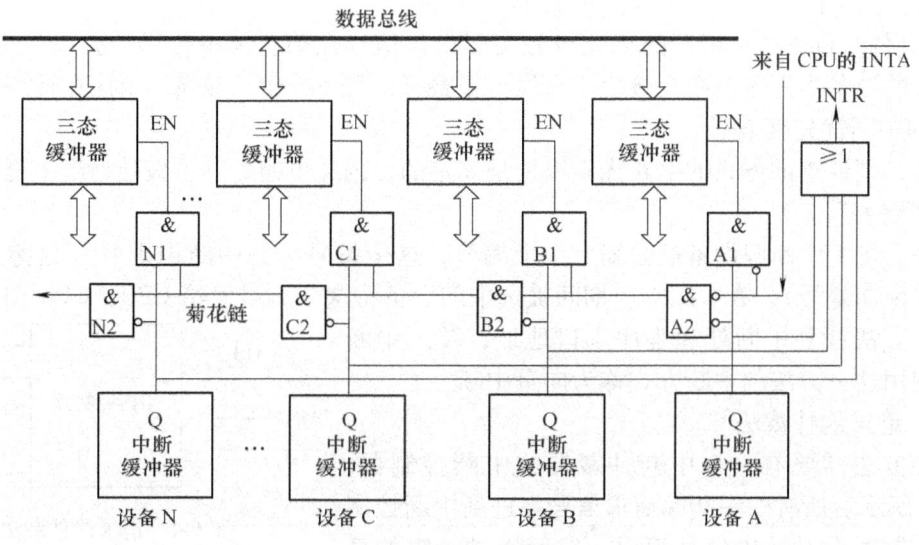

图 6-3 硬件查询法的菊花链电路

下面通过两个例子来看一下图 6-3 电路的工作过程。首先，假设设备 A 和设备 C 同时请求中断，那么通过或门，该请求送到了 CPU 的 INTR 引脚，CPU 决定响应后，$\overline{\text{INTA}}$变成有效的低电平，这个低电平经过设备 A 的时候，由于设备 A 提出了请求，因此它的请求线 Q 为高电平，这使得设备 A 在菊花链上的与门 A2 输出低电平，而这个低电平会在菊花链上一直传递下去，在菊花链上的这个低电平使得从设备 B 开始到设备 N 的三态缓冲器都被"禁止"（EN 线为 0）。再回头看设备 A，由于$\overline{\text{INTA}}$的低电平和设备 A 的请求线上的高电平使得连接设备 A 的三态缓冲器使能端 EN 的与门 A1 输出为高电平，因此设备 A 的编号通过三态缓冲器送到了数据总线上。通过读这个设备号，CPU 就知道了是设备 A 提出的申请。在这一过程中，设备 A 的中断请求被响应，而设备 C 的中断请求没有被响应。

下面看看如果只有设备 C 请求，则 CPU 发出$\overline{\text{INTA}}$后，由于设备 A 没有中断请求，因此它的 Q 是低电平，这使得它的三态缓冲器被"禁止"。而另一方面，由于$\overline{\text{INTA}}$和设备 A 的 Q 都是低电平，反而使得设备 A 在菊花链上的与门 A2 输出为高电平，这个高电平传递到设备 B 的时候，设备 B 没有请求，它的 Q 也是低电平，这一方面禁止了设备 B 的三态缓冲器的输出（B1 输出低电平），另一方面使得设备 B 在菊花链上的与门 B2 继续输出高电平到设备 C。由于 C 提出了中断请求，于是 C 的请求线 Q 为高电平，而这个高电平通过菊花链上的与门 C2 的时候，反而输出了低电平，这个低电平使得菊花链上在设备 C 之后的设备的三态缓冲器都被"禁止"。但是设备 C 的三态缓冲器却被允许（C1 输出为 1），于是，设备 C 将自己的编号通过三态缓冲器送到了数据总线上。

通过上面的例子可以看到以下几点：

1）$\overline{\text{INTA}}$信号会在菊花链中传递，$\overline{\text{INTA}}$本身是低电平有效，但在经过菊花链上第一个设备后，就以高电平有效的形式向下传递，直到遇到第一个申请中断的设备后就变成无效。

2）在菊花链上的所有中断源设备都被编上一个唯一的编号。在中断响应信号$\overline{\text{INTA}}$传递过程中遇到的第一个申请中断的设备得到响应信号后，要把自己的编号发送到数据总线，以便 CPU 识别中断源。这个过程就是中断源的识别。

3）硬件查询方式中断源的优先级是按照设备信号在菊花链中传递的方向先后排列的，最先遇到的设备优先级最高，最后一个优先级最低。图 6-3 中，设备 A 的中断优先级最高，设备 N 的中断优先级最低。

显然，硬件查询方式的中断优先级也是固定的，因此也避免不了极端情况下低优先级的请求被"饿死"。

另外，每个中断源设备都会编上一个编号，这个编号称为中断识别号（也称为中断类型号或中断向量号），在中断响应期间被选中的设备将这个编号发给 CPU，CPU 用这个编号通过某种方法找到中断处理程序入口地址，转入中断处理。使用这一方法的中断方式称为向量中断。

（3）请求线仲裁法

这种方法需要有一个中断仲裁器或中断控制器，如图 6-4 所示。所有的中断源请求信号都进到中断控制器中，控制器会对请求信号编码，然后通过一定的算法决定中断源的中断优先级，从而选择优先级最高的那个中断源的中断识别号通过数据总线发给 CPU，同时向 CPU 提出中断请求。

图 6-4　请求线仲裁法

有关请求线仲裁法的详细内容将放在 8259A 芯片的介绍中，因为 8259A 就是一个被 80X86 系列 PC 广泛使用的可编程中断控制器。

第二节　8086 的中断系统

一、8086 的中断类型

8086 的中断系统简单有效，中断均采用向量中断，每个中断都有一个中断类型号，CPU 依据该类型号确定中断源。

8086 的中断主要分为两大类，外部中断和内部中断。

1. 外部中断

外部中断是由外部中断源通过中断请求引脚发出的中断，8086 有两个外部中断引脚：INTR 和 NMI，它们分别接受外部可屏蔽中断和不可屏蔽中断。

（1）可屏蔽中断

诸如键盘、鼠标、扫描仪及打印机等这类外部设备产生的中断请求都属于外部硬件中断，8086 处理器只有 INTR 引脚接收这些中断请求。所以，需要使用 8259A 可编程中断控制器对多个外部设备同时或先后产生的中断请求按优先级排队，选取一个当前具有最高优先级的中断请求送往 INTR 引脚，该信号为电平触发，高电平有效。由于 CPU 并不锁存 INTR 信号，因此，该信号的有效电平需要一直维持到中断响应信号$\overline{\text{INTA}}$到来后方可撤销。

当 FLAGS 寄存器的 IF 标志位 = 1 时，8086 处理器的 INTR 收到有效的中断请求信号后将予以响应；如果 IF 位 = 0，则不予响应，也就是说中断请求被屏蔽。FLAGS 寄存器的 IF

位可以通过 STI 指令设置为 1，也可以通过 CLI 指令清 0。由于此类中断请求可以通过 FLAGS 的 IF 位或通过 8259A 中的中断屏蔽寄存器来屏蔽，因此，称为可屏蔽中断。

（2）不可屏蔽中断

不可屏蔽中断（NMI）也是外部硬件引发的中断，但这种中断是不受 IF 标志位影响的，因此它是不可屏蔽的。和可屏蔽的中断相比，不可屏蔽中断有以下 4 个方面的特点。

1）不可屏蔽中断的请求接在微处理器的 NMI 引脚，而不是 INTR 引脚。

2）对 NMI 输入的响应不受 IF 标志位的影响，所以称为不可屏蔽的中断。

3）NMI 由 0 跳变到 1 以后要维持至少 4 个连续的处理器时钟周期的高电平，否则该中断不能识别；而且当 NMI 由 1 转变到 0 后，又要维持至少 4 个连续的处理器时钟周期的低电平，否则新的 NMI 请求也不能被识别。

4）NMI 中断的类型号固定为 2，NMI 中断到来后，当前指令执行一结束就立即由类型号 2 指定的入口地址开始执行不可屏蔽中断处理程序，而不像可屏蔽中断那样需要在响应过程中启动中断识别周期。

不可屏蔽中断优先级别高于可屏蔽中断，通常用于处理必须立即响应的外部事件，或重要的外部事件，比如电源故障和存储器读出现奇偶错等。

2. 内部中断

内部中断不是由于外部硬件引起，而是由于指令调用，或者指令运行过程中出现错误或其他不正常情况而产生的中断。这些中断在响应时，也不需要中断识别总线周期，它们的中断类型号是固定的，可以直接使用中断类型号确定中断处理程序首地址，然后转中断处理程序执行。

（1）溢出中断

INTO 是溢出中断指令，如果 EFLAGS 寄存器的 OF 溢出标志位 = 1，同时又执行 INTO 指令，则将产生类型 4 中断（中断类型号为 4）。

（2）除法出错中断

在执行 DIV 或 IDIV 指令的时候，如果除数为 0 或者商大于除法指令规定中存放商的寄存器的最大数值范围，则产生类型 0 中断（除法出错中断，中断类型号为 0）。比如当 DIV 指令的除数是 8 位数时，按规定被除数是 16 位数，商和余数都是 8 位数，如果 2468H ÷ 2 = 1234H，除数 2 是 8 位数，则商应该也是 8 位，但 1234H 显然大于 8 位可表示的数据范围，此时产生除法出错中断。

（3）断点中断

INT3 是断点中断指令，它是一条单字节指令，常被放在需要设置断点的指令前面。比如用 DEGUB 调试程序的时候，就可以将 INT3 嵌入到指定断点处指令的第一字节位置上（原字节予以保存），当程序执行到 INT3 指令处即发生类型 3 中断（中断类型号为 3）。可以在该中断处理程序中，显示各通用寄存器的当前内容以及指定存储单元的内容，然后，取回保存的原字节，恢复原指令流的执行。实际上，很多调试程序都是利用 INT3 指令来完成断点跟踪功能。

（4）单步中断

当 FLAGS 寄存器中的 TF 为 1 的时候，8086 进入到单步工作状态，在这个状态中，CPU 每执行一条指令，就自动产生一个类型 1 中断（中断类型号为 1）。在执行该中断处理的过程中，CPU 会自动将 FLAGS 寄存器压栈，并将 TF 和 IF 清 0，这样，在进行单步中断处理过程中，处于非单步工作方式，不会再次陷入单步中断，也不会被其他中断打断。单步中断处理结束时，再自动恢复 FLAGS 寄存器的内容，从而再次进入到单步工作状态。

和 INT 3 一样，单步中断在程序跟踪调试中有着很重要的作用。在单步中断处理程序中，可以编写指令显示指令执行后当前各个寄存器内容以及指定存储位置的内容，从而可以逐条指令查看执行的结果，便于查找程序编写过程中的错误。

不像 IF，TF 的清 0 和置 1 没有专门的指令直接进行，但可以通过下面的指令序列来完成对 FLAGS 寄存器中的 TF 位置 1，请读者考虑 TF 清 0 的指令序列。

PUSHF
POP　AX
OR　AX, 0100H
PUSH　AX
POPF

（5）INTn 中断

INTn 是使用非常广泛的软件中断指令，在指令的第二字节给出指令指定的中断类型号。它们的实际工作类似于向量式子程序调用，在 BIOS 以及 DOS 操作系统中就提供了不少这样的功能调用，比如 DOS 功能调用 INT21H 等。

二、8086 中断系统的中断响应与处理

1. 8086 中断响应时序

这里主要讨论的是可屏蔽中断的响应时序。可屏蔽中断是通过 INTR 引脚向 CPU 发出中断请求。如果 8086 处理器响应 INTR 送来的中断请求（FLAGS 寄存器的 IF 标志位 =1），则在当前指令执行结束后，8086 启动如图 6-5 所示的中断响应周期。

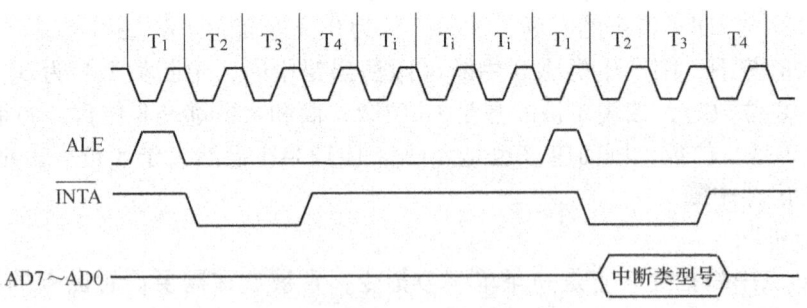

图 6-5　8086 中断响应周期时序图

从图 6-5 可以看到：

1）中断响应后，会发出两个连续的响应周期，每个响应周期从 T_2 状态到 T_4 状态开始的这段时间，$\overline{INTA}$ 有效。

2）$\overline{INTA}$ 的有效电平是低电平，该信号接到外设或中断控制器的中断响应信号引脚。

3）第一个 $\overline{INTA}$ 总线周期，如果系统使用可编程中断控制器 8259A，则 8259A 锁定中断

的优先级状态。

4）第二个$\overline{\text{INTA}}$总线周期，请求中断的外设发送中断类型号到数据总线 AD7～AD0（如果系统使用可编程中断控制器 8259A，则 8259A 发送中断类型号到数据总线），8086 从数据总线获取中断类型号并根据中断类型号转到指定入口的中断处理程序。

5）两个响应周期，ALE 都会在 T_1 时钟有效，作为地址锁存信号。

6）在两个响应周期之间，也就是在第一个响应周期 T_4 时钟之后，8086 会插入 2～3 个空闲时钟周期 T_i。如果是 8088 处理器的中断响应周期则没有这几个空闲时钟周期。

2. 8086 中断系统中断响应与处理过程

通常，当中断到来的时候，CPU 首先要判断中断请求的类型，若为非屏蔽中断请求，则 CPU 在执行完当前指令后，立即转入相应的中断处理程序进行中断处理；如果是可屏蔽中断请求，则需判断中断允许标志位 FLAG 的 IF 的值，若为 1，CPU 会停止处理正在运行的主程序，转而处理中断事件。

下面给出可屏蔽中断响应和处理的过程。

（1）外设申请中断

外设或中断控制器（比如 8259A）通过 INTR 可屏蔽中断请求线发出中断请求。

（2）8086 发出中断响应信号

8086 完成当前指令的执行后，检测中断请求信号 INTR，如果有效，则判断中断允许标志位 FLAG 的 IF 的值，若为 1，发出中断响应信号（两个 $\overline{\text{INTA}}$）给外设或中断控制器。

（3）中断识别

得到中断响应信号后，外设或中断控制器撤销 INTR 信号并在第二个 $\overline{\text{INTA}}$ 发送中断类型号到数据总线。

8086 在第二个 $\overline{\text{INTA}}$ 从数据总线上获得中断类型号，以确定（识别）中断源。

（4）保护断点

硬件自动将处理器的标志寄存器 FLAGS 压入栈，并清除其中的 IF 位和 TF 位，然后将代码段寄存器 CS 和指令指针 IP 压入栈。至此，栈顶中保存了返回断点时所需要的信息。由于 IF 被清，因此其他的可屏蔽中断不再被响应。

（5）转入中断处理程序

每个中断处理程序都有一个入口地址，处理器使用中断类型号通过一定的途径取得这个入口地址，并将处理器转入执行中断处理程序。

（6）保护寄存器原始数据

在中断处理程序中，首先将处理程序需要使用的寄存器的原始数据保存起来，因为可屏蔽中断请求是随即到来的，而且打断了正在执行的其他程序，所以要维护好被打断程序的执行环境。因此需要将要使用的寄存器的原始数据保护起来。最简单的是将这些寄存器的内容压栈。如果中断处理程序使用变量，则还需将 DS 的内容压栈后，重新给 DS 赋上变量所在段的段地址。

（7）完成中断处理功能

根据中断处理功能的需要，执行完成该功能的程序段。

（8）恢复寄存器的内容

中断处理程序功能实现后，在返回中断前，要把步骤（6）中压入栈的寄存器内容通过弹栈操作恢复到寄存器中。

(9) 返回断点

中断处理完成并恢复了寄存器的内容后，程序的最后一条指令一般都是中断返回 IRET，将栈顶的内容依次弹出到 IP、CS 和 FLAGS，于是恢复主程序的执行。

整个过程有以下几点需要注意。

1) 在这几个步骤中，步骤 (1) ~ 步骤 (5) 都是硬件自动完成，步骤 (6) 到步骤 (8) 需要程序员通过软件实现。步骤 (9) 需要程序员使用 IRET 指令，该指令的执行将由硬件自动完成到断点的返回工作。

2) 步骤 (4) 中将 CS 和 IP 压栈，实际上是将中断返回后执行的第一条指令的地址压栈，比如有下面的指令序列。

指令地址(十六进制)	机器码(十六进制)	指令	
3020：0000	B80010	MOV AX, 1000H	
3020：0003	8ED8	MOV DS, AX	
3020：0005	50	PUSH AX	;----①
3020：0006	B80310	MOV AX, 1003H	;----②
3020：0009	BA0800	MOV DX, 8	
...			

假如这段程序之前栈是空的，并且在①位置的指令执行的时候外设发出了 INTR 中断请求，而此时 FLAGS = 0200H，注意 FLAGS.IF = 1，则当①位置的指令 PUSH AX 执行结束后，CPU 将响应中断。因此此时栈中的情况如图 6-6a 所示。在中断响应过程保护断点步骤中，要压栈的中断返回地址应该是②位置上的指令的地址，该地址为 3020：0006H，也就是此时 CS = 3020H，IP = 0006H。保护断点步骤后，栈中的情况如图 6-6b 所示。

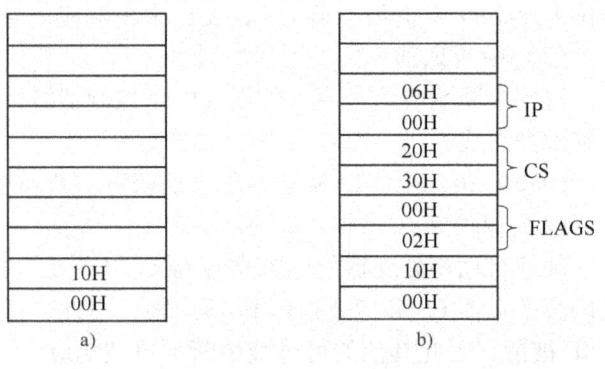

图 6-6 中断响应与处理中保护断点前后栈的内容
a) 保护断点前 b) 保护断点后

3) 上述步骤中，第 5 个步骤是转入中断处理程序。在此，获得中断处理程序的入口地址是很关键的。在 8086 中处理器通过使用中断向量表获取入口地址；如果是 IA-32 或 Intel 64 在实地址模式下，同 8086 一样，使用中断向量表获取入口地址，在保护模式下，处理器使用中断描述符表获取入口地址。由于本书主要是介绍 8086 的中断系统，所以只介绍中断向量表。

3. 中断向量和中断向量表的使用

为了处理中断，每一个 8086 的中断被分配了唯一的识别号，该识别号称之为中断类型号。由于对每个中断而言，处理器都有相应的中断处理程序，而每个中断处理程序都有一个入口地址，该入口地址称为中断向量。因此，中断类型号也称为中断向量号。当有中断到来时，处理器会根据中断类型号找到对应的中断处理程序入口地址，并跳转到这个地址所指示的程序处运行该中断处理程序。

在 8086 中，所有的中断处理程序入口地址（中断向量）都被放到了中断向量表 IVT（Interrupt Vector Table）中，该表位于内存地址 0000:0000 开始的 1 KB 范围内。第一章中介绍过，8086 的逻辑地址采用"段:偏移量"结构，中断服务子程序的入口地址（段:偏移量）的段寄存器值和段内偏移量各为 16 位（2 字节），它们直接登记在 IVT 中，每个表项为 4 字节。每个中断处理程序的入口地址对应一个表项，它们按中断类型号的顺序存放，256 种中断共占用 1KB。CPU 在取得中断类型号后自动将其乘以 4，作为访问 IVT 的偏移地址，读取 IVT 相应表项的内容分别置入 CS 和 IP 中，即进入相应的中断服务子程序。中断向量表如图 6-7 所示。

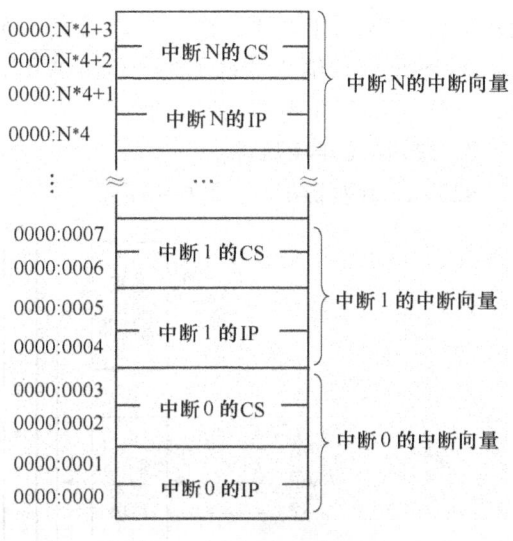

图 6-7　中断向量表示意图

第三节　可编程中断控制器 Intel 8259A

可屏蔽中断是由 CPU 以外的部件发出的中断请求信号而引起的中断，为了管理众多的外部中断源，Intel 公司设计了专用控制芯片——8259A 可编程中断控制器（PIC）。

一、8259A 的引脚和内部结构

1. 8259A 的引脚

8259A 为 28 脚双列直插式芯片，外部引脚如图 6-8 所示。

$\overline{\text{CS}}$ 片选输入端，低电平有效。

$\overline{\text{WR}}$ 写信号输入端，低电平有效。

$\overline{\text{RD}}$ 读信号输入端，低电平有效。

DB7 ~ DB0　8 位数据总线，双向。直接与系统（CPU）数据总线相连。CPU 可以通过 I/O 读命令，从 8259A 中读取内部寄存器的内容，送到 DB7 ~ DB0，用以了解 8259A 的工作情况。也可以通过 I/O 写命令，对 8259A 的内部寄存器进行编程。

CAS2 ~ CAS0 输入或输出级联总线，主 8259A 与从 8259A 的级联线。主片的 CAS2 ~ CAS0 为输出线，从片的 CAS2 ~ CAS0 为输入线。

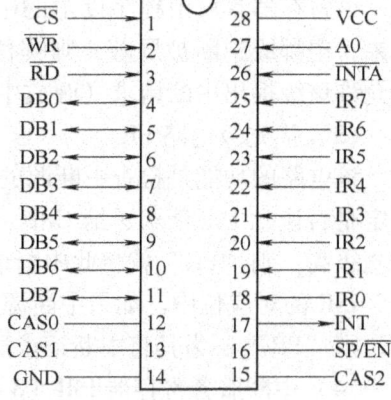

图 6-8　8259 引脚图

$\overline{\text{SP}}/\overline{\text{EN}}$ 输入或输出。

INT 中断请求线，输出。通过此引脚对 CPU 提出中断请求。

IR7 ~ IR0 外设的中断请求线，输入。从外设来的中断请求由这些引脚进入 8259A。

$\overline{\text{INTA}}$ 中断响应，输入。2 个中断响应脉冲，第一个用来通知 8259A，中断请求已被响

应；第二个 $\overline{INTA}$ 作为读操作信号，读取 8259A 提供的中断类型号。

A0 地址线，输入。该引脚与 $\overline{CS}$，$\overline{WR}$ 和 $\overline{RD}$ 配合使用，以便 CPU 实现对 8259A 的读写操作，它作为 8259A 内部端口寻址。

2. 8259A 的内部结构

8259A 的内部结构如图 6-9 所示。

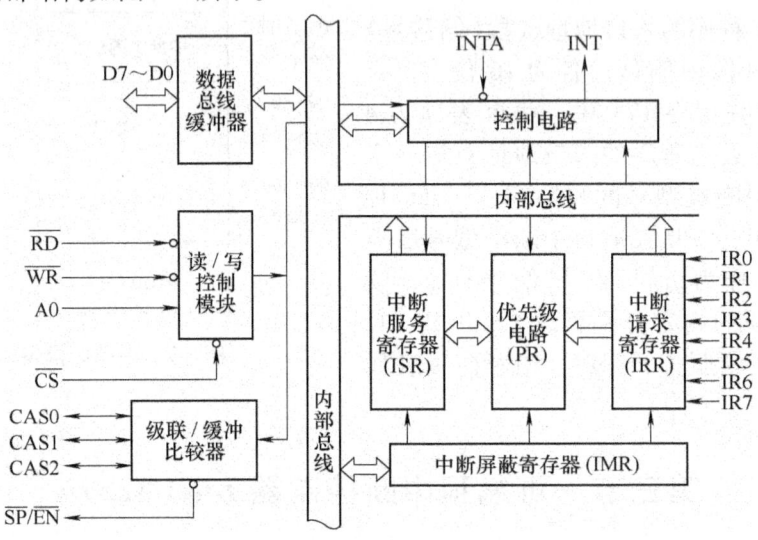

图 6-9　8259A 内部结构

（1）中断请求寄存器 IRR（8 位）

该寄存器存放对应引脚 IR7～IR0 的中断请求。当 IRi 中断请求信号有效时，IRR 中和 IR7～IR0 相应的 8 位（D7～D0）置"1"。具有锁存功能，其内容可以用 OCW3 命令读出。

（2）中断屏蔽寄存器 IMR（8 位）

该寄存器存放由程序设定的中断屏蔽字。IMR 中 8 位（D7～D0）对应 8 级中断屏蔽。如果希望哪级中断被屏蔽，则哪位就写"1"，即禁止该级提出中断请求；反之，写"0"，即允许该级提出中断请求（开放中断）。屏蔽操作由屏蔽命令 OCW1 执行。

（3）优先级电路 PR

该电路的功能是检查中断源的中断请求的优先级，并和"中断服务寄存器"进行比较，确定是否让此中断请求送给 CPU。如果中断源的中断请求的优先级比正在中断服务的中断优先级高，则"PR"就将此中断请求送给 CPU，并在中断响应时将它记入"中断服务寄存器"ISR 的对应位中。如果中断源的中断请求的优先级等于或低于正在中断服务的中断优先级，则"PR"不为其将中断请求送给 CPU。

（4）中断服务寄存器 ISR（8 位）

在中断响应之后，第一个中断回答 $\overline{INTA}$ 周期将允许中断请求（中断屏蔽寄存器相应位置"0"）的中断在相应位置"1"。所以，中断服务寄存器是用来存放正在被服务的中断，包括尚未服务完而中途被优先级更高的中断打断的中断。

（5）数据总线缓冲器

它是 8259A 与系统数据线的接口模块，是一个 8 位的双向三态缓冲器。对 8259A 初始化编程时写入的命令字以及 8259A 的内部状态信息都是通过它写入或读出的。

(6) 读/写控制模块

该模块接收片选信号$\overline{CS}$、端口选择信号 A0 和读/写控制信号$\overline{RD}$及$\overline{WR}$。8259A 需要两个端口地址，用地址线 A0 来选择。

(7) 控制电路

它是 8259A 内部控制器。它有一组寄存初始化命令字（ICW1～ICW4）的寄存器和一组寄存操作命令字（OCW1～OCW3）的寄存器以及相关的控制逻辑。这些命令字寄存器通过译码产生内部控制信号，可以根据中断请求、中断优先级的判别结果，通过引脚 INT 向 CPU 提出中断请求，通过引脚$\overline{INTA}$接收中断响应信号。

(8) 级联/缓冲比较器

该模块在级联方式的主/从结构中，用来存放和比较 8259A 的设备代码。CAS2～CAS0 为级联信号线。使用时，将主、从 8259A 的 CAS2～CAS0 对应连接即可（主 8259A 的 CAS2～CAS0 为输出线，从 8259A 的 CAS2～CAS0 为输入线）。

$\overline{SP}/\overline{EN}$为双向双功能引脚。当工作在级联方式时，主 8259A 的$\overline{SP}/\overline{EN}$接高电平，从 8259A 的$\overline{SP}/\overline{EN}$接低电平。

图 6-10 是 8259A 屏蔽与判优电路示意图。中断屏蔽寄存器哪一位为 1，就会通过一个与门将相应的中断请求屏蔽掉。中断请求优先级编码器将同时到来的多个请求按照优先级顺序选择优先级最高的请求，给出其优先级编码，ISR 编码器中是正在服务的中断请求中最高级别的中断的优先级编码。比较器将两个编码器来的优先级编码进行比较，只有当新到来的最高优先级中断的优先级编码大于 ISR 编码器中的编码，中断请求才会被发出并传递给 8086 的 INTR 引脚。

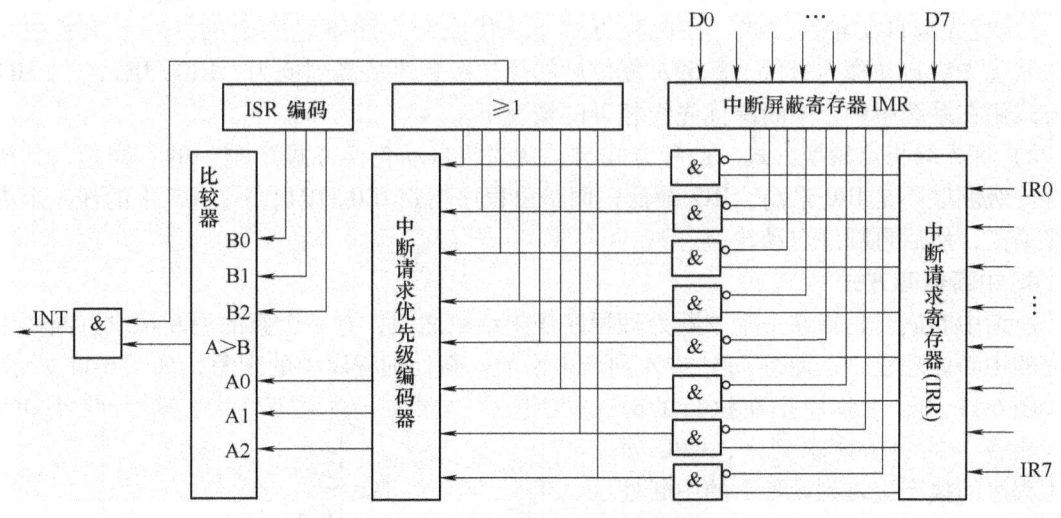

图 6-10　8259A 屏蔽与判优电路示意图

二、8259A 的主要工作方式

8259A 通过编程可选择多种工作方式，大致可分为以下几种：

1. 引入中断请求（中断触发）的方式

(1) 边沿触发方式

在 IR 输入线上检测出由低到高的上跳变时，且高电平保持到第一个 $\overline{\text{INTA}}$ 脉冲到来之后，就认为有中断请求，并使 IRR 相应的位置 "1"。

（2）电平触发方式

在 IR 输入线上检测出一个高电平，并且维持到第一个 $\overline{\text{INTA}}$ 脉冲到来，就认为有中断请求，并使 IRR 相应的位置 "1"。

两种触发方式中，如果在 $\overline{\text{INTA}}$ 脉冲到来之前，IR 输入线上高电平没有保持，则 IRR 中已置位的 IR 位被复位；ISR 中相应位 IS 也不会建立。

2. 屏蔽中断源的方式

（1）通常屏蔽方式

利用操作命令字 OCW1 使中断屏蔽寄存器 IMR 中的一位或几位置 "1" 来屏蔽一个或几个中断源的中断请求。若要开放某一个中断源的中断请求，则将 IMR 中相应的位置 "0"。

（2）特殊屏蔽方式

有时在执行某一个中断处理程序时，要求允许另一优先级比它低的中断请求被响应，此时可以采用特殊屏蔽方式。即通过 OCW3 的 D6D5 = 11 来设定。

3. 优先级排队的方式

（1）固定优先级

在此种方式下，中断优先级固定按照 IR0 ~ IR7 优先级递减方式排列，IR0 优先级最高，IR7 优先级最低。8086 默认情况下就是固定优先权。

（2）优先级轮转法

固定优先级法在极端的情况下依然会有"饿死"的问题，因此 8259 还提供一种优先级轮转的机制，这种机制有两种方案。

1）优先级自动轮换方式。在此种方式下，优先级顺序不是固定的，一个中断被响应后，其优先级自动降为最低（8259A 复位后的优先级顺序从高到低为：IR0，IR1，…，IR7）。此方式用在系统中多个中断源优先级相等的情况下。

2）优先级指定轮换方式。此种方式与"优先级自动轮换方式"唯一的不同是，其初始的优先级顺序不是 IR0 最高、IR7 最低，而是由程序指定 IR0，IR1，…，IR7 中的任一个为优先级最高，然后再顺序自动轮换。

4. 中断嵌套方式

所谓中断嵌套是指在一个中断处理程序还未结束之前，有一个新的中断请求打断尚未执行完的中断处理程序，使得 CPU 进入到新中断的中断处理程序中的现象，如图 6-11 所示。

图 6-11 中，主程序正在执行的时候，设备 1 的中断请求到来，CPU 暂停主程序的执行进入到设备 1 的中断处理程序，在设备 1 处理程序尚未结束的时候，又来了设备 2 的中断请求，CPU 暂停设备 1 的中断处理程序而转去执行

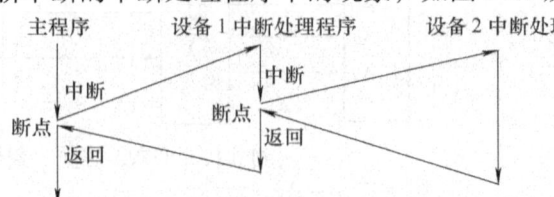

图 6-11 中断嵌套示意图

设备 2 的中断处理程序，这样设备 2 中断处理程序就嵌套在设备 1 的中断处理程序中。

（1）全嵌套方式

在此种方式下，中断优先级按 0 ~ 7 顺序进行排队，只允许级别高的中断源中断级别低

的中断处理程序，而不能相反。这是 8259A 最常用的方式，8259A 复位后，即自动按此方式工作。

（2）特殊全嵌套方式

该方式和全嵌套方式基本相同，不同的是，在特殊全嵌套方式下，当执行某一级中断处理程序时，允许响应同级别的中断请求，从而实现对同级中断请求的特殊嵌套。此方式用于多片级联。

5. 结束中断的处理方式

（1）自动中断结束方式

在中断处理程序返回之前，不需要发中断结束命令就会在第二个 $\overline{INTA}$ 脉冲的后沿，使 ISR 相应的位自动清零。这种方式可能会在中断处理程序还未结束之前，就清除了 ISR，因此不管中断请求优先级如何，新的中断请求会打断尚未执行完的中断处理程序，使得 CPU 进入到新中断的中断处理程序中，这就形成了中断嵌套。如果系统中断密集到来，中断嵌套的层次可能很深，甚至可能出现同优先级的中断无限嵌套，最终因为栈溢出（转入中断服务时需要用栈来保存断点的上下文）而使整个系统崩溃。因此，此种方式只适合用于多个中断不会嵌套的系统中，或者中断到来不频繁的系统中。

（2）非自动中断结束方式

在中断处理程序返回之前，必须发中断结束命令才会清除该中断处理程序所对应的 ISR 位。该中断结束命令有两种形式：

1）不指定中断结束命令，即设置操作命令字 OCW2 = 00100000B。清除 ISR 中被置为 1 的优先级别最高的那一位。

2）指定中断结束命令，即设置操作命令字 OCW2 = 00100L2L1L0B，其中低 3 位 L2L1L0 的编码表示被指定要结束的中断请求线 IR 的编码。

三、8259A 的中断操作功能及命令

8259A 的命令共有 7 个，分为两类。

1）初始化命令（ICW1 ~ ICW4）。此命令是对 8259A 中工作方式和工作条件的设置。初始化命令有 4 个（ICW1 ~ ICW4），但只有两个命令端口。采用"严格按照规定的顺序写入"的方法实现。

2）操作命令（OCW1 ~ OCW3）。此命令是对 8259A 中断处理过程实现动态控制的操作。操作命令出现次序无要求，可根据需要在程序中任意安排。

1. 初始化命令与初始化过程

（1）初始化命令 1（ICW1）

此命令用于中断请求触发方式的设置及 8259A 芯片数量的选择。ICW1 的格式如图 6-12 所示。

说明：

1）D0（IC4）= 0，不需要对 ICW4 进行设置；D0（IC4）= 1，需要对 ICW4 进行设置。

2）8259A 芯片数量的选择（是否级联）是通过写 ICW1 的 D1 位来选择。D1（SNGL）= 0，选择级联方式；D1（SNGL）= 1，选择单片方式。

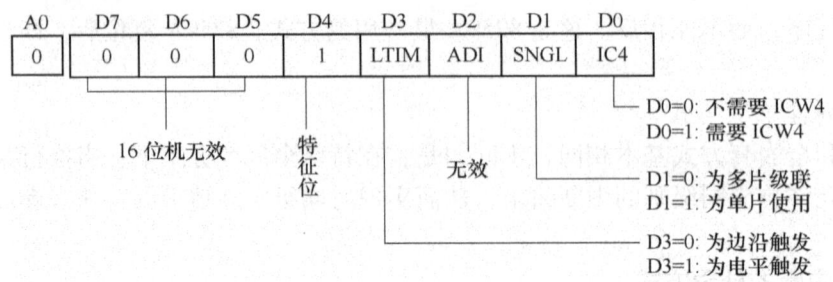

图 6-12 ICW1 格式

3）D3（LTIM）=0，边沿触发方式。D3（LTIM）=1，电平触发方式。

4）D4 为 1，是特征位。

（2）初始化命令 2（ICW2）

此命令用于中断类型号的设置。8259A 提供给 CPU 的中断类型号（8 位），是在 CPU 对 8259A 初始化时，通过初始化命令 ICW2 设置的。在初始化时，只需对高 5 位进行设置，而低 3 位对应 8259A 外部引脚 IR7~IR0 的编码，在中断过程中，当第一个 $\overline{\text{INTA}}$ 到来时，自动将引脚 IRi 的编码 i 写入低 3 位。ICW2 的格式如图 6-13 所示。

（3）初始化命令 3（ICW3）

此命令用于中断级联方式的设置。注意此命令只有在 ICW1 的 D1（SNGL）=0 时才有意义。8259A 中断控制器可以单片使用，也可以几片进行级联后使用。进行级联的目的是为了扩充外部中断源。在级联方式时，一般由一片 8259A 作为主片，若干 8259A 作为从片。主片和从片的 CAS0~CAS2 并接在一起，作为级联总线。在中断响应过程中，主片的 CAS0~CAS2 为输出，从片的

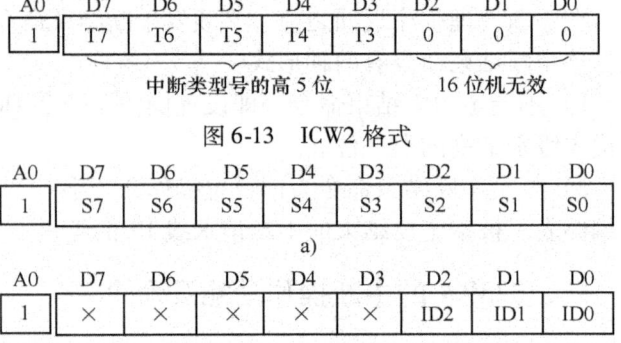

图 6-13 ICW2 格式

图 6-14 ICW3 格式
a）主片 ICW3 b）从片 ICW3

CS0~CS2 为输入。主片通过这 3 根线向从片发出识别码，以便对从片单独寻址。因此，主片和从片的 ICW3 设置不同。ICW3 的格式如图 6-14 所示。

当主片的 8259A 的引脚 IRi 接有从片的 8259A 的引脚 INT（中断请求）时，ICW3 中对应的 Si 位置"1"，不接的清"0"。

3 位从片标志码（ID2，ID1 及 ID0），表示从片的中断请求（INT）引脚接到主片的哪一个输入引脚 IRi 的 i 值。

（4）初始化命令 4（ICW4）

ICW4 的格式如图 6-15 所示。

图 6-15 ICW4 格式

D0（μPM）在 8259A 用于 8086 是必须为 1。

D1（AEOI）=0，非自动结束方式（正常结束）。D1（AEOI）=1，自动结束方式。

D2 位有意义的条件：D3 =1（8259A 为缓冲器方式）同时又工作在多片级联方式。D2

（M/$\overline{\text{S}}$）=0，8259A 为从片；D2(M/$\overline{\text{S}}$)=1，8259A 为主片。

D3(BUF)=0，8259A 为非缓冲器方式，就是没有缓冲器，此时$\overline{\text{SP}}$/$\overline{\text{EN}}$引脚（$\overline{\text{SP}}$功能）为输入线，用作主、从控制。D3(BUF)=1，8259A 为缓冲器方式。所谓缓冲器方式是指在 8259A 和 CPU 之间有缓冲器，必须有一个控制信号来选择数据传送的方向，$\overline{\text{SP}}$/$\overline{\text{EN}}$引脚（$\overline{\text{EN}}$功能）就是起这个作用的。

D4(SFNM)=0，采用全嵌套方式。D4(SFNM)=1，采用特殊全嵌套方式。

（5）8259A 的初始化过程

8259A 的初始化命令应按规定次序写入，其流程见图 6-16。

1）若用 16 位以上的 CPU，则 ICW1、ICW2 及 ICW4 是必须要写的。

2）如果需要使用多片 8259A 进行级联，则要写 ICW3，而且主片、从片要分开写（不一样）；如果不用级联，就不用写 ICW3。

3）初始化命令有 4 个（ICW1~ICW4），但只有两个命令端口。采用 "严格按照规定的顺序写入" 的方法实现。

例如：PC/AT 以上微机，由于使用了两片 8259A 进行级联（有 15 级中断），因此 ICW1、ICW2、ICW3 及 ICW4 都必须写。

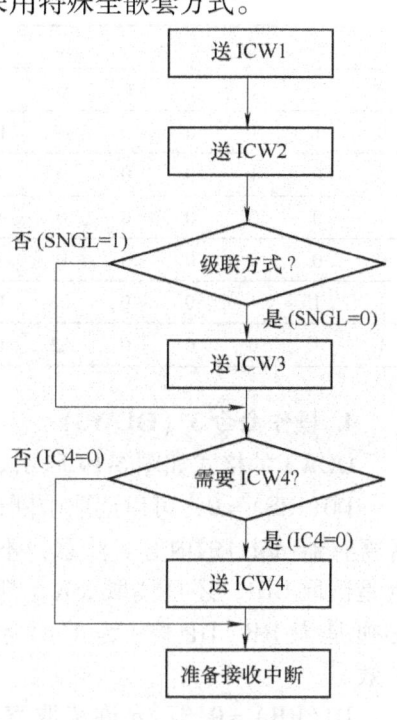

图 6-16　8259A 初始化命令流程图

2. 操作命令 1（OCW1）

此命令用于中断屏蔽操作。为了对中断进行控制，通过 8259A 的中断屏蔽寄存器 IMR，可以屏蔽一个或几个中断请求。这样，可以在不改变硬件结构的情况下，使得主程序的不同部分可以使用不同的中断；还可以在中断服务子程序中，屏蔽一些中断（包括比自己优先级高的中断），实际上就是改变了中断的优先级。

屏蔽命令的格式如图 6-17 所示。

3. 操作命令 2（OCW2）

OCW2 的格式如图 6-18 所示。

D2~D0：L2~L0 3 位编码是用来指定中断等级（0~7）。

D3，D4 为 00，是特征位。

D7、D6、D5 的各种组合管理了中断的结束方式和优先权。

A0	D7	D6	D5	D4	D3	D2	D1	D0
1	M7	M6	M5	M4	M3	M2	M1	M0

1=屏蔽　0=开放

图 6-17　OCW1 格式

A0	D7	D6	D5	D4	D3	D2	D1	D0
0	R	SL	EOI	0	0	L2	L1	L0

图 6-18　OCW2 格式

中断结束方式管理：

- D6D5 = ×0，自动结束，硬件自动清除 ISR 的相应位。
- D6D5 = 01，非自动结束（命令不指定清除 ISR 的哪一位）。
- D6D5 = 11，非自动结束（命令指定清除 ISR 的哪一位）。

中断优先权管理：
- D7D6＝0×，优先权固定，IR0 最高，IR7 最低。
- D7D6＝10，自动优先权轮转（刚被服务的 IR 的优先级降至最低）。
- D7D6＝11，指定优先权轮转（指定的 IR 的优先级降至最低）。

OCW2 的功能如表 6-1 所示。

表 6-1 OCW2 功能表

R	SL	EOI	0	0	L2	L1	L0	功　　能
0	0	1	0	0	0	0	0	不指定（EOI）命令
0	1	1	0	0	L2	L1	L0	指定（EOI）命令
1	0	1	0	0	0	0	0	在不指定（EOI）方式中轮换命令
1	0	0	0	0	0	0	0	在自动（EOI）方式中轮换置位命令
0	0	0	0	0	0	0	0	在自动（EOI）方式中轮换复位命令
1	1	1	0	0	L2	L1	L0	在指定（EOI）方式中轮换命令
1	1	0	0	0	L2	L1	L0	直接置优先级轮换命令

4. 操作命令 3（OCW3）

OCW3 的格式如图 6-19 所示。

D0(RIS)＝0，可以读取中断请求寄存器(IRR)的内容；D0(RIS)＝1，可以读取中断服务寄存器(ISR)的内容。注意：不管是读取 IRR，还是读取 ISR，都必须是当 RR(D1 位)为 1 时才有效。

A0	D7	D6	D5	D4	D3	D2	D1	D0
0	×	ESMM	SMM	0	1	P	RR	RIS

图 6-19　OCW3 格式

D1(RR)＝0，不允许读取寄存器(IRR，ISR)的内容；D1(RR)＝1，允许读取按 RIS(D0 位)设置的寄存器(IRR 或 ISR)的内容。

D2(P)＝0，不执行读查询字的指令；D2(P)＝1，通知 8259A，按查询中断方式工作，CPU 将执行一条读查询字的指令，并且使读其他寄存器的命令无效。CPU 在每读一次查询字之前，都要发送此命令。查询字的格式如图 6-20 所示。I＝0，无中断请求；I＝1，有中断请求。W2W1W0，正在申请中断的若干中断源中优先级最高的中断源的编码。当 8259A 按查询中断方式工作时，8259A 不用 CPU 发的 $\overline{INTA}$ 信号作为中断响应信号，而是利用 CPU 的（$\overline{IOR}$）读命令（产生 $\overline{CS}$ 低电平、$\overline{RD}$ 脉冲）作为中断响应

D7	D6	D5	D4	D3	D2	D1	D0
I	—	—	—	—	W2	W1	W0

图 6-20　OCW3 查询字格式

信号。如果此时有中断请求，则将中断服务寄存器（ISR）响应位置 1，同时将上述的"查询字"送到数据总线上，供 CPU 的程序判断。

D4D3＝01，是特征位。

D5(SMM)＝0，取消特定屏蔽方式；D5(SMM)＝1，设置特定屏蔽方式。在中断操作过程中，可能要求开放比现在正在服务的中断优先级低的中断，但如果是处在完全嵌套方式时，低于"正在服务的中断"优先级的中断都会被禁止。设置特定屏蔽方式就是为了解决这个问题。方法：先执行操作命令 OCW1，将正在服务的中断屏蔽起来，然后执行本操作命

令 OCW3（ESMM=1，SMM=1），就实现开放那些除了"正在服务的中断"以外的优先级的中断（包括优先级低的），从而实现允许优先级低的中断的要求。本方式的解除还是通过执行本操作命令 OCW3（ESMM=1，SMM=0）实现。

D6(ESMM)=0，SMM(D5)无效；D6(ESMM)=1，SMM(D5)有效。

四、8259A 的中断响应步骤

8259A 的中断响应包括以下几个步骤。

1）一条或多条外部中断请求（IR7~IR0）变为高电平，使中断请求寄存器（IRR）相应位置"1"。

2）8259A 接收这些中断请求，分析它们的优先级，向 CPU 发出请求信号 INT。

3）当 CPU 收到 8259A 中断控制器的中断请求信号 INT 后，如果当前的指令已经执行完毕，而且中断标志位 IF=1（中断允许），则 CPU 进入中断响应周期。

4）CPU 响应中断，并以 $\overline{INTA}$ 脉冲作为回答。

5）8259A 接收来自 CPU 的第一个 $\overline{INTA}$ 脉冲，最高优先级的 ISR 位置"1"，而相应的 IRR 位被复位。在此期间，8259A 没有驱动数据总线。

6）CPU 发出第二个 $\overline{INTA}$ 脉冲，在该脉冲期间，8259A 通过数据总线向 CPU 送出中断类型号。如果是自动结束方式，还要将 ISR 的相应位复位；如果是非自动结束方式，则 ISR 不复位，等到中断处理程序结束前，由中断处理程序发中断结束命令后再复位。

请注意将以上步骤和第六章第二节中介绍的 8086 中断响应时序以及 8086 中断系统中断响应与处理过程结合起来理解整个 8086 系统中断响应的完整过程（尤其是细节部分）。

五、8259A 在 PC 中的应用

1. 8259A 在 PC/XT 中的应用

PC/XT 中只有一片 8259A，通过 138 译码器获取片选信号，其连接如图 6-21 所示。

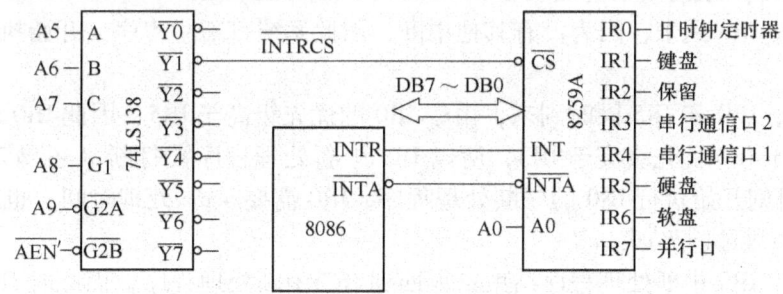

图 6-21 8259A 在 PC/XT 中的应用

从图 6-21 中可以看到 8259A 在 PC/XT 中地址范围虽然是 20H~3FH，但 8259A 的低端线只用了 A0，因此，8259A 的端口地址是 20H 和 21H。8259A 提供 8 级向量中断，CAS2~CAS0 不用。下面的程序是 PC/XT 对 8259A 的初始化。

```
INTM00    EQU    020H         ;8259A 端口 0
INTM01    EQU    021H         ;8259A 端口 1
    …
```

```
    MOV   AL, 00010011B        ;ICW1：边沿触发，要 ICW4；单片方式，不要 ICW3
    OUT   INTM00, AL
    JMP   SHORT   $ +2         ;I/O 端口延时
    MOV   AL, 00001000B        ;ICW2：设置起始中断类型号为 08H
    OUT   INTM01, AL
    JMP   SHORT   $ +2
    MOV   AL, 00000001B        ;ICW4：非总线缓冲，全嵌套，正常的中断结束（EOI）
    OUT   INTM01, AL
    JMP   SHORT   $ +2
    …
```

由初始化程序可以看到，PC/XT 中，中断请求信号均采用边沿触发；采用全嵌套方式，优先级的排列次序为 0 级最高，依次为 1~7 级；采用非缓冲方式；设定 0 级~7 级对应中断类型号为 8H~0FH。

【例 6-1】 已知在 PC/XT 中，从 0 时刻开始陆续有 3 个可屏蔽中断请求到来，3 个中断到来时刻以及处理 3 个中断分别需要的时间如表 6-2 所示，假设中断响应和中断返回的时间忽略不计，而且允许中断嵌套。试分析 3 个中断处理程序结束的时刻。

表 6-2 【例 6-1】中断时刻表

中断	到来时刻/ms	处理时间/ms
IR3	0	5
IR0	3	3
IR5	3	7

解：

题目中提到是在 PC/XT 中，因此，8259A 采用全嵌套方式，优先级的排列次序为 0 级最高，依次为 1~7 级的固定优先级法。

0 ms 时刻，IR3 到来，因为没有其他中断，因此系统打断主程序，开始执行 IR3 的中断处理程序。

3 ms 时刻，IR0 和 IR5 同时到来，由于 IR0 的优先级高于 IR5，因此 IR0 最终向 CPU 提出申请，又由于 IR0 优先级高于 IR3，所以 IR3 中断处理程序被打断（还剩 2 ms 的处理时间），从这个时刻开始执行 IR0 的中断处理程序，IR0 需要 3 ms 处理时间，也就是在 3 +3 = 6 ms 时刻 IR0 中断执行结束。

6 ms 时刻，IR0 中断处理程序结束，返回到 IR3 中断处理程序，而此时 IR5 的中断请求还未被响应。但 IR3 的优先级高于 IR5 的优先级，因此 IR5 的中断继续等待，系统继续执行 IR3 中断处理程序中剩余处理部分（还需 2 ms）。

8 ms 时刻，IR3 中断处理程序执行完毕，系统转而执行 IR5 的中断处理程序，经过 7 ms 时间后，也就是在 8 +7 = 15 ms 时刻，IR5 中断处理程序结束。

因此，IR3、IR0 和 IR5 的中断处理程序结束时间分别是 8 ms 时刻、6 ms 时刻和 15 ms 时刻。

2. 8259A 在 PC/AT 中的应用

PC/AT 是以 80286 作为 CPU 的 PC 型，这种机器包括现在的 80X86 微机均采用两个

8259A 采用级联方式。它有以下的特点：

1）两片 8259A 级联，提供 15 级向量中断，CAS2～CAS0 做互连线，从 8259A 片的 INT 直接连到主 8259A 片的 IR2 上。

2）端口地址，主片使用 020H 和 021H 两个端口，从片使用 0A0H 和 0A1H 两个端口。

3）主、从片的中断请求信号均采用边沿触发。

4）采用全嵌套方式，优先级的排列次序为 0 级最高，依次为 1 级、8 级～15 级，然后是 3 级～7 级。

5）采用非缓冲方式，主片的 $\overline{SP/EN}$ 端接 +5 V，从片的 $\overline{SP/EN}$ 端接地。

6）设定 0 级～7 级对应主片的中断类型号为 8H～0FH，8 级～15 级对应从片的中断类型号为 70H～77H。

图 6-22 是 PC/AT 上两个 8259A 的级联图，根据图上的连接和双 8259A 级联的特点，在现代微机中对两片 8259A 的初始化如下：

```
;对主片 8259A 的初始化
INTM00  EQU  020H        ;主 8259A 端口 0
INTM01  EQU  021H        ;主 8259A 端口 1
...
    MOV  AL, 00010001B   ;ICW1：边沿触发，要 ICW4；级联方式，要 ICW3
    OUT  INTM00, AL
    JMP  SHORT  $+2      ;I/O 端口延时
```

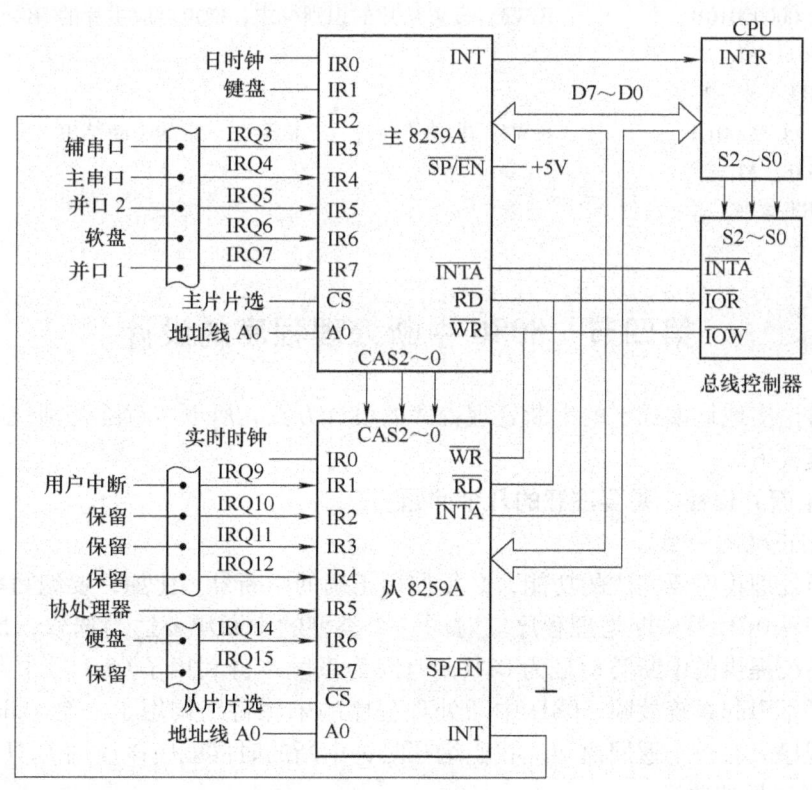

图 6-22　PC/AT 机的硬件中断控制

```
        MOV    AL, 00001000B         ; ICW2：设置主片的中断向量，起始的中断向量为 08H
        OUT    INTM01, AL
        JMP    SHORT $+2
        MOV    AL, 00000100B         ; ICW3：表示从 8259A 的 INT 输出是连接到主片的 IR2
        OUT    INTM01, AL
        JMP    SHORT $+2
        MOV    AL, 00000001B         ; ICW4：非总线缓冲，全嵌套，正常的中断结束（EOI）
        OUT    INTM01, AL
        JMP    SHORT $+2
        …
;  对从片 8259A 的初始化
        INTS00 EQU  0A0H             ; 从 8259A 端口 0
        INTS01 EQU  0A1H             ; 从 8259A 端口 1
        …
        MOV    AL, 00010001B         ; ICW1 边沿触发，要 ICW4；级联方式，要 ICW3
        OUT    INTS00, AL
        JMP    SHORT $+2
        MOV    AL, 01110000B         ; ICW2：设置从片的中断向量，起始的中断向量为 70H
        OUT    INTS01, AL
        JMP    SHORT $+2
        MOV    AL, 00000010B         ; ICW3：设置从片的识别标志，指定对应主片的 IR2
        OUT    INTS01, AL
        JMP    SHORT $+2
        MOV    AL, 00000001B         ; ICW4：非总线缓冲，全嵌套，正常的中断结束
        OUT    INTS01, AL
        JMP    SHORT $+2
        …
```

第四节 8086 中断处理程序的设计

本节只讨论实地址模式下的中断处理程序的设计方法，所以本章除特别说明，一般都是指在实地址模式下。

1. 编写中断处理程序需要注意的几个问题

（1）使用正确的中断号

根据中断处理程序要完成的功能，必须使用正确的中断号。比如，要编写串口 1 处理程序，就应该编写 0CH 号中断处理程序。对同一个类型的中断源要适当选取，比如对于内部时钟中断，系统提供的中断类型号为 08H，但因为系统本身利用了 08H 号中断处理驱动器等设备，为了不引起系统故障，08H 中断处理程序的末尾特别调用了一个 1CH 号中断，这个中断处理程序只有一个返回语句，我们编写时钟中断的时候就应该使用 1CH 号中断。

（2）中断向量的置换

中断处理程序的中断类型号（假设为 N）确定之后，接下来要考虑的是：一旦发生中

断，怎样引导 CPU 执行用户的（而不是系统的）处理程序。这就需要预先进行中断向量的置换。置换的方法有以下两种：

1）直接写中断向量表。因为中断向量表就在系统 0000：0000H 的地址开始，每一个中断向量占 4 字节，因此可以用下面的程序进行中断向量的置换（假设置换的是 0CH 号中断向量）。

```
CLI                             ;关中断
MOV    AX, 0
MOV    ES, AX                   ;ES 指向 0000H 段（中断向量表的段）
MOV    SI, 0CH * 4              ;一个中断向量 4 个字节
MOV    AX, OFFSET SERVICE       ;中断入口偏移地址
MOV    ES:[SI], AX
MOV    AX, SEG SERVICE          ;中断入口的段地址
MOV    ES:[SI+2], AX
STI                             ;开中断
…
;中断处理程序
SERVICE  PROC  FAR
…
```

置换中断向量的时候一定要关闭中断，防止中断向量还没完全置换结束，就遭遇该号中断的到来。

2）使用 DOS 功能调用。用 DOS 系统功能的 INT 21H 的 25H 号子功能将 N 号中断的中断向量写入中断向量表的 4×N～4×N+3 单元。下面的程序完成 0CH 号中断向量写入到中断向量表。

```
MOV    AX, SEG SERVICE          ;中断入口段地址按要求赋给 DS 寄存器
MOV    DS, AX
MOV    DX, OFFSET SERVICE       ;中断入口的偏移地址按要求赋给 DX
MOV    AH, 25H                  ;置换中断向量的子功能号 25H 按要求赋给 AH
MOV    AL, 0CH                  ;要置换的中断向量的类型号按要求赋给 AL
INT    21H
```

还可以用 DOS 系统功能的 INT 21H 的 35H 号子功能，将中断向量表中原有的 N 号中断向量读出并保存到用户程序的数据区，在程序结束（不是中断处理程序结束！）返回 DOS 之前，再恢复系统中断向量的设置（具体程序见后）。中断向量的置换和中断向量的恢复是设计中断程序的重要措施。

（3）适当保护现场

由于中断（除了内部中断 INT n）都是随机到来的，被中断的程序根本不可能保存自己使用的各个寄存器，所以中断处理程序中一定要保护好需要使用的寄存器。如果使用的寄存器多，可以保护所有寄存器，如果寄存器用得不多，可只将要用的寄存器保护起来。保护的方法很简单，就是将这些寄存器的内容压栈。

（4）避免在中断处理程序中调用 DOS 功能

8086 微机的操作系统是 DOS，使用 DOS 有个很重要的问题就是"DOS 重入"。在设计中断处理程序和驻留程序的时候，不可避免地要涉及 DOS 重入的问题。中断是随机发生的，

被中断的程序称为现行程序或者简称为主程序。中断发生后，CPU 转向的是中断处理程序。当主程序正在执行 DOS 的 INT 21H 的某项子功能时，该功能调用还没有结束，X 中断源提出了中断请求，CPU 响应后，中断该项子功能的执行，转而执行 X 中断处理程序，如果 X 中断处理程序也要执行 INT 21H 指令，则 CPU 就会再次进入 DOS，这一过程称为"DOS 重入"。DOS 是不允许重入的，强行使用 DOS 重入很可能使系统瘫痪。

避免 DOS 重入的最简单的方法是中断处理程序中不调用 INT 21H 功能。如果在中断处理程序中要进行人机交互，则调用相应的 BIOS 功能即可。如果只能通过调用 INT 21H 才能完成功能，比如文件操作，则只能在中断处理程序中设置某个标志位并将要操作的数据写入内存中指定的位置，由主程序根据标志位的值进行相应的处理。

（5）正确估计中断处理程序的执行时间

定时中断处理程序的执行时间，必须远远小于定时中断的时间间隔。其他外部中断处理程序执行时间也要足够小，一般对外部同级中断的到来频率要有一个比较合理的估计，中断处理时间要短于这个时间间隔。特别要注意，在中断处理程序里面不能出现长时间的循环，尤其是死循环，也不能出现人机交互的需要人工干预的界面。

（6）在适当的时候打开中断

由于微机在中断到来后，进入中断处理程序前会自动将 FLAGS.IF 位清 0，以便屏蔽其他中断。因此，如果在你的中断处理程序运行阶段，允许其他中断进来，则必须在中断处理程序开始的地方使用指令 STI 来取消中断屏蔽。但需要注意的是，这将有可能引起中断嵌套，尤其是在 8259A 自动结束方式下，低优先级的中断都能嵌套到高优先级中断中，如果中断到来频繁，嵌套层次太深，可能会引起一些系统崩溃（如系统堆栈溢出等），所以要权衡利弊。

（7）中断处理程序的返回

1）如果现场保护后，执行过 STI，则恢复现场前要执行 CLI 关闭中断。

2）完成"外部硬件中断处理"之后，中断处理程序必须向 8259A 发送中断结束命令（EOI），通报本次中断结束，然后才能执行 IRET 操作。如果是从片上的中断，则必须对主片和从片都发 EOI，方法是写 OCW2：

```
MOV   AL, 20H
OUT   20H, AL            ;向主片发 EOI
MOV   AL, 20H
OUT   0A0H, AL           ;向从片发 EOI
IRET
```

3）恢复现场，使用与保护现场压栈顺序的逆序将保存的寄存器的值弹出。

4）使用 IRET 中断返回指令返回。

2. 中断处理程序编写举例

以下是一个串口 1 处理程序的编写框架，前面已经讲过串口 1 中断向量是 0CH。

```
…
OLD0C     DD     ?
…
.CODE
…
```

```
        MOV   AX, 350CH                    ; 保存原来的 0CH 中断向量
        INT   21H
        MOV   WORD  PTR  OLD0C, BX         ; 保存原中断向量的偏移值
        MOV   WORD  PTR  OLD0C+2, ES       ; 保存原中断向量的段值
        MOV   AX, SEG  SERVICE             ; 写入新的 0CH 中断向量
        MOV   DS, AX
        MOV   DX, OFFSET  SERVICE
        MOV   AX, 250CH
        INT   21H
        …                                  ; 其他程序段
SERVICE  PROC                              ; 中断处理子程序
        PUSH  AX                           ; 保护现场
        …                                  ; 更多寄存器压栈
        PUSH  DS
        STI                                ; 打开中断
        …                                  ; 串口数据处理程序
        CLI                                ; 关闭中断
        MOV   AL, 20H                      ; 中断结束命令
        OUT   20H, AL
        POP   DS                           ; 恢复现场
        …                                  ; 更多寄存器退栈
        POP   AX
        IRET
SERVICE  ENDP
```

思考题与练习题

1) 什么是中断？什么是中断源？
2) 中断系统应具备哪些基本功能？为什么说外部中断的到来是随机的？
3) CPU 中断请求引脚和中断源的连接方式有哪些？
4) 根据图 6-3 的电路，简述设备 B 和设备 C 同时请求中断的响应过程。
5) 8086 有哪些中断类型？可屏蔽中断的屏蔽方法有哪些？请写出让 TF = 0 的指令序列。
6) 8086 中断相应合理的过程有哪几个主要步骤？
7) 什么是中断向量？什么是中断向量表？分别计算中断类型号为 3，12，43 的中断入口地址存放在中断向量表的什么逻辑地址内？
8) 8259A 具有哪些工作方式和中断操作能力？如何对单片的 8259A 进行初始化编程？
9) 什么是中断优先级？设置中断优先级的目的是什么？
10) 请叙述 IRR、ISR 和 IMR 各自的作用，并总结 IRR 和 ISR 中的位被置 1 和复位的时机。
11) 已知一个只有单片 8259A 的系统中，IR3 的中断类型号是 2BH，请问该 8259A 的

ICW2 的值是多少?

12) 将 A, B, C 三片 8259A 进行级联, 你认为图 6-23 中哪一个方案是可行的, 为什么?

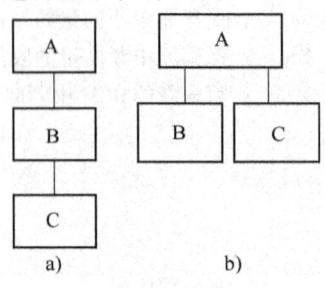

图 6-23　习题 12
a) 方案 1　b) 方案 2

第七章　可编程定时/计数器

学习目标：

在微型计算机系统应用中，经常需要对外部事件进行计数，更需要各种定时器以及对延时的控制，这些都需要运用定时/计数器。本章主要介绍微型计算机系统中定时/计数器的功能、结构、工作方式和使用方法。

建议学时： 4 学时

教师导读：

在学习本章时，应注意如下几点：

1) 识记定时/计数技术的实现方法以及 8253/8254 内部结构和功能。
2) 领会 8253/8254 的工作方式。
3) 对 8253/8254 初始化以及 8253/8254 工作方式 2、3 进行综合应用。
4) 本章的重点是 8253/8254 的工作方式、初始化以及应用。
5) 本章的难点是 8253/8254 方式 2、3 的应用。

第一节　定时/计数器概述

一、定时与计数

在计算机系统、工业控制领域乃至日常生活中，都存在定时、计时和计数问题。定时和计时是最常见和最普遍的问题，一天 24 小时的计时称为日时钟，长时间的计时（日、月、年直至世纪的计时）称为实时钟。

定时与计数的本质是一样的，只不过定时计的数是时间单位。例如，以秒为单位来计数，计满 60 秒为 1 分，计满 60 分为 1 小时，计满 24 小时为 1 天。计数大多是计的外部一个周期性或随机性的事件次数。

在微机系统中，定时/计数的功能主要包括：

1) 以均匀分布的时间间隔中断分时操作系统，以便切换程序。
2) 向 I/O 设备输出精确的定时信号。如在监测系统中，对被测点的定时取样；在打印程序中的超时处理；在读键盘时的延迟去抖等。
3) 检测外部事件发生的频率或周期，如 CPU 风扇转速测量。
4) 统计外部某过程（如实验、生产及武器发射等过程）中某一事件发生的次数，如生产线上对零件的计数、高速公路上车流量的统计等。

二、定时方法

实现定时或延时控制，通常有 3 种方法，即软件定时、不可编程硬件定时和可编程硬件定时。

1）软件定时就是通过执行一段固定的循环程序来实现定时。由于 CPU 执行每条指令都需要一定的时间，因此执行一个固定的程序段就需要一个固定的时间。定时或延时时间的长短可通过改变指令执行的循环次数来控制。但这种软件定时方式要占用大量的 CPU 时间，会降低 CPU 的利用率；并且，由于不同的主机执行同一段程序的时间不一定一样，在 8086 上定时 1s 的程序，在 Pentium 上可能只能延迟不到 0.01s，因此通用性差。

2）不可编程硬件定时是采用中小规模集成电路器件来构成定时电路的。例如，较常见的定时器件有单稳态触发器和 555 定时器等，利用它们和外接电阻及电容的结合，可在一定时间范围内实现定时。这种硬件定时方案不占用 CPU 时间，且电路也较简单，但电路一经连接好后，定时值就不能随便改变。

3）可编程硬件定时就是在上述不可编程硬件定时的基础上加以改进的，使其定时值和定时范围可方便地由软件来确定和改变。可编程定时电路一般都是用可编程计数器来实现，因为它既可计数又可定时，故称之为可编程定时/计数器电路。可编程定时/计数器的本质是脉冲计数器。定时计的是计算机内部的基准时钟源产生的脉冲，计数计的是外部脉冲，定时与计数本质上都是对脉冲计数。

可编程定时/计数器电路的典型结构如图 7-1 所示。

图中虚线框所示是接口电路中的可编程定时器/计数器电路部分。CPU 通过接口电路内部总线与可编程定时器/计数器进行数据交换；接口电路内部通过端口地址译码器选择各个寄存器进行操作；虚线框中的控制寄存器作为本电路专用的控制寄存器，其内容一般是接口电路中控制寄存器的部分内容的复制。

其基本工作过程：首先预置计数初值寄存器，然后把计数初值传送至计数器，计数脉冲经 CLK 输入端对计数器进行减法计数。计数器的当前内容可以随时送入输出锁存器，以供 CPU 读取，这样不会干扰

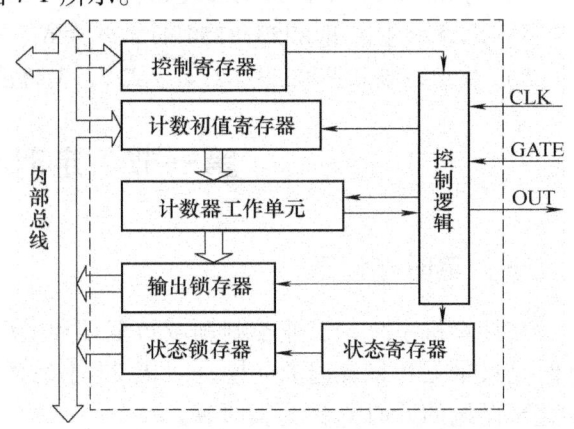

图 7-1 可编程定时/计数器电路的典型结构框图

计数过程，还使得计数值不一定要立即输入到 CPU。计数到零的状态指示可由 OUT 引脚和状态寄存器的某一位反映出来，以供查询式 I/O 或中断式 I/O 来检测零值状态。GATE 输入端可有多种控制作用，例如允许/禁止计数和启动/中止计数等。

目前，各种微机和微机系统中都是采用可编程计数器/定时器来满足计数和定时及延时控制的需要。如各种 PC 中普遍采用的是 Intel 公司的 8253/8254 定时/计数器芯片。

第二节　可编程定时/计数器 8254

8253/8254 系列是 Intel 公司为解决与微处理器设计有关的公共时间问题而专门设计的可编程间隔定时器（Programmable Interval Timer，PIT）。8254 是 8253 的改进型，比 8253 具有更优良的性能。但两者的基本功能相同，硬件组成、外部引脚和编程特性完全兼容。因此，

凡是使用 8253 的地方都可用 8254 代替，而原来的硬件连接和驱动软件都不必做任何修改。下面主要以 8254-2（最高工作频率为 10 MHz）为例介绍其功能、结构、引脚信号、工作方式和编程，而对 8254 与 8253 不同的地方随时予以说明。

一、8254-2 的基本功能

8254-2 具有以下基本功能：
1）有 3 个独立的 16 位计数器。
2）每个计数器可按二进制或十进制（BCD）计数。
3）每个计数器可编程工作于 6 种不同工作方式。
4）8254-2 每个计数器允许的最高计数频率为 10 MHz（8253 为 2 MHz，8253-5 和 8254-5 为 5 MHz，8254 为 8 MHz）。
5）8254 有读回命令（8253 没有），除了可以读出当前计数单元的内容外，还可以读出状态寄存器的内容。

二、8254 的内部结构和外部引脚

1. 内部结构

如图 7-2 所示是 8254 的内部结构框图。它是由与 CPU 的接口、内部控制电路和 3 个计数器组成。

（1）数据总线缓冲器

数据总线缓冲器是一个三态、双向 8 位寄存器，用于将 8254 与系统数据总线相连。数据总线缓冲器有 3 个基本功能：CPU 通过数据总线缓冲器向 8254 写入确定工作方式的命令字，向某一计数器写入计数初值，从某一计数器读取当前的计数值。

（2）读/写控制逻辑

这是 8254 内部的控制电路，当片选信号 $\overline{CS}$ = 0 时，由 A1 和 A0（通常接系统地址线 A1 和 A0）信号选择内部寄存器，由读信号 $\overline{RD}$（通常接系统控制总线的 $\overline{IOR}$）和写信号 $\overline{WR}$（通常接 CPU 的 $\overline{IOW}$）完成对选定寄存器的读/写操作。当片选信号 $\overline{CS}$ = 1 时，数据总线缓冲器与系统数据总线脱开。

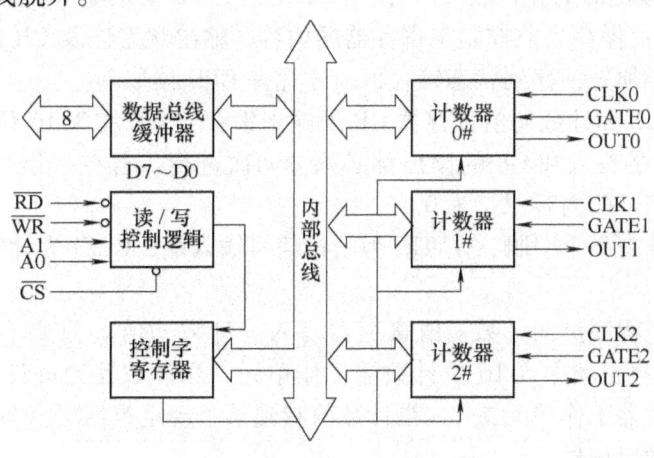

图 7-2　8254 内部结构框图

（3）控制字寄存器

控制字寄件器是 8 位只写寄存器。初始化编程时，由 CPU 写入控制字，以决定计数器的工作方式；计数器工作过程中，可由 CPU 写入读出命令。

（4）计数器

3 个计数器相互间是完全独立的，但结构和功能完全相同。每个计数器的内部结构如图 7-3 所示。

1）计数初值寄存器 CR（16 位）：用于存放计数初值（针对不同应用场合，又称定时常数或分频系数），其长度为 16 位，故最大计数值为 65 536。计数初值寄存器的初值是和减 1 计数器的初值在初始化时同时一起装入的，计数初值寄存器的计数初值，在计数器计数过程中保持不变，故计数初值寄存器的作用是在自动重装操作中为减 1 计数器提供计数初值，以便重复计数。所谓自动重装是指当减 1 计数器减 1 至 0 后，可以自动把计数初值寄存器的内容再装入减 1 寄存器，重新开始计数。当写入控制字时，将同时清除计数初值寄存器的内容。

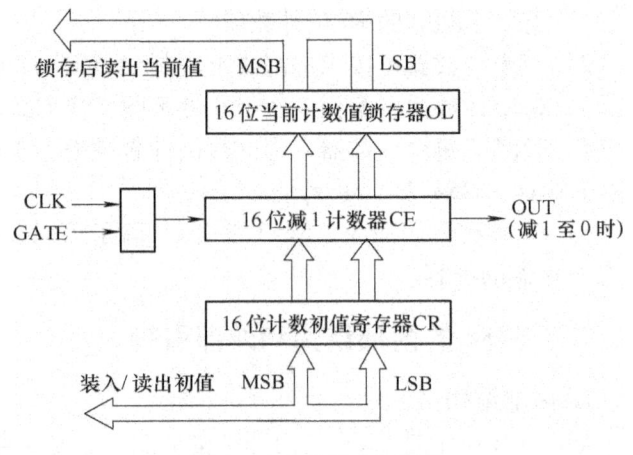

图 7-3 计数器内部结构

2）计数器工作单元 CE（16 位）：用于进行减 1 计数操作，每来一个时钟脉冲，它就做减 1 运算，直至将计数初值减为零。如果要连续进行计数，则可重装计数初值寄存器的内容到减 1 计数器。CE 是 CPU 不能直接读/写的，需要修改其初值时，只能通过写入 CR 实现。

3）输出锁存器 OL（16 位）：用于锁存减 1 计数器的内容，以供读出和查询。在计数过程中，OL 随 CE 的变化而变化。由于 CE 的内容是随输入时钟脉冲在不断改变的，为了读取这些不断变化的当前计数值，只有先把它送到 OL 加以锁存才能读出。经锁存后的 OL 内容将一直保持至 CPU 读出时为止。在 CPU 读出 OL 之后，OL 又跟随 CE 变化。

4）状态寄存器：保存当前控制字寄存器的内容、输出状态以及 CR 内容是否已装入 CE 的指示状态，同样必须先锁存到状态锁存器，才允许 CPU 读取。

计数工作单元 CE 和计数初值寄存器 CR 及输出锁存器 OL 均为 16 位，而内部总线的宽度为 8 位，因此 CR 的写入和 OL 的读出都必须分两次进行。若在初始化时只写入 CR 的一个字节，则另一个字节的内容保持为 0。

每个计数器对外有 3 个引脚：GATEi 为门控信号输入端，CLKi 为计数脉冲输入端，OUTi 为信号输出端。

初始化编程时，程序员向计数初值寄存器写入的计数初值（只要不写入新的初值，该值始终保持不变），将自动送入 16 位计数器工作单元。当计数器允许计数时，每一个 CLKi 信号的下降沿使计数器工作单元减 1。当计数值减到某个规定数值时（取决于工作方式的设定），OUTi 端产生输出信号。

计数脉冲可以是有规律的时钟信号，也可以是随机脉冲信号。

计数初值 n 的计算公式如下：

$$n = f_{CLKi} \div f_{OUTi}$$

其中，f_{CLKi} 是输入时钟脉冲的频率，f_{OUTi} 是输出波形的频率。

2. 外部引脚

和所有的可编程接口芯片一样，8254 的外部引脚（见图 7-4）分为与系统总线连接的信号线和与其他设备连接的信号线。

面向系统总线的信号线有以下几种：

1）数据总线 D0～D7 为三态输出/输入线。用于将 8254 与系统数据总线相连，是 8254 与 CPU 接口数据线，供 CPU 向 8254 进行读/写数据、传送命令和状态信息。

2）片选线 $\overline{CS}$ 为输入信号，低电平有效。当 $\overline{CS}$ 为低电平时，CPU 选中 8254，可以向 8254 进行读/写；当 $\overline{CS}$ 为高电平时，CPU 未选中 8254。$\overline{CS}$ 由 CPU 输出的地址码经译码产生。

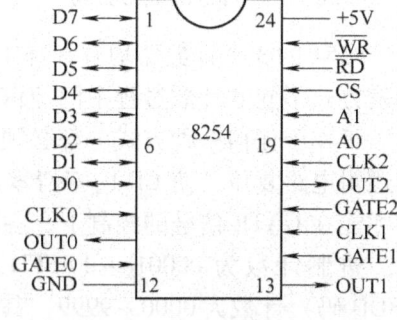

图 7-4　8254 外部引脚图

3）读/写信号 $\overline{RD}$ 和 $\overline{WR}$ 为输入信号，低电平有效。它由 CPU 发出，用于对 8254 寄存器进行读/写操作。

4）地址线 A1 和 A0 一般分别接到系统地址总线的 A1 和 A0 上。当 $\overline{CS}=0$，8254 被选中时，A1 和 A0 用于选择 8254 内部寄存器，以便对它们进行读/写操作。8254 内部寄存器与地址线 A1 和 A0 的关系如表 7-1 所示。

表 7-1　8254 内部寄存器读/写操作

$\overline{CS}$	$\overline{RD}$	$\overline{WR}$	A1	A0	操作
0	1	0	0	0	计数初值写入 0#计数器
0	1	0	0	1	计数初值写入 1#计数器
0	1	0	1	0	计数初值写入 2#计数器
0	1	0	1	1	向控制字寄存器写控制字
0	0	1	0	0	读 0#计数器当前计数值
0	0	1	0	1	读 1#计数器当前计数值
0	0	1	1	0	读 2#计数器当前计数值
0	0	1	1	1	无操作
1	×	×	×	×	禁止使用
0	1	1	×	×	无操作

面向其他设备的信号线有以下几种：

1）计数器时钟信号 CLK 为输入信号。3 个计数器各有一独立的时钟输入信号。时钟信号的作用是在 8254 进行定时或计数工作时，每输入 1 个时钟脉冲信号 CLK，便使计数值减 1。

2）计数器门控选通信号 GATE 为输入信号。3 个计数器都有自己的门控信号，作用是禁止、允许或开始计数过程的。对于 8254 的 6 种不同工作方式，GATE 信号的控制作用不同。

3）计数器输出信号 OUT 为输出信号。3 个独立计数器都有自己的计数器输出信号，其作用是计数器工作时，每来 1 个时钟，脉冲计数器减 1，当计数值减为 0 时，就在输出线上输出 OUT 信号，以示定时或计数已到。这个信号可作为外部定时和计数控制信号接到 I/O 设备，用来启动某种操作（开/关或启/停）；也可作为定时和计数已到的状态信号供 CPU 检测；或作为中断请求信号使用。

三、8254 的工作方式

8254 的 3 个计数器均有 6 种工作方式，其主要区别在于输出波形不同、启动计数器的触发方式不同和计数过程中门控信号 GATE 对计数操作的影响不同。

工作于任何一种方式，都必须先写控制字至控制字寄存器，以选择所需方式，同时使所有逻辑电路复位，使 CR 内容清零，以及使 OUT 变为规定状态，再向 CR 写入计数初值；然后才能在 GATE 信号的控制下，在 CLK 脉冲的作用下进行计数。写入 CR 的计数初值范围，对二进制计数为 0000H ~ FFFFH，其中 0000H 为最大值，代表 65536（2^{16}）；对十进制（BCD 码）计数为 0000 ~ 9999，其中 0000 为最大值，代表 10000（10^4）。

1. 方式 0

方式 0 称为计数到零产生中断方式（Interrupton Terminal Count）。它是典型的事件计数用法，当计数单元 CE 计至零时，OUT 信号由低变高，可作为中断请求信号。

8254 工作在方式 0 时，其工作波形如图 7-5 所示。方式 0 的工作特点如下：

1）计数由软件启动，每次写入计数初值，只启动一次计数。当计数到零后，并不恢复计数初值，也不重新开始计数，OUT 端保持高电平。只有再次写入计数值后，OUT 变低后才开始新一轮的计数。

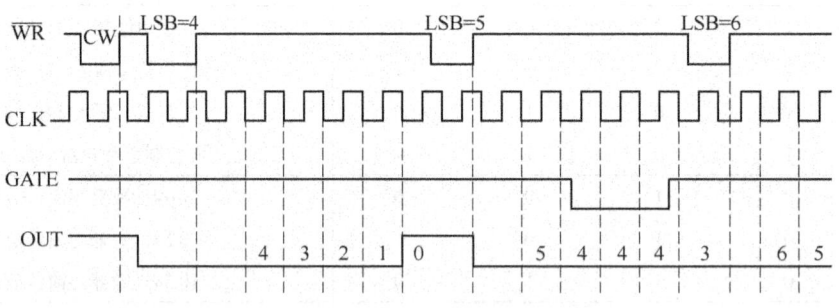

图 7-5 工作方式 0 波形图

2）8254 内部是在 CPU 写计数初值的 $\overline{\text{WR}}$ 信号上升沿，将此值写入 CR。CR 内容并不立即装入 CE，而是在其后的下一个 CLK 脉冲下降沿才将 CR 内容装入 CE，开始计数。

3）在计数过程中，如果 GATE = 0，则暂停计数，直至 GATE 变 1 后再接着计数。

4）在计数过程中可写入新的计数初值。从写入后的下一个时钟脉冲开始以新的初值计数。如果是 8 位计数，则在写入新的初值（仅低字节）后即按新值开始计数；如果是 16 位计数，则在写入第一字节后，计数器停止计数，在写入第二字节后，计数器才按新值开始计数。

2. 方式 1

方式 1 称为硬件可重触发单稳（Hardware Retriggerable One-Shot）方式。该方式是由外部门控脉冲（硬件）启动计数，相当于一个可编程的单稳态电路。其特点如下：

1）写入控制字后，OUT 端输出高电平。写入计数初值后，OUT 端保持高电平，计数器由 GATE 的上升沿启动。GATE 启动之后，OUT 变为低电平，每来一个 CLK，计数器减 1；当计数值减到 0 时，OUT 输出高电平，从而在 OUT 端输出一个负脉冲。负脉冲宽度为计数初值乘以 CLK 脉冲周期。

2）具有可重触发性，即允许多次触发。在计数器未减到 0 时，门控信号 GATE 又来一个正脉冲，计数初值将重新装入计数器，计数器从初始值开始重新做减 1 计数。

3）在计数过程中，程序员可装入新的计数初值，此时计数过程不受影响。只有当 GATE 再次出现 0-1 的跃变后，计数器才能按新的计数初值做减 1 计数。

8254 工作在方式 1 时，其工作波形如图 7-6 所示。

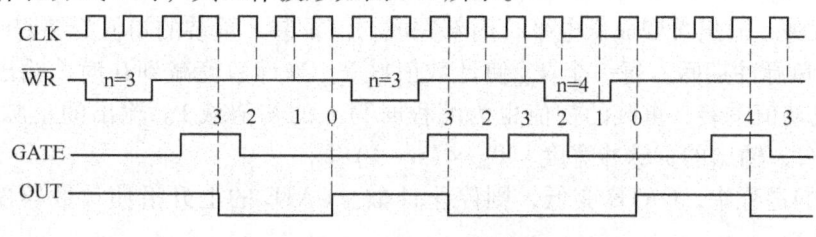

图 7-6　工作方式 1 波形图

3. 方式 2

方式 2 为速率波发生器（Rate Generator）方式，也叫 n 分频方式。方式 2 的特点是计数器有"初值自动重装"的功能，即计数值减到规定数值后，计数初值将会自动地重新装入计数器，所以能够输出固定频率的脉冲。其工作特点如下：

1）写入控制字后，OUT 输出为高电平。写入计数初值 n 后，如果 GATE 为高电平，则计数器开始做减 1 计数；当计数值减到 1（**注意!**）时，OUT 输出为低电平，维持一个 CLK 周期，又变为高电平，且计数初值 n 自动重装，计数器开始重新计数。如果 CLK 为周期性脉冲序列，则 OUT 端也输出周期性的负脉冲。负脉冲宽度为一个 CLK 周期，脉冲频率为 CLK 信号频率的 1/n，即为 CLK 的 n 分频信号。

2）如果在做减 1 计数的过程中，GATE 变低，则停止计数。GATE 的上升沿使计数器恢复初值，并从初值开始做减 1 计数。

3）在计数过程中，如果 GATE 为高电平，则程序员写入新的计数初值，不会影响正在进行的减 1 计数过程，只有计数器减到 1 之后，计数器才装入新的计数初值，并且按新的计数初值开始计数。

8254 工作在方式 2 时，其工作波形如图 7-7 所示。

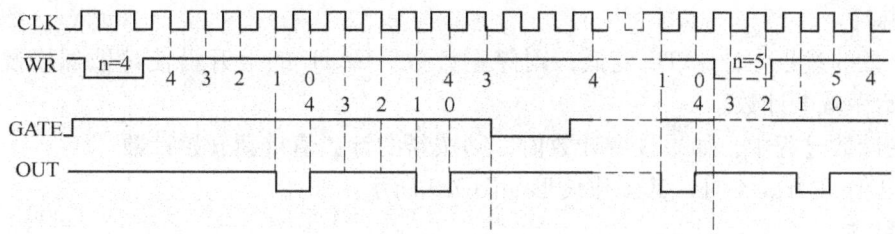

图 7-7　工作方式 2 波形图

4. 方式3

方式3称为方波发生器（Square Wave Output）方式。它的典型用法是作为波特率发生器。方式3有初值自动重装的功能。其工作特点如下：

1) 写入控制字后，OUT 输出为高电平。写入计数初值 n 后，如果 GATE 为高电平，则在下一个 CLK 脉冲下降沿，计数器开始计数。

2) 当计数初值为偶数的时候，每来一个 CLK 脉冲，计数值减 2；当计数值减到 0 时输出端改变极性，内部完成初值自动重装，继续计数。因此，输出端为 1:1 的方波，正脉冲和负脉冲的宽度均为 n/2 的 CLK 周期。

3) 如果计数初值为奇数，则在 OUT 变为高电平的瞬间，将 CR 内的计数初值减 1 后装入 CE，然后开始减 2 计数。在输出正脉冲期间，每一个 T_{clk} 使计数值减 2，当计数值减到 0 时的下一个时钟，输出端变成低电平，内部完成初值重装，重装的初值为编程时写入的初值减 1；在输出负脉冲期间，每一个 T_{clk} 使计数值减 2，当计数值减到 0 时，输出端变成高电平，内部完成初值重装，重装的初值也为编程时写入的初值减 1。输出的正脉冲宽度 = T_{clk} × (n +1) /2，输出的负脉冲宽度 = T_{clk} × (n −1)/2。

4) 计数的过程中，GATE 变低，则停止计数。GATE 的上升沿使计数器恢复初值，并从初值开始计数。

5) 与方式 2 一样，在计数过程中，如果 GATE 为高电平，则程序员写入新的计数初值，不会影响正在进行的计数过程，只有当前计数操作周期结束之后，计数器才装入新的计数初值，并且按新的计数初值开始计数。

8254 工作在方式 3 时，其工作波形如图 7-8 所示。

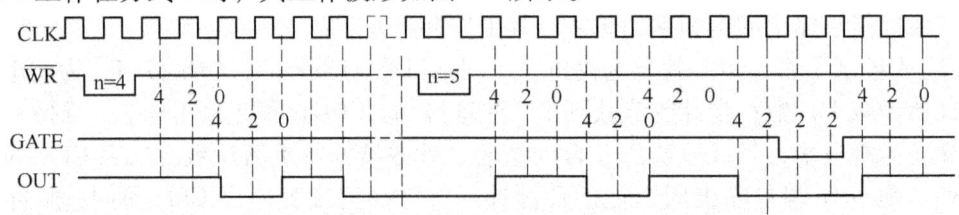

图 7-8 工作方式 3 波形图

5. 方式4

方式 4 为软件触发选通（Software Triggered Strobe）方式，与方式 0 十分相似。其工作特点如下：

1) 写入控制字后，OUT 输出高电平。若当前 GATE 为高电平，则写入计数初值后，开始做减 1 计数；当计数值减到 0 时，OUT 变低，在 OUT 端输出一个宽度等于一个 CLK 脉冲周期的负脉冲。

2) 计数的过程中，GATE 变低，则停止计数。GATE 的上升沿使计数器恢复初值，并从初值开始做减 1 计数。

3) 在计数过程中，如果改变计数值，则按新的计数值重新开始计数。

8254 工作在方式 4 时，其工作波形如图 7-9 所示。

6. 方式5

方式 5 称为硬件触发选通（Hardware Triggered Strobe）方式，与方式 1 十分相似。其工作特点如下：

1）写入控制字之后，OUT 输出为高电平。写入计数初值后，只有在 GATE 端出现 0-1 跃变时，计数初值才能装入计数器，然后在 CLK 脉冲作用下，计数器做减 1 计数；当计数值减为 0 时，OUT 端输出一个 CLK 周期的负脉冲。

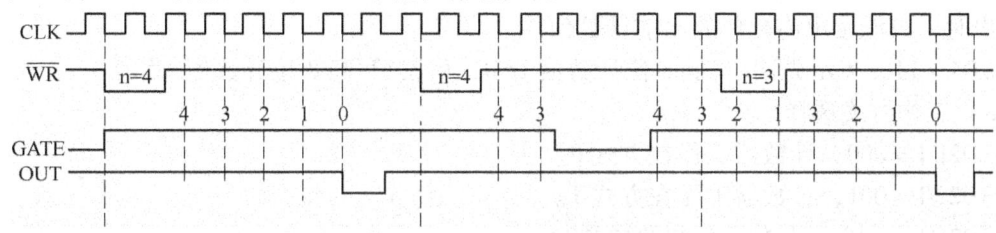

图 7-9　工作方式 4 波形图

2）在计数过程中，若 GATE 端再次出现 0-1 跃变，则计数初值重新装入计数器，在 CLK 脉冲作用下，重新做减 1 计数。

3）在计数过程中，如果改变计数初值，只要没有 GATE 上升沿触发，则不影响计数过程；若有，则立即按新的计数初值重新开始计数。

8254 工作在方式 5 时，其工作波形如图 7-10 所示。

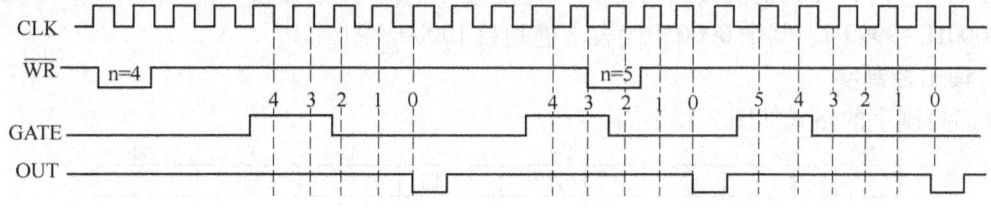

图 7-10　工作方式 5 波形图

四、8254 的控制字

8254 的控制字有两个：一个用来设置计数器的工作方式，称为方式控制字；另一个用来设置读回命令，称为读回控制字。这两个控制字共用一个地址，由标识位来区分。

1. 方式控制字

方式控制字的格式如图 7-11 所示。

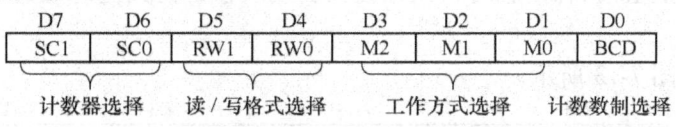

图 7-11　8254 的控制字格式

（1）计数器选择

D7D6 = 00，表示选择 0 号计数器。

D7D6 = 01，表示选择 1 号计数器。

D7D6 = 10，表示选择 2 号计数器。

D7D6 = 11，读出控制字的标志之一（8253 无）。

（2）读/写格式选择

D5D4 = 00，表示锁存计数器的当前计数值，以便读出检查。

D5D4 = 01，表示写入时，只写低 8 位计数初值 LSB（Least Significant Byte），高 8 位置 0。读出时，只能读出低 8 位的当前计数值。

D5D4 = 10，表示写入时，只写高 8 位计数初值 MSB（Most Significant Byte），低 8 位置 0。读出时，只能读出高 8 位的当前计数值。

D5D4 = 11，表示先读/写低 8 位计数值 LSB，后读/写高 8 位计数值 MSB。

（3）工作方式选择

D3D2D1 = 000，计数器工作在方式 0。

D3D2D1 = 001，计数器工作在方式 1。

D3D2D1 = X10，计数器工作在方式 2。

D3D2D1 = X11，计数器工作在方式 3。

D3D2D1 = 100，计数器工作在方式 4。

D3D2D1 = 101，计数器工作在方式 5。

（4）计数数制选择

当 D0 = 0 时，计数初值被认为是二进制数，减 1 计数器按二进制规律减 1。初值范围是 0000H ~ FFFFH，其中 0000H 代表 65536。

当 D0 = 1 时，计数初值被认为是二-十进制数，减 1 计数器按十进制规律减 1。初值范围是 0000H ~ 9999H，其中 0000H 代表十进制数 10000。

2. 读出控制字

读出控制字的格式如图 7-12 所示。

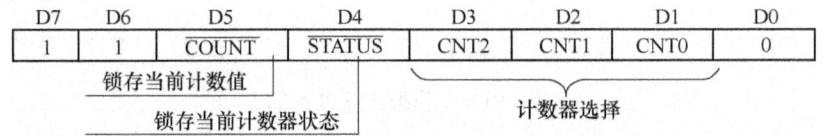

图 7-12　8254 的读出控制字格式

读出控制字 D7D6 必须为 11，D0 位必须为 0。D5 = 0 锁存计数值，以便 CPU 读取，D4 = 0 将状态信息锁存入状态寄存器。D3 ~ D1 为计数器选择，不论是锁存计数值还是锁存状态信息，都不影响计数。读出命令能同时锁存几个计数器的计数值/状态信息，当 CPU 读取某一计数器的计数值/状态信息时，该计数器自动解锁，但其他计数器不受影响。

3. 状态字

状态字格式如图 7-13 所示。

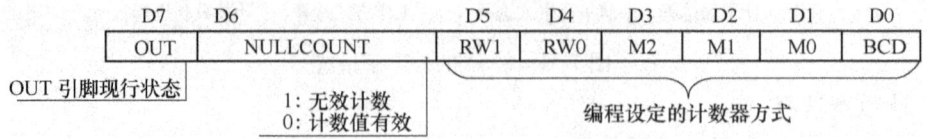

图 7-13　8254 的状态字格式

D5 ~ D0 意义与方式控制字的对应位意义相同。D7 表示 OUT 引脚的输出状态，D7 = 1 表示 OUT 引脚为高电平，D7 位 = 0 表示 OUT 引脚为低电平。D6 表示计数初值是否已装入减 1 计数器，D6 = 0 表示已装入，可以读取计数器。

五、8254 的编程

8254 复位后,3 个计数器的 OUT 引脚均为低电平,8254 内所有寄存器状态未知。和所有的可编程接口芯片一样,要让 8254 工作,首先必须对 8254 进行初始化。在 8254 工作过程中,用户可能需要了解 8254 内部各个计数器的工作情况,这就需要进行工作编程。

1. 初始化编程

8254 的初始化编程包括两方面:一是向控制字寄存器写入方式控制字,二是向所使用的计数器写入计数初值。注意:每个计数器在使用前,都要向控制字寄存器中为该计数器写入一个方式控制字。

【例 7-1】 试使用 8254-2 的计数器 0 做频率 4 kHz 的方波发生器,8254 的端口地址为 40H~43H,$f_{CLK0}=12$ MHz。

解:根据 8254 的工作方式,计数器 0 应工作于方式 3。计数初值 = $f_{CLK0} \div f_{OUT0}$ = 12 MHz ÷ 4 kHz = 3000。初始化程序如下:

```
MOV   AL, 00110111B
OUT   43H, AL        ; 写控制字, 定义计数器 0 工作于方式 3, 使用 16 位 BCD 计数
MOV   AX, 3000H
OUT   40H, AL        ; 为计数器 0 送计数初值, 先送低 8 位
MOV   AL, AH
OUT   40H, AL        ; 为计数器 0 送计数初值高 8 位
```

【例 7-2】 试使用 8254-2 的计数器 2 做 1s 标准时钟。8254 的端口地址为 0360H、0362H、0364H 和 0366H,$f_{CLK}=10$MHz。

解:计数器 2 可工作在方式 2,每满 1s 发一个负脉冲,作为 1s 标准时钟。分析端口地址可知,控制字寄存器地址为 0366H,计数器 0,1 和 2 的地址分别为 0360H,0362H 和 0364H。计数初值 = $f_{CLK} \div f_{OUT2}$ = 10 MHz ÷ 1Hz = 10×10^6 = 10 000 000 > 65 536。此时只使用计数器 2 已不能达到目的,可用两个计数器级联。例如,使用计数器 0 工作于方式 3,产生 5 kHz 的方波(计数初值为 2000),作为计数器 2 的 CLK 信号,计数器 2 的计数初值为 5000,得到 1Hz 的输出波形(周期为 1s)。电路连接如图 7-14 所示。

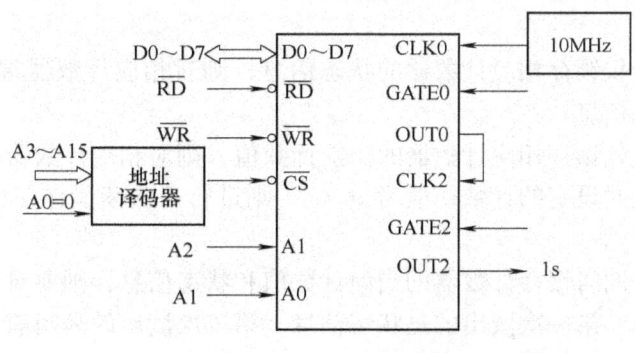

图 7-14 【例 7-2】电路连接

初始化程序如下:
```
MOV   DX, 0366H
```

```
        MOV   AL, 00110111B
        OUT   DX, AL           ;写控制字,定义计数器 0 工作于方式 3,使用 16 位 BCD 计数
        MOV   AX, 2000H        ;BCD 计数,初值 2000 即为十六进制的 2000H
        MOV   DX, 0360H
        OUT   DX, AL           ;为计数器 0 送计数初值,先送低 8 位
        MOV   AL, AH
        OUT   DX, AL           ;为计数器 0 送计数初值高 8 位
        MOV   DX, 0366H
        MOV   AL, 10110100B
        OUT   DX, AL           ;写控制字,定义计数器 2 工作于方式 2,使用 16 位二进制计数
        MOV   AX, 5000
        MOV   DX, 0364H
        OUT   DX, AL           ;为计数器 2 送计数初值,先送低 8 位
        MOV   AL, AH
        OUT   DX, AL           ;为计数器 2 送计数初值高 8 位
```

2. 工作编程

8254 在工作过程中,用户可以对 8254 的计数器进行工作编程,改变相应 OUT 输出;想知道 8254 各个计数器计数计到了多少、工作在哪种方式、使用什么计数数制及当前 OUT 输出引脚状态等,可以查询 8254 各个计数器的计数值和当前状态,这些统称为工作编程。

（1）改变计数器初值

8254 在工作过程中,用户可以改写所有正在工作的计数器的计数初值,根据不同工作方式的特点,改变相应 OUT 输出。此时,这些计数器维持原工作方式不变。新的计数初值是否生效,OUT 输出是否改变,取决于原工作方式的工作过程。

（2）读取当前计数值和当前状态

8254 任一计数器的计数值,可用输入指令读取。读操作有以下两种方法:

1）在计数过程中,先向 8254 控制寄存器写入一个 D7D6 = 计数器编号、D5D4 = 00 的控制字,锁存相应计数器的当前计数值,然后再对相应的计数器端口进行读操作。

2）在计数过程中,先向 8254 控制寄存器写入读回命令——读出控制字,这里又分以下 3 种情况。

- 如果读回命令仅锁存相应计数器的状态信息,则对相应计数器端口进行一次读操作,即可读出状态信息。
- 如果读回命令仅锁存相应计数器的当前计数值,则对相应计数器端口进行读操作。如果初始化编程时设定的计数初值为 16 位,则进行两次读操作,依次读出计数值的低 8 位和高 8 位。
- 如果读回命令同时锁存计数器的当前计数值和状态信息,则要对相应的计数器端口执行两次读操作,第一次读出的是状态信息,第二次读出的是当前计数值。如果初始化编程时设定的计数初值为 16 位,则进行 3 次读操作,第一次读出的是状态信息,第二次读出的是当前计数值的低 8 位,第三次读出的是当前计数值的高 8 位。

【例 7-3】 设 8254 端口地址为 40H~43H,试读出计数器 2 的当前计数值。

解：使用锁存命令的程序如下:

MOV	AL, 10000000B	；D4~D0 为任意
OUT	43H, AL	；锁存计数器 2 的当前计数值
IN	AL, 42H	；读计数器 2 的当前计数值低 8 位
MOV	AH, AL	
IN	AL, 42H	；读计数器 2 的当前计数值高 8 位
XCHG	AH, AL	；AX 中为计数器 2 当前计数值

也可以使用读回命令，程序如下：

MOV	AL, 11001000B	
OUT	43H, AL	
IN	AL, 42H	
MOV	DL, AL	；读计数器 2 的当前状态
IN	AL, 42H	；读计数器 2 的当前计数值低 8 位
MOV	AH, AL	
IN	AL, 42H	；读计数器 2 的当前计数值高 8 位
XCHG	AH, AL	；AX 中为计数器 2 当前计数值

第三节　8254 的应用

一、8254 在微机中的应用

PC 系列机的定时系统由独立的两部分组成：一部分是控制时序产生电路，产生运算器和控制器等 CPU 内部的控制时序，比如取指周期、存取周期和中断周期等，主要用于 CPU 内部指令的执行过程；另一部分主要用于 CPU 的外围接口芯片，这部分定时电路可按不同的接口芯片产生不同的时序信号。8254 主要应用于后一种，其端口地址为 40H~43H。其中，40H 是计数器 0 数据口，41H 为计数器 1 数据口，42H 为计数器 2 数据口，43H 为控制字寄存器。8254 在系统中的连接电路如图 7-15 所示。

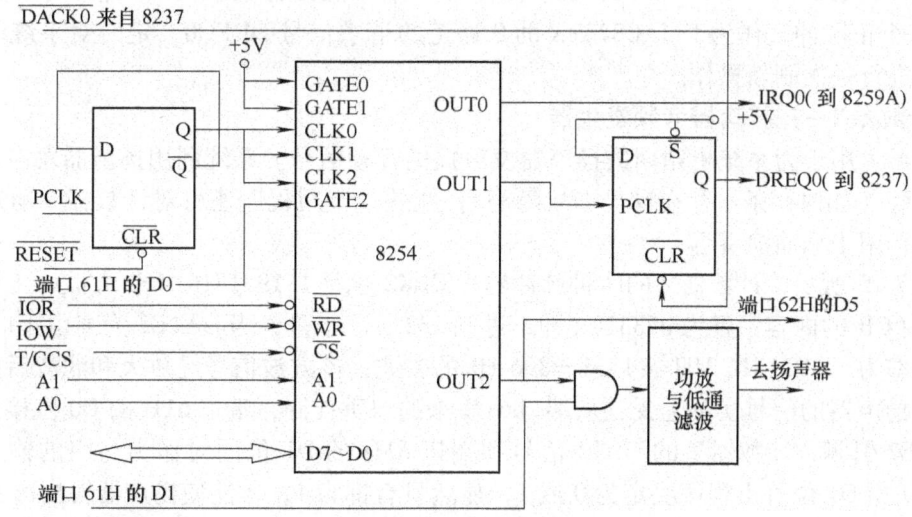

图 7-15　PC 系列机的定时系统结构框图

1. 计数器 0——系统计时器

PC 系列微机系统中,计数器 0 是一个产生时钟信号的系统计时器。系统主要利用它完成日时钟计数。初始化程序如下:

```
MOV   AL, 00110110B        ;计数器 0 控制字,方式 3,16 位二进制计数
OUT   43H, AL
MOV   AL, 0                ;初值为 0000H = 65536
OUT   40H, AL
OUT   40H, AL
```

如图 7-15 所示,计数器 0 的 GATE0 接 +5 V,CLK0 输入为 1.1931816 MHz 方波,工作于方式 3,CE 的初值(即置入 CR 的内容)为 0(即 65536),输出信号 OUT0 连接到中断控制器 8259A(主片)的 IRQ0 作为中断请求输入线(最高级可屏蔽中断)。此时,在 OUT0 引脚上输出的方波脉冲序列频率为

$$f_{OUT0} = 1.1931816 \text{ MHz} \div 65536 = 18.2 \text{ Hz}$$

即每经过 54.925 ms(1/18.2 Hz)产生一次 IRQ0 中断请求。由于主 8259 的 ICW2 一般为 08H,因此根据该中断请求,系统直接调用固化在 BIOS 中的中断类型码为 8 的中断处理程序。

2. 计数器 1——动态存储器定时刷新控制

PC 系列微机系统中,计数器 1 专门用做动态存储器刷新的定时控制。初始化程序如下:

```
MOV   AL, 01010100B
OUT   43H, AL
MOV   AL, 18
OUT   41H, AL
```

如图 7-15 所示,计数器 1 的 GATE1 同样接高电平 +5 V;CLK1 端的信号也和通道 0 相同,为 1.1931816 MHz 的方波脉冲;计数器 1 工作于方式 2;CE 的初值预置为 18(即 0012H)。于是,在 OUT1 输出一负脉冲序列,负脉冲脉宽为 1 ÷ 1.1931816 MHz = 838 ns,其周期为 18 ÷ 1.1931816 MHz = 15.08 μs。该信号用作 D 触发器的触发时钟信号,每隔 15.08 μs 产生一个正脉冲,作为 DMAC8237A 的 0 通道的请求信号 DREQ0,定时对系统的动态存储器芯片进行一次刷新操作。

3. 计数器 2——扬声器音频发生器

计数器 2 用于为系统机箱内的扬声器发声提供音频信号。系统利用扬声器发声进行提示和故障报警(如内存条不存在和显卡故障等);此外,应用程序还可对计数器 2 重新进行初始化编程,用于乐曲演奏等。

如图 7-15 所示,计数器 2 的时钟脉冲输入 CLK2 也是 1.1931816 MHz 方波,工作于方式 3,系统中 CR 的内容预置为 0533H(即十进制 1331)。于是,当 GATE2 为高电平时,OUT2 将输出频率为 1.1931816 MHz ÷ 1331 = 896 Hz 的方波,该方波信号经放大和滤波后推动扬声器。送到扬声器的信号实际上受到从端口 61H 来的双重控制,端口 61H 的 D0 位接到计数器 2 的 GATE2 引脚,计数器 2 的 OUT2 信号和端口 61H 的 D1 位同时作为与门的输入。端口 61H 的 D0 和 D1 位可由程序决定为 0 或 1,显然只有都为 1,才能使扬声器发出声音。

通过改变计数初值,可改变 OUT2 输出方波信号的频率,从而改变扬声器发声的音调。BIOS 中对应程序如下:

;功能：按照指定的时间间隔发指定频率的声音
;调用：CX = 指定频率，BX = 指定时间
;返回：无
```
      SOUND  PROC  FAR
      MOV   AL, B6H
      OUT   43H, AL
      MOV   AX, CX
      OUT   42H, AL
      MOV   AL, AH
      OUT   42H, AL
      IN    AL, 61H
      MOV   AH, AL
      OR    AL, 03H
      OUT   61H, AL
L1:   MOV   CX, 5000H
L2:   LOOP  L2
      DEC   BX
      JNZ   L1
      MOV   AL, AH
      OUT   61H, AL
      RET
SOUND ENDP
```

二、占空比 4:9 的方波发生器

【例 7-4】 8254 的 CLK0 的时钟频率是 8 kHz，问：

1) T/C0 最大定时时间是多少？

2) 如果 8254 端口地址为 90H、92H、94H 和 96H，现在要求使用该 8254 产生周期为 9 s、占空比为 4:9 的方波，请完成电路，并编写初始化程序。

解：

1) $T_{CLK0} = 1/f_{CLK0} = 1/8000 = 0.125$ ms，则最大定时时间 $= 65536 \times 0.125$ ms $= 8.192$ s。

2) 分析：可以让计数器 0 产生 1Hz 的方波作为计数器 1 的 CLK，之后，再利用方式 3 奇数初始值高电平比低电平多一个时钟的特点，让计数器 1 初值为 9，这样就能得到周期 9 s、占空比为 5:9（高电平 5 s，低电平 4 s）的方波，通过一个反向器，就可以得到周期为 9 s 占空比为 4:9 的方波。电路示意图如图 7-16 所示。

8254 初始化程序如下：

```
MOV  AL, 00110111B; T/C_0    OUT  96H, AL
MOV  AX, 8000H
OUT  90H, AL
MOV  AL, AH
OUT  90H, AL
MOV  AL, 01010111B; T/C_1
```

```
OUT   96H, AL
MOV   AL, 9H
OUT   92H, AL
```

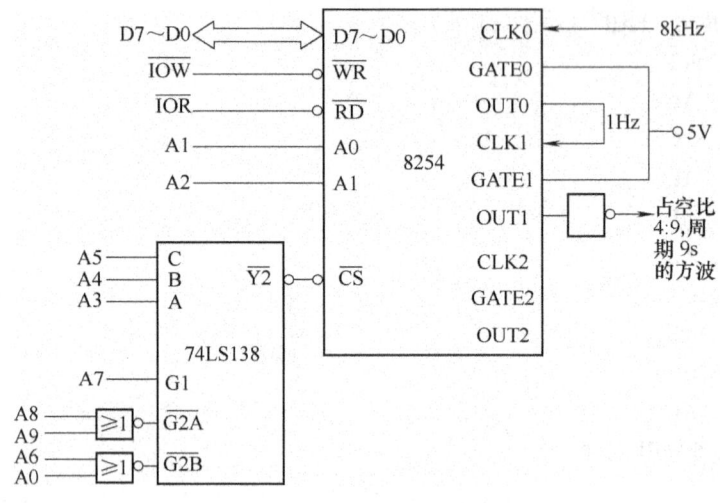

图 7-16 【例 7-4】电路示意图

思考题与练习题

1) 常用的定时方法有哪几种？各有何特点？在微机系统中最常用的定时方法是什么？

2) 如果 8254-2 某计数器的计数初值为 400 H，信号频率为 10 MHz，求时间片（ms）。

3) 用 8254 作为某数据采集系统的定时器，每隔 10 ms 用中断方式采集一次数据，已知输入时钟频率为 10 kHz，8259 端口地址为 20～21 H，中断类型号为 13 H，8254 端口地址为 40～43 H，请为 8259 和 8254 编制初始化程序。

4) 8086 系统中 8254 的一个通道定时周期最长是多少？此时，填入的计数初值应为多少？要实现长时间定时，可采取哪几种措施？

5) 某系统中 8254 芯片的通道 0～通道 2 和控制字端口号分别为 FFF0H～FFF3H，定义通道 0 工作在方式 2，CLK0 = 5 MHz，要求输出 OUT0 = 1 kHz 方波；定义通道 1 工作在方式 4，用 OUT0 作计数脉冲，计数值为 1000，计数器计到 0 向 CPU 发中断请求，CPU 响应这一中断后继续写入计数值 1000，重新开始计数，保持每 1s 向 CPU 发出一次中断请求。请画出硬件连接图，并编写初始化程序。

6) 试编写一程序，使 PC 系统板上的发声电路发出 200～900 Hz 频率连续变化的报警声。

7) 在 8086 系统中，用 8254 构成一个定时、计数与脉冲发生器系统。利用通道 0 完成对外部事件计数功能，计满 100 次向 CPU 发中断请求；利用通道 1 产生频率为 1 kHz 的方波；利用通道 2 产生 1 s 标准时钟。8254 的计数频率为 2.5 MHz，8254 的端口地址为 41H～47H，试完成硬件连接和初始化编程。

第八章 可编程并行接口

学习目标：

微处理器在与外设之间进行数据交换时，最常用的数据传输就是并行和串行两种方式，本章主要介绍微型计算机系统中可编程并行接口 8255A 的内部结构、工作方式和编程方法。

建议学时： 4 学时

教师导读：

在学习本章时，应注意如下几点：

1) 要识记 8255A 内部结构。
2) 领会 8255A 工作方式 0 和 1，理解 8255A 方式 1 下中断发出的条件和相关数据传送时应答信号的时序关系。
3) 对 8255A 工作方式 0、8255A 初始化和 8255A 的使用要达到综合应用的程度。
4) 本章的重点和难点是可编程并行接口芯片 8255A 方式 0 的应用。

第一节 并行接口概述

微型计算机与 I/O 设备的接口按照数据传送方式的不同，可分为并行接口与串行接口两种。

并行接口最基本的特点是一个待传送数据的各位同时传输，即在 CPU 与 I/O 设备之间传送信息的数据单位一般为"字节"或"字"，需要使用多根数据线，如打印机接口等。CPU 与 I/O 设备之间使用串行接口传送信息的数据单位为"位"，即一次传输一个信息位，只需要一根数据线即可进行串行传送，如 USB、键盘及调制解调器接口等。显然，并行和串行，仅是指 I/O 接口与 I/O 设备之间的通信方式，而对于接口与 CPU 之间的通信来说，并行接口与串行接口一样，传送信息的数据单位均为字节或字。并行接口与串行接口在所用特定的 I/O 端口地址及其使用的地址译码，以及控制逻辑方面都很类似。它们在结构和功能上的主要差别在于：串行接口需要实现并/串（发送数据时）和串/并（接收数据时）转换。

在并行接口中，除了少数场合（无条件传送）之外，一般都要求在接口与外设之间设置并行数据线的同时，至少还要设置两根握手（联络）信号线，以便进行互锁异步握手方式（即查询方式）的通信，如图 8-1 所示。握手信号线在有些接口芯片中是固定的，如某些系统中提供 READY 和 STROBE 进行握手联络；而在另一些接口芯片中，握手信号线是通过软件编程指定的，如在后

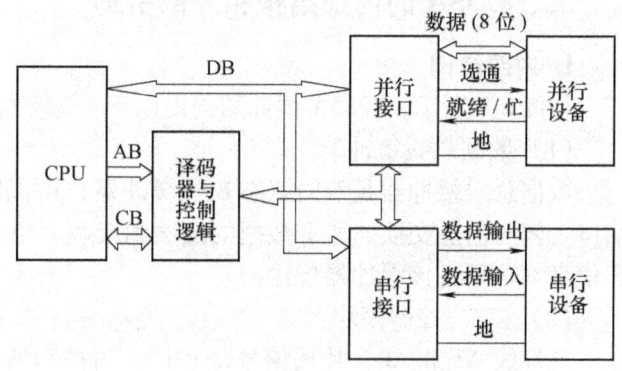

图 8-1 并行接口和串行接口的结构示意图

面讲到的 8255A 那样。

并行接口的优点是传输速率高，但由于需要多根数据线，不适合长距离数据传输，一般用于近距离传送的场合。CPU 用并行口来组成应用系统很方便，故使用十分普遍。

并行传送的信息，一般不要求固定的格式，这与串行传送的信息有数据格式的要求不同。例如，起止式异步串行通信的数据帧格式是一个数据包括起始位、数据位、校验位和停止位等。

并行接口电路有不可编程接口和可编程接口之分。不可编程接口一般由数据锁存器和（或）I/O 三态缓冲器组成，电路简单，使用方便；但其工作方式及功能用硬线连接来设定，用软件编程序的方法不能改变，使用不灵活是其主要缺点。接口的工作方式及功能可以用软件编程序的方法改变，就是可编程接口。显然，可编程接口使用灵活，功能很强，在微机系统中应用广泛。

第二节　可编程并行接口芯片 8255A

8255A 是目前应用最广泛的可编程并行接口芯片之一，又称为可编程外设接口芯片。该芯片可通过软件进行功能设置，通用性强，使用灵活，微处理器可以通过它直接和外设连接。

一、8255A 的基本功能

1) 8255A 具有两个独立的 8 位 I/O 口（A 口和 B 口）和两个独立的 4 位 I/O 口（C 口上半部和 C 口下半部），提供 TTL 兼容的并行接口。它作为输入时提供三态缓冲器功能，作为输出时提供数据锁存功能。其中，A 口具有双向传输功能。

2) 8255A 有 3 种工作方式，方式 0、方式 1 和方式 2，能使用多种数据传送方式完成 CPU 与 I/O 设备之间的数据交换，如无条件方式、查询方式和中断方式。

3) B 口和 C 口的引脚具有达林顿复合晶体管驱动能力，在 1.5 V 时输出 1mA 电流，适于做输出端口。

4) C 口除用做数据口外，当 8255A 工作在方式 1 和方式 2 时，C 口的部分引脚作为固定的联络信号线。

二、8255A 的内部结构和外部引脚

1. 内部结构

如图 8-2 所示，8255A 内部结构由以下 4 部分构成。

（1）数据总线缓冲器

数据总线缓冲器是双向三态 8 位缓冲器，可以直接与系统数据总线相连，实现 CPU 和端口之间的信息交换。所有数据的发送和接收，以及 CPU 发出的命令字和从 8255A 来的状态信息都是通过该缓冲器传送的。

（2）读/写控制模块

地址线 A1 和 A0，片选信号 $\overline{CS}$ 和读、写控制信号（$\overline{RD}$，$\overline{WR}$），完成内部端口的选择和读/写操作。

(3) A 组和 B 组控制模块

控制电路内部设有控制寄存器,可以根据 CPU 送来的控制命令来控制 8255A 的工作方式,也可以根据编程命令来对 C 口的每一位进行置/复位的操作。A 组控制模块管理 A 口和 C 口的高 4 位(PC7~PC4),B 组控制模块管理 B 口和 C 口的低 4 位(PC3~PC0)。实际上,A 组和 B 组控制部件是同一个 8 位的控制寄存器,其中有些位被分配控制 A 组,有些位被分配控制 B 组。CPU 用一条输出指令写一个控制字到该控制寄存器,即可选择和控制 A、B 和 C 各端口的工作方式。

(4) I/O 端口

I/O 通道由 3 个 8 位的端口寄存器,即 A 口、B 口和 C 口组成。A 口、B 口和 C 口都可编程为输入/输出,而且都有数据锁存功能。C 口可通过编程分为两个 4 位口,每一个 4 位口都可定义为输入口或输出口,用于传送数据。

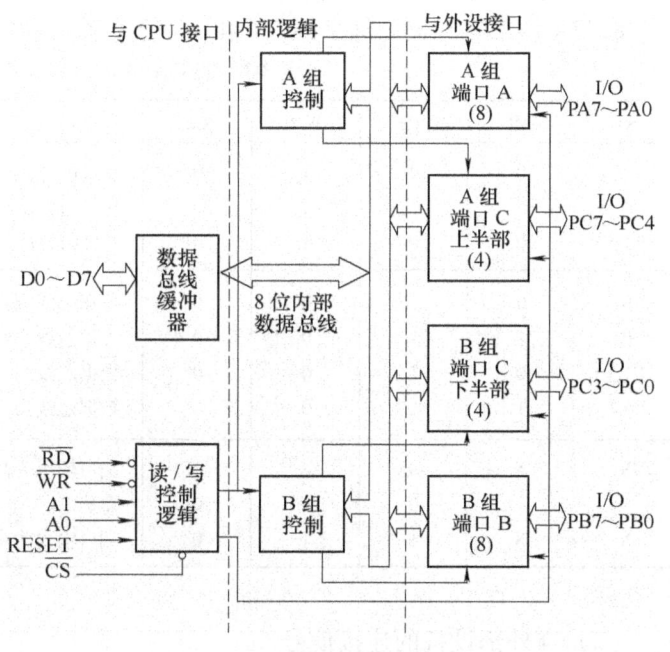

图 8-2　8255A 内部结构框图

2. 外部引脚

8255A 是一个单 +5 V 电源供电、40 个引脚的双列直插式组件,其外部引线如图 8-3 所示。

作为接口电路的 8255A 具有面向 CPU 和面向外设两个方向的连接能力。因此,它的引脚分成两部分。

(1) 与系统总线的连接信号

1) D0~D7 双向数据线,用于 CPU 向 8255A 发送命令和数据以及 8255A 向 CPU 回送状态和数据。

$\overline{CS}$ 选片信号,低电平有效,由系统的高位地址线经 I/O 端口地址译码电路产生。$\overline{CS}$ 为低电平时,才能对 8255A 进行读/写操作。当 $\overline{CS}$ 为高电平时,切断 CPU 与芯片的联系。

2) A1 和 A0,芯片内部端口地址信号,与系统地址总线低位相连,用来寻址 8255A 内部寄存器。两位地址可形成片内 4 个端口地址。

3) $\overline{RD}$ 和 $\overline{WR}$ 读/写信号,低电平有效。CPU 通过执行

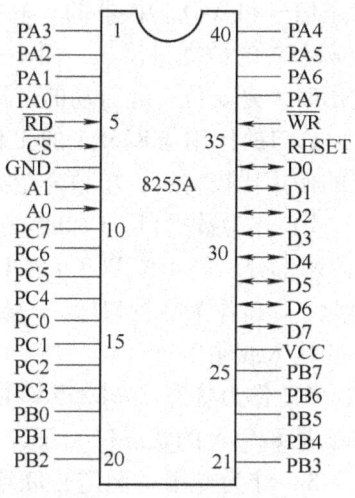

图 8-3　8255A 外部引脚

IN 指令使 $\overline{RD}$ 有效,即发读信号将数据或状态信息从 8255A 读至 CPU;CPU 通过执行 OUT 指令使 $\overline{WR}$ 有效,即发写信号,将命令字或数据写入 8255A。

4) RESET 复位信号,高电平有效。它清除控制寄存器并将 8255A 的 A、B 和 C 3 个端

口均置为输入方式；输出寄存器和状态寄存器被复位，并且屏蔽中断请求；24 条面向外设的信号线呈现高阻悬浮状态。这种势态，一直维持到用方式命令才能改变，使其进入用户所需的工作方式。

8255A 内部寄存器与地址线 A1 和 A0 的关系如表 8-1 所示。

表 8-1　8255A 的端口与操作选择表

A1	A0	$\overline{RD}$	$\overline{WR}$	$\overline{CS}$	操　作	
0	0	0	1	0	A 口内容读至数据总线	输入
0	1	0	1	0	B 口内容读至数据总线	
1	0	0	1	0	C 口内容读至数据总线	
0	0	1	0	0	数据总线内容写至 A 口	输出
0	1	1	0	0	数据总线内容写至 B 口	
1	0	1	0	0	数据总线内容写至 C 口	
1	1	1	0	0	数据总线内容写至控制寄存器	
X	X	X	X	1	端口输出为高阻	禁止
1	1	0	1	0	非法	
X	X	1	1	0	端口输出为高阻	

（2）与外部设备的连接信号

PA7 ~ PA0 为端口 A 的输入/输出线，PB7 ~ PB0 为端口 B 的输入/输出线，PC7 ~ PC0 为端口 C 的输入/输出线。

这 24 根信号线均可用来连接 I/O 设备和传送信息。其中，A 口和 B 口只作为输入/输出的数据口，尽管有时也利用它们从 I/O 设备读取一些状态信号，如打印机的 "忙"（Busy）状态信号和 A-D 转换器的 "转换结束"（EOC）状态信号，但对 A 口和 B 口来说，都是作为 8255A 的数据口读入，而不是作为 8255A 的状态口读入的。A 口和 B 口作为数据口输入/输出时，是 8 位一起行动的，即使是只用到其中的某 1 位，也要同时输入/输出 8 位。

C 口的作用与 8255A 的工作方式有关，它除了作为数据口以外，还有其他用途，故 C 口的使用比较特殊，单独介绍如下：

1）作为数据口。C 口作为数据口时和 A 口、B 口不一样，它是把 8 位分成高 4 位和低 4 位两部分。高 4 位 PC7 ~ PC4 与 A 口一起组成 A 组，低 4 位 PC3 ~ PC0 与 B 口组成 B 组。因此，C 口作为数据口输入/输出时，是 4 位一起行动，即使只使用其中的 1 位，也要 4 位一起输入或输出。

2）作为状态口。8255A 在 1 和 2 方式下有固定的状态字，是从 C 口读入的。此时，C 口就是 8255A 的状态口。而 A 口和 B 口不能作为 8255A 本身的状态口。

3）作为专用（固定）联络（握手）信号线。8255A 的 1 和 2 方式是一种应答方式，在传送过程中需要进行应答的联络信号。因此，在 1 和 2 方式下，C 口的大部分引脚分配作为固定的联络线。虽然，A 口和 B 口的引脚有时也用作联络信号，但它们不是固定的。

4）作按位控制用。C 口的 8 个引脚可以单独从 1 个引脚输出高/低电平。此时，C 口是作按位控制用，而不是作数据输出用。

C 口的这些特殊应用，扩展了 8255A 的功能。

三、8255A 的工作方式

8255A 一共有 3 种工作方式，在不同的工作方式下，3 个 I/O 口的组合情况不尽相同。

1. 方式 0

方式 0 为一种简单的输入/输出方式，在这种方式下，3 个口中的任何一个都可提供简单的输入和输出操作，即前已介绍的无条件传送方式。它不需要应答式联络信号，外设总是处于准备好的状态。方式 0 提供两个 8 位口（A 和 B）和两个 4 位口（PC7 ~ PC4，PC3 ~ PC0），任何一个口都可用作输入或输出，由 CPU 用简单的 I/O 指令来进行读/写。也就是说，方式 0 是单向传送，一次初始化只能设置在一个方向上传送数据。方式 0 一般用于无条件传送的场合，也可以用作查询式传送。当选用 8255A 的方式 0 作为查询式接口电路时，原则上可用 A、B 和 C 3 个口的任一位充当查询信号（但通常都是选用 C 口，这和 C 口的编程有关），通过对此位的读/写操作来完成。通常，将 A 口和 B 口作为数据口，把 C 口的 4 位（高 4 位或低 4 位）规定为输出口，用以输出一些控制信号，把 C 口的另 4 位规定为输入口，用以读入外设的状态。这时，其余 I/O 口仍可作为独立的端口和外设相连。

8255A 工作于方式 0 作为输入时其时序如图 8-4 所示，作为输出时其时序如图 8-5 所示（两图均以 8255A 为例）。

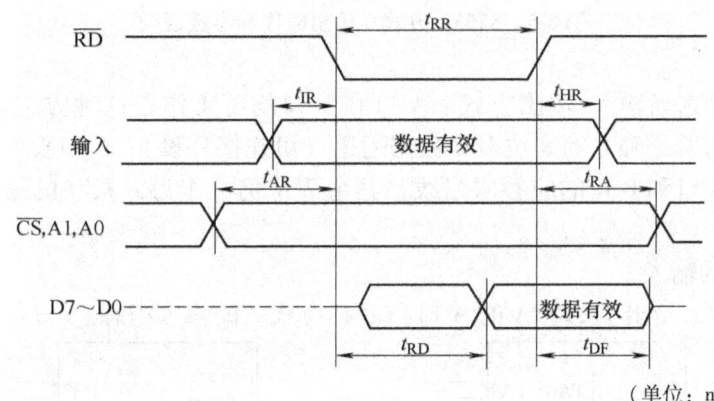

符号	参　　数	8255A	
		最小值	最大值
t_{RR}	读脉冲宽度	300	
t_{IR}	输入领先于$\overline{RD}$的时间	0	
t_{HR}	输入滞后于$\overline{RD}$的时间	0	
t_{AR}	地址稳定领先读信号的时间	0	
t_{RA}	读信号无效后地址保持时间	0	
t_{RD}	从读信号有效到数据稳定		250
t_{DF}	读信号去除后至数据浮空	10	150
t_{RY}	在两次读（或写）之间的时间间隔	850	

图 8-4　8255A 方式 0 输入时序和参数说明

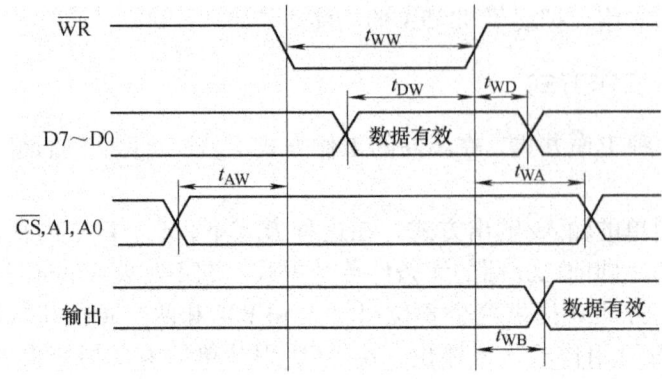

符号	参数	8255A 最小值	8255A 最大值
t_{AW}	地址稳定领先写信号的时间	0	
t_{WA}	写信号后地址保持时间	20	
t_{WW}	写脉冲宽度	400	
t_{DW}	从写信号到数据有效	100	
t_{WD}	数据保持时间	30	
t_{WB}	从写信号结束到输出		350

图 8-5　8255A 方式 0 输出时序和参数说明

2. 方式 1

方式 1 是一种选通输入/输出方式。A 口和 B 口均可工作在这种方式。在这种方式下，A 口和 B 口仍作为两个独立的 8 位 I/O 数据通道（可连接外设），C 口要有 6 位（分成两个 3 位）分别作为 A 口和 B 口的应答联络线，其余 2 位仍可作为方式 0 的输入/输出。方式 1 也是单向传送。

（1）方式 1 的输入

如图 8-6 所示，给出了 8255A 的 A 口和 B 口方式 1 的输入组态。

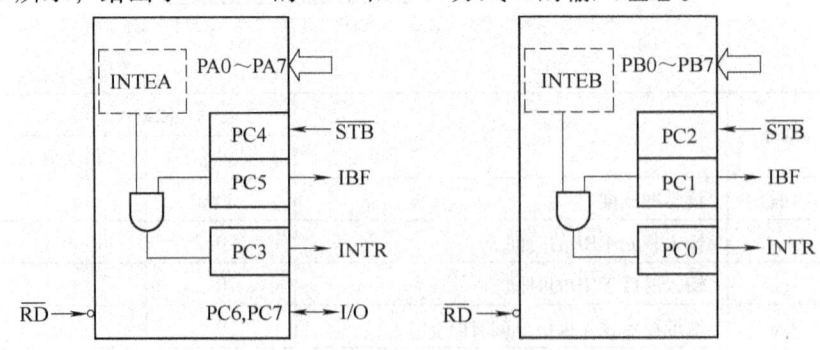

图 8-6　8255A 方式 1 输入组态

从组态中可以看出，此时，C 口的 PC3～PC5 用作 A 口的应答联络线，而 PC0～PC2 则用作 B 口的应答联络线，其余的 PC6 和 PC7 则可作为方式 0 使用。应答联络线的功能如下：

1）$\overline{STB}$ 选通输入信号，低电平有效。当其有效时，把输入装置来的数据送入 8255A 输入缓冲器。

2) IBF 输入缓冲器满信号，高电平有效。这是 8255A 输给外设的联络信号，作为 $\overline{STB}$ 的回答信号。当其有效时，表示数据已输至输入缓冲器，CPU 还未将数据取走，通知外设停止送数。当 CPU 将数据取走以后，IBF 复位，外设可继续送数。它由 $\overline{STB}$ 信号置位，由 $\overline{RD}$ 信号的后沿（上升沿）使其复位。

3) INTR 中断请求信号，高电平有效。它是 8255A 向 CPU 发出的中断请求信号，当 $\overline{STB}$、IBF 和 INTE（中断允许）均为高时被置高，由 $\overline{RD}$ 信号的下降沿清除。

4) INTE 中断允许信号，高电平有效。只有在 INTE=1 时，A 口和 B 口才能因输入缓冲器满向 CPU 发中断申请信号。用户用对 PC4 的置位控制字来使 INTEA 置 1，用对 PC2 的置位控制字使 INTEB 置 1，使 A 口和 B 口允许中断。使用 PC4 或 PC2 的复位控制字可使 INTEA 或 INTEB 复位，以禁止中断。

方式 1 的输入时序如图 8-7 所示。当外设准备好数据，即数据已输至 8255A 的端口数据线上时，就发出 $\overline{STB}$ 选通信号，将数据通过 A 口或 B 口锁存到 8255A 的数据输入寄存器。选通信号的宽度应至少为 500 ns。选通信号变低经 t_{STB} 后，8255A 输出 IBF 输入缓冲器的满信号（高电平），阻止外设输入新的数据，并提供 CPU 查询；在选通信号结束后，经过 t_{SIT} 向 CPU 发出 INTR 中断请求信号（如果中断允许的话）。CPU 响应中断，发出 $\overline{RD}$ 信号，把数据读入 CPU。$\overline{RD}$ 有效信号经过 RD 就清除中断请求；然后 $\overline{RD}$ 信号结束，使 IBF 变低，表示输入缓冲器已空，通知外设可以输入新的数据。

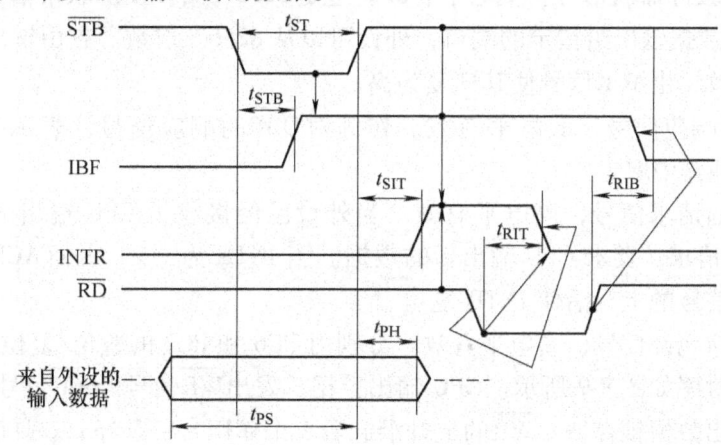

（单位：ns）

符号	参数	8255A	
		最小值	最大值
t_{ST}	$\overline{STB}$ 脉冲宽度	500	
t_{STB}	$\overline{STB}=0$ 到 IBF=1		300
t_{SIT}	$\overline{STB}=1$ 到 INTR=1		300
t_{RIB}	$\overline{RD}=1$ 到 IBF=0		300
t_{RIT}	$\overline{RD}=0$ 到期 INTR=0		400
t_{PS}	数据提前 $\overline{STB}$ 无效的时间	0	
t_{PH}	数据保持时间	180	

图 8-7 8255A 方式 1 输入时序和参数说明

采用查询式输入时，CPU 先查询 8255A 的输入缓冲器是否满，即 IBF 是否为高。若 IBF 为高，则 CPU 就可以从 8255A 读入数据。采用中断方式传送时，应该先用 C 口置位控制字使相应端口允许中断，即使 PC4 或 PC2 置"1"。

（2）方式 1 的输出

8255A 的 A 口和 B 口工作于选通输出方式时，PC 口各线的作用如图 8-8 所示。

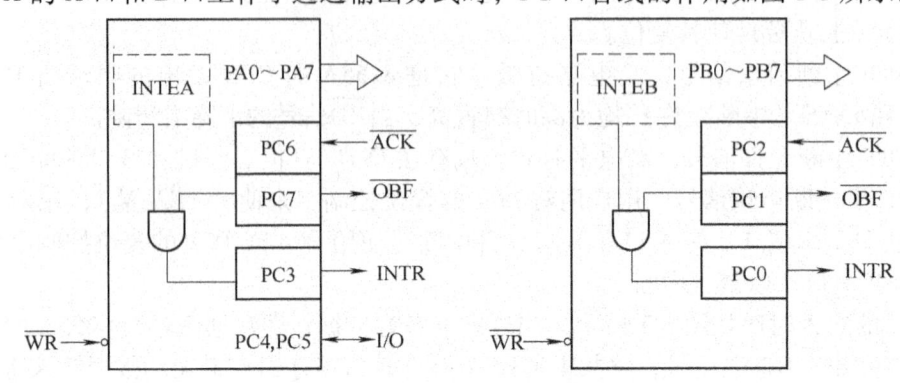

图 8-8　8255A 方式 1 输出组态

PC6、PC7 和 PC3 分配给 A 口作为应答联络线，PC0～PC2 仍然作为 B 口的应答联络线，剩下的 PC4 和 PC5 可作为方式 0 使用。应答联络线的功能如下：

1) $\overline{OBF}$ 输出缓冲器满信号，低电平有效。这是 8255A 给外设的联络信号。当其有效时，表明 CPU 已经把数据输出给指定的端口，外设可以从 8255A 取数。它由输出指令产生的 $\overline{WR}$ 的上升沿置成有效，由 $\overline{ACK}$ 信号使其恢复为高。

2) $\overline{ACK}$ 外设响应信号，低电平有效。作为对 $\overline{OBF}$ 的响应信号，表示外设已将数据从 8255A 的输出缓冲器中取走。

3) INTR 中断请求信号，高电平有效。当外设已经接收了 CPU 输出的数据后，8255A 向 CPU 发出中断请求，要求 CPU 输出新的数据。当 INTE 为"1"并且 $\overline{ACK}$ 由低变高时 INTR 置位，而 $\overline{WR}$ 信号的上升沿使 INTR 复位。

4) INTE 中断允许信号，高电平有效。分别由 PC6 和 PC2 的置位/复位控制。

方式 1 输出时序如图 8-9 所示。CPU 输出数据，发出 $\overline{WR}$ 信号。$\overline{WR}$ 信号的下降沿将微处理器数据送到输出数据锁存器。$\overline{WR}$ 的上升沿起着 3 个作用：一是经 t_{WB} 时间后，数据输出到 8255A 的端口线上；二是使 $\overline{OBF}$ 信号有效，表明输出缓冲区已满，通知外设来取数据，实质上 $\overline{OBF}$ 信号就是送往外设的选通信号；三是清除中断请求信号。外设接收数据后发出 $\overline{ACK}$ 信号，它一方面使 $\overline{OBF}$ 无效，另一方面 $\overline{ACK}$ 上升沿使 INTR 有效，发出新的中断请求信号，让 CPU 输出新的数据。

使用查询方式输出时，CPU 在输出数据后查询 $\overline{OBF}$ 是否变高。若变高则表明输出缓冲器空，即数据已被外设接收，可以输出新的数据。若使用中断方式传送，要使中断得以发生，则必须先使用 C 口置位控制字使之允许中断，即使 PC6 或 PC2 置"1"。

3. 方式 2

方式 2 为双向选通 I/O 方式，只有 A 口才有此方式。这时，C 口有 5 根线用作 A 口的应答联络信号，其余 3 根线可用作方式 0，也可用作 B 口方式 1 的应答联络线。如图 8-10 所示，给出了方式 2 的组态。

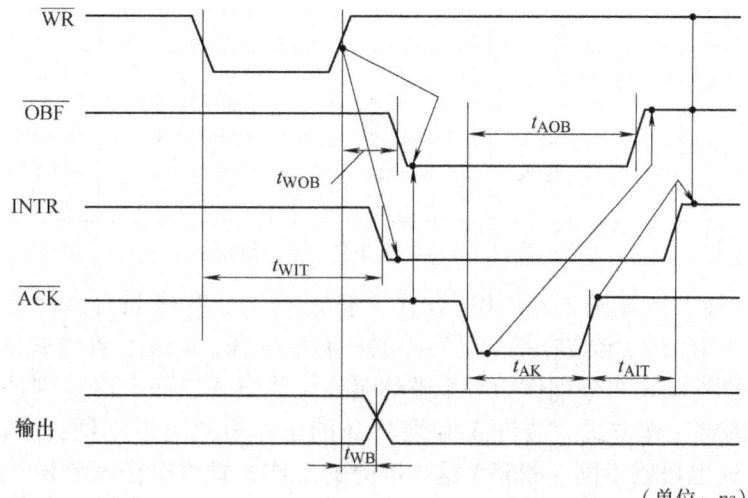

（单位：ns）

符号	参数	8255A	
		最小值	最大值
t_{WOB}	$\overline{ACK}=1$ 到 $\overline{ACK}=0$		650
t_{WIT}	$\overline{ACK}=0$ 到 INTR$=0$		850
t_{AOB}	$\overline{ACK}=0$ 到 $\overline{ACK}=1$		350
t_{AK}	$\overline{ACK}$脉冲宽度	300	
t_{AIT}	$\overline{ACK}=1$ 到 INTR$=1$		350
t_{WB}	$\overline{ACK}=1$ 到输出		350

图 8-9　8255A 方式 1 输出时序和参数说明

方式 2 实际上就是方式 1 的输入与输出方式的组合，各应答信号的功能也相同。输入/输出的先后顺序是任意的，根据实际传送数据的需要选定。输出过程是由 CPU 执行输出指令（OUT）向 8255A 写（$\overline{WR}$）数据开始，然后，外设从 8255A 取数，并返回$\overline{ACK}$。而输入过程则是从外设向 8255A 发选通信号$\overline{STB}$开始，然后，CPU 执行输入指令（IN），从 8255A 读（$\overline{RD}$）数据。C 口余下的 PC0~PC2 既可充当 B 口方式 1 的应答线，也可工作于方式 0。

四、8255A 的控制字与初始化编程

8255A 的工作方式和接口功能是 CPU 通过把控制字写入控制寄存器来实现的，这就是初始化编程。8255A 的控制字有两个，一个是工作方式控制字，另一

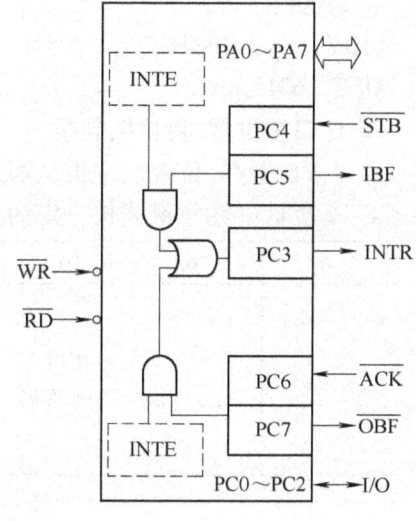

图 8-10　8255A 方式 2

个是 C 口按位置/复位控制字。这两个控制字都要写入控制寄存器，通过标志位来区分。

1. 工作方式控制字

工作方式控制字的格式如图 8-11 所示（注意最高位一定为 1）。由工作方式控制字格式可知：

1	D6	D5	D4	D3	D2	D1	D0
标志位	A组方式选择 00 = 方式0 01 = 方式1 1X = 方式2		A口 0 = 输出 1 = 输入	C口(高4位) 0 = 输出 1 = 输入	B组方式选择 0 = 方式0 1 = 方式1	B口 0 = 输出 1 = 输入	C口(低4位) 0 = 输出 1 = 输入

图 8-11 8255A 工作方式控制字

1) A 组有 3 种工作方式（方式 0、方式 1 和方式 2），B 组只有两种工作方式（方式 0 和方式 1），C 口除用于固定的应答联络线外的所有信号线，均工作在方式 0。

2) 端口 A 和端口 B 要分别作为一个整体确定工作方式，而端口 C 则是分成高 4 位和低 4 位两部分分别确定工作方式。端口 A 和端口 B 的工作方式可以不同，端口 C 的上半部和下半部的工作方式也可以不同。8255A 这 4 部分的工作方式可以任意组合，这就使 8255A 的 I/O 结构有很大的灵活性，几乎能适应任何一种外部设备的连接需要，还能满足同时连接几种不同 I/O 设备的需要。

3) 虽然 8255A 的 I/O 有上述 4 部分，每部分的工作方式又可以不同，但是所有各个部分的工作方式却是 CPU 用一条输出指令、通过一个控制字写入一个控制寄存器而确定的。这对于简化初始化编程是十分有利的。

【例 8-1】 某系统要求使用 8255A 的 A 口工作于方式 1 作为输入，B 口工作于方式 0 作为输出，C 口上半部输入、下半部输出。8255A 端口地址为 60H ~ 63H。请给出 8255A 的初始化程序。

解： 控制字为 10111000B = 0B8H

初始化程序为：

MOV AL, 0B8H

OUT 63H, AL

2. C 口按位置/复位控制字

C 口按位置/复位控制字也是写入控制寄存器的一个控制字，而不是写入 C 口。其格式如图 8-12 所示（注意最高位一定为 0）。

0	D6	D5	D4	D3	D2	D1	D0
标志位	不用 (一般置0)				C口的位选择 000 = C口位0 001 = C口位1 … 111 = C口位7		1 = 置位 0 = 复位

图 8-12 C 口按位置/复位控制字

C 口按位置/复位控制的功能有两个：一是用于对外设的控制。利用这一功能，可使 C 口某一位输出一个开关量或一个脉冲，作为外设的启动或停止信号。二是可用于设置方式 1 和方式 2 的中断允许。此时，C 口按位置/复位控制字不影响对应的引脚状态，只是起到设置 INTE、开关 8255A 中断的作用。

【例 8-2】 如例 8-1，若 A 口工作于方式 1 作为输入，要使用中断传送方式，请给出使能 8255A 中断的程序段。

解：对于 A 口工作在方式 1 输入，应当用 C 口按位置位让 PC4 = 1。

```
MOV   AL, 00001001B
OUT   63H, AL
```

此时，PC4 引脚作为 A 口与外设的固定应答联络线 $\overline{STB}$，是外设送给 8255A 的选通信号。显然，对 PC4 的按位置位不会影响 PC4 引脚的状态，只起到置位 $INTE_A$、打开中断的作用。

综上所述，8255A 的初始化编程比较简单。需要注意的是 A 口和 B 口的工作方式和所使用的与 CPU 之间的数据传送方式。一般，方式 0 可作为无条件传送方式，也可作为查询方式使用，此时 8255A 与外设的握手信号最灵活。方式 1 可作为查询方式使用，此时握手信号线固定；方式 1 也可用作中断方式，若使用中断方式，注意一定要写对应的 C 口按位置位字，打开中断。方式 2 是 A 口所独有的双向传输方式，一般使用中断传送方式。

【例 8-3】 如图 8-13 所示，使用一个 8255A 芯片和软盘控制器相连，箭头标明了 I/O 的方向。根据该图，试写出 8255A 的初始化程序。设 8255A 端口地址为 0300~0303H。

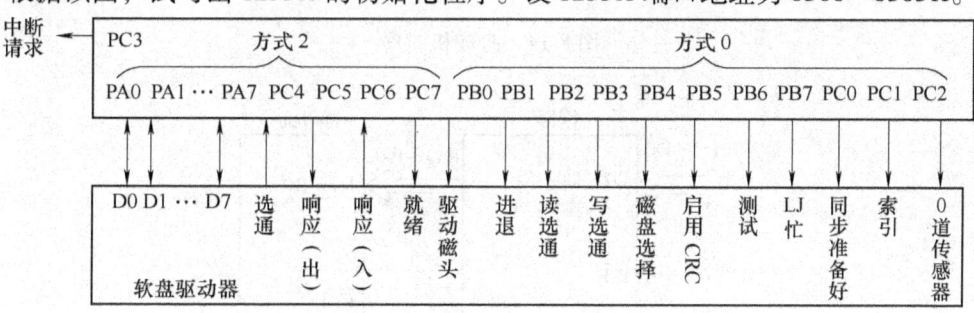

图 8-13　8255A 用作软盘基本接口

解：工作方式控制字为 11XXX000B。

根据图 8-13，A 口是双向传输，所以应该工作在方式 2。PC4~PC7 全部都是固定的应答联络信号线，故 C 口上半部的输入/输出无意义，可填任意值（本例均填"0"）；C 口下半部，除 PC3 用作 A 组中断请求线外，PC0~PC2 作为输出，故 C 口下半部为输出。初始化程序：

```
MOV   DX, 303H
MOV   AL, 0C0H
OUT   DX, AL
MOV   AL, 00001001B
OUT   DX, AL            ;PC4 置位，开放输入中断
MOV   AL, 00001101B
OUT   DX, AL            ;PC6 置位，开放输出中断
```

由于 A 口工作在方式 2，PC3 接 8259 的 IRQ，使用中断传送方式，输入/输出均应打开中断，故应在写完工作方式控制字后，再写两条 C 口按位置/复位控制字，打开中断。

五、8255A 应用举例

尽管在使用的现代微型计算机中并没有一个完整的 8255A，但 8255A 的使用非常灵活，

功能强大，在许多系统，尤其是测控系统中有着非常广泛的应用。

【例 8-4】 假设利用 8255A 的 A 口方式 0 与打印机相连，将内存缓冲区 BUFF 中的字符打印输出。打印机时序如图 8-14 所示，硬件连接见图 8-15。设 8255A 的工作频率与 CPU 的工作频率相当。打印机接口要求在 $\overline{\text{STB}}$ 有效时，才能接收数据；而在 BUSY 有效时，则表示打印机忙，不能接收数据。请写出相关程序。

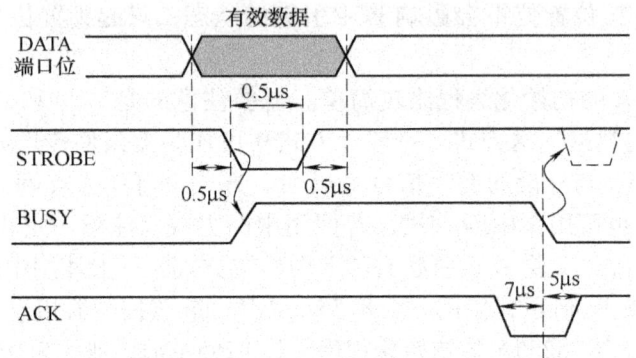

图 8-14 打印机时序

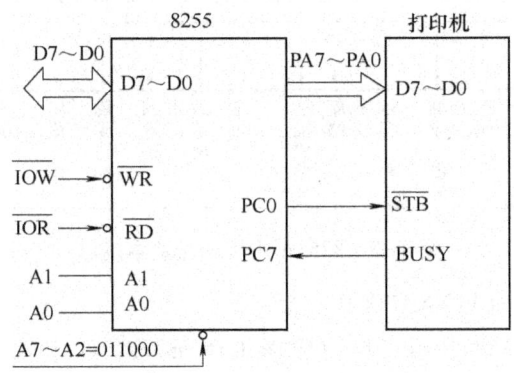

图 8-15 8255A 与打印机

解：程序如下：

```
.DATA
BUFF     DB      'HELLO, WORLD!', 13, 10, '$'
PORTA    EQU     60H
PORTB    EQU     61H
PORTC    EQU     62H
PORTCN   EQU     63H
.CODE
START:   MOV     AX, @DATA
         MOV     DS, AX
         MOV     SI, OFFSET BUFF
         MOV     AL, 88H           ;8255A 初始化，A 口方式 0 输出，C 口上半部输入
         OUT     PORTCN, AL        ;C 口下半部输出
```

```
              MOV     AL, 01H         ; 置位 PC0, STB无效
              OUT     PORTCN, AL
WAIT:         IN      AL, PORTC       ; 读打印机状态, 若"忙"则等待
              TEST    AL, 80H
              JNZ     WAIT
              MOV     AL, [SI]
              CMP     AL, '$'
              JZ      PRINT_OVER
              OUT     PORTA, AL
              MOV     AL, 00H         ; 产生选通信号, 打印机接收数据, 开始打印
              OUT     PORTCN, AL
              MOV     AL, 01H
              OUT     PORTCN, AL
              INC     SI
              JMP     WAIT
PRINT_OVER:   MOV     AH, 4CH
              INT     21H
              END     START
```

本例中, C 口的按位置/复位控制字用来产生打印机的控制信号, 控制打印机启/停。此时, C 口的按位置/复位控制字实现 C 口的位操作。

【例 8-5】 假设有一个 4×4 的矩阵键盘通过并行接口芯片 8255A 与微机相连。8255A 的 A 口作为输出口, 与键盘的行线相连; B 口为输入口, 与键盘列线相连。接口硬件的连接如图 8-16 所示, 设 8255A 的 A 口地址为 60H, B 口地址为 61H, 控制寄存器地址为 63H, 请编写键盘扫描程序。

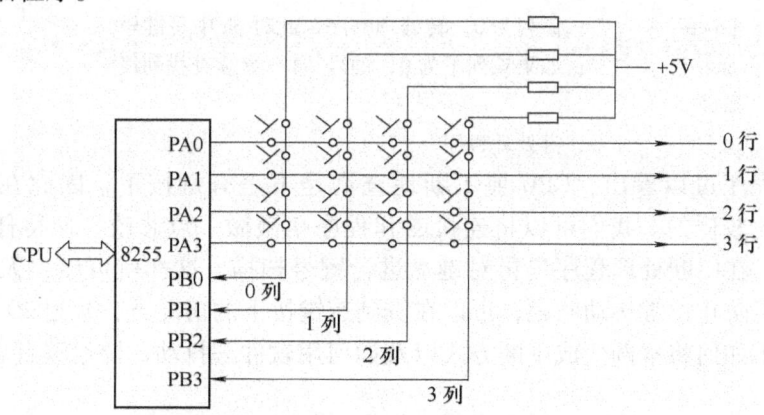

图 8-16 8255A 连接非编码键盘接口

解: 非编码键盘的扫描方法大致如下: 让所有行线全为 0, 读出所有的列线状态, 如果有列线为 0, 则说明有键按下; 然后从第 0 行开始, 每扫描一行, 令该行所对应的行线为 0, 其余行线为 1; 然后读入列线状态, 如果有一列为 0, 则该行列交叉处的键被按下, 如果所有列都为 1, 则行号加 1, 顺序扫描下一行。键号从左上角开始为 0 号, 从左向右、从上到下依次编号, 右下角的编号为 15。程序如下:

```
        mov     al, 82h         ; 方式0, A口输出, B口输入
        out     63h, al
begin:  mov     al, 0           ; 检查看是否有键按下
        out     60h, al
wait:   in      al, 61h
        and     al, 0fh
        cmp     al, 0fh
        jz      wait            ; 无键按下则转上去等待
sm:     mov     dl, 4           ; 行数送dl
        mov     al, 0feh        ; 扫描码, 0行为0
        mov     ch, 0           ; 键号初值为0
srow:   out     60h, al         ; 扫描一行
        rcl     al, 1           ; 修改扫描行
        mov     ah, al          ; 保存下次要扫描的扫描码
        in      al, 61h         ; 读列线状态
        and     al, 0fh
        cmp     al, 0fh         ; 检查是否有列线为0
        jnz     scol            ; 有列线为0转到
        add     ch, 4           ; 否则键号+4, 指向下一行的第一个键的键号
        mov     al, ah          ; 取回行扫描码
        dec     dl              ; 行数减1
        jnz     srow            ; 行没扫描完则转去扫描下一行
        jmp     begin
scol:   rcr     al, 1
        jnc     proce           ; 该列为0, 转处理程序, 此时ch中是键号
        inc     ch              ; 如果该列不为0, 键号+1, 继续查找列线
        jmp     scol
proce:  …                       ; 键处理程序
```

从上面的程序可以看出，CPU要不断地查询是不是有键按下，因此在此查询方式下CPU的效率是比较低的。我们可以将连接图和程序稍微做一点修改，使得任意按下一个键就会产生中断，在中断处理程序里再对键盘进行键号扫描，这样就可以大大提高CPU的效率。另外，为了防止按键抖动问题，可以在查到有键按下的情况下，延迟20 ms左右再开始扫描键号。关于如何将本例变成中断方式以及如何用软件去抖动，留给读者思考。

思考题与练习题

1) 可编程并行接口芯片8255A面向I/O设备一侧的端口有几个？其中C口的使用有哪些特点？

2) 可编程并行接口芯片8255A有哪几种工作方式？各自的特点何在？

3) 8255A在方式1下输入和输出时，其专用握手信号是如何定义的？握手信号线之间的工作时序关系如何？

4）根据你的理解，试分析 8255A 为什么只有 A 口可以工作于方式 2，而 B 口不能？

5）如果 CPU 通过 8255A 端口 C 的某一条线向外部输出连续的方波信号，请：

①说出两种实现方法。

②具体说明怎样实现。

6）试使用 8255A 实现对 74LS138 的检测。

7）某 8255A 芯片的 A 口和 B 口分别与 8 个 LED 灯和 8 个开关连接好，通过开关控制 LED 灯的开和闭。假设 8255A 的端口地址为 40H，42H，44H 和 46H。画出译码电路图，编写初始化程序和控制程序。

8）有个 1 μs 的脉冲信号源送 8254 的计数器 1，利用软件方式扩大定时 1s，每秒钟从 8255A 的 PA 口读入一组开关数并送 PB 口的 LED 管显示，设 8254 和 8255A 的端口地址分别为 40H～43H 和 60H～63H，且只有 10 条地址线（A0～A9）用于端口译码。请完成：

①硬件连接。

②编写对 8254 计数器 1 初始化程序段（仅 50 ms）。

③编写对 8255A 的初始化程序，以及 1 s 到后从 PA 口读入一字节开关数并送 PB 口显示的程序段。

第九章 串行通信与串行接口

学习目标：
本章主要介绍串行通信原理、可编程异步串行通信芯片 8251A 的工作原理和使用方法。
建议学时： 4 学时
教师导读：
在学习本章时，应注意如下几点：
1) 识记 RS-232C 串行通信总线。
2) 领会异步串行通信基本原理，理解串行通信协议，掌握串行通信接口标准。
3) 领会可编程异步串行通信芯片 8251A 基本结构和工作原理。
4) 本章的重点和难点是串行通信基本原理、可编程串行通信芯片 8251A 的应用。

第一节 串行通信基本概念

一、串行通信

串行通信是将数据的各个位一位一位地，通过单条一位宽的传输线按顺序分时传送，即通信双方一次传输一个二进制位。串行通信与并行通信是两种基本的数据通信方式。

在实际应用中，串行通信比并行通信要多，串行通信不仅广泛应用于主机与键盘和鼠标等低速外部设备之间，而且越来越多地用于中低速、甚至高速外部设备与主机的通信，计算机与计算机之间的通信更是绝大多数都使用串行通信。这是因为随着通信速率的提高和通信距离的延长，并行通信中出现的信号变形与抖动及互相干扰等问题制约了并行通信的应用范围。进行并行通信时，虽然 8 位或 16 位的数据同时从发送器发送，但在它们到达接收机的时候，传播延时已经导致了某些信号比别的信号提前到达。随着通信距离的延长，最先和最后到达的数据位之间的时间差也迅速增加。此外，在时钟速率很高时，并行信号之间可能会互相干扰，这些都使得并行通信的通信时钟速率受到限制。而在串行通信中，数据是按时间逐位发送的，由于每个位到达的时间没有规定，因此信号时钟频率可以大幅度提高。

并行通信与串行通信各有其应用场合。
1) 从通信距离上看：并行通信适宜于近距离的数据传送，通常小于 30 m。而串行通信适宜于远距离传送，可以从几米到数千千米。
2) 从通信速率上看：一般应用中，在短距离内，并行接口的数据传输速率显然比串行接口的传输速率高得多，但长距离内串行数据传送速率会比并行数据传送速率快。由于串行通信的通信时钟频率较并行通信容易提高，因此许多高速外部设备，如数字摄像机与计算机之间的通信也往往使用串行通信方式。
3) 从抗干扰性能上看：串行通信由于只有一两根信号线，信号间的互相干扰完全可以忽略。
4) 从设备和费用上看：随着大规模和超大规模集成电路的发展，逻辑器件价格趋低，而通信线路费用趋高,因此对远距离通信而言,串行通信的费用显然会低得多。另一方面串行通信还可利用现有的电话网络来实现远程通信,降低了通信费用。

串行通信与并行通信相比,虽然有许多优点,但也随之带来了数据的串/并及并/串转换、数据格式的要求以及位计数等问题,使之比并行通信实现起来更复杂。

最常用的串行通信实现方法是使用硬件接口电路,再辅之以必要的软件驱动程序。目前微机系统串行接口常用的 LSI 芯片有以下几类:

- UART 通用异步收/发器(Universal Asynchronous Receiver/Transmitter)。
- USRT 通用同步收/发器(Universal Synchronous Receiver/Transmitter)。
- USART 通用同步/异步收/发器(Universal Synchronous/Asynchronous Receiver/Transmitter)。
- ACIA 异步通信接口适配器(Asynchronous Communication Interface Adapter)。

不管哪一类芯片,它们都有实现数据的串/并及并/串转换和位计数等基本功能。正是这些串行接口芯片弥补了串行通信技术比较复杂的缺陷。

二、数据传送方式

在串行通信中,数据通常是在两个站(如主机和终端)之间进行传送,按照数据流的方向可分成 3 种基本的传送方式:单工、半双工和全双工。

1) 单工方式:这种方式只允许数据按照一个固定的方向传送,如图 9-1a 所示。A 方只能发送,称为发送器;B 方只能接收,称为接收器。

2) 半双工方式:如图 9-1b 所示,此方式下数据能从 A 站传送到 B 站,也能从 B 站传送到 A 站,但是不能同时在两个方向上传送,每次只能有一个站发送、另一个站接收。通信双方可以通过软件控制的电子开关进行方向的切换,轮流进行发送和接收。一般不工作时,A 和 B 方均处于接收方式,以便随时响应对方的呼叫。

3) 全双工方式:此方式下允许通信双方同时发送和接收,如图 9-1c 所示。全双工方式相当于把两个方向相反的单工方式组合在一起,需要两条传输线。全双工方式无须进行方向的切换,故不会像半双工方式产生切换操作造成延迟。

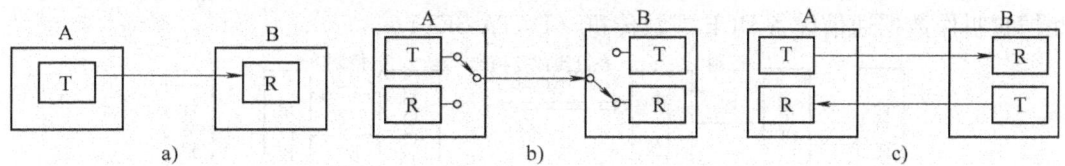

图 9-1 数据传送方式
a) 单工方式 b) 半双工方式 c) 全双工方式

在计算机串行通信中主要使用半双工和全双工方式。一些简单的外部设备,如键盘和打印机等与主机的通信大都采用半双工方式;双工方式主要应用于实时性较强的交互式应用中,如计算机之间的通信等。

三、波特率和收/发时钟

并行通信中,传输速率是以每秒多少字节(B/s)来表示。串行通信中,衡量数据传输速率的单位是波特率,即单位时间内传送的二进制数据的位数,以位/秒(bit/s)表示,也称为数据位率(bit/s),它是衡量串行通信速率的重要指标。有时也用"位周期"来表示传输速率,位周期是波特率的倒数。

在串行通信中,无论发送或接收,都必须有时钟脉冲信号对传送的数据进行定位和同步控制,这就需要有收/发时钟。一般在发送端是由发送时钟的下降沿使送入移位寄存器的数据串行移位输出,而接收端则是在接收时钟的上升沿作用下将传输线上的数据逐位打入移位寄存器。收/发时钟不仅直接决定了通信线路上数据传输的速率,更主要的是对于收/发双方之间数据传输的同步有十分重要的作用。为了提高串行通信的抗干扰能力,往往用多个时钟调制一个二进制数据,调制一个二进制数据的收/发时钟个数称为波特率系数 n。收/发时钟频率与波特率之间通常有下列关系:

$$收/发时钟频率 = n \times 波特率$$

一般 n 取 1,16,32 和 64 等。对于异步通信,常采用 $n=16$;对于同步通信,则必须取 $n=1$。

四、信号调制解调

计算机的通信是数字通信,要求传送以"0"和"1"序列组成的数字信号,这种数字信号包含了从低频到高频的极其丰富的谐波信号,对它的传送要求传输线的频带很宽。在进行远程数据通信时,通信线路往往是借用现存的公用电话网,而电话网是为 300~3400 Hz 的音频模拟信号设计的,这对二进制数据的传输不适合。如果让数字信号直接在传输线上传送,高次谐波的衰减就会很厉害,从而使信号到了接收端后将发生严重畸变和失真。因此,在发送方需要使用调制器(Modulator),把要传送的数字信号调制转换为适合在线路上传输的音频模拟信号;接收方则使用解调器(Demodulator)从线路上测出这个模拟信号,并还原成数字信号。对于"双工"方式,通信的任何一方都需要这两种功能。所以实际中常将调制和解调的功能集成在一起,构成完整的调制解调器供用户选用。如图 9-2 示意出了使用调制解调技术后的通信机理,图中 MODEM 为调制解调器,兼具有发送方的调制和接收方的解调两种功能。可见,调制器和解调器是在利用电话网进行远距离数据通信时所需的设备,因此把它叫作数据通信设备 DCE 或数传机(DATA SET)。

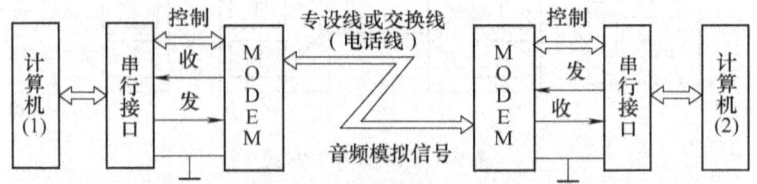

图 9-2 远程通信示意图

调制的方法很多,按照调制技术的不同分为调频(FM)、调幅(AM)和调相(PM)3 种。它们分别按传输数字信号的变化规律去改变载波(即音频模拟信号)的频率 f、幅度 A 或相位 φ,使之随数字信号的变化而变化。而在数字调制中,由于数字信号离散取值的特点,一般是用数字电路组成的电子开关,像扳键一样来控制载波的频率、振幅或相位的变化。因此在数据通信中又常将调频、调幅和调相这 3 种调制方法分别称为频移键控(Frequency Shift Keying，FSK）法、幅移键控（Amplitude Shift Keying，ASK）法和相移键控（Phase Shift Keying，PSK）法。这3种调制方法的简单原理如图9-3所示。

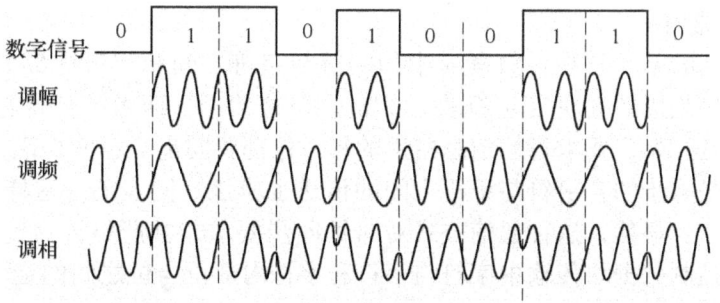

图9-3　3种调制方法示意图

在计算机通信实践中用得最多的是频移键控法。它的基本思想是把数字信号的"1"和"0"调制成不同频率f_1和f_2的、容易识别的音频模拟信号，其实现原理如图9-4所示。两个不同频率的模拟信号，分别通过一个电子开关在运算放大器的反相端相加，而电子开关则受传输数字信号的控制。数字信号为"1"时，电子开关1接通，送出一串f_1频率的模拟信号到Σ端；数字信号为"0"时，电子开关2接通，送出一串f_2频率的模拟信号到Σ端。于是，在运算放大器输出端便得到一串经调制的模拟信号。

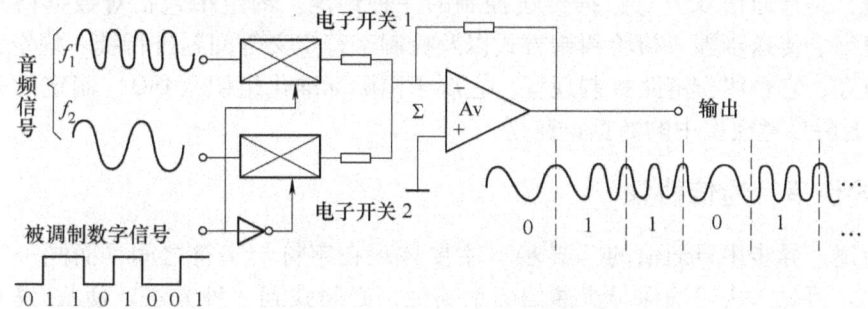

图9-4　FSK调制法原理图

五、串行通信基本方式

根据在串行通信中对数据流的分界、定时及同步的方法不同，串行通信的基本方式可分为两种：异步串行方式和同步串行方式。

1. 异步串行通信

异步串行通信的基本特点：在通信的数据流中，字符间异步，字符内部各位间同步。也就是说，异步串行通信是以字符为信息单位传送的，每个字符作为一个独立的信息单位（1帧数据），可以随机出现在数据流中，即发送端发出的每个字符在数据流中出现的时间是任意的，接收端预先并不知道。这就是说，异步通信方式的"异步"主要体现在字符与字符之间通信没有严格的定时要求。然而，一旦传送开始，收/发双方则以预先约定的传输速率，在时钟的作用下，传送这个字符中的每一位，即要求位与位之间有严格而精确的定时，也就是说，异步通信在传送同一个字符的每一位时是同步的。因此，所谓异步通信，主要指字符与字符之间的传送是异步的，而字符内部位与位之间还是基本同步传送的。

异步串行通信一般用在数据发送时间不能确知、发送数据不连续、数据量较少和数据速率较慢的场合。

2. 同步串行通信

同步串行通信的基本特点：数据流中的字符与字符之间和字符内部的位与位之间都同步。同步串行通信是以数据块（字符块）为信息单位传送，而每帧信息包括成百上千个字符，因此传送一旦开始，要求每帧信息内部的每一位都要同步。也就是说，同步通信不仅字符内部的位传送是同步的，字符与字符之间的传送也应该是同步的，这样才能保证收/发双方对每一位都同步。显然，这种通信方式对时钟同步要求非常严格，为此，收/发两端必须使用同一时钟来控制数据块传输中字符与字符和字符内部位与位之间的定时。

同步串行通信则适于用在要求快速、连续传输大量数据的场合。

第二节　串行通信协议

数据通信中，在收/发器之间传送的是一组二进制的"0"和"1"位串。但它们在不同的位置可能有不同的含义，有的只是用于同步，有的代表了通信双方的地址，有的是一些控制信息，有的则是通信中真正要传输的数据，还有的是为了差错控制而附加上去的冗余位。这些都需要在通信协议中事先约定好，以形成一种收/发双方共同遵守的格式。通信协议又称通信规程，是指通信双方对数据传送控制的一种约定。约定中包括对数据格式、同步方式、传送速率、传送步骤、检验纠错方式以及控制字符定义等问题进行统一规定，通信双方必须共同遵守，它也叫作链路控制规程。它属于国际标准化组织（ISO）制定的开放系统互连（OSI）七层参考模型中的数据链路层。

一、异步串行通信协议

如前所述，异步串行通信的"异步"主要体现在字符与字符之间，而同一字符内部各位是同步的。可见，为了确保异步通信的正确性，必须找到一种方法，使收/发双方在随机传送的字符与字符间实现同步。这种方法就是在字符格式中设置起始位和停止位，即在一个字符正式发送之前先发一个起始位，该字符结束时再发一个停止位。接收器检测到起始位便知道字符到达，开始接收字符，检测到停止位则知道字符已结束。由于这种通信协议是靠起始位和停止位来进行字符同步的，因此有时也称之为起止式协议。

异步通信采用电报通信中的电传打字机（TTY）规程，每帧信息格式如图9-5所示。异步通信信息由以下几部分组成：

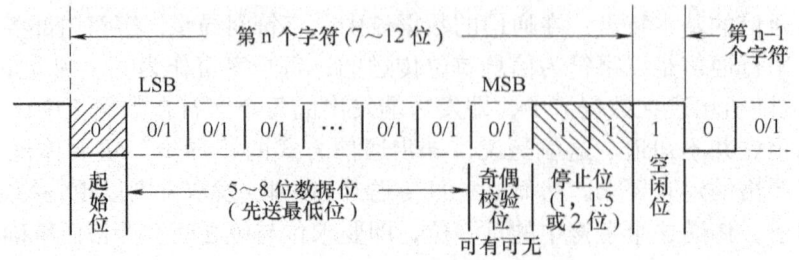

图9-5　异步串行通信数据格式

1) 1位起始位。逻辑"0"信号，该位及该帧各位持续时间均为波特率的倒数。

2) 5~8位数据位。紧接着起始位之后，数据位个数可以是5，6，7，8，构成一个字符。通常用ASCII码，也可采用EBCD码和电报码等。从最低位开始传送，靠时钟定位。

3) 0或1位奇偶校验位。数据位加上这一位后，使得"1"的位数应为偶数（偶校验）或奇数（奇校验），以此来校验数据传送的正确性。当数据传输距离较近或数据传输速率较低时，通信双方可约定不用添加奇偶校验位。

4) 停止位。它是一个字符数据的结束标志，可以是1位、1.5位和2位的逻辑"1"。接收设备收到停止位之后，通信线便又恢复逻辑"1"状态，直至下一个字符数据的起始位到来。

5) 空闲位。当线路上没有数据传送时，处于逻辑"1"状态。

异步通信要求在发送每一个字符时都要在数据位的前面加上1位起始位，在数据位后要有1位或1.5位或2位的停止位。在数据位和停止位之间可以有1位奇偶校验位，数据位可以为5~8位长，起始位（又叫空号）为"0"，停止位（又叫传号）为"1"。字符之间允许有不定长度的空闲位，空闲位均称为传号。这样在串行位流中以起始位和停止位将一个个字符区分开来。

传送开始后，接收设备不断地检测传输线，当在检测到一系列的"1"之后检测到一个"0"时就确认一个字符开始，于是以位时间（1/波特率）为间隔移位接收规定的数据位和奇偶校验位，拼成一个字符的并行字节。这之后应接收所规定位长的停止位"1"，若没有收到即为"帧出错"。只有既无帧出错又无奇偶错才算正确接收到一个字符。一个字符接收完毕，接收设备又继续测试传输线，监视"0"电平的到来和下一字符的开始，直到全部数据传送完毕。

由于异步通信系统中接收器和发送器使用的是各自独立的控制时钟，尽管它们的频率要求选得相同，但实际上总不可能真正严格相同，两者的上下边沿不可避免地会出现一定的时间偏移。为了保证数据的正确传送，不致因收/发双方时钟的相对误差而导致接收端的采样错误，除了如上所述，采用相反极性的起始位和停止位/空闲位提供准确的时间基准外，通常还采取以下两项措施：

1) 接收器在每位的中心采样，以获得最大的收/发时钟频率偏差容限。这样在7~12位的整个字符传送期间，收/发双方时钟的偏差最多可允许有正、负半个位周期，只要不超过它，就不会产生采样错误。也就是说，要求收/发时钟的误差容限不超过4.17%（按每个字符最多12个位算）即可。显然，这个要求是很容易实现的。为了保证在每位的中心位置采样，在准确知道起始位前沿的前提下，接收器在起始位前沿到来后，先等半个位周期采样一次，然后每过一个位周期采样一次，直到收到停止位。

2) 接收器采用比传送波特率更高频率的时钟来控制采样时间，以提高采样的分辨能力和抗干扰能力。如图9-6所示是一个频率为16倍波特率的接收时钟再同步过程。从图中可看出，利用这种经16倍频的接收时钟对串行数据流进行检测和采样，接收器能在一个位周期的1/16时间内决定出字符的开始。如果采样频率和传送波特率相同，没有这种倍频关系，则分辨率会很差。比如在起始位前沿出现前夕刚采样一次，则下次采样要到起始位结束前夕才进行。而假若在这个位周期期间因某种原因恰恰使接收端时钟往后偏移了一点点，就会错过起始位而导致该帧后面所有位检测和识别的错误。

采样时钟采用16倍频（当然也可以采用其他倍数的频率，如32倍频和64倍频等）采样和检测过程如下：在停止位或任意数目空闲位的后面，接收器在每个接收时钟的上升沿对输入数据流进行采样，通过检测是否有 9 个连续的低电平来确定它是否为起始位。如是，则确认是起始位，且对应的是起始位中心，然后以此为准确的时间基准，每隔 16 个时钟周期采样一次，检测一个数据位。如不是 9 个连续低电平（即使 9 个采样值中有一个非 "0"），则认为这一位是干扰信号，把它删除。可见，采用 16 倍频措施后，不仅有利于实现收发同步，而且有利于抗干扰，可提高异步串行通信的可靠性。

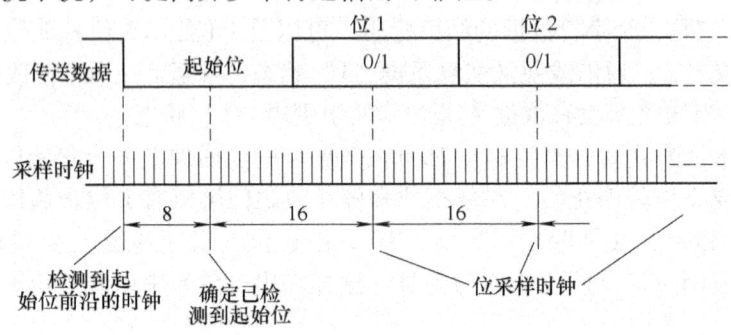

图 9-6　波特率系数为 16 时同步检测与采样过程

由异步串行通信工作过程可以看出，异步通信是 1 次传送 1 帧数据（1 个字符），每传送 1 个字符，就用起始位来通知收方，以此来重新核对收/发双方的同步，接收设备在收到起始信号之后只要在一个字符的传输时间内能和发送设备保持同步就能正确接收。若接收设备的时钟和发送设备的时钟略有偏差的话，则字符之间的停止位和空闲位将为这种偏差提供一种缓冲。换言之，异步通信并不是不要同步，而是要在一个短时间内同步，正因为要求同步的时间短，就允许收发之间的时钟频率可略有偏差，下一个字符起始位的到来又使同步重新校准，不会因累积效应而导致错位。所以异步串行通信的可靠性高，同时也比较易于实现。但由于要在每个字符的前后加上起始位和停止位这样一些附加位，使得传送有用（效）的数据位减少，即传输效率低。例如，使用异步串行通信传输 ASCII 码，使用 1 位奇偶校验，1 位停止位，数据传送速率为 240 字符/s，则波特率为 2400 位/s，而有效数据位传送速率只有 240×7 = 1680 位/s，传输效率只有约 70%。此外，异步串行通信数据格式允许上一帧数据与下一帧数据之间有空闲位，故数据传输速率慢。为了克服异步串行通信的不足之处，在要求快速、连续传输大量数据的场合，广泛使用同步串行通信。

二、同步串行通信协议

同步串行通信是以数据块为单位（即帧）传送的，每个数据块内由一个字符序列组成。每个字符取相同的位数，字符之间是连续的，没有起始位和停止位，也不能有空隙。在数据块的前面一般设置有 1~2 个同步字符，作为帧的边界和通知对方接收的标志，尾部是校验字符，用于校验数据传输的差错。在进行数据传输时，发送方和接收方要保持完全同步，即使用同一时钟来触发双方移位寄存器的移位操作。在近距离通信时可以在传输线上增加一根时钟信号线；在远距离通信时可以通过解调器从数据流中提取同步信号，在接收方用锁相环电路，可以得到和发送时钟完全相同的时钟信号。

同步通信的规程有以下 3 种：面向字符（Character-Oriented）型规程，面向比特（Bit-Oriented）型规程和面向字节计数。其中，面向字节计数协议在此不做讨论。

1. 面向字符的同步通信协议

面向字符型规程的特点是以字符作为信息单位，一次传送由若干个字符组成的数据块，并规定了一些特殊字符作为这个数据块的开头与结束标志以及整个传输过程的控制信息。字符是 EBCD 码或 ASCII 码，可以是数据信息，也可以是控制信息。最典型的是 IBM 公司的 BSC（二进制同步规程），它是半双工规程，只有当接收方接收到一帧数据并确认以后，发送方才发送下一帧。

2. 面向比特的同步通信协议

面向比特的同步通信协议的特点是所传输的一帧数据可以是任意位，而且它是靠约定的位组合模式，而不是靠特定字符来标志帧的开始和结束，故称"面向比特"的协议。最有代表性的是 IBM 的同步数据链路控制规程（Synchronous Data Link Control, SDLC）、国际标准化组织 ISO 的高级数据链路控制规程（High level Data Link Control, HDLC）、美国国家标准协会（American National Standards Institute, ANSI）的先进数据通信规程（Advanced Data Communication Control Procedure, ADCCP）。

从上述同步协议的介绍可以看到，采用同步协议的数据格式，传输效率高、传送速率快，但其技术复杂、硬件开销大。故在一般应用中，采用异步通信协议的数据格式较多。

第三节　串行接口标准 RS-232C

一个完整的串行通信系统如图 9-7 所示，该通信系统包括数据终端设备（Data Terminal Equipment, DTE）和数据通信设备（Data Communication Equipment, DCE）。DTE 是产生二进制信号的数据源，也是接收信息的目的地，是由数据发送器或接收器或兼具两者组成的设备，它可以是一台计算机。数据通信设备 DCE 是一个使传输信号符合线路要求，或者满足 DTE 要求的信号匹配器，它是提供数据终端设备与通信线路之间通信的建立、维持和终止连接等功能的设备，同时执行信号变换与编码。它可以是一个 MODEM。在 DTE 与 DCE 之间传输的是"1"或"0"的数据，同时传送一些控制应答信号，以协调这两个设备之间的工作。串行接口标准定义了 DTE 的串行接口电路与 DCE 之间的连接标准，包括连接电缆、接口几何尺寸、引脚功能和电平定义等。

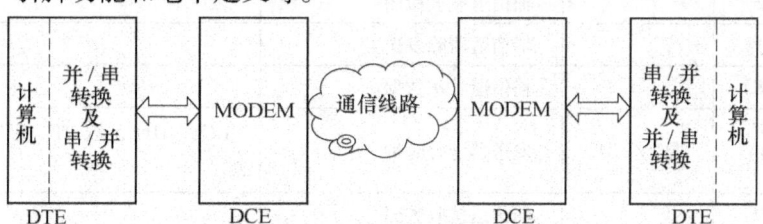

图 9-7　串行通信系统

经过使用和发展，已有几种串行通信接口标准，但都是在 RS-232C 标准的基础上经过改进而形成的。本节重点讨论 RS-232C。

RS-232C 是异步串行通信中应用最广的标准总线。该标准的全称是 EIA-RS-232C 标准（Electronic Industrial Associate-Recommended Standard-232C），它是美国 EIA（电子工业联合会）与 BELL 等公司一起开发和公布的通信协议，主要适合于数据传输速率在 0~20 KB/s

范围内的通信。该标准对串行通信接口的有关问题，如信号线功能、电气特性等都做了明确规定。RS-232C 标准最初是为了提供一种用公用电话网络来进行数据通信的技术规范，在电话交换系统的通信中应用最早，也应用最广。而在这种系统中一般都是通过 MODEM 来实现 DTE 和 DCE 之间的连接，所以在 RS-232C 标准中都是以使用 MODEM 和电话线传输的情况来定义各信号线和描述其功能的。

一、RS-232C 信号线定义

一个完整的 RS-232C 接口有 22 根线，采用标准 25 芯插座。其信号引脚定义如表 9-1 所示。表中信号的表示有两种形式：一种是在"代号"栏中表示的，如 BA（103），括号中的编号是 CCITT 的 V.24 用的表示符号；另一种是在"其他表示方法"栏中表示的，如 TxD，这是在串行接口电路中的信号表示。

表 9-1　RS-232C 连接器引脚信号定义

引脚号	代号(CCITT等效代号)	其他表示方法	信号名	方向与功能描述
1	AA(101)	PG	保护地	作为设备地
*2	BA(103)	TxD, SD	发送数据	DTE→DCE
*3	BB(104)	RxD	接收数据	DCE→DTE
*4	CA(105)	RTS, RS	请求发送	DTE→DCE，DTE 请求 DCE 切换到发送方向
*5	CB(106)	CTS, CS	允许（或清除）发送	DCE→DTE，DCE 已切换到发送方向
*6	CC(107)	DSR, MR	DCE(MODEM)就绪	DCE→DTE
*7	AB(102)	SG	信号地	用作所有信号公共地
*8	CF(109)	RLSD, DCD	接收线路信号检测（或载波检测）	DCE→DTE，DCE 正接收通信链路的信号
9		+V	测试预留	(+10V DC)
10		-V	测试预留	(-10V DC)
11			未定义	
12	SCF(122)		辅信道载波检测	
13	SCB(121)		辅信道清除发送	
14	SBA(118)		辅信道发送数据	
15	DB(114)	SCT/DCT	发送器定时时钟	DCE→DTE，给 DTE 提供发送时钟(DCE 为源)
16	SBB(119)		辅信道接收数据	
17	DD(115)	SCR/DCR	接收器定时时钟	DCE→DTE，给 DTE 提供接收时钟(DCE 为源)
18			未定义	
19	SCA(120)		辅信道请求发送	
*20	CD(108.2)	DTR	DTE 就绪	DTE→DCE，DTE 已做好收/发准备
21	CG(110)	SQ	信号质量检测	DCE→DTE，指示接收的误码率合格

(续)

引脚号	代号(CCITT 等效代号)	其他表示方法	信号名	方向与功能描述
*22	CE(125)	RI	振铃指示	DCE→DTE，指示通信链路上有振铃
23	CH(111) CI(112)	SS	数据速率选择	DTE→DCE，指示两个同步数据之一的速率或速率范围
24	DA(113)	SCTE	发送器定时时钟	DTE→DCE，给 DCE 提供发送时钟(DTE 为源)
25			未定义	

信号代号中第一个字母表示信号类型，A 为地线，B 为数据线，C 为控制线，D 为时钟信号。除了上述用两个字母表示的信号线外，标准还定义了 SCF、SCB、SBA、SBB 及 SCA 等信号线，它们称为第二(辅助)通道控制信号。它们的功能由后两个字母决定，其含义与基本通道相同。

RS-232C 标准为主信道和辅信道共分配了 25 根线，辅信道的信号线一般不用，即使对于主信道而言，也不是所有的线都一定要用，最常用的只是其中的一些基本信号线。远距离串行通信接口标准中的基本信号线有 9 根 (表中带 * 号者)。根据具体应用场合的不同，通常有以下几种连线使用情况。

1) 当计算机通过 MODEM 或其他数据通信设备 (DCE) 使用一条专设电话线进行 15 m 以上的长距离通信时，一般只需用 1~8 号引脚这 8 根线，如图 9-8 中实线所示。在发送时，RTS 信号送至 DCE，若收到 CTS 信号，则允许发送，可通过发送数据线发出数据；在接收时，当 DCE 启动 DCD 线有效时，表明此 DCE 正在接收由通信链路另一端的 DCE 送来的信号，DCE 将接收下来的信号通过 RxD 线送至计算机接口或终端。无论是发送或接收，DSR 线都必须有效，它的有效表明 DCE 是开通的，并且不在测试状态，可以通信。

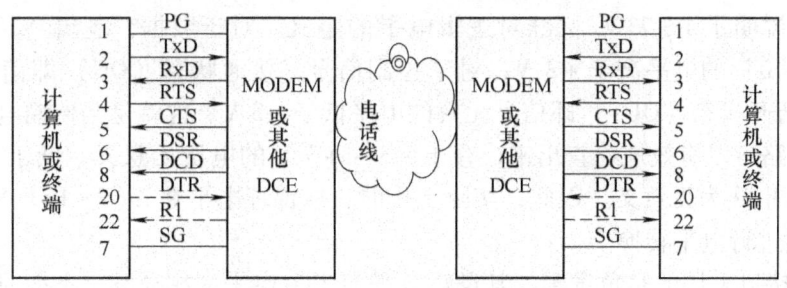

图 9-8 采用 MODEM 时 RS-232C 信号线的连接

2) 当计算机和终端之间不使用 MODEM 或其他通信设备 (DCE) 而直接通过 RS-232C 接口连接起来时，一般也只需上述 8 根基本信号线，但其中多数应采用反馈与交叉相结合的连接法，如图 9-9 所示。

3) 对于一些简单的应用场合，如在将一个 CRT 终端接至 MPU 的系统中，以及在一般的双机通信中，只需用到 3 根最基本的信号线。连接方法如图 9-10 和图 9-11 所示。图 9-10

为其余信号都不连接的形式;图 9-11 中除连接 3 根最基本信号线外,还加了几根自反馈控制线,它适用于需要检测 CTS, DCD 和 DSR 等信号状态的通信程序。如计算机向单片机开发系统传送目标程序等单向通信场合,就常采用这种连接方式。显然,对图 9-11 的连接,程序并不能真正检测到对方状态,但因为它满足了对状态检测的需要,所以程序可以运行下去。而图 9-10 连接形式则无法满足这类有状态检测环节的通信程序的需要。

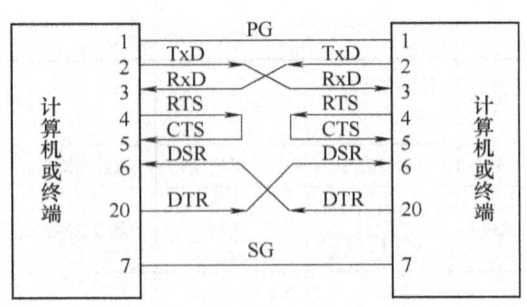

图 9-9 空 MODEM 时 RS-232C 信号线的连接

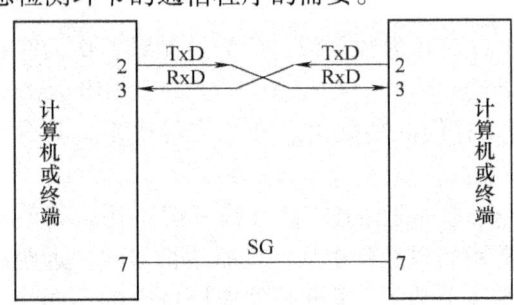

图 9-10 RS-232C 最简连接

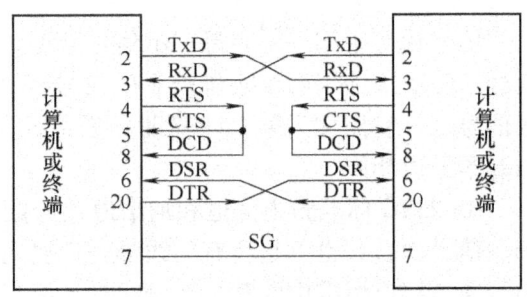

图 9-11 RS-232C 简单应用

二、电气特性

(1) 应保证电平在 ±(5~15)V

在数据线 TxD 和 RxD 上:逻辑 1(MARK) = -3 ~ -15 V,逻辑 0(SPACE) = +3 ~ +15 V。在 RTS、CTS、DSR、DTR 及 DCD 等控制线上:信号有效(接通, ON 状态,正电压) = +3 ~ +15 V,信号无效(断开, OFF 状态,负电压) = -3 ~ -15 V。

以上规定说明了 RS-232C 标准对逻辑电平的定义。对于数据,逻辑"1"的电平低于 -3 V,逻辑"0"的电平高于 +3 V;对于控制信号,接通状态(ON)即信号有效的电平高于 +3 V,断开状态(OUT)即信号无效的电平低于 -3 V。也就是当传输电平的绝对值大于 3 V 时,电路可以有效地检查出来,介于 -3 ~ +3 V 的电压无意义,低于 -15 V 或高于 +15 V 的电压也认为无意义。因此,实际工作时,应保证电平在 ±(5~15) V 之间。

(2) 必须进行电平转换

RS-232C 接口采用的是负逻辑,其逻辑电平与 TTL 电平大相径庭,不能兼容。因此,为了实现与 TTL 电路的连接,必须进行电平转换。目前可以使用新型电平转换芯片 MAX232 和 MAX232A(高速)双组 RS-232C 发送/接收器,实现 TTL 电平与 RS-232C 电平双向转换。MAX232 内部有电压倍增电路和转换电路,仅需 +5 V 电源便可工作。一个 MAX232 芯片可连接两对收/发线。MAX232 把 USART 的 TxD 和 RxD 的 TTL 电平(0~5 V)转换成 RS-232C 的电平(+10 ~ -10 V)。其他多组、低功耗等 RS-232 发送/接收器可在 MAX220 ~ MAX249 中选择。

(3) 必须抗共模噪声干扰

RS-232C 由于在发送器与接收器之间有公共信号地，不可能使用双端信号，因此共模噪声很容易引入信号系统中，且噪声幅度可高达好几伏，这是迫使 RS-232C 使用较高传输电压的主要原因。因此，RS-232C 的高低电平摆幅很大（可大至 6~30V），噪声容限也很大（可大至 12V）。之所以采用这么高的逻辑电平和电平摆幅，一方面是为了抗噪声干扰，特别是抗共模噪声干扰；另一方面是为了补偿传输线上的信号衰减和沿线附加电平的影响。

第四节　可编程串行接口芯片 8251A

如前所述，当 CPU 与外设进行串行通信时，若用软件实现串行到并行，以及由并行到串行的转换，则将大大降低 CPU 的利用率。因此，通常是用硬件电路来实现接口。随着大规模集成电路技术的发展，通用可编程同步和异步的接口芯片 USART 种类越来越多，典型的有 Intel 的 8251A 等。Intel 8251A USART 是通用同步/异步接收发送器，是专为 Intel 微处理器设计的，可用作 CPU 和串行外设的接口电路。下面就以 8251A 为例，介绍可编程串行接口芯片的使用。

一、基本性能

8251A 可编程串行接口芯片的基本性能如下。
1) 可用于同步和异步传送。
2) 同步传送：5~8bit/字符，内部或外部同步，可自动插入同步字符。
3) 异步传送：5~8bit/字符，时钟速率为通信波特率的 1、16 或 64 倍。
4) 可产生中止字符（Break Character）：可产生 1、1.5 或 2 个位的停止位，可检查假启动位，自动检测和处理中止字符。
5) 波特率：DC~19.2kbit/s（异步），DC~64kbit/s（同步）。
6) 完全双工，双缓冲器发送和接收器。
7) 误差检测具有奇偶、溢出和帧错误等检测电路。
8) 与 Intel8080、8085、8086 及 8088CPU 兼容。

二、内部结构

8251A 的结构如图 9-12 所示，分成 5 个主要部分：接收器、发送器、调制控制、读/写控制以及系统数据总线缓冲器。

8251A 的内部由内部数据总线实现相互之间的通信。

1. 数据总线缓冲器

数据总线缓冲器是三态双向 8 位缓冲器，它使 8251A 与系统数据总线连接起来。它含有数据缓冲器和命令缓冲器。CPU 通过输入/输出指令可以对它读/写数据，也可以写入命令字，再由它产生使 8251A 完成各种功能的控制信号。另外，执行命令所产生的各种状态信息也是从数据总线缓冲器读出。

2. 接收器

接收器的功能是，在接收时钟 RxC 作用下，接收 RxD 引脚上的帧格式化串行数据，并把它转换为并行数据。同时进行校验，若发现错误，则在状态寄存器中保存，以便 CPU 处理。当校验无错时，才将并行数据存放在数据总线缓冲器中，并发出接收器准备好信号（RxRDY = 1），通知 CPU 读数。

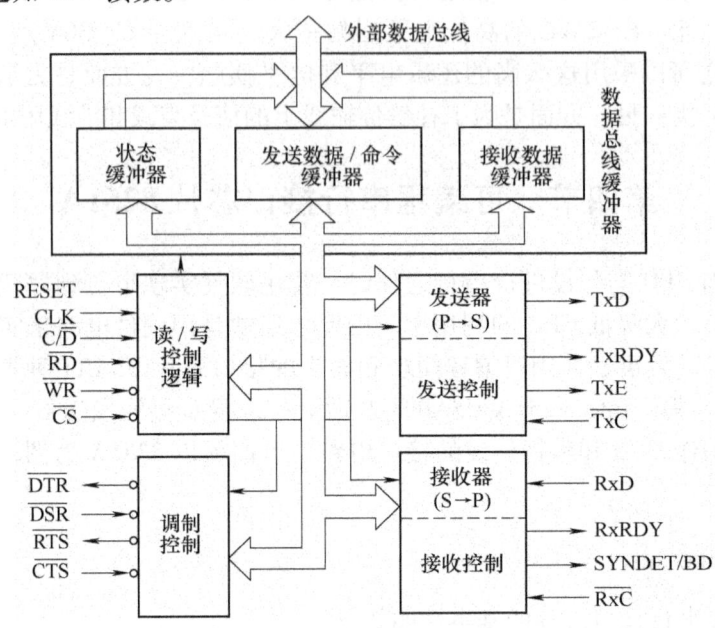

图 9-12　8251A 内部结构框图

常见的错误类型主要有奇偶错误、帧错误和溢出（丢失）错误 3 类。

1）奇偶错误（Parity Error）：在接收时，8251A 检查接收到的每一个字符"1"的个数，若不符合要求，则置这个标志，发出奇偶校验出错信息。

2）帧错误（Frame Error）：若接收的字格式不符合规定（例如缺少停止位等），则置出错标志，发出帧错误信息。

3）溢出（丢失）错误（Overrun Error）：上述的 8251A 是一种双缓冲器结构。例如，在接收时，接收的数据先由移位寄存器移位，把串行数据变为并行数据，然后送到接收数据寄存器，由 CPU 的输入指令输至 CPU 中。若数据已变为并行且已送至接收数据寄存器中时，8251A 就可以接收另一个新的字符。但是，若已接收到第二个字符的停止位，且要把第二个字符传送到接收数据寄存器中时，CPU 还未取走上一个数据，于是就会出现数据丢失，这就置溢出错误标志。由此可见，若数据缓冲器的级数越多，则溢出错误的概率就越小。

3. 发送器

发送器的功能是，首先把待发送的并行数据转换成所要求的帧格式并加上校验位，然后在发送时钟 TxC 的作用下，由 TxD 引脚一位一位地串行发送出去。发送完一帧数据后，发送器准备好信号置位（TxRDY = 1），通知 CPU 发送下一个数据。

4. 读/写控制和调制控制

读/写控制逻辑对 CPU 输出的控制信号进行译码实现读/写功能。调制控制实现对 MODEM 的控制。

三、外部引脚功能

8251A 的引脚分布如图 9-13 所示。

其有关信号的作用概述于下。

1. 同 CPU 的连接信号

1) RESET 引脚上出现一个 6 倍时钟宽的高电平信号时，芯片被复位，使芯片处于空闲状态。这个空闲状态将一直保持到由编程确定了新状态才结束。在系统中使用此芯片时，总是把复位端与系统的复位线相连，使它受到加电自动复位和人工复位的控制。

2) CLK 是为芯片内有关电路工作提供时钟的输入端。这个时钟的频率与数据速率并无直接关系，但是为了使电路工作可靠，在同步方式下最好使这个频率比数据速率大 30 倍以上。在异步方式下，大 4.5 倍。

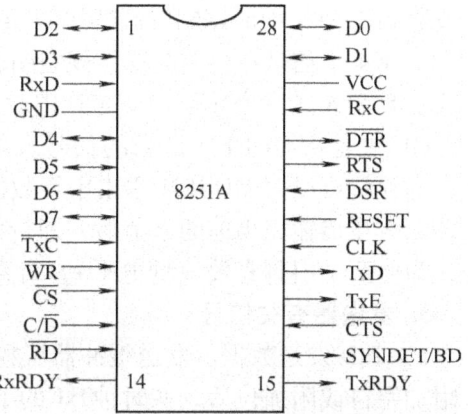

图 9-13　8251A 外部引脚图

3) $\overline{WR}$，$\overline{RD}$ 是 CPU 对 8251A 中的寄存器读、写时的控制信号输入端。

4) $C/\overline{D}$ 是一个决定 CPU 对芯片读/写内容的控制输入端。如果输入为高电平，CPU 对芯片就是写控制字或读状态字；反之，读/写的内容就是数据。通常，将该端与地址线的最低位相接。于是，8251A 就占有两个端口地址，偶地址为数据，而奇地址为控制。

5) $\overline{CS}$ 片选输入端。该引脚输入低电平时，芯片可以与 CPU 之间传输数据；反之，芯片的 8 个数据引脚处于悬空状态。$\overline{CS}$ 是用地址译码器的输出控制的。

6) D0 ~ D7 双向 8 位数据线，同片内数据总线缓冲器相连，CPU 通过 D0 ~ D7 向 8251A 写数据和控制字，以及读数据和状态字。

上述各引脚对芯片的控制情况可以用表 9-2 表示。

表 9-2　8251A 读写操作

$C/\overline{D}$	$\overline{RD}$	$\overline{WR}$	$\overline{CS}$	数据线功能特点
0	0	1	0	8251A 数据→数据总线
0	1	0	0	数据总线→8251A 数据
1	0	1	0	8251A 状态→数据总线
1	1	0	0	数据总线→8251A 控制字
X	1	1	0	高阻
X	X	X	1	

2. MODEM 控制信号

8251A 还提供了 4 个与 MODEM 相连的控制信号，信号的含义与 RS-232C 标准相同。

1) $\overline{DTR}$（Data Terminal Ready）数据终端准备好（输出，低电平有效）。这是一个通用的输出信号，可由命令字的位 1 置 "1" 而变为有效，用以表示 CPU 准备就绪。

2) $\overline{RSR}$（Data Set Ready）数据装置准备好（输入，低电平有效）。这是一个通用的输入信号，用以表示调制解调器或外设的数据已准备好。CPU 可通过读入状态操作，在状态寄存器的位 7 检测此信号。

3) $\overline{\text{RTS}}$（Request To Send）请求发送（输出，低电平有效）。此信号用于通知调制器，CPU 已准备好发送。它可由命令字的位 5 置 "1" 而变为有效。

4) $\overline{\text{CTS}}$（Clear To Send）清除发送信号（输入，低电平有效）。这是调制解调器或其他外设送到 8251A 中的调制解调器控制器的信号。当其有效时，表示允许 USART 发送数据。

上述 4 个信号在使用时应按规定引脚连接。信号在传输过程中，$\overline{\text{DSR}}$ 由 MODEM 输入后存放在 8251A 的状态字节中，芯片内对此并不做处理，只有当 CPU 读状态后才可能给出响应。$\overline{\text{CTS}}$ 也是从 MODEM 送来的信号，如果为低电平，且 8251A 中已经设置了允许发送命令，芯片就可以向 MODEM 送出串行数据。如果在数据传送中，出现了某个条件不满足的情况，那么在传输完当前的字节后，即行停止。$\overline{\text{DTR}}$ 和 $\overline{\text{RTS}}$ 都是由 CPU 写命令时给 8251A 设置的，为使两个引脚有效（低电平），对寄存器中这两位应写入 "1"。

3. 发送器有关信号

1) TxD 发送数据。发送缓冲器从数据总线上接收数据，转换成串行数据流，按要求插入附加字符或附加位后，在时钟 $\overline{\text{TxC}}$ 的下降沿按位从 TxD 上发送出去。

2) TxRDY 发送器准备好信号。如果该信号有效，就表示发送缓冲器已空，CPU 可以向芯片送入新的数据。这个信号的状态要受到命令字中 TxEN 位（允许发送）的控制。如果把 TxRDY 信号作为向 CPU 请求数据的中断信号，TxEN 位就可以看作是中断控制的屏蔽位。在 8251A 的状态字中有一位 TxRDY，CPU 也可以用查询的方式判断是否可以送数据。

3) TxE 发送缓冲器空标志。不管发送时是处于等待还是发送状态，只要发送缓冲器中没有再要发送的字符，这个标志就变高。当从 CPU 送入一个数据字符时，该位标志就被复位。这个标志可以用来表示一段数据传输的结束。如果是半双工工作，这个标志可以用作从发到收的转换。同步工作时，如果临时出现 TxE，就意味着数据发送出现空缺，芯片会自动插补同步字符。

4) $\overline{\text{TxC}}$ 输入控制发送器数据速率的时钟。每个数据的移位输出，是在 $\overline{\text{TxC}}$ 的下降沿实现的。异步方式下，$\overline{\text{TxC}}$ 的频率可以是数据速率的 1、16 或 64 倍。同步方式时，$\overline{\text{TxC}}$ 的频率与数据速率相同。

4. 接收器有关信号

1) RxD 接收数据。用来接收外设送来的串行数据，按规定检查有关字符或有关位后，经串—并转换送入数据总线缓冲器，RxD 在时钟 $\overline{\text{RxC}}$ 上升沿采样输入。

2) RxRDY 接收器准备好标志。如果该位为高电平，接收缓冲器中就已经有组装好了的一个数据字符，可通知 CPU 将它取走。与 TxRDY 相似，RxRDY 也可用作中断请求信号，也可以通过读状态字了解接收器状态。一旦 CPU 读走这个数据字符，RxRDY 就被复位。要是 CPU 没有及时取走数据，新接收数据将覆盖数据，使一个数据丢失，出现溢出错误，并反映在状态字中。

3) $\overline{\text{RxC}}$ 接收时钟输入端。当时钟处在上升沿时，才可能把数据取样输入。时钟速率的规定与 $\overline{\text{TxC}}$ 相同。实际上，$\overline{\text{TxC}}$ 和 $\overline{\text{RxC}}$ 往往连接在一起，用同一个时钟源。

4) SYNDET/BD 同步和中止检测。芯片在同步方式工作时，用作同步检测端；异步时则用作中止检测输出。芯片可以由编程确定是内同步还是外同步。如果是内同步，就由芯片内电路搜索同步字符，一旦找到，就由该端输出一个高电平。如果是外同步，当片外检测电路找到同步字符后，就可以从该引脚输入一个高电平信号，使 8251A 正式开始接收。一旦开始正常接收数据，同步检测端就恢复低电平输出。异步方式工作中，通常在线路上无数据时以高电平表示。在8251A中也可以由程序控制，使无数据的间断时间内线路上呈现低电平，即发送一个字符长度的全"0"码。接收端具有对这种中止码检测的能力，如果检测到中止码，则将从该端输出一个高电平。为了避免接收器对尚未正式开始工作的线路低电平误认为中止状态，8251A在复位后总是要在检测到一次高电平输入后，才开始对中止状态的检测。

四、8251A 的编程

8251A的各种工作方式及工作进程都是用初始化及实时控制实现的。概括地说，编程包括两个部分，一个是方式指令，另一个是命令指令。方式指令用来定义8251A的一般工作特性，它必须紧接在复位后由CPU写入。命令指令用来指定芯片的实际操作，只有在已经写入了方式指令后，才能由CPU写入同步字符和命令指令。

1. 方式指令字

方式指令字用来指定通信方式及其方式下的数据格式。即指定8251A为异步方式还是同步方式，并按照其通信方式约定帧数据格式。图9-14所示是方式指令字各位的定义。

8251A USART有同步、异步两种工作方式，在不同的工作方式下，方式指令字的定义有所不同。首先讨论8251A的方式指令字指定为异步工作时各位的含义。

在图9-14中，最低两位B2和B1表示时钟频率与数据速率之间的关系，如B2B1设置"10"，收和发的时钟输入为4800 Hz，那么这时输出和输入数据的速率应为300波特。这两位只在异步时有用，同步时应置"00"。L2L1用来确定串行数据中每个字符的数据位数。EP和PEN分别指定是否使用及如何使用校验位的控制位。S2S1用来指定停止位的位数。

D7	D6	D5	D4	D3	D2	D1	D0
SCS/S2	ESD/S1	EP	PEN	L2	L1	B2	B1
同步/停止位		奇偶校验		字符长度		波特率系数	
同步(D1D0=00) X0=内同步 X1=外同步 0X=双同步 1X=单同步	异步(D1D0≠0) 00=不用 01=1位 10=1.5位 11=2位	X0=无校验 01=奇校验 11=偶校验		00=5位 01=6位 10=7位 11=8位		异步 00=不用 01=1 10=16 11=64	同步 00=同步方式标志

图9-14 8251A方式指令字格式

如果B2B1设置成同步方式，则指令字除了最高两位用来定义同步通信的控制外，其余各位的含义不变。D6位ESD用来规定对同步字符的检测方式，如果该位置"1"，则规定为外部检测，反之则为内部检测。D7位SCS用以指定同步字符的个数，如果置"1"，就将收发两部分都设定为单个同步字符，反之则指定为双同步字符。

2. 命令指令字

命令指令字指定8251A进行某种操作（如发送、接收、内部复位和检测同步字符等）或处于某种工作状态（如DTR），以便接收或发送数据。如图9-15所示是命令指令字各位的定义情况，搞清它们的含义对正确使用芯片很重要。

D7	D6	D5	D4	D3	D2	D1	D0
EH	IR	RTS	ER	SBRK	RxE	DTR	TxEN
进入搜索	内部复位	请求发送	错误标志复位	发中止字符	接收允许	数据终端准备好	发送允许

图 9-15　8251A 命令指令字格式

D0，允许发送 TxEN（Transmit Enable）。D0 = 1，允许发送；D0 = 0，禁止发送，可作为发送中断屏蔽位。

D1，数据终端准备就绪 DTR（Data Terminal Ready）。D1 = 1，强置$\overline{DTR}$有效，表示终端设备已准备好；D1 = 0，置$\overline{DTR}$无效。

D2，允许接收 RxE（Receive Enable）。D2 = 1，允许接收；D2 = 0，禁止接收。可用作接收中断屏蔽位。D0 和 D2 分别用以控制发送器和接收器是否工作，若要求做半双工通信，则 CPU 应轮流将它们置为"1"。

D3，发中止字符 SBRK（Send Break Character）。D3 = 1，强迫 TxD 为低电平，输出连续的空号；D3 = 0，正常操作。如果该位置"1"，则将使空闲时的输出数据成为低电平，以此作为数据中止时的线路状态表示法。如果该位置"0"，则在出现数据中止时，线路仍处于高电平。这一位同时还控制接收端的工作，亦即使接收端在接收数据的过程中自动检测中止字符，送出中止信号交 CPU 做相应处理。

D4，错误标志复位 ER（Error Reset）。D4 = 1，使状态字中的错误标志位（PE/OE/FE）复位；D4 = 0，错误标志位不复位。

D5，请求发送 RTS（Request To Send）。D5 = 1，强迫$\overline{RTS}$为低电平，置请求发送$\overline{RTS}$有效；D5 = 0，置$\overline{RTS}$无效。D1 和 D5 是两个送往 MODEM 的控制信号。

D6，内部复位 IR（Internal Reset）。D6 = 1，进行内部复位，使 8251A 处于等待方式命令，即回到初始化编程的阶段。发方式命令之前，一定要先进行内部复位，即复位命令之后一定是跟方式命令。D6 = 0，不进行内部复位。

D7，进入搜索方式 EH（Enter Hunt Mode）。D7 = 1，启动搜索同步字符；D7 = 0，不搜索同步字符。最高位 D7 为"1"，使 8251A 进入同步搜索状态，此时将接收到的数据码逐位组合成字符，做同步比较，直到找到同步码后，引脚 SYNDET 输出为"1"为止。然后再把这个控制位回到"0"，做正常接收。

方式指令与命令指令都是由 CPU 作为控制字写入的，按照前面所讲的方式，写入时所用的口地址是相同的。为了在芯片内不致造成混淆，8251A 采用了对写入次序进行控制的办法来区分两种指令。以异步通信为例，在复位后写入的控制字，被 8251A 解释为方式指令，此后写入的才是命令指令，且在对芯片复位以前，所有写入的控制字都是命令指令。

3. 状态字

CPU 向 8251A 发送各种操作命令，许多时候是依据 8251A 当前的运行状态决定的，这时 8251A 需要使用状态字向 CPU 报告何时才能开始发送和接收，以及接收数据有无错误。如图 9-16 所示是片内状态寄存器的各位定义，除了 D3 ~ D5 这 3 位用来标志接收时检测 3 类错误的情况外，其余各位的定义在引脚中已经出现过，下面仅就状态与引脚在定义上的差别作些说明。

D7	D6	D5	D4	D3	D2	D1	D0
DSR	SYNDET	FE	OE	PE	TxE	RxDRY	TxRDY
数据装置就绪	同步检测	帧出错	溢出错	奇偶错	发送器空	接收就绪	发送就绪

图 9-16　8251A 状态字格式

D0 所示的 TxRDY 与引脚的含义不同。发送缓冲器一出现空闲，这一位就置"1"。而引脚的 TxRDY 除了上述条件外，还必须满足 $\overline{CTS}=0$ 且 TxEN = 1 的条件，才能使输出置"1"。D7 位的 DSR 与引脚 $\overline{DSR}$ 只是在电平上相反，其含义是相同的。状态字中的错误标志是在接收过程中自动检测并设置的，它们并不影响后续的工作。这些错误只有当 CPU 读取状态字，对 3 个出错位检查时才能被发现，从而得到适当的处理。

4. 初始化与操作流程

8251A 的初始化和操作流程如图 9-17 所示。8251A 在设置方式指令字后，或在同步方式中又设置了同步字符后，任何时候都可以写入命令指令，命令指令是芯片进行操作，或改

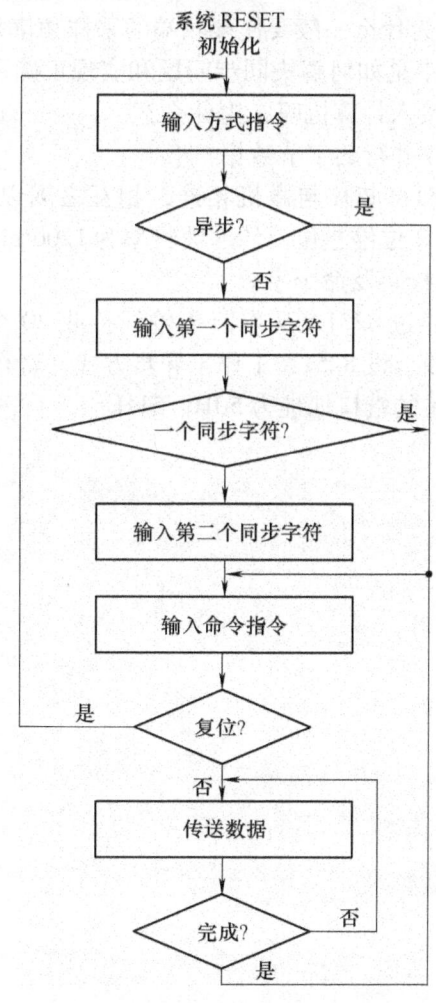

图 9-17　8251A 初始化编程流程图

变操作时必须写入的内容。而每次写入命令指令后，8251A 都要检查其 IR 位是否有内部复位，如有复位，则 8251A 应重新设置方式指令。

思考题与练习题

1）全双工和半双工通信的区别何在？在二线制电路上能否进行全双工通信？为什么？

2）什么情况下要使用 MODEM？为什么？通常有哪几种调制方法？试简述它们的调制原理。

3）异步通信和同步通信的根本区别是什么？

4）串行异步通信字符格式中的停止位和空闲位有什么不同？

5）用异步串行通信方式传输一段文字，已知波特率为 2400 bit/s，波特率系数为 16，问发送频率为多少？最少要花多少时间？

6）一个异步串行发送器，发送具有 8 位数据位的字符，在系统中使用一个奇偶校验位和两个停止位。若每秒发送 100 个字符，则其波特率、位周期和传输效率各为多少？

7）在异步串行通信中，为什么一般要使接收端的采样频率是传输波特率的 16 倍？

8）试说明异步串行通信中是如何解决同步问题和实现正确采样的。

9）RS-232C 信号能直接接入计算机吗？为什么？

10）如何利用 8251A 接收并行的字节数据？

11）某数据装置通过 8251A 芯片与微机相连，相互之间以异步方式传送数据。格式：传送 ASCII 码字符，偶校验，2 位停止位。传送波特率为 1200 bit/s，TxC 和 RxC 的时钟频率为 1200 Hz。试确定其方式选择字及命令字。

12）编写采用查询方式通过 8251A 从串行传输线接收 20 个数据字符并将其存入内存 2000H:3000H 地址处的程序段。设 8251A 工作于异步方式，奇校验，2 位停止位，7 位数据位，波特率因子为 64，8251A 的端口地址为 50H、51H。

第十章 模拟接口

学习目标：

在微型计算机的信息传输中，模拟量信息也是很重要的一类，本章主要介绍微型机系统中模拟量的输入/输出接口技术，以及常用的 D-A 和 A-D 转换芯片。

建议学时： 4 学时

教师导读：

在学习本章时，应注意如下几点：

1) 识记微机与控制系统接口、采样—保持电路、量化与编码、12 位 D-A 转换器 DAC1208/1209/1210、12 位 A-D 转换器 AD574A/AD674A。

2) 领会 D-A 芯片、A-D 芯片、输出电路。

3) 简单应用 ADC0809 及其接口、DAC0832 及其接口。

4) 本章的重点和难点是 ADC0809 及其接口、DAC0832 及其接口。

第一节 模拟接口概述

在工业过程控制中，经常要对压力、流量、温度及液位等物理量进行计算机控制。通常，先用传感器测量这些物理量，得到与之相应的模拟电流或模拟电压，再通过模拟-数字（A-D）转换器 ADC 转换为相应的数字信号，送入数字计算机处理，因此 ADC 常被看成编码装置（因为转换后的数字信号是以编码形式送入数字系统的）。计算机处理后的结果是数字量，若用它去控制伺服马达等模拟量执行机构，则需通过数字-模拟（D-A）转换器 DAC 转换为相应的模拟信号，驱动执行机构工作，因此 DAC 又常被看成解码装置。

D-A 转换是 A-D 转换的逆过程，这两个互逆的转换过程经常会出现在一个控制系统中，如图 10-1 所示。

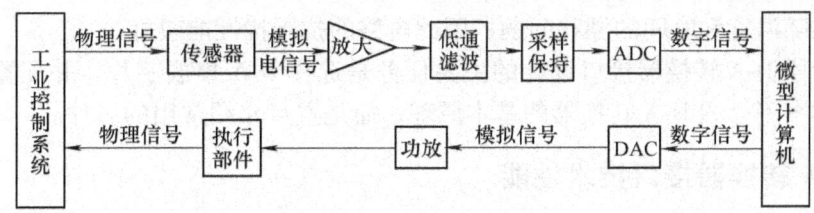

图 10-1 微机与控制系统接口

在图 10-1 中，传感器是一种物理装置，能够探测和感受外界信号、物理条件（光、热、温度、湿度、声音等）或化学成分（如有害气体、CO_2 等），并将探测到的物理信号转换成模拟的电信号（电压或电流）。常用的传感器有光敏传感器、温度传感器、压力传感器、振动传感器、流量传感器、湿度传感器等。

放大器负责将微弱的传感器信号（毫伏或微伏）进行放大，达到 A-D 转换器所需要的量程范围。

低通滤波用以降低噪声、滤去不必要的干扰、增加信噪比。

功放的目的是对输出的模拟信号进行功率放大,以加大其驱动能力。

采样和保持电路则广泛应用于工业控制电路和实时采集系统中,这是由于被采样的模拟信号在连续不断地变化,而 ADC 进行转换的时候需要一定的时间,在此期间,需要输入的模拟信号保持稳定,因此当输入的模拟信号变化较快时,需要采样-保持电路把采样结束前瞬间输入信号保持下来。这一电路通常包括采样和保持两个阶段,采样阶段存储元件跟踪模拟输入信号,并将信号存于存储元件中,通过放大器输出,此时输出和输入信号保持一致。这个过程耗费的时间就是采样时间。当采样结束时,进入保持阶段,该阶段模拟输入被断开,存储元件将断开前瞬间存储的值经过放大器输出,因此,此时输出和保持的信号一致。这一阶段维持的时间称为保持时间。

采样后的信号还需要进行量化之后才能进入到计算机中。所谓量化就是以一定的量化阶距为单位,把数值上连续的模拟量转换成数值上离散的数字量的过程,这就是 ADC 所要做的主要工作之一,从原理上说量化的过程就是用近似的整数代替连续的量。通常以量化阶距 Q 为分母,将要转换的模拟量除以 Q,将商保留,并用二进制表示,即转换成数字量,对于余数,可以采用全舍去或者四舍五入的方法。由于余数被舍去,因而会造成误差,这种误差称为量化误差。

量化后的数字量还需要进行编码,才方便微机的读入和识别。对于单极型输入的数据,采用二进制数进行量化编码。对于双极性输入信号(有正、负)可采用 3 种方式来表示。①原码表示。在最高位加上符号位,0 表示正数,1 表示负数,后面的各位表示幅值;②偏移二进制码(移码)表示。最高位为符号位,1 表示正,0 表示负,后面的各位表示幅值。相当于把单极性的 ADC 输入特性曲线向左平移了一半,即用满刻度加以偏移;③补码表示。这种方式和计算机中的补码一样,其符号刚好和移码相反,数值部分相同。

第二节 D-A 转换器

D-A 转换器是一种将数字量转换成模拟量的器件,其特点:接收、保持和转换的是数字信息,不存在随温度和时间的漂移问题,因此电路的抗干扰性能较好。

由于现阶段 D-A 转换器接口设计的主要任务是选择 D-A 集成芯片,并配置相应的外围电路,因此本书不介绍 D-A 转换器的基本原理,而是重点介绍常用的芯片。

一、D-A 转换器接口技术性能

D-A 转换器输入的是数字量,经转换后输出的是模拟量,有关 D-A 转换器的技术性能很多,这里不作全面详细说明,只对几个与接口有关的主要技术性能参数进行介绍。

1. 分辨率

分辨率指 D-A 转换器能够转换的二进制数的位数。位数越多,分辨率越高。分辨率越高,转换时对应数字输入信号最低位的模拟信号电压数值越小,也就越灵敏。

例如,一个 D-A 转换器能够转换 8 位二进制数,若转换后的电压满量程是 5 V,则它能分辨的最小电压 = 5 V ÷ 256 ≈ 20 mV。如果是 10 位分辨率的 D-A 转换器,对同样的转换电压，则它能分辨的最小电压 = 5 V ÷ 1024 ≈ 5 mV。

2. 转换时间

转换时间指从数字量输入到完成转换，且输出达到最终值并稳定为止所需的时间。不同型号的 D-A 转换器，其转换时间不同。电流型 D-A 转换较快，一般在几 ns 到几百 μs 之内；电压型 D-A 转换较慢，取决于运算放大器的响应时间。

3. 精度

精度指 D-A 转换器实际输出电压与理论值之间所存在的最大误差。D-A 转换器的精度有绝对精度与相对精度之分。将 D-A 转换器的失调误差调整至零，并将转换器的最大输出调节至满量程值，那么此时 D-A 转换器对应于不同输入数码时各点模拟输出电平与理想的输出值之间的最大偏差即为转换器的相对精度。如果不对失调误差调零和不校正转换器的输出满量程值，那么此时测得的即为 D-A 转换器的绝对精度。

D-A 转换器的精度通常有两种表示方法：一种是用满量程 V_{FS} 的百分数作为单位，另一种是以最低位（LSB）作为单位来表示 D-A 转换器的精度。如一个 N 位 D-A 转换器的精度为 1/2LSB，它指的是转换器的模拟输出电平与其理想输出电平之间的最大可能误差为

$$\frac{1}{2}\text{LSB} = \frac{1}{2} \times \frac{V_{FS}}{2^N} = \frac{1}{2^{N+1}}V_{FS}$$

二、8 位 D-A 转换器 DAC0832

DAC0832 是 8 位分辨率的 D-A 转换集成芯片，它具有价格低廉、接口简单及转换控制容易等特点。DAC0832 由 8 位输入锁存器、8 位 DAC 寄存器、8 位 D-A 转换电路及转换控制电路组成，能和 CPU 数据总线直接相连，属中速转换器，大约在 1 μs 内将一个数字输入转换成模拟输出。

1. 特点与主要规范

该类产品采用双缓冲、单缓冲或直接数字输入；与 12 位 DAC1230 系列容易互换，且引脚兼容；可用于电压开关方式；电流建立时间为 1 μs；8 位的分辨率；功耗低，只需 200 mW；采用 +5 ~ +15 V 单电源；满足 TTL 电压电平规范的逻辑输入（1.4 V 逻辑域值）；具有 8、9 或 10 位线性度（全温度范围均保证）。

如图 10-2 所示给出了 DAC0832 的引脚图。

2. 引脚功能

- $\overline{CS}$ 为片选信号（输入），低电平有效。
- I_{LE} 为数据锁存允许信号（输入），高电平有效。
- $\overline{WR1}$ 为输入锁存器写选通信号，低电平有效。它作为第一级锁存信号将输入数据锁存到输入锁存器中。$\overline{WR1}$ 必须和 $\overline{CS}$、I_{LE} 同时有效。

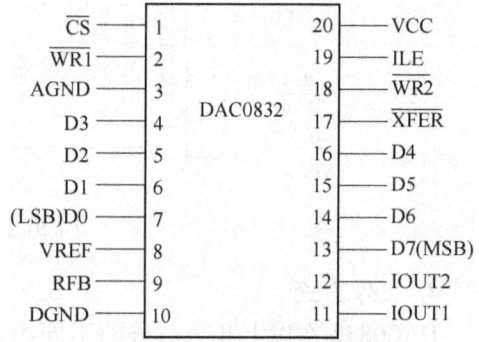

图 10-2 DAC0832 引脚图

- $\overline{WR2}$ 为 DAC 寄存器写选通信号，低电平有效。它将锁存在输入锁存器中可用的 8 位数据送到 DAC 寄存器中进行锁存。此时，传送控制信号 $\overline{XFER}$ 必须有效。

- $\overline{\text{XFER}}$ 为传送控制信号,低电平有效。当 $\overline{\text{XFER}}$ 为低电平时,将允许 $\overline{\text{WR2}}$。
- D0 ~ D7 为 8 位数据输入端,D_7 为最高位。
- IOUT1,IOUT2 为模拟电流输出端。转换结果以一组差动电流(IOUT1,IOUT2)输出。当 DAC 寄存器中的数字码全为 "1" 时,IOUT1 最大;全为 "0" 时,IOUT1 为零。IOUT1 + IOUT2 = 常数,IOUT1,IOUT2 随 DAC 寄存器的内容线性变化。
- RFB 为反馈电阻引出端,DAC0830 内部已有反馈电阻,所以 RFB 端可以直接接到外部运算放大器的输出端,这样,相当于将一个反馈电阻接在运算放大器的输入端和输出端之间。
- VCC 为电源电压输入端。范围为 +5 ~ +15 V,以 +15 V 时工作为最佳。
- VREF 为参考电压输入端。此端可接一个正电压,也可接负电压,范围为 -10 ~ +10 V。外部标准电压通过 VREF 与 T 型电阻网络相连。此电压越稳定模拟输出精度就越高。
- AGND 为模拟地。
- DGND 为数字地。

3. 内部结构

如图 10-3 所示为 DAC0832 内部结构示意图。该器件有两个内部寄存器,要转换的数据先送到输入锁存器,但不进行转换。只有数据送到 DAC 寄存器时才能开始转换,因而称为双缓冲。ILE、$\overline{\text{CS}}$ 和 $\overline{\text{WR1}}$ 3 个信号组合控制第一级缓冲器的锁存。当 ILE 为高电平,并且 CPU 执行 OUT 指令时,$\overline{\text{CS}}$ 和 $\overline{\text{WR1}}$ 同时为低电平,使得输入锁存器的使能端 LE1 为高电平,此时锁存器的输出随输入变化;当 CPU 写操作完毕时,$\overline{\text{CS}}$ 和 $\overline{\text{WR1}}$ 都变成高电平,使得 LE1 为低电平,此时,数据锁存在输入锁存器中,实现第一级缓冲。同理,当 $\overline{\text{XFER}}$ 和 $\overline{\text{WR2}}$ 同时为低电平时,LE2 为高电平,第一级缓冲器的数据送到 DAC 寄存器;当 $\overline{\text{XFER}}$ 和 $\overline{\text{WR2}}$ 中任意一个信号变为高电平时,这个数据被锁存在 DAC 寄存器中,实现第二级缓冲,并开始转换。

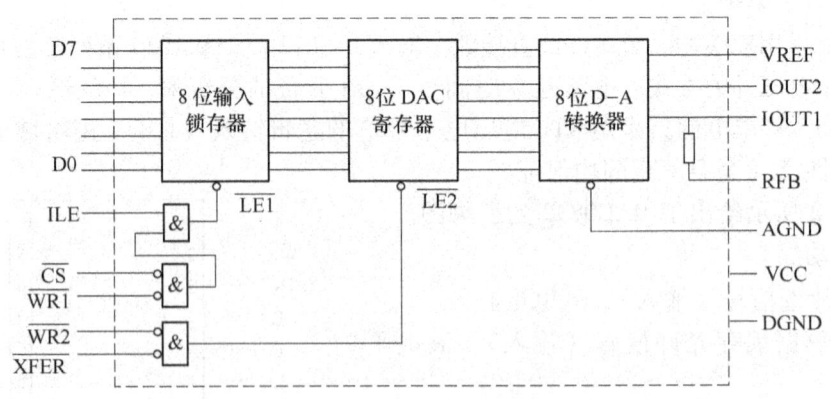

图 10-3 DAC0832 内部结构

4. 工作方式

DAC0832 在以上几个信号的不同组合控制下,可实现双缓冲、单缓冲和直通 3 种工作状态。

(1) 双缓冲方式

所谓双缓冲方式,就是把 DAC0830 的输入锁存器和 DAC 寄存器都接成受控锁存方式。

这种方式适用于多路 D-A 同时进行转换的系统。因为各芯片的片选信号不同，可由每片的片选信号$\overline{CS}$与$\overline{WR1}$分时将数据输入到每片的输入锁存器中，每片的 ILE 固定为 + 5 V，$\overline{XFER}$与$\overline{WR2}$分别连在一起，作为公共控制信号。数据写入时，首先将待转换的数字信号写到 8 位输入锁存器，当$\overline{XFER}$与$\overline{WR2}$同时为低电平时，数据将在同一时刻由各个输入锁存器将数据传送到对应的 DAC 寄存器并锁存在各自的 DAC 寄存器中，使多个 DAC0830 芯片同时开始转换，实现多点控制。双缓冲方式的优点：在进行 D-A 转换的同时，可接收下一个转换数据，从而提高了转换速度。

设输入锁存器的地址为 200H，DAC 寄存器的地址为 201H，则完成一次 D-A 转换的参考程序片段如下：

```
MOV  DX, 200H    ；送输入锁存器地址
OUT  DX, AL      ；AL 中的数据送输入锁存器
MOV  DX, 201     ；送 DAC 寄存器地址
OUT  DX, AL      ；数据写入 DAC 寄存器并转换
```

最后一条指令，表面上看来是把 AL 中的数据送 DAC 寄存器，实际上这种数据传送并不真正进行，该指令只起到打开 DAC 寄存器使输入锁存器中的数据通过的作用。

（2）单缓冲方式

如果应用系统中只有一路 D-A 转换，或虽然是多路转换但不要求同步输出时，采用单缓冲方式。所谓单缓冲方式就是使 DAC0832 的输入锁存器和 DAC 寄存器有一个处于直通方式，另一个处于受控的锁存方式。一般将$\overline{WR2}$和$\overline{XFER}$接地，使 DAC 寄存器处于直通状态，ILE 接 + 5 V，$\overline{WR1}$接 CPU 的$\overline{IOW}$，$\overline{CS}$接 I/O 地址译码器输出，以便为输入锁存器确定地址。在这种方式下，数据只要一写入 DAC 芯片，就立即进行 D-A 转换，省去了一条输出指令。

执行下面几条指令就能完成一次 D-A 转换。

```
MOV  DX, 300H        ；DAC0830 的地址为 300H
OUT  DX, AL          ；AL 中数据送 DAC 寄存器
```

（3）直通方式

当 ILE 接 + 5 V，$\overline{CS}$、$\overline{WR1}$、$\overline{WR2}$及$\overline{XFER}$都接地时，DAC0830 处于直通方式，输入端 D7 ~ D0 一旦有数据输入就立即进行 D-A 转换。这种方式不使用缓冲寄存器，不能直接与 CPU 或系统总线相连，可通过 8255 与之相连接。

5. 输出方式

DAC0832 为电流输出型 D-A 转换器，要获得模拟电压输出时，需要外接一个运算放大器。

（1）单极性模拟电压输出

如果参考电压为 + 5 V，则当数字量 N 从 00H ~ FFH 变化时，对应的模拟电压 VO 的输出范围是 0 ~ − 5 V，如图 10-4 所示。

（2）双极性模拟电压输出

如果要输出双极性电压，则需在输出端再加一级运算放大器作为偏移电路，如图 10-5 所示。当数字量 N 从 00H ~ FFH 变

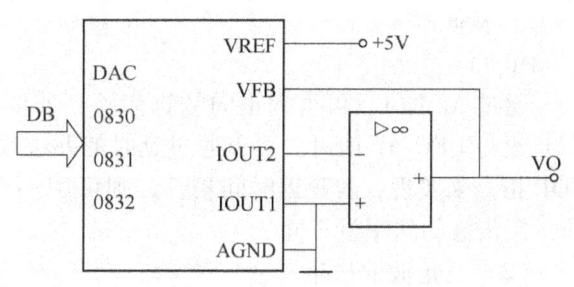

图 10-4　单极性输出方式

化时,对应的模拟电压 VO 的输出范围是 -5 ~ +5 V。

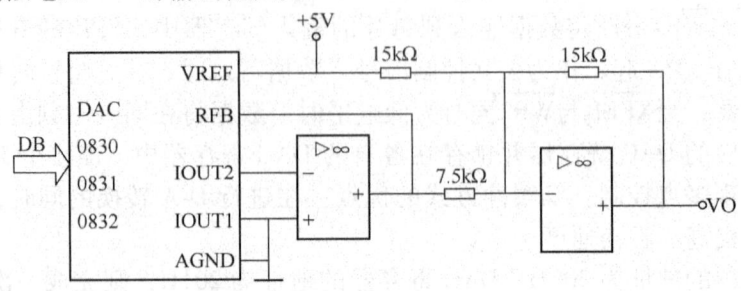

图 10-5 双极性输出方式

6. 应用举例

(1) 锯齿波的产生(见图 10-6)

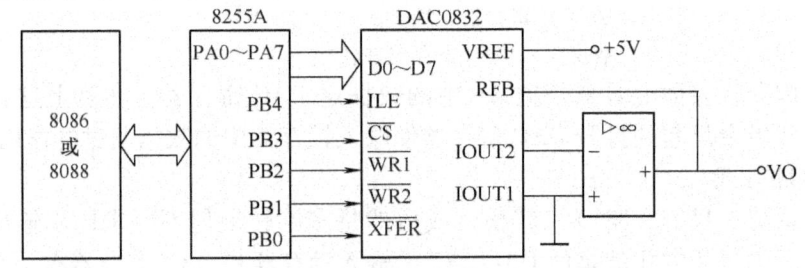

图 10-6 用 DAC0832 产生锯齿波

```
        ; 8255A 初始化
        MOV   DX, 0E003H        ; 8255A 的控制口地址
        MOV   AL, 80H           ; 设置 8255A 的方式字
        OUT   DX, AL
        ; B 口控制 DAC 的转换
        MOV   DX, 0E001H        ; 8255A 的 B 口地址
        MOV   AL, 10H           ; 置 0830 为直通工作方式
        OUT   DX, AL
        ; 生成锯齿波
        MOV   DX, 0E000H        ; 设置 DAC 端口号
        MOV   AL, 0H            ; 设置初值
    L1: OUT   DX, AL            ; 向 DAC 送数据
        INC   AL                ; 输出数据加 1
        NOP                     ; 延时
        JMP   L1
```

通过 AL 加 1,可得到正向的锯齿波;如要得到负向的锯齿波,则只要将程序中的 IN-CAL 改为 DEC AL 即可。可以通过延时的办法改变锯齿波的周期。若延迟时间较短,则可用 NOP 指令来实现;若延迟时间较长,则可用一个延时子程序。延迟时间不同,波形周期不同,锯齿波的斜率就不同。

(2) 三角波的产生

```
        MOV   DX, 0E000H
        MOV   AL, 0H            ; 输出数据从 0 开始
```

```
L2: OUT   DX, AL
    INC   AL                    ;输出数据加 1
    JNZ   L2                    ;AL 是否加满？未满，继续
    MOV   AL, 0FFH              ;已满，AL 置全"1"
L3: OUT   DX, AL
    DEC   AL                    ;输出数据减 1
    JNZ   L3                    ;AL 是否减到"0"？不是，继续
    JMP   L2
```

三、12 位 D-A 转换器 DAC1208/1209/1210

DAC1208 系列 D-A 转换器有 DAC1208、DAC1209 和 DAC1210 三种类型，它们都是与微处理器直接兼容的 12 位 D-A 转换器。其基本结构与 DAC0830 系列相似，因此可不添加任何接口逻辑而直接与 CPU 相连。它们的主要区别是线性误差不同。

1. 特点与主要规范

该类器件可与所有的通用微处理器直接相连；采用双缓冲、单缓冲或直接数字输入；逻辑输入符合 TTL 电压电平规范（1.4 V 逻辑阈值）；如需要，能独立操作（无 μP）；1 μs 的电流稳定时间；12 位的分辨率；具有满量程 10 位、11 位或 12 位的线性度（在全温度范围内保证）；低功耗设计，只需要 20 mW；参考电压为 –10 ~ +10 V；+5 ~ +15 V 单电源。

2. 内部结构及工作方式

DAC1208 系列芯片为标准 24 脚双列直插式封装，其内部结构如图 10-7 所示。

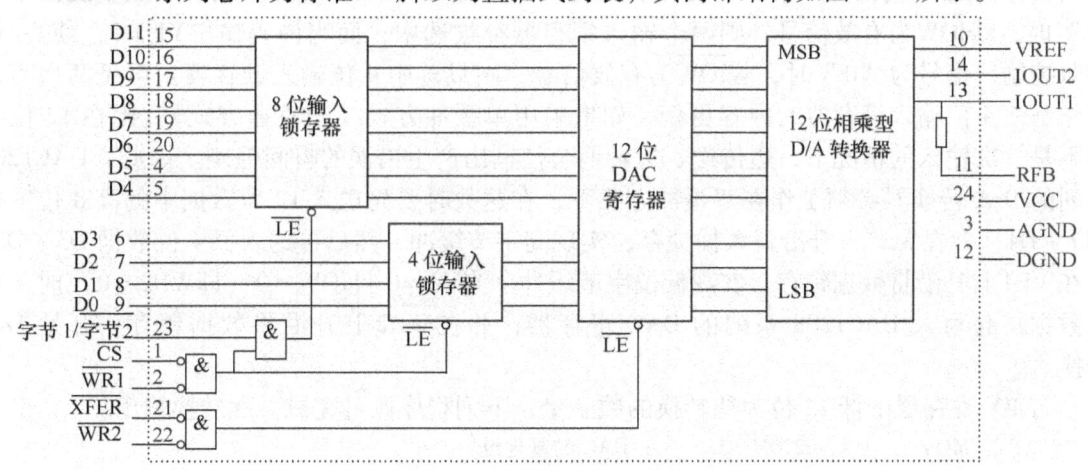

图 10-7 DAC1208 系列内部结构及引脚分布图

从图 10-7 中可以看出，DAC1208 系列芯片的逻辑结构与 DAC0832 相似，也是双缓冲结构，主要区别在于它的两级缓冲寄存器和 D-A 转换器均为 12 位。为了便于和应用广泛的 8 位 CPU 相连，12 位数据输入锁存器分成了一个 8 位输入锁存器和一个 4 位输入锁存器，以便利用 8 位数据总线分两次将 12 位数据写入 DAC 芯片。这样 DAC1208 系列芯片的内部就有 3 个寄存器，需要 3 个端口地址。为此，内部提供了 3 个 LE 信号的控制逻辑。

和 DAC0832 一样，$\overline{CS}$ 和 $\overline{WR1}$ 用来控制输入锁存器，$\overline{XFER}$ 和 $\overline{WR2}$ 用来控制 DAC 寄存器，但是，为了区分 8 位输入锁存器和 4 位输入锁存器，增加了一条高/低字节控制线（字节 1/

字节2)。在与8位数据总线相连时，DAC1208系列芯片的输入数据线高8位D11～D4连到数据总线的D7～D0，低4位D3～D0连到数据总线的D7～D4（左对齐），如图10-8所示给出了DAC1208系列芯片与IBM PC总线的连接。

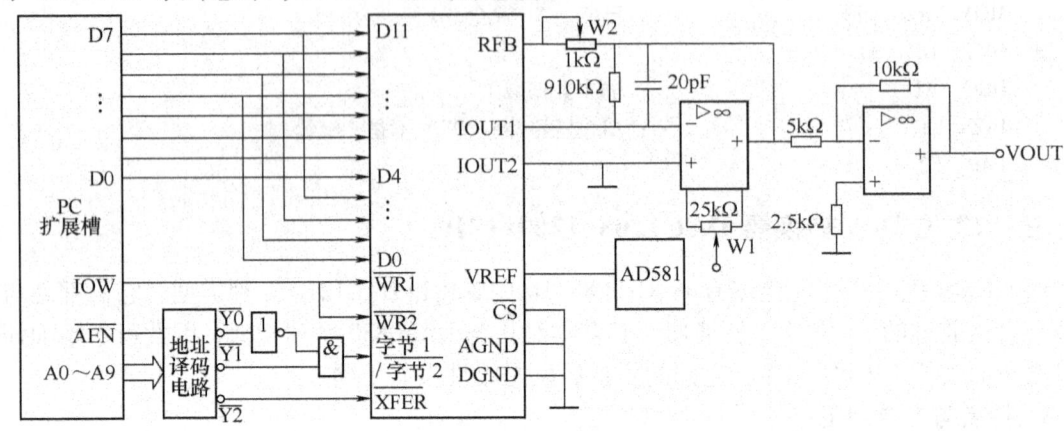

图10-8　DAC1208系列芯片与IBM PC总线的连接

12位数据输入需由两次写入操作完成，假设高/低字节控制信号字节1/$\overline{字节2}$的口地址（即DAC1208系列的高8位输入锁存器和低4位输入锁存器的地址）分别为220H和221H，12位DAC寄存器的口地址（即选通信号$\overline{XFER}$）为222H，由地址译码电路提供。由于4位输入锁存器的$\overline{CE}$端只受$\overline{CS}$和$\overline{WR1}$控制，因此当译码输出$\overline{Y0}=0$，使高/低字节控制线信号为"1"时，若$\overline{IOW}$为有效信号，则两个输入锁存器都被选中；而当译码输出$\overline{Y1}=0$，使高/低字节控制线信号为"0"时，若$\overline{IOW}$为有效信号，则只选中4位输入锁存器。可见两次写入操作都使4位输入锁存器的内容更新。如果采用单缓冲方式（即直通方式），则在12位数据不是一次输入的情况下，边传送、边转换会使输出产生错误的瞬间毛刺。因此，DAC1208系列的D-A转换器必须工作在双缓冲方式下，在送数时要先送入12位数据中的高8位数据D11～D4，并在$\overline{WR1}$上升沿将数据锁存，实现高字节缓冲，然后再送入低4位数据D3～D0，并在$\overline{WR1}$上升沿将数据锁存，实现低位字节缓冲。当$\overline{Y2}=0$且$\overline{IOW}=0$（即$\overline{WR2}=0$）时，12位数据一起写入DAC1208系列的DAC寄存器，并在$\overline{WR2}$上升沿将数据锁存，开始D-A转换。

若BX寄存器中低12位为待转换的数字量，下列程序段可完成一次转换输出。

```
START:  MOV   DX, 0220H        ; DAC的基地址
        MOV   CL, 4
        SHL   BX, CL           ; BX中12位数向左对齐
        MOV   AL, BH
        OUT   DX, AL           ; 写入高8位
        INC   DX
        MOV   AL, BL
        OUT   DX, AL           ; 写入低4位
        INC   DX
        OUT   DX, AL           ; 启动D-A转换，AL中为任意数
        HLT
```

第三节 A-D 转换器

A-D 转换器是实现模拟量转换为数字量的器件。在工业控制系统和数据采集以及许多其他领域中，A-D 转换器常常是不可缺少的重要部件。A-D 转换器的品种繁多，目前使用较广泛的主要有 3 种类型：逐次逼近型、V/F 转换型和双积分型。其中，双积分型 A-D 转换器电路简单，抗干扰能力强，但转换速度较慢；逐次逼近型 A-D 转换器易于用集成工艺实现，且具有较高的分辨率和转换速度。因此，目前市场上的 A-D 转换器采用逐次逼近型的较多。

一、A-D 转换器的性能参数

不同的 ADC 厂家用各自的参数来说明自己产品的性能，且各参数之间并非严格一致。有时描述的是同一性能，但所用的术语不同；有时参数的意义相同，但数据单位不同。为方便用户选择 ADC 芯片，下面对一些常用的性能参数进行简单介绍。

1. 分辨率

其含义与 DAC 的分辨率一样，通常也可用位数来表示。A-D 转换器的位数越长，分辨率越高。

2. 绝对精度

绝对精度是指 ADC 转换后所得数字量所代表的模拟输入值与实际模拟输入值之差。通常以数字量最低位所代表的模拟输入值 VLSB 做衡量单位。

3. 转换时间

ADC 完成一次对模拟量的测量到数字量的转换所需的时间称为转换时间，它反映了 ADC 转换的速度。转换时间的倒数称为转换速率。ADC 芯片按速率分档次的一般约定：转换时间高于 1 ms 的为低速、1 μs ~ 1 ms 的为中速、低于 1 μs 的为高速，转换时间小于 1 ns 的为超高速。

此外，ADC 还有输入电压范围等参数，在选用时务必挑选参数合适的芯片，并注意性能价格比。

二、8 位 A-D 转换器 ADC0809

ADC0809 是 NSC 公司生产的 8 路模拟输入逐次逼近型 A-D 转换器，CMOS 工艺，内部结构如图 10-9 所示。芯片内除含有 8 位逐次逼近型模-数转换器以外，还有 8 通道多路转换器和 3 位地址锁存和译码器，以实现对 8 路输入模拟量 IN0 ~ IN7 的选择。当地址锁存允许信号 ALE 有效时，将 3 位地址 ADDC ~ ADDA 锁入地址锁存器中，经译码器选择 8 路模拟量中的一路通过 8 位 A-D 转换器转换输出。由于输出端具有三态输出锁存缓冲器，因此可以直接与 CPU 系统总线相连接。

ADC0809 可用单 5 V 电源工作，模拟信号输入范围为 0 ~ 5 V，输出与 TTL 兼容。

如图 10-10 所示是 ADC0809 芯片的引脚图，其引脚功能介绍如下：

- IN0 ~ IN7 为 8 路模拟输入信号。通过 ADDA、ADDB 和 ADDC 三个地址译码来选通一路。
- D0 ~ D7 为 A-D 转换后的 8 位数字量输出。其中，D7 为最高位，D0 为最低位。

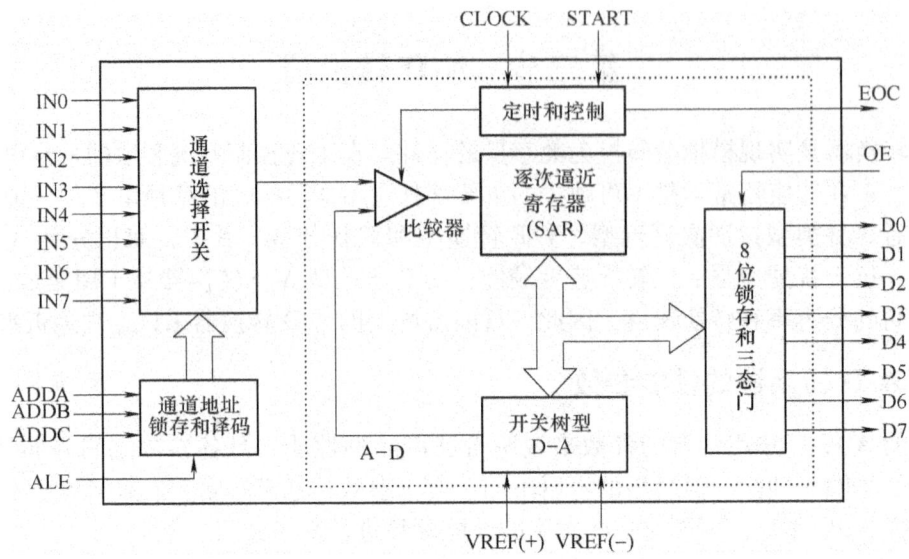

图 10-9 ADC0809 原理图

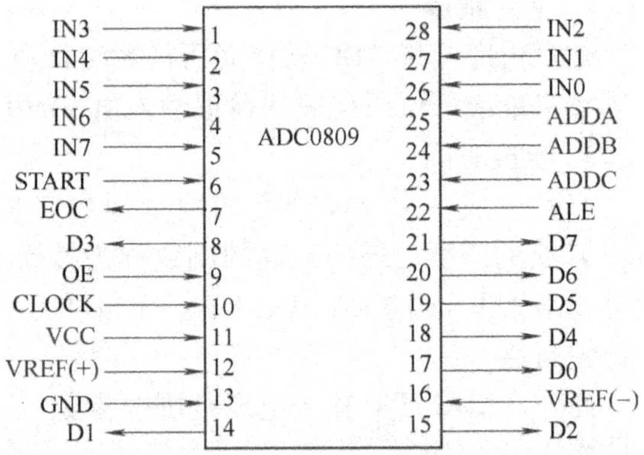

图 10-10 ADC0809 引脚图

- ADDC ~ ADDA 为 8 路模拟开关的 3 位地址选通输入端,以选择对应的输入通道。ADDC 为高位地址,ADDA 为低位地址。
- ALE 为地址锁存允许信号。当 ALE 为上升沿时,ADDC ~ ADDA 地址状态送入地址锁存器。使用时,该信号常和 START 信号联在一起,当 START 端为高电平时,同时将通道地址锁存起来。
- START 为 A-D 转换启动信号。此信号由 CPU 执行输出指令产生。START 为上升沿时,所有内部寄存器清 0;START 为下降沿时,开始进行 A-D 转换,在 A-D 转换期间,START 应保持低电平。
- EOC 为转换结束信号。转换开始后,该信号变为低电平。经过 64 个时钟周期后转换结束,该信号变为高电平。EOC 信号可作为对 CPU 的中断请求信号,也可作为 CPU 查询的信号。
- OE 为输出允许信号。当该信号为高电平时,打开输出缓冲器三态门,转换结果输出到数据总线上;当该信号为低电平时,输出数据线呈高阻态。在中断方式下,该信号为 CPU 发出的中断响应信号。EOC 和 OE 两个信号可以连在一起表示模-数转换结束。
- CLOCK 为时钟输入信号。时钟频率范围为 10 ~ 1280 kHz,典型值为 640 kHz,可由 CPU 时钟分频得到。当时钟频率为 1280 kHz 时,转换速率为 50 μs;当时钟频率为 640 kHz 时,转换速率为 100 μs。
- VREF(+),VREF(-) 为参考电压输入信号。一般,VREF(+) 与主电源 VCC

相连，VREF（-）与模拟地 GND 相连。
ADC0809 的工作时序如图 10-11 所示。

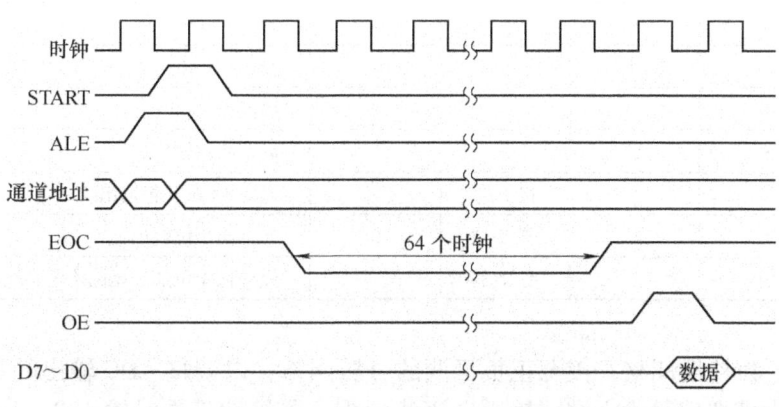

图 10-11　ADC0809 工作时序图

三、12 位 A-D 转换器 AD574A/AD674A

AD574A/AD674A 是美国 AD 公司的产品，为 12 位逐次逼近型 ADC 芯片。AD574A 和 AD674A 的引脚、内部结构和外部特性完全相同，只是 AD574A 的转换时间为 35 μs，AD674A 的转换时间为 12 μs。现以 AD574A 芯片为例进行介绍。

AD574A 芯片内部有模拟和数字两种电路，模拟电路为 12 位 D-A 转换器，数字电路则包括性能比较器、逐次比较寄存器、时钟电路、逻辑控制电路和数据三态输出缓冲器，可进行 12 位或 8 位转换。12 位的输出可一次完成（与 16 位的数据总线相连），也可先输出高 8 位，后输出低 8 位，分两次完成。AD574A 的外部引脚如图 10-12 所示。

引脚功能如下：

- +5 V 为数字逻辑部分电源。
- 12/$\overline{8}$ 为数据输出方式选择。高电平时双字节输出，即输出为 12 位；低电平时单字节输出，分两次输出高 8 位和低 4 位。
- $\overline{CS}$ 为片选信号，低电平有效。
- A0 为转换数据长度选择。在启动转换的情况下，A0 为高时进行 8 位转换，A0 为低时进行 12 位转换。
- R/$\overline{C}$ 为读数据/转换控制信号。高电平时可将转换后数据读出，低电平时启动转换。

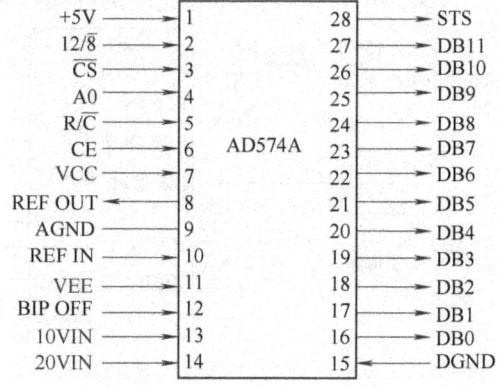

图 10-12　AD574A 引脚图

- CE 为芯片允许信号。用来控制转换或读操作。各控制信号的作用见表 10-1。
- VCC 和 VEE 为模拟部分供电的正电源和负电源，其范围为 ±12 V 或 ±15 V。
- REF OUT 为 +10 V 内部参考电压输出，具有 1.5 mA 的带负载能力。
- AGND 为模拟信号公共地。它是 AD574A 的内部参考点，必须与系统的模拟参考点相连。
- REF IN 为参考电压输入。与 REF OUT 相连可自己提供参考电压。

表 10-1 AD574A 控制信号功能表

CE	$\overline{CS}$	$R/\overline{C}$	$12/\overline{8}$	A0	功　能
0	×	×	×	×	禁止
×	1	×	×	×	禁止
1	0	0	×	0	启动 12 位转换
1	0	0	×	1	启动 8 位转换
1	0	1	接 1 脚	×	允许 12 位并行输出
1	0	1	接 15 脚	0	允许高 8 位输出
1	0	1	接 15 脚	1	允许低 4 位加上尾随 4 个 0 输出

- BIP OFF 为补偿调整。接至正负可调的分压网络，以调整 ADC 输出的零点。
- 10VIN 为模拟信号输入端。输入电压范围为：单极性工作时输入 0～10 V，双极性工作时输入 −5～+5 V。
- 20VIN 为模拟信号输入端。输入电压范围为：单极性工作时输入 0～20 V，双极性工作时输入 −10～+10 V。
- DGND 为数字信号公共地。
- DB11～DB0 为数字量输出。
- STS 为转换状态输出。转换开始时及整个转换过程中，STS 一直保持高电平。转换一结束，STS 立即返回低电平。可用查询方式检测此电位的变化，来判断转换是否结束，也可利用它的下降沿向 CPU 发出中断申请，通知 CPU 模-数转换已经完成，可以读取转换结果。

AD574A 有单极性和双极性两种模拟输入方式，其接线如图 10-13 所示。

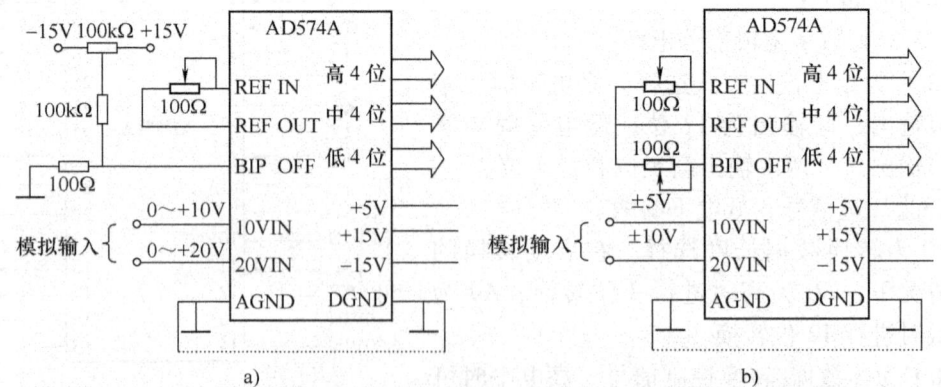

图 10-13 AD574A 输入接线图
a) 单极性输入　b) 双极性输入

四、A-D 转换器与微处理器的接口

A-D 转换器有多种型号，但是不管哪种型号的 A-D 转换芯片，它对外的引脚都是类似的，所涉及的主要信号为模拟输入信号、数据输出信号、启动转换信号和转换结束信号。由于 A-D 转换器的型号不同，因此与 CPU 的连接方式也有所不同。

1. 接口形式

A-D 转换器的接口形式大体上可分为以下两种：

（1）与数据总线直接交换信息

当 A-D 转换芯片内部带有可控输出三态门时，它们的数据输出端可直接与系统数据总线相连，如 ADC0804、ADC0809 和 AD574A 等。当转换结束后，CPU 通过执行一条输入指令产生读信号，打开三态门，将数据读到数据总线上。

（2）通过 I/O 接口芯片或三态门锁存器与 CPU 的数据总线连接

有一类 A-D 转换器内部不带三态输出或内部有三态输出门，但不受外部控制，而是由 A-D 转换电路在转换结束时自动接通，如 AD570 和 ADC1210 等。这类芯片的数据输出线不能直接与系统的数据总线相连接，在 A-D 转换芯片与 CPU 之间需外接三态缓冲器或可编程并行接口电路（如 8255A），从而实现 A-D 转换器与 CPU 之间的数据传输。

对于 8 位以上的 A-D 转换器和系统连接时，要考虑 A-D 转换器的输出数字量位数与系统总线位数相匹配的问题。如果系统数据总线位数大于 A-D 转换器输出数字量的位数，则数据的读入可一次性完成；若系统数据总线位数小于 A-D 转换器输出数字量的位数，例如 10 位以上的 A-D 转换器，则为了能和 8 位字长的 CPU 相连接，需增加读/写控制逻辑电路，把 10 位以上的数据按字节分时读出。对于内部不含读/写控制逻辑电路的 A-D 转换器，在和 8 位字长的 CPU 相连接时，应外加三态门对转换后的数据进行锁存，然后再按字节分时读入 CPU。

2. 启动转换信号

A-D 转换器要进行转换需由外部控制启动转换信号，这一启动转换信号可由 CPU 提供。通常启动信号有两种形式（脉冲信号和电平），不同型号的 A-D 转换器，要求的启动信号也有所不同。对 ADC0804、ADC0809 和 ADC1210 等芯片，要求用脉冲信号来启动，由 CPU 执行输出指令，发出符合要求的脉冲信号作为启动信号以启动 A-D 转换器进行转换。对 AD570 及 AD574A 等芯片，要求用电平作为启动信号。当符合要求的电平加到控制转换的输入引脚时，立即开始转换，在整个转换过程中都必须保证启动信号有效。如果中途撤走启动信号，则会终止转换的进行而得到错误的结果。为此，CPU 一般通过并行接口提供给 A-D 转换芯片启动信号，或用 D 触发器锁存启动信号，使之在 A-D 转换期间保持有效电平。

3. 转换数据的传送

A-D 转换结束时，A-D 转换器输出转换结束信号，通知 CPU 读取转换的数据。CPU 一般可以采用以下几种方式和 A-D 转换器进行联络来实现对转换数据的读取。

（1）程序查询方式

CPU 在启动 A-D 转换器工作以后可执行其他任务，由程序测试转换结束信号（如 EOC）的状态。一旦发现转换结束信号有效，则认为完成一次转换，然后对 ADC 占用的口地址执行一条输入指令以读取转换后的数据。

在查询方式中，由于 CPU 隔一段时间对转换结束信号查询一次，而从转换结束到 CPU 读取数据，时间上可能有相当大的延迟，因此这种方式一般用于不急于读取转换结果的场合。

（2）中断方式

A-D 转换结束后，送出一转换结束信号（如 EOC），此信号可作为中断请求信号，送到中断控制器的中断请求输入端。CPU 响应中断后，在中断服务程序中执行输入指令，CPU 读取转换数据。

中断方式的特点是 A-D 转换器和 CPU 能并行工作，效率较高，硬件接口简单。但是，由于在中断方式中，要经历响应中断、保留现场、恢复现场及退出中断等一系列环节，因此需占用一定的时间，如果 A-D 转换时间较短，则用中断方式便失去了优越性。

（3）固定延时等待方式

当 CPU 发出启动转换信号后，执行一个固定的延时程序，此程序执行完毕，A-D 转换也正好结束，于是 CPU 读取数据。采用这种方式的特点是接口简单，但要预先精确计算完成一次转换所需要的时间，所以 CPU 的等待时间较长。

（4）DMA 方式

用转换结束信号（如 EOC）作为 DMA 的请求信号，使系统进入 DMA 周期，通过 DMA 控制器将 A-D 转换结果直接送入指定的内存，而不需要 CPU 干涉。这种方式接口电路复杂，成本高，适用于高速大数据量采集的场合。

五、ADC 连接举例

1. 8 位 ADC 的连接

假设 8 位 A-D 转换器与 CPU 之间采用查询方式工作，分别对 8 路模拟信号轮流采样一次，并将采样结果存入数据段中 BUFFER 开始的数据区中。可选用 ADC0809 作 A-D 转换器，如图 10-14 所示。由于 ADC0809 内部具有三态输出锁存器，因此其 8 位数据输出引脚能同系统的数据总线直接连接。ADDC～ADDA 与地址总线的 A2～A0 相连，用于选通 8 路模拟输入通道中的一路。设 8 路模拟输入通道的 I/O 端口地址为 300H～307H。由于 ADC0809 无片选信号，因此需由地址译码器的输出与 $\overline{IOW}$ 经过或非门控制 ADC0809 的启动信号 START 和地址锁存信号 ALE，使得锁存模拟输入通道地址的同时启动 A-D 转换。$\overline{IOR}$ 经或非门控制输出使能端 OE。因为转换结束时，在 EOC 引脚输出一个由低变高的转换结束信号，故采用查询方式时，该信号为转换结束状态标志。设状态标志端口地址为 308H，此引脚经过三态门与 D0 相连，因此，启动转换后，只要不断查询 D0 位是否为 1，即可知道转换是否结束。

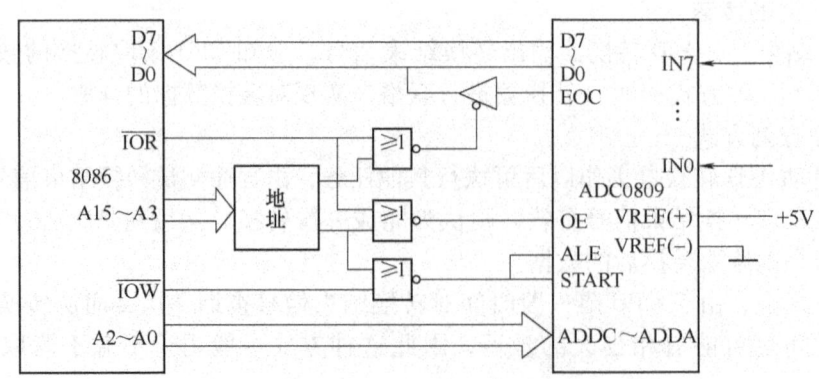

图 10-14　ADC0809 工作于查询方式的连接

用 ADC0809 实现上述数据采集的参考程序如下：

```
        MOV    BX, BUFFER        ;置数据缓冲区首址
        MOV    CX, 08H           ;设置通道数
        MOV    DX, 300H          ;通道 IN0 口地址
L1：    OUT    DX, AL            ;启动 A-D 转换（AL 可为任意数）
        PUSH   DX                ;保存通道号
        MOV    DX, 808H          ;指向状态口地址
L2：IN     AL, DX            ;读 EOC 状态
        TEST   AL, 01H           ;转换是否开始？
        JN     ZL2               ;若未开始，等待
L3：IN     AL, DX            ;再读 EOC 状态
        TEST   AL, 01H           ;转换是否结束？
        JZ     L3                ;若未结束，等待
        POP    DX                ;转换结束，恢复通道号
        IN     AL, DX            ;读取转换数据
        MOV    [BX], AL          ;转换结果送缓冲区
        INC    DX                ;指向下一个输入通道
        INC    BX                ;指向下一个缓冲单元
        LOOP   L1                ;判断 8 路模拟量是否全部采样完毕
```

若采用中断方式读取转换后的数字量，则可将 ADC0809 的 EOC 引脚接至中断控制器 8259 的 IR0，当 ADC0809 转换结束时，EOC 为高电平，向 CPU 发出中断请求。编程时，首先要使 CPU 打开中断，同时将读数的程序段安排在中断服务程序中。

2. 12 位 ADC 的连接

如图 10-15 所示为 AD547A 完成 12 位转换并与 16 位 CPU 相连的原理图。此时，AD574A 的 12/8 引脚接 +5 V。启动转换时，CE = 1，$\overline{CS}$ = 0，R/$\overline{C}$ = 0，A0 = 0；读取数据时，CE = 1，$\overline{CS}$ = 0，R/$\overline{C}$ = 1，A0 为任意。DB11 ~ DB0 及 STS 分别通过两个 8 位输入三态缓冲器与 CPU 的数据总线 D15 ~ D4 及 D0 相连。CPU 通过输出锁存器 Q0 端输出一个负脉冲后，启动 AD574A，同时 STS = 1。然后，CPU 通过相应的地址驱动三态门，检测 STS 的状态。当 STS = 0 时，表示 A-D 转换结束。当 R/$\overline{C}$ = 1 时 AD547A 处于数据输出状态。由于图

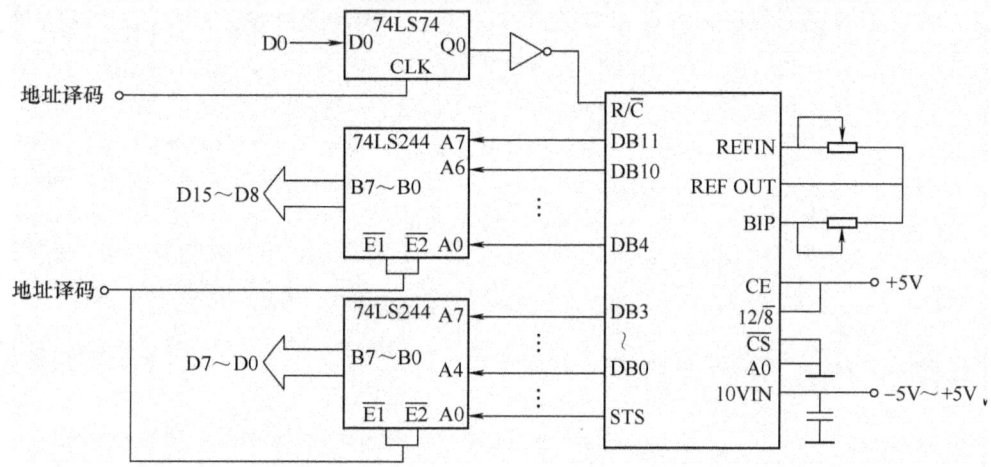

图 10-15　AD574A 与 16 位数据总线的接口

中两个三态缓冲器 74LS244 的隔离作用，因此 AD547A 的输出数据不会因与数据总线接通而影响数据总线。CPU 检测到 STS 为 0 后，通过对相应的地址进行读操作，即可驱动三态门，并将 A-D 转换结果读入 CPU。

思考题与练习题

1）D-A 和 A-D 转换在微机控制系统中有什么作用？
2）A-D 转换为什么需要采样—保持电路？
3）D-A 转换器的主要性能指标有哪些？
4）DAC0832 的工作方式有哪些？
5）在图 10-6 中，基准电压 $V_{REF} = -5$ V，试编写程序使其输出方波，并画出波形图。
6）A-D 转换器与 CPU 之间采用查询方式和中断方式，接口电路有什么不同？
7）A-D 转换器的主要性能指标有哪些？
8）利用 8253/8254 及 ADC0809 设计一个数据采集系统，要求每 20 ms 采集一个数据。设 8253 的计数输入 CLK = 1 MHz，输出信号 OUT_0 接到 IRQ2，试用中断方式编写数据采集程序，并画出数据采集系统的连接框图。

第十一章 总线与实用接口

学习目标：

本章主要介绍计算机系统中总线的概念和微型计算机系统中主要的几种总线与实用接口。要求同学们对常用总线能有所了解。

建议学时： 5 学时

教师导读：

在学习本章时，应注意如下几点：

1) 识记部分包括总线的概念、分类，主要性能参数和总线的操作，ISA 总线信号线的分类，EISA 总线和 ISA 总线的区别，PCI 总线特点，PCI 总线命令，USB 系统组成，USB 接口信号与电气特性，USB 传输类型。

2) 领会 PCI 总线读、写时序，USB 数据编码。

3) 注意书中给出的只是读写时序的一个实例，要注意读写时序要和总线传输控制相结合。

4) 本章的重点是 PCI 总线和 USB 总线的基本知识。

5) 本章的难点是 PCI 读、写时序和 USB 数据的编码。

6) 本章其他总线和接口部分可根据需要选讲，考试大纲不做要求。

第一节 总线概述

总线和接口标准是微机体系结构的重要组成部分，是微机系统与接口设计者和使用者应该了解和熟悉的技术。在第一章已经介绍了总线的概念以及微机总线的层次结构，本章将更详细地介绍微机总线和接口标准。

一、总线和接口及其标准的概念

1. 总线概念

总线就是在计算机内部各部件之间以及计算机与外设之间的一组进行互连和传输信息的信号线。信息包括指令、数据和地址。对于连接到总线上的多个设备而言，任何一个设备发出的信号可以被连接到总线上的所有其他设备接收。如果两个以上的设备同时在总线上发出自己的信号，则会发生信号混乱。因此，在同一时间段内，连接到总线上的多个设备中只能有一个设备主动进行信号的传输，其他设备只能处于被动接收的状态。

2. 总线标准

总线标准是指计算机内部各部件之间以及计算机与外设之间，通过总线进行连接和传输信息时，应该遵守的一些协议与规范。这些协议和规范一般包括硬件和软件两个方面，比如总线工作的时钟频率、总线中信号线的定义、总线系统的结构、总线仲裁机构以及配置机构、机械规范和实施总线协议的驱动与管理程序。

二、总线的主要性能参数

微机系统中使用的总线种类很多，没有哪个总线能适合所有的场合，但所有的总线都含有一些主要的性能参数。

1) 总线频率：总线的工作频率，以 MHz 表示。它是总线工作速率的一个重要参数，工作频率越高，速率越高。

2) 总线宽度：数据总线的位数，用位（bit）来表示，如 8 位、16 位、32 位、64 位总线宽度。

3) 总线的数据传输率：在一定的时间内总线上可传送的数据总量，用每秒最大传输的数据量来表示。总线的数据传输率的计算公式：

$$总线的数据传输率 = （总线宽度 \div 8 位） \times 总线频率$$

单位是 MB/s，总线频率以 MHz 为单位。如 PCI 总线的总线频率为 33.3 MHz，总线宽度为 32 位的情况下，其数据传输率为 133 MB/s。

三、总线标准的特性

总线标准中通常包括以下特性。

1) 物理特性：总线的物理连接方式，包括总线的根数、总线的插头和插座形状及引脚的排列等。

2) 功能特性：描述的是总线中每一根线的功能。总线按功能分为数据总线、地址总线和控制总线。如 ISA 总线中地址线为 24 根，数据线为 16 根，电源线和地址线共 10 根，其他的都是控制总线。

3) 电器特性：定义每一根线上信号的传递方向以及有效电平范围。一般规定送入 CPU 的信号为输入信号（IN），从 CPU 送出的信号称为输出信号（OUT）。例如，ISA 总线的地址线就是输出线，而数据线是双向的。一般信号线为高电平的时候有效，但如果信号名称上面有一横线或信号名称后面有#，则表示该信号低电平有效。有些信号线高电平和低电平分别有不同的含义。如 NMI 为高电平有效，$\overline{RD}$ 和 DRDY# 为低电平有效，$IO/\overline{M}$ 为高电平时，表示 CPU 正与 I/O 端口进行数据传送；低电平时，表示 CPU 正与内存进行数据传输。

4) 时间特性：定义了每根线在什么时候有效，这涉及总线操作的时序问题，即什么时刻总线上的模块需要把信号送上总线，什么时刻总线上的模块可以在总线上得到有效的信号。

四、总线操作和总线传送控制

1. 总线操作

总线的基本任务就是传送数据，这里的数据包括指令、运算要处理的数据和运算后的结果、设备控制命令、设备状态信息以及设备的输入/输出数据。这些数据是在总线主控模块的控制下进行传送的，只有处理器和 DMA 控制器这样的总线主控模块才有控制总线的能力，其他从设备模块只能对总线上传来的地址信号进行地址译码，并接受和执行总线主控模块的命令。总线操作一般分为以下 4 个阶段。

1) 总线请求和仲裁阶段。当系统中有多个主控模块时，任何一个主控模块需要使用总线都必须向总线仲裁机构提出总线请求，由总线仲裁机构决定下一个传输周期的总线使用权该给哪个模块。

2）寻址阶段。取得了总线使用权的主控模块，发出本次要访问的从设备模块的存储器地址，或者 I/O 端口地址以及有关的命令，通过译码使参与此次传送操作的从设备模块被选中并开始启动。

3）数据传送阶段。主控模块和从设备模块之间进行数据传输，数据由源模块（可能是主控模块也可能是从设备模块）发出，经过数据总线流入目的模块。

4）结束阶段。主控模块和从设备模块的有关信息均从总线上撤除，让出总线，以便其他模块可以继续使用。

2. 总线传送控制

为了确保上面 4 个阶段正常进行，必须对总线操作施加控制。总线上的主模块和从模块通常采用以下 4 种方式之一来实现对总线传送的控制。

（1）同步方式

同步传送采用精确稳定的系统时钟作为各模块动作的基准时钟。模块之间通过总线完成一次数据传送，每次传送一旦开始，主、从设备都必须严格按照时间规定完成相应的动作。

同步方式的优点：电路设计比较简单，因为全部系统模块由单一时钟信号控制；完成一次传输的时间很短，它不允许主从设备之间有等待，适合于高速设备的数据传输。

同步方式的缺点也很明显，即不能满足高速设备和低速设备在同一系统中的使用。如果一定要进行高速设备和低速设备的数据传输，只能按最慢的设备来确定总线周期长短或频带，这样高速设备只能按照低速设备的速度来进行数据传输，使整个系统性能下降。

（2）异步方式

异步方式采用"应答式"传输，传输过程不依赖系统时钟信号，而是靠"请求"（Request，REQ）和"应答"（Acknowledge，ACK）两根信号线来协调传输过程。这种方式下连接任何外部设备都不需要考虑该设备的速度，它可以根据模块的速度自动调整响应时间。

异步方式的应答关系完全互锁，REQ 和 ACK 两个信号是有制约关系的。主控模块的请求信号 REQ 有效后，从设备模块发响应信号 ACK；ACK 有效后，主控模块撤销 REQ；REQ 撤销之后，从设备模块才可撤销 ACK，表明一个传输周期结束。上一个传输周期结束后，才允许下一传输周期的开始，这就保证了数据传输的可靠性。

异步传输的缺点是不管从设备模块的速度，每完成一次传输，主、从模块之间的互锁控制信号都要经过 4 个步骤，即请求、响应、撤销请求和撤销响应，它的传输延迟是同步传输的两倍。因此，异步方式比同步方式要慢，总线的频带要窄，总线传输一次数据的时间比同步方式长。

（3）半同步方式

半同步传送是综合同步和异步传送的优点而设计出来的混合式传送方式。

从总体上看，它是一个同步系统，仍然使用系统时钟来定时，利用某个脉冲的上升沿或下降沿判断某一个信号的状态，或控制某一信号的产生或消失，使得传输操作与时钟同步。但是，为了克服同步方式的缺点，半同步方式允许两个速度不同的设备使用像异步方式那样的传输方法。为此，设置了一条"等待"（WAIT）或"就绪"（READY）信号线。对于可以严格按照时钟规定进行传送的两个高速设备的传输，这个信号没有作用，依然按照同步方式传输。但如果从模块是慢速设备，没有准备好数据传输，从模块会使得 WAIT 信号有效（或 READY 信号无效），系统用一个适当的状态时钟沿检测这个信号线。如果是 WAIT 信号有效（或 READY 信号无效），就自动将总线周期延长一个时钟周期，强制主模块等待。下一个时钟周期继续检测这个信号线，直到检测到 WAIT 信号无效（或 READY 信号有效）才不再延长总线周期。这种方法像异步方式那样能使不同速度的设备在系统中进行数据传输，但 WAIT 信号不是互锁的，而是单方向的状态传递，这是和异步方式的不同之处。

PC/XT 总线在严格的意义上属于半同步总线。

（4）分离方式

上面 3 种方式中，从主模块发出地址和读/写命令开始，直到数据传输结束，整个传输周期中，系统总线完全由主模块和从模块占用。然而，在总线读周期的寻址阶段和数据传送阶段之间有一个短暂的时间间隔，用于从模块（如果是源模块）执行读命令的时间，这段时间系统总线上并没有实质性的信息传输，而是处于空闲状态。为了提高总线的利用率，可以将读周期分为两个分离的子周期。第一个子周期为寻址阶段，当有关的从模块从总线上得到主模块发出的地址、命令及有关信息后，立即和总线断开，以便其他模块可以使用总线。等到从模块准备好数据后，启动第二个子周期，由该模块申请总线，获准后，将数据发送给原来请求数据的主模块。两个子周期均采用同步方式传送，在占用总线的时候，进行高速的信息传输。

分离式传输很适合有多个主模块（如多个处理器或多个 DMA 设备）的系统。

第二节　ISA 总线与 EISA 总线

一、ISA 总线

工业标准体系结构（Industry Standard Architecture，ISA）总线是 Intel 公司、IEEE 和 EISA 集团联合在 62 线的 PC 总线基础上经过扩展 36 根线而开发出的一种系统总线。它具有 16 位数据线，最高工作频率为 8 MHz，数据传输率达到 16 MB/s。ISA 有 24 根地址线，可寻址 16 MB。该总线从诞生起，历经 286、386、486 和 Pentium 几代微机，甚至在 PC'99 规范将其淘汰后的很长一段时间，仍然在部分 Pentium II/III 微机中还被保留下来。而在此期间，微机上的不少其他的系统总线都已经不见了踪影，这也说明了该总线的开发是很成功的。

ISA 总线共有 98 根线，均连接到了微机主板的 ISA 总线插槽上。ISA 插槽是长度为 138.5 mm 的黑色插槽。

ISA 总线接口信号如表 11-1 所示。其中 A1～A31 和 B1～B31 信号兼容 8086 时期的 PC 总线。

98 根线分成 5 类：地址线、数据线、控制线、时钟线和电源线。

1. 地址线

SA0～SA19 和 LA17～LA23。SA0～SA19 是可以锁存的地址信号，LA17～LA23 为非锁存地址信号。其中 SA17～SA19 和 LA17～LA19 是重复的。

2. 数据线

SD0～SD15。其中，SD0～SD7 为低 8 位数据，SD8～SD15 为高 8 位数据。

表 11-1　ISA 总线接口信号

引脚	信号名称	引脚	信号名称	引脚	信号名称	引脚	信号名称
B1	GND	A1	$\overline{\text{I/O CHCK}}$	B26	$\overline{\text{DACK2}}$	A26	A5
B2	RESETDRV	A2	SD7	B27	T/C	A27	A4
B3	+5V	A3	SD6	B28	BALE	A28	A3
B4	IRQ9	A4	SD5	B29	+5V	A29	A2
B5	−5V	A5	SD4	B30	OSC	A30	A1
B6	DRQ2	A6	SD3	B31	GND	A31	A0
B7	−12V	A7	SD2	D1	$\overline{\text{MEMCS16}}$	C1	SBHE
B8	$\overline{\text{OWS}}$	A8	SD1	D2	$\overline{\text{I/O CS16}}$	C2	LA23
B9	+12V	A9	SD0	D3	IRQ10	C3	LA22
B10	GND	A10	I/O CHRDY	D4	IRQ11	C4	LA21
B11	$\overline{\text{SMEMW}}$	A11	AEN	D5	IRQ12	C5	LA20
B12	$\overline{\text{SMEMR}}$	A12	SA19	D6	IRQ15	C6	LA19
B13	$\overline{\text{IOW}}$	A13	SA18	D7	IRQ14	C7	LA18
B14	$\overline{\text{IOR}}$	A14	SA17	D8	$\overline{\text{DACK8}}$	C8	LA17
B15	$\overline{\text{DACK3}}$	A15	SA16	D9	DRQ0	C9	$\overline{\text{MEMW}}$
B16	DRQ3	A16	SA15	D10	$\overline{\text{DACK5}}$	C10	$\overline{\text{MEMR}}$
B17	$\overline{\text{DACK1}}$	A17	SA14	D11	DRQ5	C11	SD8
B18	DRQ1	A18	SA13	D12	$\overline{\text{DACK6}}$	C12	SD9
B19	$\overline{\text{REFRESH}}$	A19	SA12	D13	DRQ6	C13	SD10
B20	CLK	A20	SA11	D14	$\overline{\text{DACK7}}$	C14	SD11
B21	IRQ7	A21	SA10	D15	DRQ7	C15	SD12
B22	IRQ6	A22	SA9	D16	+5V	C16	SD13
B23	IRQ5	A23	SA8	D17	$\overline{\text{MASTER}}$	C17	SD14
B24	IRQ4	A24	SA7	D18	GND	C18	SD15
B25	IRQ3	A25	SA6				

3. 控制线

- AEN 为地址允许信号，高电平有效，由 DMA 控制器发出。AEN = 1，表示处于 DMA 控制周期；AEN = 0，表示非 DMA 周期。
- BALE 为地址锁存允许信号。该信号由总线控制器 8288 提供。其信号为高电平的时候 CPU 发出地址到系统总线，BALE 的下降沿将 SA0 ~ SA19 的地址信号锁存。
- $\overline{\text{IOR}}$　I/O 为读命令，低电平有效，表示系统需要从外设读取数据。
- $\overline{\text{IOW}}$　I/O 为写读命令，低电平有效，表示系统需要向外设写数据。
- $\overline{\text{SMEMR}}$ 和 $\overline{\text{SMEMW}}$ 为存储器读/写命令，低电平有效，用于对 A0 ~ A19 这 20 位地址寻址的 1 MB 内存的读/写操作。
- $\overline{\text{MEMR}}$ 和 $\overline{\text{MEMW}}$ 为存储器读/写命令，低电平有效，用于对 24 位地址线全部存储空间

进行读/写操作。
- $\overline{\text{MEMCS16}}$和$\overline{\text{I/O CS16}}$为存储器 16 位片选和 I/O 16 位片选信号，指明当前的数据传送是 16 位的存储周期或 16 位 I/O 周期。
- $\overline{\text{SBHE}}$ 为总线高字节允许信号。该信号有效表示数据总线上传送的是高位字节数据。
- IRQ3～IRQ7，IRQ9～IRQ12，IRQ14 和 IRQ15 为外部设备中断请求输入线。它们分别接到主 8259A 和从 8259A 中断控制器中。
- DRQ0～DRQ3 和 DRQ5～DRQ7 为来自外部设备的 DMA 请求输入线。高电平有效，分别连到主 8237A 和从 8237A DMA 控制器。DRQ4 用于主 8237 和从 8237 的级联而不出现在总线中。
- $\overline{\text{DACK0}}$～$\overline{\text{DACK3}}$和$\overline{\text{DACK5}}$～$\overline{\text{DACK7}}$为 DMA 回答信号，低电平有效。有效的时候，表示 DMA 请求被接受，DMA 控制器占有总线，进入 DMA 周期。
- T/C 为 DMA 计数结束信号，高电平有效，表示 DMA 传送的数据已经达到预设的字节数。通常用来结束 DMA 的一次数据传送。
- $\overline{\text{MASTER}}$为输入信号，低电平有效。需要占用总线的有主控能力的外设卡驱动这个信号。当外设的 DEQ 得到确认（$\overline{\text{DACK}}$有效）后，才使$\overline{\text{MASTER}}$有效；之后，该设备保持对总线的控制直到$\overline{\text{MASTER}}$无效。
- RESET 为 DRV 系统复位信号，高电平有效。当系统电源接通的时候该信号为高电平，等到所有的电平都达到规定后变低。该信号用来复位和初始化接口或 I/O 设备。
- $\overline{\text{I/OCHCK}}$I/O 为通道检查，低电平有效。当扩展卡上的存储器或 I/O 端口出现奇偶校验错的时候，该信号有效。
- I/O CHRDY 为 I/O 通道就绪，高电平有效表示就绪。如果扩展槽中的存储器或 I/O 端口速度慢而不能和处理器同步时，则可以将此信号变低，使处理器在正常总线周期中插入等待状态。
- $\overline{\text{OWS}}$为零等待状态信号。该信号为低的时候，无须插入等待周期。

除了上述 3 类信号外，还有时钟 OSC/CLK 以及电源 ±12 V、±5 V 及地线等。

二、EISA 总线

ISA 总线适合于 80286 等具有 16 位外部数据总线的微机系统，但当 PC 发展到 32 位数据总线之后，ISA 总线的数据总线和地址总线的宽度影响了 32 位微处理器性能的发挥。1988 年，Compaq、HP、Epson 和 NEC 等 9 家公司联合在 ISA 总线的基础上推出了 32 位的"扩展工业标准结构"EISA 总线。

EISA 总线支持 32 位地址，可以寻址 4 GB，具有 32 位数据总线，总线频率为 8.33 MHz，最大数据传输率达到 33.3 MB/s（8.33×32 位/8）。

EISA 总线采用开放结构，与 ISA 兼容。现有的 ISA 总线扩展卡可以直接用于 EISA 总线。为了达到这个目的，EISA 总线插槽与 ISA 插槽等长等宽，但内部被设计成为双层引脚，两层之间由定位键限位。上层引脚与 ISA 扩展卡的金手指相对应，引脚分别为 A1～A31，B1～B31，C1～C18 和 D1～D18；下层引脚是专门和 EISA 的金手指相对应的，引脚为 E1～E31，F1～F31，G1～G19 和 H1～H19。由于定位键的作用，上下两层的引脚不会和不属于本层的金手指接触。

由于该总线的速度限制了 Pentium 等先进处理器性能的发挥，因此现在这种总线已经在 PC 中被更先进的 PCI 总线代替。

第三节　PCI 总线

为了充分发挥 Pentium 微处理器的全部资源，为其配备高性能、高带宽的总线，Intel、IBM、Compaq 和 Apple 等公司联合制定了 PCI 总线标准。PCI 总线的全称是外围部件互联（Peripheral Component Interconnect），广泛用于现代微机（台式）、工作站和便携机。目前，与 PCI 总线有关的协议的最新版本是 PCI 总线规范 2.3 版本。

一、PCI 总线的特点

PCI 总线具有以下特点。

1）独立于处理器。PCI 总线是一种独立于处理器的总线标准，它可以支持多种处理器，从而适合多种系统。同时，它将处理器子系统与外围设备分开。为 PCI 总线设计的外围设备是针对 PCI 的，而不是直接针对处理器的，所以这些设备可以独立于处理器设计和升级，而且也不会因为处理器技术的变化使外围设备过时。

2）传输效率高。PCI 总线采用 33.3 MHz/66.6 MHz 的时钟频率。在 33.3 MHz 时钟频率下，32 位数据线宽度，最大数据传输率达到 133 MB/s；如果数据宽度升级到 64 位，则数据传输率可以达到 266 MB/s。

3）多总线共存。PCI 总线可以通过桥芯片和多种总线共存于同一个系统中。通过 HOST-PCI 桥芯片，PCI 和 CPU 总线相连接；通过 PCI-ISA/EISA 桥芯片，PCI 又和 ISA 及 EISA 总线相连。这样，慢速设备和高速设备都可以分别挂在不同总线上而共存于同一系统中。

4）支持突发传输。突发传输不同于单次数据传输，单次传输是每传输一个数据前都要在总线上先给出数据的地址，而突发传输适合于从某地址开始顺序读/写一批数据。只要在开始的时候将首地址发到总线上，之后，每个时钟都只传输数据，而地址是自动加 1，这样可以减少无谓的地址操作，加快数据传输速度。

5）支持总线主控方式。允许多个处理器系统中的任何一个处理器（包括有总线处理能力的外围设备）成为总线主控模块，对总线操作实行控制。

6）采用同步操作。PCI 独特的同步操作能力可保证微处理器和总线主控制器同时操作，而不必等待后者操作完成。

7）支持两种电压下的扩展卡。支持 5 V 和 3.3 V 的扩展卡，并可以从 5 V 向 3.3 V 平滑地进行系统转换。由于 PCI 总线上装有一个很小的断路键，使用户在插卡的时候不会导致在系统主板上有不同的电压电源。

8）具有即插即用功能。一个 PCI 扩展卡插入后，无须用户设置跳线和选择中断。配置软件会自动选择未被使用的地址和中断，以解决可能出现的资源冲突问题。

9）合理的引脚安排。PCI 总线在设计信号引脚的时候，有意在每两个信号线之间都安排了一个地线，减少了信号之间的相互干扰和音频信号的散射问题。

10）预留扩展空间。PCI 总线预留了足够的扩展空间。比如，它支持 64 位地址/数据多路复用，PCI 插槽能同时插 32 位和 64 位扩展卡，它们之间的相互通信对用户是透明的。

二、PCI 总线命令

PCI 总线命令出现在地址期的 C/BE［3:0］#线上，总线命令的编码及其含义如表 11-2 所示。

表 11-2 PCI 总线命令

C/BE[3:0]#	命令类型说明	C/BE[3:0]#	命令类型说明
0000	中断响应	1000	保留
0001	特殊周期	1001	保留
0010	I/O 读(从 I/O 端口地址中读数据)	1010	配置读
0011	I/O 写(向 I/O 端口地址中写数据)	1011	配置写
0100	保留	1100	存储器多行读
0101	保留	1101	双地址周期
0110	存储器读(从内存空间映像中读数)	1110	存储器行读
0111	存储器写(向内存空间映像中写)	1111	存储器写并无效

三、PCI 总线协议

PCI 上的基本总线传输机制是突发传输，一次突发传输由一个地址期和一个或多个数据期组成，支持存储器空间和 I/O 空间的突发传输。PCI 的突发传输是指主桥电路（位于主 CPU 总线和 PCI 总线之间，即北桥）可以将针对存储器的多次访问在不影响正常操作的前提下合并为一次传输，然后由主桥电路完成针对存储器的突发访问周期，以最大限度地提高系统性能。

由于对 I/O 空间的访问一般只有一个数据期，目前还不能执行对 I/O 空间的突发访问，因此不能合并对 I/O 空间的访问。对于处理多个 I/O 数据期的 PCI 设备，必须在第一个数据期之后断开访问。如果一个从设备被 I/O 访问选中，字节使能信号所代表的传输长度大于该设备能支持的长度，则从设备要用目标终止方式结束本次访问。

1. PCI 总线的传输控制

PCI 总线上所有的数据传输基本上都是由 FRAME#、IRDY#和 TRDY# 3 条信号线控制的。

当数据有效时，数据源需要无条件设置 xRDY#信号（写操作为 IRDY#，读操作为 TRDY#），接收方可以在适当的时间发出它的 xRDY#信号。FRAME#信号有效后的第一个时钟上升沿是地址期的开始，此时开始传送地址信息和总线命令，下一个时钟上升沿进入一个或多个数据期，每当 IRDY#和 TRDY#同时有效时，所对应的时钟上升沿就使数据在主从设备之间传送。在此期间，可由主设备或从设备分别通过将 IRDY#或 TRDY#置为无效而插入等待周期。

一旦主设备使 IRDY#信号有效，将不能再改变 IRDY#和 FRAME#，直到当前的数据期完成为止。如果从设备设置了 TRDY#信号或 STOP#信号，就不能改变 DEVSEL#、TRDY#或 STOP#，直到当前的数据期完成为止。也就是说，无论是主设备还是从设备，只要启动了数据传输，就必须完成。

最后一次数据传输时（有时紧接地址期之后），主设备应撤销FRAME#信号，而建立IRDY#信号，表明主设备已做好了最后一次数据传输的准备，待到从设备发出TRDY#信号后，就说明最后一次数据传输已完成，FRAME#和IRDY#信号均被撤销，总线回到空闲状态。

2. PCI总线的地址空间

PCI总线定义了3种物理地址空间：内存地址空间、I/O地址空间和配置地址空间。内存地址空间和I/O地址空间为通常意义的地址空间，配置地址空间用于支持PCI的硬件配置。PCI总线的地址译码是分散的，每个设备都有自己的地址译码逻辑，从而省去了中央译码逻辑。

3. 字节使能信号

字节使能信号是在数据期出现在C/BE［3:0］#线上，用于说明数据总线上哪些字节有效。在每个数据期内，可以自由改变字节使能，使之对应传输数据的实际含义和有效部分。

由于PCI设备的地址译码需要全部的32位地址/数据线，因此在32位PCI总线上每次数据传送所有的32位数据线都必须被驱动，但有可能一次传送的数据没有32位，只有16位或者8位数据，此时就需要字节使能信号表明整个32位数据线（4字节）上，究竟那几个字节上传送的是有效数据。主设备可以在每个新数据期改变字节使能信号，但一定要在每个数据期开始的时钟上升沿使其变为有效，且在整个数据期中保持不变。

4. PCI总线的过渡期

为了避免多个设备同时驱动一个信号到PCI总线上而产生冲突，在一个设备进行信号驱动到另一个设备进行信号驱动之间设置了一个过渡期，又称为交换周期（交换周期在后续章节的时序图中，用互相指着对方尾部的双箭头符号来表示）。此周期在不同的信号上所出现的时刻不同。对于IRDY#、TRDY#、STOP#、DEVSEL#和ACK64#这些信号，都利用地址期作为它们的交换周期；而对于FRAME#、C/BE［3:0］#、AD［31:00］、C/BE［7:4］#、AD［63:32］及REQ64#这些信号，则是利用数据传输之间的空闲期作为交换周期。LOCK#信号的交换周期出现于当前的控制者释放它之后的一个时钟周期；PERR#信号的交换周期开始于前一个数据期过后的第4个时钟周期，相当于比AD线的交换周期推迟3个时钟周期。

四、PCI总线数据传输过程

下面介绍32位PCI总线读/写中各个信号之间的约束关系。

1. 总线上的读操作

如图11-1所示为总线上一次读操作的过程。从图中可看出，一旦FRAME#信号有效，地址期就开始，并在时钟2的上升沿处稳定有效。在地址期内，AD［31:00］线上传输一个有效地址，而C/BE［3:0］#线上传输一个总线命令。数据期是从时钟3的上升沿处开始的，在此期间，AD［31:00］线上传送的是数据，而C/BE#线作为字节使能线指明数据线上哪几个字节是当前要传输的，并且从数据期的开始一直到传输的完成，C/BE#始终保持有效状态。

图11-1中的DEVSEL#信号和TRDY#信号是由从设备提供的，该从设备是被地址期内所发地址选中的设备，但要保证TRDY#在DEVSEL#之后出现。而IRDY#信号是发起读操作的主设备发出的。数据的真正传输是在IRDY#和TRDY#同时有效的时钟上升沿进行的，只要

这两个信号中的一个无效时，就表示需插入等待周期，此时不能进行数据传输。例如，在图 11-1 中，时钟 4、6 和 8 处各进行了一次数据传输，而在时钟 3、5 和 7 处插入了等待周期。

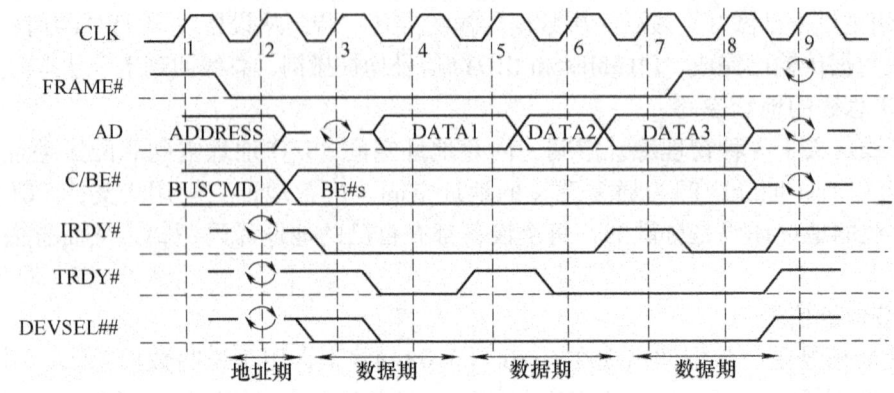

图 11-1　PCI 总线读操作时序

在读操作中的地址期和数据期之间，AD 线上要有一个交换期，这要求 TRDY#的发出必须比地址的稳定有效晚一拍。但在交换期过后，并且有 DEVSEL#信号时，从设备必须驱动 AD 线。

在时钟 7 处尽管是最后一个数据期，但由于主设备因某种原因不能完成最后一次传输（具体表现是此时 IRDY#无效），故 FRAME#不能撤销，只有在时钟 8 处，IRDY#变为有效后，FRAME#信号才能撤销。

2. 总线上的写操作

如图 11-2 所示为总线上一次写操作的过程。总线上的写操作与读操作相类似，也是 FRAME#信号的有效预示着地址周期的开始，并在时钟 2 的上升沿处达到稳定有效。整个数据期也与读操作基本相同。只是在第 3 个数据期中由从设备连续插入了 3 个等待周期（TRDY#为无效）。时钟 5 处传输双方均插入了等待周期。

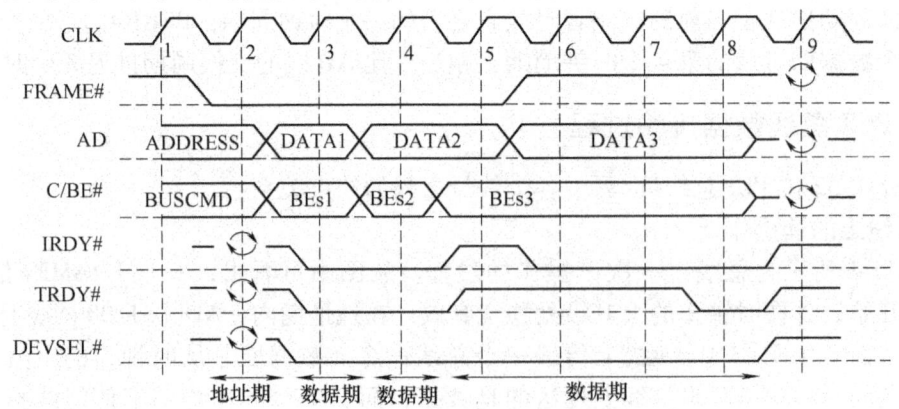

图 11-2　PCI 总线写操作时序

图 11-2 中，当 FRAME#撤销时，必须要有 IRDY#有效为前提，以表明是最后一个数据期。另外，从图 11-2 中可看出，主设备在时钟 5 处因撤销了 IRDY#而插入等待周期，表明要写的数据将延迟发送；但此时，字节使能信号不受等待周期的影响，不得延迟发送。

写操作与读操作的不同点是，在写操作中地址期与数据期之间没有交换周期。这是因为，在写操作中，数据和地址是由同一个设备（主设备）发出的。

最后要强调的是上述的读/写操作均是以多个数据期为例来说明的。如果是只有一个数据期，则 FRAME#信号在没有等待周期的情况下，应在地址期（读操作应在交换周期）过后即撤销。

3. 传输的终止过程

主设备和从设备都可以提出终止一次 PCI 总线传输的要求，但是双方均无权单方面实施传输停止工作，需要相互配合，并且传输的最终停止控制要由主设备完成。所有传输的结束标志是 FRAME#信号和 IRDY#信号均已撤销，而后才进入总线空闲状态的。

（1）由主设备提出的终止

主设备是通过撤销 FRAME#信号并建立 IRDY#来提出终止请求的。以此告诉从设备，现在已进入了最后的数据期，此后 IRDY#一直保持有效，直到出现 TRDY#信号，完成最后一个数据的传输。接着 IRDY#便撤销，从而达到完全终止的条件（FRAME#和 IRDY#同时无效），结束传输，进入总线空闲状态。

有两种情况主设备会提出终止传输，一是主设备已做完了要做的事；二是当主设备的 GNT#信号无效并且其内部的延时计数器已满，从而不得不终止传输，即所谓的超时。超时的原因，或者是从设备产生的访问延迟，或者是主设备要做的操作太长。

（2）由从设备提出的终止

从设备向主设备发出 STOP#信号，就是申请终止一次传输。STOP#有效后，必须保持到 FRAME#信号撤销为止。当从设备发出 STOP#信号同时又使 TRDY#无效时，则表明从设备将不再传输任何数据，主设备在此时不必等待最后一次的数据传输，而使整个操作结束。

以下两种情况从设备会提出终止当前的传输操作：一是由于死锁，某些非 PCI 资源处于非空闲状态以及该设备处于互斥访问的锁定状态，使得当前从设备无法进行正常的传输，不得不要求终止相应的传输操作。也就是说，从设备目前尚无数据传输。通常把这种情况也称为再试。二是由于从设备在 8 个时钟周期内不能对主设备作出响应，因而只好要求停止传输。此种情况下的终止，通常也称为断开。但断开往往不会发生在第一个数据期，也就是说，一般在进行了一些数据传输之后才会发生。

主设备要能够处理从设备以任何方式提出的终止请求。

在 PCI 总线上的所有传输操作中，FRAME#、IRDY#、TRDY#和 STOP#这 4 个信号一般都遵循以下规则：

1）当 STOP#信号有效时，FRAME#应该在其后的 2~3 个时钟周期内尽快撤销，但撤销时应使 IRDY#有效，从设备应无条件保持 STOP#的有效状态直到 FRAME#撤销为止。FRAME#撤销后，STOP#也应该紧跟着撤销。

2）在任何时钟的上升沿，如果 STOP#和 TRDY#同时有效，就表示是传输的最后周期，IRDY#要在下一个时钟的上升沿之前撤销，表示传输的结束。

3）对于被目标设备终止的传输，主设备要继续完成它，就必须用下一个未传输的数据的地址来重试访问。

一旦从设备发出了 TRDY#或 STOP#，它就不能改变 DEVSEL#、TRDY#和 STOP#信号，直到当前的数据期完成。

第四节　通用串行总线 USB

USB（Universal Serial Bus）是一种新型的外设接口标准，其基本思路是采用通用连接器、自动配置及热插拔技术和相应的软件，实现资源共享和外设的简单快速连接。USB 是以 Intel 公司为主，由 Compaq、IBM、DEC 及 NEC 等公司共同开发的，1996 年公布了 USB 1.0 版，2000 年公布了 USB 2.0 版，2008 年公布了 USB 3.0 版本。当前 USB 设备日益增多，USB 已经成为 PC 标配的外设接口。

使用 USB 有以下的技术优势：

1）用户不需要扩展插卡，无须了解 DIP 开关设置、跳线、中断 IRQ 设置、DMA 通道及 I/O 地址等细节，无须开发底层设备驱动程序。

2）连接 USB 外设只需简单地插上插座即可，甚至不需关闭电源，实现了即插即用和热插拔。

3）传输波特率（即传输速率）低速（Low Speed）为 1.5 Mbit/s，全速（Full Speed）为 12 Mbit/s，高速（High Speed）为 480 Mbit/s，超速（Super Speed）为 5.0 Gbit/s。通过 Hub 最多可连接 127 个外设。只有 USB 2.0 才支持高速传输速率。由于 USB 3.0 改动较大，因此以下的介绍以 USB 1.1 和 USB 2.0 为主。

一、USB 系统组成

1. USB 的硬件

（1）USB 主控制器/根集线器（USB Host Controller/Root Hub）

主控制器负责产生传输处理，这些传输已经由主机软件安排好。主控制器对数据执行一个并行到串行的转换，建立 USB 的传输处理，并传给根集线器后在总线上发送。根集线器为 USB 设备提供连接点，并执行下面的一些关键操作。①控制它的 USB 端口的电源；②激活和禁止端口；③识别与每一个端口相连的设备；④设置和报告与每一个端口相连的状态事件。根集线器由一个控制器和中继器组成。

（2）USB 集线器（USB Hub）

除了根集线器，USB 系统还支持附加的集线器，它允许 USB 系统进行扩展。USB 集线器可以集成到一个设备的内部，如键盘和显示器，也可以作为单独的设备实现。总线供电的集线器由于受到总线提供功率的限制，所以最多只能支持 4 个 USB 端口。集线器也由控制器和中继器组成，控制器管理主机和集线器之间的通信及帧定时，中继器负责连接的建立和断开。Hub 和 Root Hub 是 USB 即插即用技术中的核心部分，完成 USB 设备的添加、删除和电源管理等功能。

（3）USB 设备

USB 设备分为 Hub 设备和功能设备两种。功能设备就是接在 Hub 上的外设，它能在总线上发送和接收数据或控制信息，是完成某项具体功能的硬件设备，如打印机和扫描仪等。USB 设备包含一些设备描述器，它们指出了该设备的属性和特征，用于配置设备和定位 USB 客户软件的驱动程序。USB 可以按高速设备、全速设备或低速设备设计，高速设备最高传输速率为 480 Mbit/s，全速（Full-Speed）设备为 12 Mbit/s，低速设备的传输速率限制在 1.5

Mbit/s，功能也有所限制。

USB 外设本身包含一定数量独立的寄存器端口，能由 USB 设备驱动程序直接操作。这些端口称为端点（Endpoint），不同的端口被赋予不同的端点号，系统为每个 USB 外设分配一个唯一的逻辑地址，通过该地址和端点号，主机软件可以和每个端点通信。数据传送发生在主机软件和 USB 设备的端点之间，USB 端点和主机软件的联合称为管道（Pipe），它是从逻辑概念上来描述信息传输的通道。

2. USB 的软件

（1）USB 设备驱动程序

USB 设备驱动程序通过 I/O 请求包（IRPs）将请求发送给 USB 设备。这些 IRPs 初始化一个给定的传输，这个传输或者来自于一个 USB 设备，或者是发送到 USB 设备。

（2）USB 驱动程序

USB 驱动程序在设备设置时读取描述器以获取 USB 设备的特征，并根据这些特征，在请求发生时组织数据传输。根据操作系统环境的不同，USB 驱动程序可以是捆绑在操作系统中，也可以是以可装载的设备驱动程序形式加入到操作系统中。

（3）USB 主控制器驱动程序

USB 主控制器驱动程序完成对 USB 交换的调度，并通过根 Hub 或其他的 Hub 完成对交换的初始化。

3. USB 的拓扑结构

USB 采用了一种层次化的新结构，该结构以集线器为 USB 设备提供连接点。USB 主控制器包含集线器，是系统中所有 USB 端口的起点。如图 11-3 所示的是 USB 的层次化的拓扑结构，这种结构也可以看成是一级级的级联方式。由于 USB 不像其他总线那样采用存储转发技术，因此不会引起下级设备延迟。级联中最多可以连接 127 个设备。

对于 PC 来说，USB 中的宿主就是一台带有 USB 主控制器/根 Hub 的主机，

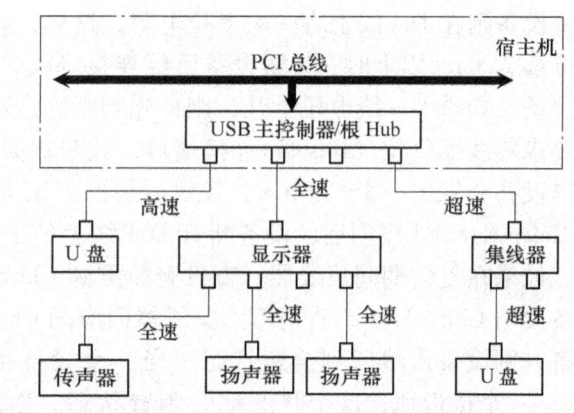

图 11-3 USB 的层次拓扑图

如采用 Intel PCH 的 PC。USB 主控制器由硬件、软件和微代码组成。在 Intel 7 系列 PCH 中包含 1 个支持超速传输的 xHCI USB 3.0 主控制器，两个支持高速传输的 EHCI USB2.0 主控制器，共可有 4 个超速 USB 端口和 14 个高速 USB 端口。

二、USB 系统的接口信号和电气特性

1. 接口信号线

USB 总线包括 4 根信号线，用来传送信号和提供电源。其中，D+ 和 D- 为信号线，传送信号，它们是一对双绞线；另两根是电源线和地线，提供电源。通常情况下，各条线的颜色分别为：D+ 为绿色，D- 为白色，电源为红色，地线为黑色。与机器的连接方法如图 11-4 所示。

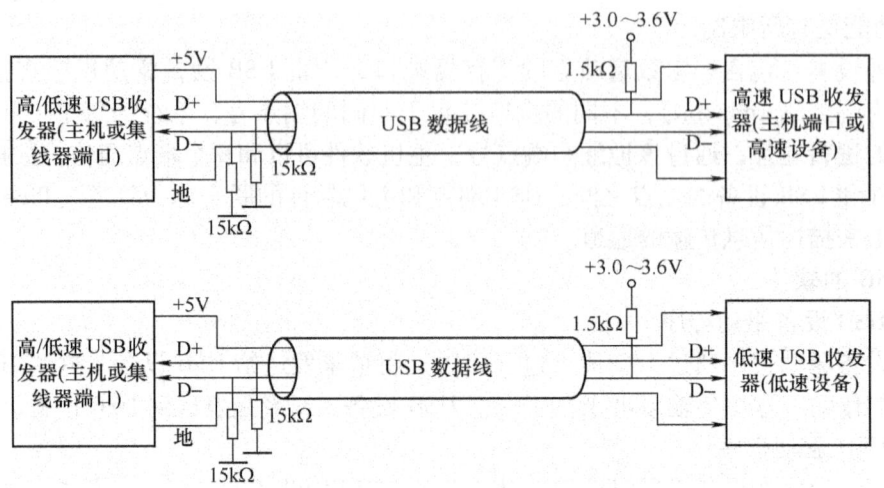

图 11-4　USB 集成器和设备的电阻连接

从图中可以看到，D+和 D-连接的下拉电阻能够保证两条数据线在没有设备接在端口的时候电压值接近 0 V。当 D+和 D-的电压都下降到直流 0.8 V 以下并持续 2.5 μs 以上时，说明设备已经断开连接。从图上还可以发现，高/全速设备在 D+线上有一个上拉电阻，而低速设备则在 D-线上有一个上拉电阻，这样，当 D+或 D-的电压上升到直流 2.5 V 以上并持续 2.5 μs 以上时，说明设备已经连接到端口。如果 D-线的电压上升，则连接的是低速设备。如果 D+线电压上升，则首先判断为全速设备。之后，主机在识别到一个新设备后会要求集线器复位（Reset）连接端口，此时数据线进入 E0 状态至少 10 ms。在此复位期间，高速设备会发出一个 Chirp K，集线器检测到该 Chirp 后，会回应一串 Chirp K 与 J。得到这个 Chirp KJKJKJ 序列后，设备断开 D+线上的上拉电阻，使能高速终端，进入高速默认状态。如果在复位期间集线器一直没有检测到 Chirp K，则说明接入的是全速设备。如果高速设备发出 Chirp K 后一直得不到集线器回应的 Chirp KJKJKJ 序列，则说明集线器不支持高速设备，则设备依然回到全速状态。当一个设备接到 USB 端口上后，它的数据线一个接近 Vcc，一个接近地，这个状态称为闲置状态。当信号发生跳变时，两条数据线发生状态切换，导致状态转化为 K 状态。

USB 规范（1.1 版本）为全速（12 Mbit/s）的信号定义了全速 USB 通道，为低速（1.5 Mbit/s）的信号定义了一个子通道。高/全速数据线要求是屏蔽的，而且这两条差分数据线必须是双绞线形式，高/全速数据线支持的最大数据线长度为 5 m。低速数据线可以不屏蔽，也可以不用双绞线而只用 28AWG 的标准导线。低速数据最大的数据线长度为 3 m。另外，对于高速信号传输，为了保证信号能在 480 Mbit/s 的速率下可靠传送，在 USB 电缆的两端都要有一个 45 Ω 的匹配电阻。

2. 电气特性

USB 主机或根 Hub 对设备提供的对地电源电压为 4.75~5.25 V，设备吸入的最大电流值为 500 mA，一般情况下是 100 mA。当 USB 设备第一次被 USB 主机检测到时，设备从 USB Hub 吸入的电流值应小于 100 mA。

USB 设备有两种供电方式，即自给方式（设备自带电源）和总线供给方式。USB Hub

采用自给方式。

USB 主机有一个独立于 USB 的电源管理系统（APM）。USB 系统软件与主机电源管理系统交互来处理诸如挂起和唤醒等电源事件。为了节省能源，对于暂时不用的 USB 设备，电源管理系统将其置为挂起状态，等有数据传输时，再唤醒设备。

3. NRZI 编码

USB 串行数据是用无回零反向码（None Return Zero Invert，NRZI）进行编码的，编码过程在数据传输之前完成，数据采用差分方式传输，传输到目的方的数据再被解码。对数据编码和采用差分信号传输有助于确保数据的完整性和消除噪声干扰。

NRZI 的编码方法不需要独立的时钟信号和数据一起发送，在 NRZI 编码的数据流中的电平跳变代表"0"，没有电平跳变代表"1"。为了确保信号发送的准确性，当在 USB 上发送一个包时，传送设备就要进行位插入操作。所谓位插入操作是指在数据编码前，在数据流中每 6 个连续的"1"后插入 1 个"0"，从而强迫 NRZI 码发生变化，如图 11-5 所示。接收端必须去掉这个插入的"0"。需要注意的是即使数据本身在 6 个 1 后第 7 位为"0"，也必须在这个数据"0"前插入 1 个"0"，这样就会出现两个连续的 0。

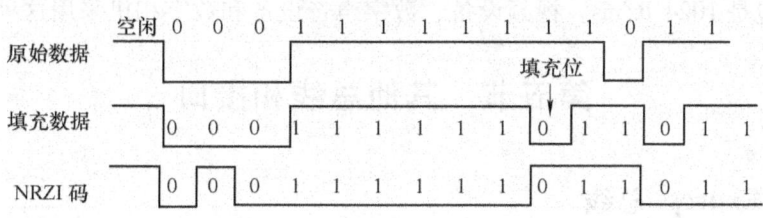

图 11-5 位填充和 NRZI 编码

三、USB 数据流类型和传输类型

USB 数据流类型有 4 种：控制信号流、块数据流、中断数据流和实时数据流。控制信号流的作用是当 USB 设备加入系统时，USB 系统软件与设备之间建立起控制信号流来发送控制信号，这种数据不允许出错或丢失；块数据流通常用于发送大量数据；中断数据流是用于传输少量随机输入信号的，它包括事件通知信号、输入字符或坐标等，它们应该以不低于 USB 设备所期望的速率进行传输；实时数据流用于传输连续的固定速率的数据，它所需的带宽与所传输数据的采样率有关。

与 USB 数据流类型相对应，USB 有以下 4 种基本的传输类型。

1. 控制传输

控制（control）传输是双向的。控制传输主要是做配置设备用的，也可以做设备的其他特殊用途。例如，对数字式照相机设备，可以传送暂停、继续和停止等控制信号。每一个 USB 设备必须要用端点 0 来完成控制传送，它用在当 USB 设备第一次被 USB 主机检测到时，进行与 USB 主机交换信息、提供设备配置、对外设设定和传送状态这类双向通信。传输过程中若发生错误，则需重传。

控制传输有 2~3 个阶段：Setup 阶段、Data 阶段（可有可无）和 Status 阶段。在 Setup 阶段，主机送命令给设备；在 Data 阶段，传输的是 Setup 阶段所设定的数据；在 Status 阶段，设备返回握手信号给主机。

2. 批传输

批（Bulk）传输可以是单向，也可以是双向。它用于传送大批数据，这种数据的时间性不强，但要确保数据的正确性。在包的传输过程中出现错误，则重传。其典型的应用是扫描仪、打印机和静态图片输入。

3. 中断传输

中断（Interrupt）传输是单向的，且仅输入到主机，它用于不固定的、少量的数据传送。当设备需要主机为其服务时，向主机发送此类信息以通知主机，像键盘和鼠标之类的输入设备采用这种方式。USB 的中断是 Polling（查询）类型，主机要频繁请求端点输入。USB 设备在高速情况下，其端点 Polling 周期为 1～255 ms；对于低速情况，Polling 周期为 10～255 ms。因此，最快的 Polling 频率是 1kHz。在信息的传输过程中，如果出现错误，则需要在下一个 Polling 中重传。

4. 等时传输

等时（Isochronous）（同步）传输可以单向也可以双向，用于传送连续性、实时的数据。这种方式的特点是要求传输速率固定（恒定），时间性强，传输中数据出错后无须重传。传送的最大数据包是 1024 B/ms。视频设备、数字声音设备和数字相机采用这种方式。

第五节　其他总线和接口

一、PCI Express 总线

Intel 公司在 2001 年春季的 IDF（Intel 开发者论坛）上，宣布要用一种新的技术取代 PCI 总线，用来互连计算机和通信平台应用中的各种外围设备，并称之为第三代高性能 I/O 总线技术（3rd Generation I/O，3GIO）；到了 2001 年年底，包括 Intel、AMD、DELL、IBM 等 20 多家业界主导公司加入了 PCI-SIG（PCI 特殊兴趣小组）并开始起草 3GIO 规范草案；2002 年草案完成，并把 3GIO 正式命名为 PCI Express。

PCI Express 总线的主要性能特点有以下几种。

1. 串行的点对点互连

PCI Express 为互连设备提供高速、高性能、点对点、双/单工、差分信令链路。数据从一组信号线上发送，而在另一组信号线上接收。

与传统 PCI 及更早期的计算机总线的共享并行架构相比，PCI Express 采用设备间的点对点串行连接。串行连接的特点是易于提升频率；点对点连接允许每个设备都有自己的专用连接，是独占的，而不需要向整个总线请求带宽，如图 11-6 所示。将两台设备连接在一起的一个 PCI Express 互连称为一条

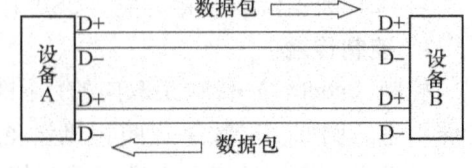

图 11-6　PCI Express 链路

链路。一条×1 的链路有一条通道，即每个方向上有一对差分信号，共 4 个信号。一条×32 的链路有 32 条通道，即每个方向上有 32 对差分信号，共 128 个信号。链路在每个方向上支持相同数目的通道。在硬件初始化期间，链路两端的设备自动初始化链路的带宽和工作频率。在链路级别的初始化过程中，不涉及操作系统和固件。

2. 使用差分信号

PCI Express 设备的各个端口使用差分驱动器和接收器。D + 和 D – 终端之间的正电压差表示逻辑 1，负电压差表示逻辑 0。没有电压差意味着驱动器处于第三状态——高阻态，此时为链路的低功率状态。

3. 使用交换器来互连多台设备

在要求互连多台设备的系统中需要使用交换器。交换器可以是 2 端口到 n 端口的设备，其中每个端口连接一条 PCI Express 链路，规范没有规定交换器能够实现的最大端口数。交换器可能是单独的，也可能集成在根联合体（Root Complex）设备中。

4. 采用基于数据包的协议

PCI Express 使用基于数据包的协议来编码事务，而不是大家所熟悉的 PCI 和 PCI-X 体系结构的总线周期。数据包被串行发送和接收，并且可按字节拆开后通过多个可用的链路通道传输。链路上实现的通道越多，数据包发送的速度越快，链路的带宽越宽。PCI Express 定义了各种类型的数据包，例如存储器读/写请求、IO 读/写请求、配置读/写请求、消息请求和完成数据包等。

5. 具有更高的数据传输速率

第一代的 PCI Express 连接能提供 2.5 Gb/s 的单向单线连接传输速率。相对于传统 PCI 总线在单一时间周期内只能实现单向传输，PCI Express 的连接能提供更高的传输速率和质量。同时 PCI Express 串行连接使用了内嵌时钟技术的 8b/10b 编码模式，时钟信息直接写入数据流中，相对于大多数并行总线需要额外传输保持同步的时钟信号来说，更能节省传输的通道和提高传输效率。注意，2.5 Gb/s 是单个通道的传输速率，总带宽需要考虑两个方向的流量，以及 8b/10b 编码的效率。表 11-3 给出了不同通道数下 PCI Express 的带宽。

表 11-3 PCI Express 带宽

PCI Express 通道数	×1	×2	×4	×8	×12	×16	×32
总带宽/（GB/s）	0.5	1	2	4	6	8	16

6. 具有 3 种地址空间

PCI Express 与 PCI 一样，拥有存储器地址空间、I/O 地址空间和配置地址空间。此外，每个设备功能的最大配置地址空间从 256 B 扩展到了 4 KB。新的消息事务和地址空间提供了设备间相互传递消息的能力。一些消息是 PCI Express 用来报告错误、中断和电源管理的标准消息，其他消息是厂商定义的消息。

7. 采用层次结构

PCI Express 也采用了类似 ISO/OSI 的层次模型，但是进行了简化。PCI Express 包含 3 个协议层：事务层（Transaction Layer）、数据链路层（Data Link Layer）和物理层（Physical Layer），当数据在设备间传输时，每个设备都会看成一个协议栈（Protocol Stack）。在发送端，数据先在事务层被分成数据包，然后继续到下一层数据的连接层和物理层，每一层都将在原有的数据上加入新的头信息或尾部信息，最后通过物理连接传输到接收端设备的协议栈中；接收端经过相反次序通过协议栈将发送端的分包还原出来。

8. PCI Express 事务和事务模型

PCI Express 除了支持存储器读/写、I/O 读/写、配置读/写等事务类型外，还支持一种称为消息事务的新的事务类型。使用基于数据包的 PCI Express 协议可以对这些事务进行编码。

PCI Express 的事务可以分成两类：一类是非报告事务，如存储器读事务，请求者发送一个存储器读请求至完成者，完成者返回一个携带读取数据的完成数据包给请求者；另一类是报告事务，如存储器写事务，则只有一个从请求者到完成者单向发送的存储器写数据包，完成者并不返回完成数据包给请求者。其中，请求者是能够在 PCI Express 结构中发起事务的设备，完成者是请求者寻址或者请求者作为目标的设备。请求者读取完成者的数据或者将数据写入完成者。

9. 错误处理

PCI Express 可在发送的每个数据包中嵌入 CRC 字段，允许实现端到端完整性检查，足以满足服务器级别的需求。CRC 字段支持链路层错误检查协议，数据包的各接收器用 CRC 校验检查链路层 CRC 错误，若有错，接收器会通知发送器该数据包有错，发送器自动重发该数据包。

10. 服务质量（QoS）

PCI Express 支持以不同优先级传送不同应用程序的数据包。例如，视频数据包的优先级较高，保证以较小的延迟及足够的带宽传送，而控制数据包可能没有具体的带宽或延迟要求。

PCI Express 通过给数据包分配流量类别（TC）编号，每一流量类别可以单独映射到一个虚拟通道（VC）（可以将多个 TC 映射到一个 VC，但一个 TC 不能映射到多个 VC）来实现 QoS。TC 是由设备应用程序或设备驱动程序分配的。

二、AGP 接口

加速图形接口（Accelerated Graphics Port，AGP）是 Intel 公司提出的一种 PC 平台上能充分改善对三维图形和全运动视频处理的新型视频接口标准。

显示卡显示内存中不仅有影像数据，还有纹理数据、Z 轴的距离数据及 Alpha 变换数据等。由于显示内存价格昂贵，不宜配备过大，因此通常将纹理数据从显存移到主存。然而，由于纹理数据传输量很大，若要从主存通过 PCI 总线传送回显存，则 PCI 总线是难以胜任的，因而成为系统的主要瓶颈。AGP 在主内存与显示卡之间提供了一条直接的通道，使得 3D 图形数据不通过 PCI 总线，直接送入显示子系统。这样就能打破由于 PCI 总线形成的系统瓶颈，从而实现以相对低价格来达到高性能三维图形的描绘功能。采用 AGP 总线的系统结构如图 11-7 所示。

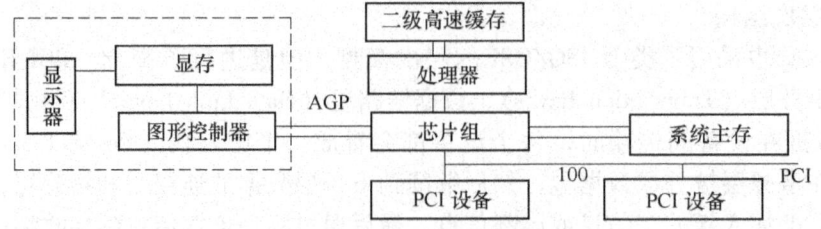

图 11-7　图形系统 AGP 连接方式

1. AGP 的特点

AGP 是在 66.6 MHz PCI 版本 2.1 的基础上，采用了一些其他技术进行扩充而形成的，其功能特点有以下几点。

1）采用流水线技术进行内存读/写。将第 n 请求的存储器或总线操作与后续请求的操作重叠执行，大大减少了内存等待时间，数据传输率有了很大提高。

2）采用双泵技术。在 66.6 MHz 的时钟信号上升沿和下降沿都传送数据，相当于使工作时钟频率提高到两倍，达到 133 MHz。若数据宽度为 32 位，则有效传输率可达 532 MB/s。

3）采用直接存储器执行（Direct Memory Excute，DIME）技术。AGP 将纹理数据置于帧缓冲区（即图形控制器的内存）之外的系统内存，允许着色期间直接从系统内存获取数据，这样既可让出帧缓冲区和带宽供其他功能使用，又可以在低成本下支持更大的纹理数据。

4）采用边带寻址（Sideband Address，SBA）方式。允许图形控制器在上次数据还没有传送完时就发出下一次的地址和请求，提高随机内存访问的速度。

5）显示 RAM 和系统 RAM 可以并行操作。在 CPU 访问系统 RAM 的同时，AGP 显示卡访问 AGP RAM，显示带宽也不与其他设备共享，从而进一步提高了系统的并行工作性能。

6）缓解了 PCI 总线上的数据拥挤。因为把图形数据转到专用的通路，去掉了占用 PCI 带宽最多的因素。仅仅纹理数据便要用掉 40~50 MB/s，这相当于 PCI 可用带宽的 1/3 以上。由于 AGP 承担了 PCI 的这一负担，因此就能把这一能力转用于其他作业。

2. AGP 的工作模式

AGP 有 3 种工作模式：×1，×2 和 ×4。×2 以上的工作模式能够很好地发挥三维图形的描绘能力。AGP 的工作模式如表 11-4 所示。

表 11-4 AGP 工作模式

模式	工作频率/MHz	数据传输率/（MB/s）	传输触发方式
×1	66	264	上升沿
×2	133	532	上升沿和下降沿
×4	266	1064	上升沿和下降沿

三、高性能串行总线标准 IEEE1394

IEEE1394 是 Apple 公司于 1993 年首先提出，用来取代 SCSI 的高速串行总线"Fire Wire"，后经过 IEEE 协会于 1995 年 12 月正式接纳成为一个工业标准，全称是 IEEE1394 高性能串行总线标准（IEEE1394 High Performance Serial BUS Standart）。从 Microsoft 和 Intel 等公司指定的 PC'97 系统设计指南开始，IEEE1394 就和 USB 一起作为外设的新接口标准加以推行。

1. IEEE1394 的主要性能特点

1）通用性强。IEEE1394 采用树形或菊花链结构，以级联方式在一个接口上最多可以连接 63 个不同种类的设备。

2）传输速率高。IEEE1394a 支持 100 Mbit/s、200 Mbit/s 及 400 Mbit/s 的传输速率，IEEE1394b 规范定义了 800 Mbit/s、1.6 Gbit/s 甚至 3.2 Gbit/s 的高传输速率。本章后面所涉及的 IEEE1394 都表示 IEEE1394a。

3）实时性好。IEEE1394 的高传输率加上同步传送方式，使 IEEE1394 对数据的传送具有很好的实时性。

4）总线提供电源。IEEE1394 总线的 6 芯电缆中有两条线是电源线，可以向连接的设备提供 4～10 V 和 1.5 A 的电源。

5）系统中各设备之间的关系是平等的。任何两个带有 IEEE1394 接口的设备可以直接连接而不需要通过 PC 的控制。

6）连接方便。IEEE1394 采用设备自动配置技术，允许热插拔和即插即用。

2. IEEE1394 拓扑结构

IEEE1394 标准既可以用于内部总线连接，也可以用于设备之间的电缆连接。计算机的基本单元（CPU，RAM）和外设都可以用它连接。串行总线结构是由一些叫作结点的实体构成的。一个结点也是一个地址化的实体，它可以独立地设定与识别。一个物理模块可以包括多个结点，一个结点里可以包括多个端口（功能单元）。一种典型的 IEEE1394 总线系统连接如图 11-8 所示，它包含两种环境：一种是线缆连接，即电缆（Cable）环境；另一种是内部总线连接，即底板（Back-plane）环境，系统允许有多个 CPU，且相互独立。

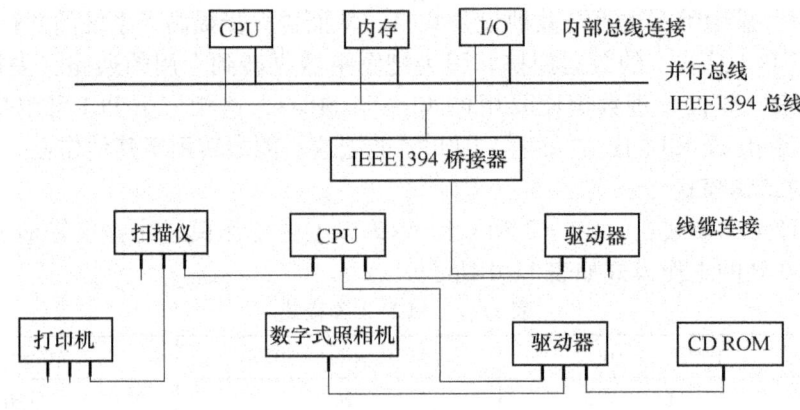

图 11-8 IEEE1394 总线系统结构

电缆环境的物理拓扑结构是一个非环状的网络，且分支和深度均有限。电缆由两对信号线和一对电源线组成，用来连接不同结点的端口。每个端口由终端、收发器和一些简单逻辑组成。电缆环境支持 3 种信号传输速率，可以任意选择。它们分别是 100 Mbit/s，200 Mbit/s 和 400 Mbit/s。

在电缆环境下，每个总线可连 63 个结点，每个结点最大有 2^{48} MB 存储空间。每个结点有唯一的地址，能够单独定址、复位和识别。每个单独的结点可以连接起来，构成一个树状结构或菊花链结构。由于信号衰减，因此两个结点之间的距离不超过 4.5 m。

底板环境的物理拓扑结构是一个内部总线结构，一般特指主机并行底板。结点可以通过分布在总线上的连接插口插入总线。底板环境支持 12.5 Mbit/s、25 Mbit/s 和 50 Mbit/s 的传输速率。在底板环境下，结点物理地址可以通过底板上的插槽位置来设定。

由于两种环境存在差别，因此在系统中环境之间需要有一个桥接器进行连接。IEEE1394 桥接器主要完成数据的接收和重新封装成数据包，并进行转发。

3. IEEE1394 的主要技术规范

（1）IEEE1394 数据传输方式

IEEE1394 支持异步和同步（等时）两种数据传输方式。异步方式把数据交换层信息送到一个特定的 64 位地址（Explicit Address）。这种传输不需要以固定的速率传送数据，也不要求有稳定的总线带宽，所有异步传送共同占有 20%（最小值）的总线带宽。同步方式基于通道号来广播数据，而不是基于特定地址来传输数据。这种传输要求是有规则的总线访问，比异步传输有更高的总线优先级。一旦同步传输获得了总线带宽，那么信道就在每个 125 μs 周期内收到保证的时间包。每个总线周期最多有 80% 可分配给同步传输。

对同一个接口提供异步和同步两种方式，既允许非实时应用（如打印机和扫描仪等），又允许实时应用（如视频和音频传输等），也就是在同一总线上能可靠传输计算机数据、音频和视频信号等不同速率的数据。

（2）IEEE1394 总线工作过程

IEEE1394 总线必须初始化，才能使用交换层服务来传送命令、数据和状态。当总线顺利完成初始化后，每个结点都得到一个各不相同的结点标志（Node-ID）。启动设备（Initiator）读每个结点的配置 ROM（Configuration ROM）来寻找实现串行总线协议（Serial BUS Protocol，SBP）的结点。寻找结束后，SBP 被初始化。接着开始同步或异步注册（Login）过程。注册完毕，就可以进行数据传输。若传输过程中出现错误，则必须进行异常处理。

四、SATA 总线

SATA（Serial ATA）总线是由是 Intel 公司和 APT、Dell、Maxtor 及 Seagate 等几家厂商共同发起与制定的新一代海量存储（如硬盘）的传输接口标准。它以高速串行链接来代替个人计算机中海量存储设备常用的并行 ATA（PATA）连接。

1. SATA 的引入与特点

如图 11-9 所示给出了 PATA 和 SATA 分别接两个硬盘的连接简图。

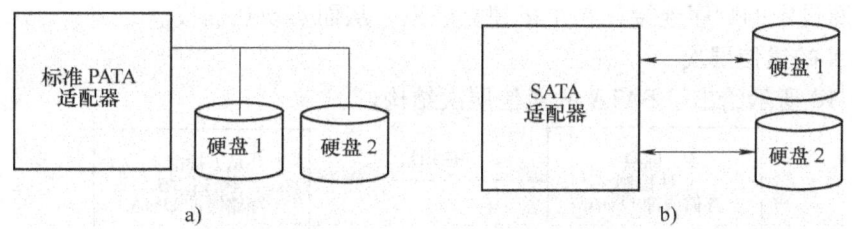

图 11-9　PATA 与 SATA 连接硬盘示意图
a) PATA 接两个硬盘　b) SATA 接两个硬盘

PATA 也称为 IDE 接口，采用如图 11-9a 所示的菊花链结构将两个硬盘通过一个扁平并行电缆连接到主机上，两个设备通过主/从通信技术在一个端口上访问。PATA 的电缆线最初采用 40 根排线，包括数据线、时钟线、控制线、地线，其中 32 根数据线是并行传输的（一个时钟周期可以同时传输 4 字节的数据），因此对同步性的要求很高。随着 PATA-66 的推出，高总线频率下并行传输的抗干扰问题尤其突出，因此，在原有导线的基础上又增加了 40 根屏蔽用的地线，形成了目前看到的 80 根排线的扁平电缆。有了良好的屏蔽性能，PATA 传输速率才能达到 66 MB/s、100 MB/s 和最高的 133 MB/s。但是在 PATA-133 之后，并行传输速度已经到了极限，同时 PATA 的信号线长度无法延长、信号同步性难以保持、5 V 信号线耗电较大三大缺点更为突出。

SATA 中，每个存储设备都单独采用一根 7 线电缆与主机相连，形成一个点到点的传输模式（如图 11-9b 所示）。与 PATA 最大的不同在于 SATA 的数据传输采用两对差分信号线（A+/A-与 B+/B-），使用 8b/10b 编码方案分别进行串行发送和接受。由于采用差分信号方式，所以 SATA 电缆可以比 PATA 电缆长，同时也利于提高总线频率进而提高数据传输速率。SATA1.0a 的数据传输率为 150 MB/s，而 SATA2.5（替代 SATA II）的数据传输率达到 300 MB/s。

SATA 具有以下的一些特点：

1）点对点结构通过一条专用连线直接将每台设备连接到主机。因此，每台设备独享整个带宽，设备之间不会相互影响。SATA 消除了 PATA 的主/从之分，可以和总线上的任何设备直接通信。

2）串行传输采用 NRZ 串行传输编码在串行电缆上传输数据，消除了并行数据传输可能产生的串扰以及其他一些问题。8b/10b 编码将 8 位数据字节转换成串行传输使用的 10 位码，附加的信息用于保证数据完整性。

3）低线数长距离设计。SATA 电缆长度可达 1 m，SATA 2.5 更可支持电缆长度到 2 m。全部线缆仅由 7 根导线组成，两对差分信号线分别用于信号发送和接收，在发送和接收线之间及两端各有一根地线。这种细长线缆能够方便地在多个设备间绕行以实现最佳路线，也减少了电缆在机箱中的占有空间，使机箱内空气流通更畅。

4）低电压设计 SATA 采用了低电压差分信号（LVDS）技术，电压值下降到 0.5 V。

5）支持热插拔 SATA 的接口是单向性的，由于在接口上采用防呆设计，避免插线时插错方向；另外 SATA 插头使用了针错列设计，地线的针脚比数据线的针脚长，这样，当插头插入插槽的时候，首先接触的是长针，这就做到电学意义上的平衡来保护其他数据线，随即，设备依照设定的顺序连接，与主机建立联系，从而实现热插拔。

2. SATA 的通信层次

如图 11-10 所示给出了 SATA 的通信层次结构。

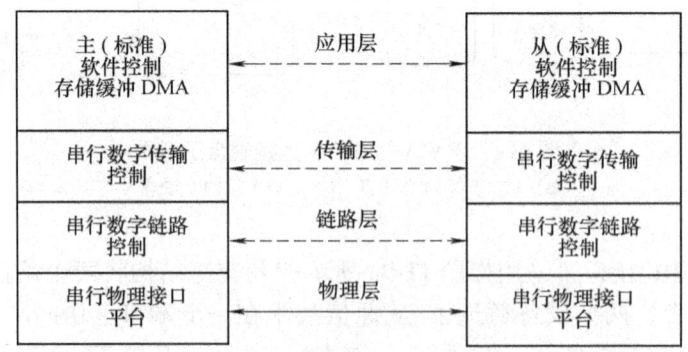

图 11-10 SATA 的通信层次结构

物理层主要完成将链路层的并行数据串行化后以差分 NRZ 编码串行流方式传出，将接收的串行数据流并行化后给链路层。同时在发送端和接收端分别提供一个 100 Ω 的匹配电阻。物理层还要向链路层提供设备是否存在以及是否可通信的状态。另外，协议的物理层还定义了电缆和链接器的物理尺寸与信号线布局。

链路层以帧为单位传送从传输层来的基于控制信号的数据元素，接收从物理层来的已经转变成控制信号的数据元素。链路层不需要识别帧的内容。主机和设备的链路层规定中唯一的不同在于主端在传输缓冲满的时候会后退（Back Off）。链路层会对传输层来的数据按帧进行打包，添加 SOF、CRC、EOF 等，并完成 8b/10b 编码。

传输层无须知道帧是如何传送和接收的，它只是简单地为传输构造帧信息结构（FIS）或者解压接收到的帧信息结构。主机和设备的传输层规定中的不同点在于 FIS 源的内容不同。传输层不保留 ATA 命令或先前的 FIS 内容。

SATA 在软件层面保持了和 PATA 的兼容性。

五、CAN 总线

控制器局域网络（Controller Area Network，CAN）是一种现场总线，20 世纪 80 年代初，首先由德国的 BOSCH 公司提出，用来解决汽车内部的复杂硬信号接线，后来得到了 Motorola、Intel、Philips、Siemens 等公司的支持。现在，其应用范围已不再局限于汽车工业，CAN 总线以其独特的设计、低成本、高可靠性、实时性、抗干扰能力等特点而成为工业数据通信的基础，广泛应用于离散控制领域。

1993 年 11 月，ISO 正式颁布了道路交通运输工具、数据信息交换、高速通信控制器局域网国际标准 ISO11898CAN 高速应用标准和 ISO11519CAN 低速应用标准。概括起来，CAN 总线主要具有如下特点：

1）多主方式工作。CAN 网络上的结点不分主从，任一结点均可以在任意时刻主动地向网络上其他结点发送信息，通信方式灵活。

2）可连接结点数量多。CAN 网络上的结点最多可达 110 个，每个结点具有不同的优先级，可满足不同的实时要求，高优先级的数据最多可在 134 μs 内得到传输。

3）采用非破坏性总线仲裁技术。CAN 网络中，当多个结点同时向总线发送信息时，优先级较低的结点会主动退出发送，而最高优先级的结点可不受影响地继续传输数据，从而大大节省了总线冲突仲裁时间。

4）通信形式多样。CAN 只需通过报文滤波即可实现点对点、一点对多点及全局广播等几种方式传送接收数据，无须专门的"调度"。直接通信距离最远可达 10 km（速率 5 Kb/s）；通信速率最高可达 1 Mb/s（此时通信距离最长为 40 m）。通信介质可为双绞线、同轴电缆或光纤，可灵活选择。

5）数据传输采用短帧结构，每帧的有效字节数为 8 个，因而传输时间短，受干扰概率低。而且每帧信息都有 CRC 校验及其他检错措施，保证了数据出错率极低。而且 CAN 结点在错误严重的情况下具有自动关闭输出功能，以使总线上其他结点的操作不受影响。

1. CAN 的分层结构

CAN 也遵从 ISO/OSI 模型，但只取了 ISO/OSI 标准模型中的 3 层，即物理层、数据链路层和应用层。数据链路层又分为逻辑链路控制子层（LLC）和媒体访问控制子层（MAC），而在 CAN 技术规范 2.0A 的版本中，数据链路层的 LLC 和 MAC 子层的服务和功能被描述为"目标层"和"传送层"。CAN 的分层结构如图 11-11 所示。

LLC 层的主要功能：接收滤波——为数据传送提供服务，确认报文已接收。同时为通知超载和恢复管理提供信息。

MAC 层的主要功能：数据的封装/拆装，进行帧编码，执行仲裁，进行错误检测和错误界定，同时进行应答联络完成串行传送。

物理层的主要功能：定义信号发送接收的电气方面的特性，进行位编码/解码，处理为定时和同步等问题。

应用层
数据链路层 　逻辑链路子层 LLC 　媒体访问控制子层 MAC
物理层

图 11-11　CAN 的分层结构

2. 报文传送和帧结构

总线上传送的信息称为报文，CAN 的报文传送由 4 种不同类型的帧：数据帧、远程帧、出错帧、超载帧，以及帧间空间组成。报文中的位流按照非归零（NRZ）码方法编码。在进行数据传送时，发出报文的单元称为发送器，接收报文的单元称为接收器。

（1）数据帧

数据帧由 7 个不同的位域组成，即帧起始、仲裁场、控制场、数据场、CRC 场、应答场和帧结束。数据场长度可为 0。在 CAN2.0B 中存在两种不同的帧格式，其主要区别在于标识符的长度，具有 11 位标识符的帧称为标准帧，而包括 29 位标识符的帧称为扩展帧。

帧起始 1bit	仲裁场 11bit（扩展帧 29bit）	控制场 6bit	数据场 0-8Byte	CRC 场	应答场 2bit	帧结束 7bit

（2）远程帧

激活为数据接收器的单元可以借助于传送一个远程帧初始化各自源节点数据的发送。远程帧没有数据场，由 6 个不同位场组成：帧起始、仲裁场、控制场、CRC 场、应答场和帧结束。

帧起始 1bit	仲裁场	控制场 6bit	CRC 场	应答场 2bit	帧结束 7bit

（3）出错帧

出错帧由两个不同场组成，第一个场由来自各帧的错误标志叠加得到，后面的第二个场是错误界定符。错误标志有两种形式：活动错误标志和认可错误标志。

错误标志（6bit）	错误界定符

（4）超载帧

在超载条件下将发送超载帧。超载帧包括两个位场：超载标志和超载界定符。

超载标志（6bit）	超载界定符（8bit）

（5）帧间空间

帧间空间是起到分隔帧的作用，但在超载帧和出错帧之前不存在帧间空间。有两种形式的帧间空间，非"错误认可"帧间空间和"错误认可"帧间空间。

非"错误认可"帧间空间：

间歇场（3bit）	总线空闲场

"错误认可"帧间空间：

间歇场（3bit）	暂停发送场（8bit）	总线空闲场

3. CAN 总线的传输距离

CAN 总线上的任意两个单元之间的最大传输距离与传输速率有关。

速率/(kbit/s)	1000	500	250	125	100	50	20	10	5
最大距离/m	40	130	270	530	620	1300	3300	6700	10000

思考题与练习题

1) 总线有哪些主要的性能参数？一般分析或制定总线标准，要注意它的哪些特性？
2) 总线有哪些传送控制方式？
3) ISA 总线和 EISA 总线的关联和不同点是什么？
4) PCI 总线的特点是什么？
5) 为什么在 PCI 读操作时序中，地址期与数据期之间有一个过渡期而写操作时序没有？
6) PCI 总线中有哪几种地址空间？
7) PCI 总线上的所有传输操作中，FRAME#、IRDY#、TRDY#和 STOP#这 4 个信号一般都遵循哪些规则？
8) USB 系统由哪些部分组成？
9) USB 主控制器如何知道接到端口上的 USB 设备是高速、全速还是低速的设备？
10) USB 串行数据采用什么样的编码方案？请具体描述编码方法。
11) USB 有哪几种传输类型？各有什么特点？
12) PCI Express 总线与 PCI 总线相比，有哪些异同点？
13) 为什么引入 AGP 接口？它有什么特点？
14) IEEE1394 的拓扑结构是怎样的？简述 IEEE1394 总线工作过程。
15) SATA 和 PATA 相比较有哪些不同？
16) CAN 总线有哪些特点？

参 考 文 献

[1] 杨全胜. 现代微机原理与接口技术[M]. 3版. 北京：电子工业出版社，2012.
[2] 顾晖，等. 微机原理与接口技术——基于8086和Proteus仿真[M]. 2版. 北京：电子工业出版社，2015.
[3] 刘乐善，叶济忠，叶永坚. 微型计算机接口技术原理及应用[M]. 2版. 武汉：华中理工大学出版社，2000.
[4] 何宏. 微机原理与接口技术——基于Proteus仿真的8086微机系统设计及应用[M]. 北京：清华大学出版社，2015.
[5] 艾德才. Pentium系列微型计算机原理与接口技术[M]. 北京：高等教育出版社，2001.
[6] 雷丽文，等. 微机原理与接口技术[M]. 北京：电子工业出版社，1997.
[7] Tom Shanley, Don Anderson. PCI系统结构[M]. 4版. 刘晖，等译. 北京：电子工业出版社，2000.
[8] Don Anderson. USB系统体系[M]. 精英科技，译. 北京：中国电力出版社，2001.
[9] Don Anderson. FireWire系统体系[M]. 姜汉龙，等译. 北京：中国电力出版社，2001.
[10] Dave Dzatko. AGP系统体系[M]. 云舟工作室，译. 北京：中国电力出版社，2001.
[11] 沈美明，温冬婵. IBM-PC汇编语言程序设计[M]. 北京：清华大学出版社，1991.

后　　记

经全国高等教育自学考试指导委员会同意,由电子电工与信息类专业委员会负责计算机及应用专业教材的审定工作。

本书由东南大学杨全胜副教授负责编写。电子电工与信息类专业委员会在上海组织了本书的审稿工作。参与本书审稿的有南京大学袁春风教授、上海交通大学方向忠副教授,谨向他们表示诚挚的谢意。

电子电工与信息类专业委员会最后审定通过了本书。

全国高等教育自学考试指导委员会
电子电工与信息类专业委员会
2017 年 7 月